Das Fremde und das Eigene
Zum Stellenwert des Fremdwortes im Deutschen und Griechischen

Europäische Hochschulschriften
Publications Universitaires Européennes
European University Studies

Reihe XXI
Linguistik
Série XXI   Series XXI
Linguistique
Linguistics

Bd./Vol. 132

PETER LANG
Frankfurt am Main · Berlin · Bern · New York · Paris · Wien

Ioanna Karvela

Das Fremde und das Eigene

Zum Stellenwert des Fremdwortes im Deutschen und Griechischen

PETER LANG
Europäischer Verlag der Wissenschaften

Die Deutsche Bibliothek - CIP-Einheitsaufnahme

Karvela, Ioanna:
Das Fremde und das Eigene : zum Stellenwert des Fremdwortes im Deutschen und Griechischen / Ioanna Karvela. - Frankfurt am Main ; Berlin ; Bern ; New York ; Paris ; Wien : Lang, 1993
  (Europäische Hochschulschriften : Reihe 21, Linguistik ; Bd. 132)
  Zugl.: Siegen, Univ., Diss., 1992
  ISBN 3-631-46627-7

NE: Europäische Hochschulschriften / 21

D 467
ISSN 0721-3352
ISBN 3-631-46627-7

© Peter Lang GmbH
Europäischer Verlag der Wissenschaften
Frankfurt am Main 1993
Alle Rechte vorbehalten.

Das Werk einschließlich aller seiner Teile ist urheberrechtlich geschützt. Jede Verwertung außerhalb der engen Grenzen des Urheberrechtsgesetzes ist ohne Zustimmung des Verlages unzulässig und strafbar. Das gilt insbesondere für Vervielfältigungen, Übersetzungen, Mikroverfilmungen und die Einspeicherung und Verarbeitung in elektronischen Systemen.

Printed in Germany 1 2 3 5 6 7

Vorwort

Die vorliegende Arbeit wurde im Sommer 1992 vom Fachbereich "Sprach- und Literaturwissenschaften" der Universität - GH - Siegen als Dissertation angenommen. Gutachter waren die Professoren:
Gerhard Augst (Germanistik/Linguistik) und
Johannes Kramer (Romanische Philologie/Sprachwissenschaft).

"Das Fremde und das Eigene" hat die deutsche und die griechische Sprache als Untersuchungsgegenstand, entstand aber hauptsächlich in Deutschland. Wie geht man vor in einer deutschsprachigen Arbeit, die auch die griechische Schrift verlangt, nämlich bei der Wiedergabe der griechischen Wörter bzw. der Fremdwörter des Griechischen? Denn meine Untersuchung wendet sich an Gräzisten und Germanisten, Kulturwissenschaftler und Soziologen, nicht zuletzt an Lehrer und Studenten, in Griechenland und in Deutschland. Die griechischen Wörter bzw. Fremdwörter des Griechischen nur in griechischer Orthographie zu belassen, wäre wahrscheinlich nicht die beste Lösung: Für Leser mit kaum vorhandenen Griechischkenntnissen würde die griechische Schrift ein Lesehindernis bilden.

Deswegen werden die griechischen Wörter bzw. Fremdwörter des Griechischen im folgenden meistens in der griechischen Schrift und in der lateinischen Schrift (transkribiert nach der griechischen Aussprache) wiedergegeben. Abgesehen davon, daß die Transkriptionen in lateinischer Schrift eine Lesehilfe für Leser mit geringen oder keinen Griechischkenntnissen bieten, sind die griechischen Wörter für das Verständnis des Textes unbedingt notwendig. Denn so wird der Leser vertraut z.B. mit den phonologischen Veränderungen eines Wortes bei seiner Aufnahme ins Griechische; allgemein sollen Beispiele die beschriebenen Sachverhalte (z.B. Entlehnungs- und Adaptationsvorgänge) erläutern.

Ich habe manchmal auf Transkriptionen verzichtet, so bei Wörtern aus dem Altgriechischen oder der hellenistischen Periode (3., 2. und 1. Jahrhundert v. Chr.). In anderen Fällen benutze ich statt einer Transkription die Schreibung eines Wortes in seiner Herkunftssprache. Dies geschieht z.B. bei den sogenannten "unangepaßten" Fremdwörtern des Griechischen. Griechische Autorennamen erscheinen nur in lateinischer Schrift, transkribiert nach der Orthographie, weil dies die übliche Transkriptionsmethode von Namen in Bibliographien ist. Bei der Wiedergabe von griechischen Namen habe ich auch schon vorhandene Transkriptionen in Bibliographien, Autorenverzeichnissen etc. übernommen. Aus Gründen der Verständlichkeit werden schließlich Titel von griechischen Werken auf deutsch übersetzt und im Literaturverzeichnis mit der zusätzlichen Angabe "auf griechisch" versehen.

Mein Dank gilt Herrn Prof. Dr. J. Kramer, der mir wichtige Hinweise zu den Transkriptionen gegeben hat.

Mein besonderer Dank gilt Herrn Prof. Dr. G. Augst; durch seine ständige Gesprächsbereitschaft und vielseitige Unterstützung wurde meine Dissertation wesentlich gefördert.

Ich danke herzlich all denjenigen, die an meinen mündlichen und schriftlichen Befragungen in Deutschland und Griechenland teilgenommen haben. Die Bereitschaft dieser Sprachexperten, aufgrund ihrer Berufserfahrung den Stellenwert von Fremdwörtern im Deutschen und Griechischen einzuschätzen, erweiterte meine Untersuchung des Fremdwortschatzes und des Fremdwortgebrauchs. Mein besonderer Dank gilt Frau R. Frangou-Kikilia und Herrn I. Marmarinos, Dozenten an der Universität Athen, für ihre Hilfe und Unterstützung bei der Durchführung der schriftlichen Befragung in Griechenland.

Frau M. Klein danke ich für die sorgfältige Erstellung des Manuskripts.

Siegen, im Juli 1993   Ioanna Karvela

INHALT

Seite

1.	Einleitung	1
2.	Fremde Einflüsse auf die deutsche und die griechische Sprache: Zur sprachhistorischen Einordnung	3
2.1.	Fremde Einflüsse auf die deutsche Sprache	3
2.1.1.	Römisches Imperium, Mittelalter und Renaissance	3
2.1.2.	17., 18., 19. Jahrhundert und die erste Hälfte des 20. Jahrhunderts	5
2.1.3.	Die fünfziger und sechziger Jahre in der Bundesrepublik Deutschland	11
2.1.4.	Die siebziger und achtziger Jahre in der Bundesrepublik Deutschland	13
Exkurs:	Fremde Einflüsse auf die deutsche Sprache in der ehemaligen DDR	22
2.2.	Fremde Einflüsse auf die griechische Sprache	26
2.2.1.	Antike, Römisches Imperium, Mittelalter und byzantinische Zeit	26
2.2.2.	Die türkische Herrschaft (1453-1821), das 19. Jahrhundert und die erste Hälfte des 20. Jahrhunderts	30
2.2.3.	Die fünfziger und sechziger Jahre	32
2.2.4.	Die siebziger und achtziger Jahre	33
3.	Stand der Fremdwortforschung in der deutschen und in der griechischen Sprache	34
3.1.	In der deutschen Sprache	35
3.1.1.	Über den Begriff "Fremdwort"	36
3.1.2.	Fremdwortorthographie	40
3.1.3.	Das Projekt "Lehnwortbildung"	41
3.1.4.	Schwere Wörter - Brisante Wörter	45
3.1.5.	Zur Fertigstellung des Deutschen Fremdwörterbuchs von Schulz und Basler	48
3.1.6.	Zur Vorbereitung eines Anglizismen-Wörterbuchs	48
3.1.7.	Das Genus englischer Fremdwörter im Deutschen	49
3.1.8.	Englisches im deutschen Werbefernsehen	51
3.1.9.	Die Annäherung von Lehnelementen aus dem Englischen an das Deutsche	52
3.1.10.	Französische Entlehnungen im Deutschen	54
3.2.	In der griechischen Sprache	55
3.2.1.	Über den Begriff "Rückwanderer" ("αντιδάνειο")	58
3.2.2.	Englische Entlehnungen im Neugriechischen	59

		Seite
4.	Fremdwortschatz und Fremdwortgebrauch im Deutschen und Griechischen und Einstellungen zu dem "Fremden"	62
4.1.	Bisherige Ergebnisse der Fremdwortforschung	62
4.1.1.	In der deutschen Fachliteratur	62
4.1.2.	In der griechischen Fachliteratur	64
4.2.	Offene Fragen	65
4.3.	Fremdwörter und Fremde - "Fremdes" und "Eigenes"	67
4.4.	Zur Auswahl des Untersuchungsmaterials	70
5.	Fremdwortschatz und Fremdwortgebrauch	71
5.1.	Fremdwort: Kriterien zur synchronischen Betrachtung	71
5.1.1.	In der deutschen Sprache	71
5.1.1.1.	Fremde Laute und Lautfolgen	73
5.1.1.2.	Fremde Orthographie	76
5.1.1.3.	Fremde Morpheme und fremde Flexion	77
5.1.1.4.	Fremde Derivation	80
5.1.1.5.	Fremde Betonung	82
5.1.1.6.	"Zentrum und Peripherie" im deutschen Wortschatz	83
5.1.2.	In der griechischen Sprache	89
5.2.	Fremdwörter in Wörterbüchern	91
5.2.1.	Der Anteil der Fremdwörter in zwei deutschen Wörterbüchern anhand der exemplarischen Untersuchung des Buchstabens "L"	92
5.2.1.1.	Zur Methode	92
5.2.1.2.	Absolute Häufigkeit und prozentualer Anteil	95
5.2.2.	Der Anteil der Fremdwörter in zwei griechischen Wörterbüchern anhand der exemplarischen Untersuchung des Buchstabens "Λ" ("L")	98
5.2.2.1.	Zur Methode	98
5.2.2.2.	Absolute Häufigkeit und prozentualer Anteil	100
5.2.3.	Abschließende Betrachtungen	101
5.3.	Fremdwörter in Zeitungstexten	105
5.3.1.	Allgemeine Überlegungen zur Untersuchung von Zeitungstexten	105
5.3.2.	Zur Methode	109
5.3.3.	Ergebnisse	112
5.3.4.	Abschließende Betrachtungen	115
5.4.	Zum Verhältnis zwischen Fremdwortschatz und Fremdwortgebrauch in der deutschen und griechischen Sprache	119

		Seite
6.	Einstellungen in der deutschen und in der griechischen Gesellschaft zu Fremdwörtern	123
6.1.	Einstellungen zu Fremdwörtern in der Bundesrepublik	125
6.1.1.	Systematisierung bisheriger Abhandlungen	125
6.1.2.	Experteninterviews und standardisierte Fragebögen	126
6.2.	Einstellungen zu Fremdwörtern in Griechenland	147
6.2.1.	Systematisierung bisheriger Abhandlungen	147
6.2.2.	Experteninterviews und standardisierte Fragebögen	153
7.	Ausblick: Das Fremde und das Eigene	166
Anhänge:	Fremdwortlisten und Bildbeispiele	175
Anhang I:	Fremdwortlisten der Wörterbücher	175
Anhang II:	Fremdwortlisten der Zeitungen	219
Anhang III:	Bildbeispiele	237
Verzeichnis der zitierten Literatur		254

1. Einleitung

"Das Fremde und das Eigene" ist ein Beitrag zum deutsch-griechischen Sprachvergleich. Als sprachwissenschaftlich orientiertes Projekt der "ersten Generation" des Graduiertenkollegs am Fachbereich 3 der Universität - Gesamthochschule - Siegen, das mit dem Rahmenthema "Kommunikationsformen als Lebensformen" 1987 seine Arbeit aufnahm, geht es darum, Formen fremdsprachlicher Kommunikation zu erforschen. Inwiefern das Fremde vom Eigenen aufgenommen und akzeptiert werden kann, soll am Beispiel der Fremdwörter im Deutschen und im Griechischen gezeigt werden.

Diese sprachwissenschaftliche Untersuchung ist wegen des Kulturvergleichs zugleich auch sozialwissenschaftlich orientiert. Die Untersuchung gliedert sich in zwei Teile, die aufeinander bezogen und angewiesen sind: den theoretischen Teil, die Kapitel 2. bis 4., und den empirischen Teil, die Kapitel 5. und 6.

Kapitel 2. und 3. schaffen die Grundlagen für das Verständnis des empirischen Teils der Untersuchung. Kapitel 2. systematisiert die fremden Einflüsse auf die deutsche und die griechische Sprache in historischer Perspektive. Die kontrastive Zusammenstellung von sprachhistorischen Fakten, die für das Deutsche und das Griechische zusammen zum ersten Mal erfolgt, macht mit der jeweils anderen Sprache bekannt und ermöglicht die Weiterführung der in beiden Sprachen langfristigen Tradition der Fremdwortdiskussion. Bei der Darstellung der fremden Einflüsse auf die beiden Sprachen ist es unausweichlich, daß ein Abriß zur Geschichte des Sprachpurismus mitangeboten wird. Während die deutsche Sprachgeschichte vom 17. Jahrhundert bis zum Zweiten Weltkrieg von aufeinanderfolgenden puristischen Wellen gekennzeichnet wird, tritt in den Jahrzehnten seit dem Zweiten Weltkrieg eine einschneidende Veränderung der Mentalität der westdeutschen Sprachgemeinschaft auf - zumindest von seiten offizieller Institutionen - bezogen auf die Toleranz gegenüber Fremdwörtern. Fremdwörter werden nicht nur geduldet; Fremdwörter, die nicht entlehnt, sondern im deutschen Sprachraum selbst gebildet wurden, sind seit den siebziger Jahren zunehmend ein fast "selbstverständlicher" Bestandteil des deutschen Sprachgebrauchs. Diese allgemeine Beobachtung kann ich hier nicht vertiefen (vgl. Kapitel 2.1.4. und 3.1.3.).

In Kapitel 3. werden systematisch ausgewählte, in erster Linie deutsch-, in zweiter Linie griechisch- und englischsprachige Veröffentlichungen aus den achtziger Jahren so zusammengefaßt und ausgewertet, daß hierdurch die Einordnung meiner Untersuchung in die Fachdiskussion erfolgen kann und klare Rückverweise in späteren Kapiteln ermöglicht werden.

Nachdem in den Kapiteln 2. und 3. wichtige Aspekte des deutsch-griechischen Sprachvergleichs kontrastiv zusammengestellt worden sind - einerseits sprachhistorische Fakten, andererseits der aktuelle Forschungsstand über den Wortschatz der beiden Sprachen und die Einflüsse darauf -, ist Kapitel 4. das Bindeglied zwischen dem theoretischen und dem empirischen Teil der Untersuchung. Welche Fragestellungen sind von der bisherigen deutschen und griechischen Fremdwortforschung nicht oder nicht ausreichend diskutiert worden? Aufgrund der so festgestellten Forschungslücken ergibt sich die Vorstellung und Begründung (Erläuterung der Methoden, Auswahl des Materials etc.) des empirischen Teils meiner Untersuchung: das Fremde und das Eigene aus sprachlicher Sicht; Einstellungen in der deutschen und griechischen Gesellschaft zu Fremdem am Beispiel der Einstellung zu Fremdwörtern (Kapitel 6.) - nach der Erforschung und Erhebung von sprachlichen Fakten (Kapitel 5.).

Diese sprachlichen Fakten betreffen den Anteil des Fremdwortschatzes und den Grad des Fremdwortgebrauchs im Deutschen und im Griechischen. Zuvor wird im ersten Teil des Kapitels 5. eine Definition von "Fremdwort" auf operational-synchronischer Ebene erarbeitet (5.1.); aufgrund dieser Definition werden dann Fremdwörter in Wörterbüchern (5.2.) und Zeitungstexten (5.3.) ermittelt. Deutsche und griechische Wörterbücher sollen als Dokumentation der jeweiligen Wortschätze gelten (Sprachsystem - "langue" in der Terminologie von de Saussure -), deutsche und griechische Zeitungstexte von überregionalen Tages- und Wochenzeitungen als Beispiele für den jeweiligen Sprachgebrauch (Sprachpraxis - "parole" in der Terminologie von de Saussure -). Die Untersuchung von Zeitungstexten ist bisher in der deutschen Anglizismus-Forschung relativ häufig angewandt worden, um die Frequenz der Anglizismen in diesen Texten zu messen. Immer werden aber der Anglizismen-Gebrauch und die Anglizismen-Häufigkeit in dieser Textsorte isoliert betrachtet und nicht in Verbindung mit dem Anteil der Anglizismen am gesamten deutschen Wortschatz (5.4.).

Kapitel 6. konzentriert sich auf eine metakommunikative Erforschung der Fremdwortproblematik in der deutschen und griechischen Gesellschaft. Wie denkt man in den beiden Ländern über Fremdwörter, und wie schätzt man deren Gebrauch ein? Wie, wann, warum, in welchen Situationen, in welchen Sachgebieten, mit welcher Stilfärbung empfiehlt es sich, bzw. empfiehlt es sich nicht, Fremdwörter zu gebrauchen? Dies ist durch in Deutschland und Griechenland durchgeführte, mündliche und schriftliche Expertenbefragungen zu ermitteln. Die insgesamt 28 Befragten sind/waren leitende Mitarbeiter bzw. Mitarbeiterinnen in sprachwissenschaftlichen Forschungsinstituten, Sprachvereinen, Sprachberatungsstellen etc. oder haben eine führende Position in Forschung und Universitätslehre im Bereich "Linguistik".

Im Schlußkapitel 7. interpretiere ich die Ergebnisse meiner diachronischen und synchronischen Fremdwortanalyse im Kontext der Erfahrung von "Fremdem und Eigenem" in der deutschen und in der griechischen Geschichte. Hierbei werden die unterschiedlichen Einstellungen zu Fremdwörtern und Fremdem als Ausdrucksformen der jeweiligen Kulturen verständlich.

2. Fremde Einflüsse auf die deutsche und die griechische Sprache: Zur sprachhistorischen Einordnung

In diesem Kapitel werden keine neuen Forschungsergebnisse ausgeführt, sondern einige historische Fakten kontrastiv zusammengestellt, auf deren Folie der gegenwärtige Fremdwortgebrauch und die gegenwärtige Fremdworteinschätzung im Deutschen und Griechischen zu betrachten sind. Sowohl in den sprachlichen Fakten (Kapitel 5.) als auch in der Einstellung dazu (Kapitel 6.) erklärt sich die Gegenwart nicht aus sich selbst. Der deutsch-griechische Sprachvergleich auf historischer Ebene macht mit der jeweiligen anderen Sprache bekannt und erhöht die Kenntnis der Ähnlichkeit oder gar Gleichheit der heutigen Vorgänge im Kontrast.

2.1. Fremde Einflüsse auf die deutsche Sprache

Verfolgt man die Geschichte einer Sprache, so stellt man fest, daß die Übernahme fremdsprachlichen Lehnguts ein Kennzeichen jeder Epoche ist und ein konstituierendes Merkmal der Kontakte zwischen verschiedenen Völkern und Gruppen. Dies trifft besonders für das Deutsche zu, weil die geographische Lage Deutschlands fremde Einflüsse begünstigt. So kann man in der deutschen Sprachgeschichte Einflüsse von fast allen europäischen Sprachen erkennen.

2.1.1. Römisches Imperium, Mittelalter und Renaissance

Die Germanen hatten durch die römische Besatzung eine ihnen überlegene Kultur kennengelernt und Begriffe und Gegenstände von ihr übernommen. Die Entlehnungen dieser Zeit beziehen sich auf verschiedene Bereiche. In Handel und Verkehr übernahmen sie z.B. "Kaufmann" (caupo), "Münze" (moneta), "Markt" und "Straße" (via strata), in Garten- und Weinbau die Namen verschiedener Früchte wie "Birne" (pirus), "Kirsche" (ceresia) oder "Wein" (vinum). Aus dem Bereich des Hausbaus und der Wohnkultur stammen die für die Germanen neuen Wörter "Mauer" (murus), "Ziegel" (tegula), "Keller" (cellarium) und "Spiegel" (speculum).

Ein nicht geringer Anteil dieser Entlehnungen sind Wörter griechischer Herkunft, die die Römer in direktem Kontakt mit der überlegenen griechischen Kultur schon im 2. und 1. Jahrhundert v. Chr. übernommen hatten, z.B. "Kirsche" (< lat. ceresia < grch. κέρασος), "Kümmel" (lat. cuminum < grch. κίμινον), "Kamin" (lat. caminus < grch. κάμινος), "Kamille" (lat. camomilla < grch. χαμαίμηλον).

Zu den Entlehnungen aus der Zeit des Römischen Imperiums zählen die Wochentagsnamen, die vor allem auf lateinischen Vorbildern beruhen: Zum Teil sind es Lehnübersetzungen wie z.B. "Sonntag" (lat. dies solis). Die lateinische Sprache war auch das Fundament für die Aneignung christlicher Vorstellungen im Sprachgebrauch germanischer Völker. Das Griechische hat als Sprache des Neuen Testaments indirekt eine Rolle gespielt. Lehnwörter aus dem kirchlichen Bereich, wie "Mönch" (lat. monicus, monachus < grch. μοναχός), "Almose" (lat. alamuosa < grch. ἐλεημοσύνη), "Pfingsten", sowie Lehnübersetzungen, z.B. "Gewissen" (lat. conscientia < grch. συνείδησις), "Bekehrung" (lat. conversio < grch. ἐπιστροφή) und Lehnbedeutungen wie "Geist" (lat. spiritus, grch. πνεῦμα) sind griechischen Ursprungs, über das Lateinische ins Deutsche gekommen und "Zeugen einer europäischen Kultur- und Sprachenentwicklung, die vom griechischen Sprachraum ihren Ausgang nimmt" (Holzberg 1984, S. 864). Die überregional gültigen christlichen Begriffe haben zum Rückgang der regionalen Dialekte im deutschen Sprachraum und zum Anfang der deutschen Gesamtsprache beigetragen.

Im Hochmittelalter wurden über das Mittellateinische und Altfranzösische Wörter aus dem Mittelgriechischen aufgrund von Handelsbeziehungen mit dem westlichen Abendland und den Kreuzzügen ins Mittelhochdeutsche übernommen. Es handelt sich dabei z.b. um Namen von Stoffsorten (mhd. wambeis < mlat. bambax < mgrch. βόμβαξ - "Baumwolle"), Wörter aus der Handelssprache oder Amtsbegriffe, die die Stärke des Byzantinischen Reiches kennzeichnen. Im Mittelhochdeutschen gab es auch die ersten Entlehnungen aus dem Französischen (Altfranzösischen). Sie stehen meist im Zusammenhang mit der Übernahme von Rittertum und höfischer Lebensart (z.B. "Posaune" < altfrz. buisine, "Turnier" < altfrz. torneier < grch. τόρνος, "Palast", "Panzer", "Tanz") oder mit Handel und Verkehr ("liefern" < frz. livrer < lat. liber). Die Verwandtschaftsbeziehungen "Großmutter" und "-vater" sind vermutlich Lehnübersetzungen nach "grand-mère" bzw. "grand-père" (Lüdtke 1984, S. 872-874). Als im 12. und 13. Jahrhundert Böhmen in die Ritterkultur des Westens einbezogen wurde, wurde der Wortschatz des Rittertums über die deutsche in die alttschechische Sprache weitergegeben, die entweder die bekannten Termini des Altfranzösischen in eingedeutschter Form oder indigene deutsche Termini übernahm (Bellmann 1984, S. 901).

Lateinische Entlehnungen (und griechische Einflüsse), jedoch in anderen Bereichen als in den bisher erwähnten, setzten sich in der Zeit des Humanismus und der Renaissance, d.h. Mitte des 15. und 16. Jahrhunderts, durch. Von den griechischen Einflüssen aus dieser Zeit werden die Grapheme "th", "rh", "rrh", "ph" und "y" bei griechischen Lehnwörtern zur orthographischen Norm. Die Verbundenheit mit der Antike zeigte sich auch in gräzisierten oder latinisierten Familiennamen (z.B. "Melanchthon", "Agricola", "Fabricius"). Antike Zitate, Sprichwörter, Anspielungen auf die griechische Mythologie finden sich häufig in den Schriften der Humanisten. In den Fachsprachen, z.B. der Philosophie und der Medizin, kommt es ab dem 16. Jahrhundert zu am Griechischen und am Lateinischen orientierten Wortneuschöpfungen.

Einflüsse aus dem Lateinischen prägen die Namengebung kultureller Einrichtungen für das öffentliche Leben, z.b. die Terminologie der Akademien, Behörden, Gerichte. Wörter wie "Autor", "Edition", "Exemplar", "Kapitel", "Doktor", "Professor", "Collegium", "immatrikulieren", "promovieren" werden fester Bestandteil der deutschen Sprache[1]. In der Hochrenaissance bewirkt die Entwicklung der Künste die Verbreitung der italienischen Musikterminologie durch italienische Musiker, die an den Höfen von Wien, München, Dresden tätig waren (Pfister 1984, S. 887).

2.1.2. 17., 18., 19. Jahrhundert und die erste Hälfte des 20. Jahrhunderts

In der ersten Hälfte des 17. Jahrhunderts schlossen sich immer mehr Sprachgelehrte zu Verbänden zusammen, die die Pflege der deutschen Sprache und Literatur und die "Eindämmung des Sprachverfalls" zum Ziel hatten. 1617, also ein Jahr vor Beginn des Dreißigjährigen Krieges, wurde die "Fruchtbringende Gesellschaft oder der Palmenorden" nach italienischem Muster gegründet. Diese Gründung kann als Anfang des deutschen Purismus betrachtet werden.

Die Geschichte des Purismus[2] gliedert Kirkness (1984a, S. 290) in drei Perioden:
1.) 17. und 18. Jahrhundert; (erste puristische Bewegungen).
2.) Übergangsphase von 1789 bis 1819; (die Sprachreinigung von J. H. Campe und seinen Nachfolgern). Wandel vom Sprachpurismus zum Fremdwortpurismus.
3.) 19. und 20. Jahrhundert; (institutionalisierte Sprachreinigung).
   1.) In Hamburg wurde 1643 die "Teutsch gesinnte Genossenschaft" von Ph. v. Zesen gegründet. Zusammen mit G. P. Harsdörffer, M. Opitz und J. G. Schottel(ius) gehörte v. Zesen zu den bedeutendsten Sprachreinigern der Barockzeit. Wichtigste Ziele ihrer Theorien waren Sprachreinheit und Reinigung. Schottel(ius) strebte eine über den Mundarten stehende schriftsprachliche Norm an, die auf einer beschränkten Zahl von Wurzel- und Stammwörtern beruhte, welche auf keinen Fall durch Fremdwörter ersetzt werden durften. Die Dichter Harsdörffer und v. Zesen prägten durch Ableitung und Zusammensetzung viele neue Wörter zur Ersetzung der damals (und teilweise heute noch) existierenden Fremdwörter. Einige der Neuprägungen Harsdörffers sind z.B.: "beobachten" für "observieren", "Briefwechsel" für

---

1 Zu den lateinischen und griechischen Einflüssen auf das Deutsche vgl. entsprechend Drux (1984, S. 854-861) und Holzberg (1984, S. 861-868).
2 Vgl. auch Kirkness (1975).

"Korrespondenz", "Fernglas" für "Teleskop", "Geschmack" für "gustus", "Lehrart" für "Methode" (Kirkness 1975, S. 32).

Die Niederlande waren während des 17. Jahrhunderts ein Mittelpunkt der Literatur und übten einen großen Einfluß nicht nur auf die deutsche Dichtung und Dichtungstheorie aus, sondern auch auf die sprachreformatorischen Bestrebungen der Sprachgesellschaften. Die deutschen Sprachgelehrten und Puristen des Barock wurden von entsprechenden sprachpflegerischen Ideen in den Niederlanden beeinflußt. Sie bildeten neue Wörter durch Komposition und Ableitung nach dem niederländischen Beispiel. Ph. v. Zesen, einer der Vertreter des übertriebenen Purismus, hat sogar einen Teil seiner "Neubildungen" aus dem Niederländischen lehnübersetzt (Smet 1984, S. 927).

Nach dem Dreißigjährigen Krieg gab es einen starken Einfluß Frankreichs auf Deutschland, zu dem engere Handelsbeziehungen zwischen den zwei Ländern beigetragen hatten. Der deutsche Adel strebte nach neuen Luxus- und Modeartikeln, um mit deren Hilfe den Lebensstil des französischen Adels zu imitieren. Die intensiven Handelsbeziehungen zwischen den beiden Ländern und die Zuwanderung von französischen Bürgern, etwa 30 000 Hugenotten, (1685) in den deutschen Sprachraum intensivierten die Einführung französischer Waren, Gewohnheiten und Wörter, denn sprachliche Entlehnung geschieht oft mit der gleichzeitigen Übernahme eines neuen Gegenstands oder Sachverhalts, den die entlehnende Sprache zusammen mit dem Namen dieses Gegenstands aus der Gesellschaft übernimmt, die ihn zuerst geprägt hatte[1]. Auf dem Gebiet der Architektur, vor allem der Kriegs- und Wehrarchitektur, des Schloßbaus, aber auch im Bereich des Essens, der Kleidung, des Schmucks wurden französische Vorbilder eingeführt. Der starke Gebrauch von französischen Fremdwörtern war im mündlichen und schriftlichen Sprachgebrauch deutlich zu erkennen (Olt 1987, S. 300-306). Als Reaktion auf den französischen Einfluß auf deutsche Sprache und Sitten entwickelte sich ein starker Strom des deutschen Sprachpurismus, und es kam gleichzeitig zu einer Aktivierung des deutschen Nationalgefühls.[2]

Gleichzeitig gab es puristische Bestrebungen gegen den Einfluß des Lateinischen; Chr. Thomasius hielt ab der zweiten Hälfte des 17. Jahrhunderts Vorlesungen in deutscher Sprache, und sein Schüler Chr. Wolff ersetzte lateinische philosophische Begriffe durch deutsche Wörter.

Von den Sprachreinigern des 18. Jahrhunderts sind vor allem drei besonders nennenswert: Klopstock gehört zu den Vertretern des "nationalen" Purismus. Seine Vorstellungen und Theorien bezweckten, das deutsche Nationalgefühl zu wecken. Gottsched und Adelung hatten nicht nur gegen die Fremdwörter gekämpft, sondern sich auch mit dem Begriff "Hochdeutsch"

---

1 Diese These wurde bis jetzt in der deutschen und griechischen Fachliteratur wiederholt vertreten, z.B. von Rechtmann (1953, S. 75).
2 In den sechziger Jahren dieses Jahrhunderts hat v. Polenz die These vertreten, daß der Sprachpurismus in Deutschland sich immer im Zusammenhang mit einer politischen Aktivierung des Nationalgefühls zu Höhepunkten gesteigert hat (v. Polenz 1967b, S. 80). Ein Blick in die Geschichte bestätigt diese These.

beschäftigt. Sie hatten versucht, eine über den Dialekten stehende hochsprachliche Norm herauszubilden.

2.) Im Rahmen der puristischen Bestrebungen hatte die Akademie der Wissenschaften zu Berlin im Jahr 1792 einen Wettbewerb zur Abfassung von Aufsätzen über die Sprachreinigung organisiert. Den zweiten Preis erhielt J. F. A. Kinderling für seinen Aufsatz "Ueber die Reinigkeit der deutschen Sprache" und den ersten Preis J. H. Campe, der als Vertreter der aufklärerisch-pädagogischen Richtung des Purismus gilt.

Allgemeinverständlichkeit der Sprache, Flexibilität und Anpassungsfähigkeit, damit sie allen gesellschaftlichen Ständen dienen kann, Vernunft und Moralität (also Entfernung von unmoralischen und vulgären Wörtern) sind einige Sprachprinzipien, die schon in den frühen Werken Campes (1790-1792) zu finden sind. Im Sinne der Allgemeinverständlichkeit will Campe auch termini technici, Namen für neu eingeführte Erfindungen und Wörter, die alle europäischen Sprachen akzeptiert haben, nicht aus der Sprache entfernen. Sein bedeutendstes Werk ist das 1801 veröffentlichte "Wörterbuch zur Erklärung und Verdeutschung der unserer Sprache aufgedrungenen fremden Ausdrücke".

Campes Verdeutschungsprogramm wurde zu einem Anlaß, über den Purismus um 1800 neue Überlegungen anzustellen. Während v. Polenz (1967b) der Auffassung ist, daß der deutsche Sprachpurismus immer nationalistischen und reaktionären Zwecken gedient hat, betont Schiewe (1988), daß bei Puristen wie Campe der Sprachbegriff ein rein funktionaler war. Seine Sprachbetrachtungen gingen nicht von diachronischen Gesichtspunkten aus, sondern von synchronischen: Fremdwörter kritisierte er nicht wegen ihrer Herkunft - wie die Vertreter des nationalen Purismus - , sondern weil sie nicht allen Sprachteilhabern verständlich waren. Er unterschied zwischen zwei Varietäten des Deutschen: der "Sprache der Gebildeten" und der "Sprache des Volkes". Fremdwörter waren den Sprechern, die nur die zuletzt genannte Varietät beherrschten - und das war damals der weitaus größte Teil der Deutschen - , nicht verständlich.

Die Anfänge von Campes Beschäftigung mit der Sprache liegen in Frankreich. Die Tatsache, daß dort untere Gesellschaftsschichten sprachlich und gedanklich am politischen Zeitgeschehen teilnehmen konnten, überraschte ihn und brachte ihn dazu, über entsprechende Verhältnisse in Deutschland und über die deutsche Sprache nachzudenken. Als Anhänger der Französischen Revolution wollte er ihre freiheitlichen Ideen nach Deutschland transportieren und sie den unteren, weniger gebildeten Schichten zugänglich machen. Zur Aufklärung und politischen Bildung des Volkes sei - so Schiewes Interpretation des Campeschen Programms - die sprachliche Umsetzung der Ideen nötig gewesen, die nur dann wirken könnten, wenn sie verständlich, d.h. deutschsprachlich ausgedrückt würden. Schiewe (1988) spricht von einer Fortsetzung der Revolution mit sprachlichen Mitteln: Ein gebildetes Volk könnte das Herrschaftssystem durchschauen; es ließe sich nicht mehr unbeschränkt regieren. Somit ist Campes Forderung nach Allgemeinverständlichkeit politisch zu verstehen. In dieser politischen, sprachlich bedingten Entwicklung sah er die Möglichkeit einer grundlegenden Gesellschaftsveränderung (vgl. Schiewe 1988, bes. S. 182-215).

Ein Teil von Campes Verdeutschungen hat sich in der deutschen Sprache durchgesetzt; in diesem Sinne hat er den deutschen Wortschatz bereichert, z.b. für "indubitable" hat er "zweifellos" vorgeschlagen, für "completieren" "vervollständigen", für "Insucces" "Mißerfolg", für "Hospitant" "Gasthörer" und für "Lazarett" "Krankenhaus".

Trotzdem hat er gewisse Übertreibungen nicht vermeiden können, und so sind einige von seinen Verdeutschungen nicht der Sprache einverleibt worden, entweder weil sie
- zu große Zusammensetzungen waren (z.B. "Meinungssonderbarkeit" für "Paradoxie")
- sogar für uns heute fast lächerlich klingen (z.B. "Wortwahrungswerk" für "Glossar" oder "markscheidender Vernunftforscher" für "kritischer Philosoph")
- schwer auszusprechen waren (z.B. "Kunststrom" für "Kanal")
- in der Wortbildung nicht produktiv sein konnten (z.B. "Luftbeschaffenheit" für "Klima") oder
- die Verdeutschung zu eng gefaßt war (z.B. "Prüfungsgespräch" für "Colloquium", "schulrecht" für "klassisch") (vgl. Daniels 1959 in 1979, S. 156-169).

Campe hat bis ins 20. Jahrhundert Puristen beeinflußt, einige Schriftsteller (z.B. Brentano) haben ihn aber auch verspottet. Campes direkter Nachfolger K. W. Kolbe (Anfang des 19. Jahrhunderts) befaßte sich ausschließlich mit der Theorie der Sprachreinigung, er hat keine Verdeutschungen vorgeschlagen. Er betonte den Wert der Sprache als einer ästhetischen, einheitlichen Struktur und gilt als ein Vertreter der sprachstrukturellen Richtung des Purismus. Zu den strengsten Sprachreinigern dieser Phase gehört F. L. Jahn. Sein intensiver Patriotismus brachte ihn dazu, fast alle Fremdwörter zu verwerfen, selbst die Lehnübersetzung. Quellen für neue Wörter sind nach Jahn die Mundarten, verwandte Sprachen, veraltete Wörter und auch die Werke von Luther und älteren Sprachpuristen. Wegen der Eigentümlichkeit seines Stils ist Jahn von den Gegnern der Sprachreinigung verspottet worden. Eine ähnliche Theorie hat auch der Philosoph K. C. F. Krause vertreten. C. H. Wolke interessierte sich besonders für eine Terminologie der deutschen Grammatik.

Die Sprachpuristen sahen sich als Verteidiger des Deutschen - und das nicht nur im sprachlichen Bereich, sondern auch im nationalen. "Eine Überfremdung der Nationalsprache kam einer kognitiven Überfremdung der Sprachnation gleich, was auf jeden Fall zu verhindern war" (Kirkness 1984a, S. 296). Das ist im Zusammenhang mit den Befreiungskriegen gegen Napoleon (1812-1815) und dem darauf folgenden Haß gegen die Franzosen zu sehen.

Jean Paul gehört zu den Vertretern der gemäßigten Sprachreinigung. Obwohl er die Sprachreiniger unterstützte, teilte er nicht völlig ihre Ansichten und war Fremdwörtern gegenüber nachsichtiger. Er war einer der produktivsten Wortschöpfer.

3.) Ein neuer puristischer Strom setzte Mitte des 19. Jahrhunderts ein. K. G. Jochmann entwickelte eine Theorie, nach der es abgeleitete Sprachen (wie das Französische) und ursprüngliche Sprachen (wie das Deutsche) gäbe, und gerade letztere dürften keine Fremdwörter übernehmen. Nach A. Fuchs ist das einzige Kriterium, das über das Akzeptieren eines Fremdwortes zu entscheiden hätte, die Zeit seiner Entlehnung. Entlehnungen nach der zweiten Lautverschiebung sollten meistens entfernt werden, vor allem wenn sie nicht leicht aussprechbar seien. Die Wortschöpfungen J. D. C. Bruggers haben oft den Spott der puristischen Gegner hervorgerufen, vor allem weil es sich bei ihnen um umständliche Umschreibungen der Fremdwörter handelte, die er vermeiden wollte. Er schlug z.b. vor: "Arzneikügelchen" für "Pille", "allgemeingläubig" für "katholisch", "hochkunstanstaltlich" für "akademisch". Seine Sprachtheorien stehen mit seinen politischen Vorstellungen in Beziehung. In seiner Schrift "Das Urbild der deutschen Reinsprache, aus der Geschichte, dem Wesen und dem Geiste unserer Sprache dargestellt" hält er (S. 164) "die deutsche Reinsprache" für "das große Band, welches die vierzig Großtausende von Deutschen aller Gauen und Stämme miteinander zu einer unzertrennlichen Einheit und Ganzheit, zu einer Vollheit verbindet" (zit. nach Kirkness 1975, S. 325). F. Kruger spricht in seiner Sprachtheorie von "Wurzelwörtern", aus denen systematisch größere deutsche Wortfamilien geschaffen werden sollten, wie z.B. die Wortfamilie, die er von der Wurzel "ton" gebildet hat: "Tonkunst" statt "Musik", "Töner" statt "Musikant", "Tonspiel" statt "Oper" usw. (vgl. Kirkness 1975, S. 349).

U.a. aufgrund derartiger Übertreibungen hatte diese Phase des Purismus in den fünfziger Jahren des 19. Jahrhunderts nachgelassen, erreichte aber einen neuen Höhepunkt in den siebziger Jahren desselben Jahrhunderts, nach dem Sieg der Deutschen über die Franzosen und der Gründung des (zweiten) Deutschen Reiches (1871). Diese Welle unterscheidet sich von den vorigen insofern, als die Fremdwortfrage nicht mehr von einzelnen Sprachgelehrten oder kleineren Verbänden, sondern von Behörden und breiteren Kreisen aufgeworfen wurde. Im Rahmen der Neuorganisation des öffentlichen Lebens wurden nach zwei Verordnungen des Generalpostmeisters Heinrich v. Stephan die Ausdrücke der postalischen Amtssprache eingedeutscht. Es folgten Eindeutschungen im Militär-, Bahn- und Justizwesen von Otto Sarrazin. Im Jahr 1885 wurde durch den Kunsthistoriker Hermann Riegel der "Allgemeine Deutsche Sprachverein" gegründet. Zum ersten Mal wurde eine öffentliche Institution zu einem Träger der Sprachreinigung und der allgemeinen Sprachpflege. Die Gründung von Zweigvereinen, außer dem zentralen, die Gewinnung von Lehrern und sogar von bekannten Persönlichkeiten als Mitglieder und Vorstandsmitglieder und die Zusammenarbeit mit Ämtern, Behörden und Regierungsstellen sind einige Punkte, die diese Bewegung von früheren puristischen Bewegungen unterschieden und zu ihrer Verbreitung viel beigetragen haben.

Obwohl die Sprachreinigung zu den zentralen Zielen des Vereins gehörte[1], hat es an gemäßigten Haltungen nicht gefehlt. So hat der stellvertretende Vorsitzende des Vereins

---

1 "Möchte jeder deutsche Mann und jede deutsche Frau und jeder deutsche Knabe und jedes deutsche Mädchen es voll und tief im Herzen empfinden, welche Schande es ist, immer die wälschen Sudelwörter im Munde zu führen", Zeitschrift des Vereins, I/1886, Spalte 3/4, zit. nach Bernsmeier (1977, S. 371).

bestimmt, daß folgende Gruppen von Wörtern nicht "zu bekämpfen" seien: 1. die unentbehrlichen Fremdwörter, "die als Nomen zusammen mit fremden Dingen nach Deutschland kamen, Bezeichnungen für Einrichtungen fremder Völker, wissenschaftliche Fachausdrücke und Wörter, für die es keinen deutschen Ausdruck gibt" (ebd., S. 375); 2. die "Lehnwörter", die sich "im Laufe der Zeit bei uns eingebürgert und deutsche Gestalt angenommen haben" (ebd., S. 376).

Diese sprachpflegerischen und -reformatorischen Bestrebungen zielten - laut Satzung - auf eine Kräftigung des deutschen Nationalbewußtseins. Wie zur Zeit der Befreiungskriege gegen Napoleon ist der Purismus als Mittel nationaler Erziehung des Volkes zu sehen.

Seit 1886 erschien monatlich die Zeitschrift des Allgemeinen Deutschen Sprachvereins. Der Verein gab auch viele Fremd- und Verdeutschungswörterbücher heraus, etwa Verdeutschungen verschiedener Fachsprachen, z.B. der Handelssprache (1889), des häuslichen Lebens (1890), der Amtssprache (1892), des Bergbaus und der Hüttenkunde (1895), der Schulsprache (1896), der Heilkunde (1897) oder der Tanz- und Schauspielkunst (1899) (vgl. Kirkness 1984b, S. 150-158). Der Allgemeine Deutsche Sprachverein hatte eine große Verbreitung und setzte seine Tätigkeit bis in die zwanziger Jahre dieses Jahrhunderts fort. Er konnte die Sprache des frühen 20. Jahrhunderts beeinflussen. Jedoch gab es auch Reaktionen und Bewegungen gegen ihn. So verfaßten Ende des 19. Jahrhunderts (1889) 41 Gelehrte und Schriftsteller (u.a. Fontane, Heyse, Virchow) eine Erklärung gegen den Purismus des Allgemeinen Deutschen Sprachvereins. In dieser Erklärung betonten sie, daß Wörter fremder Herkunft eine wichtige Rolle in der natürlichen Entwicklung jeder Sprache spielen, weder eine Akademie noch die Behörden dazu befugt seien, den Sprachgebrauch von oben her zu regeln und die Fremdwortfrage wenig mit Nationalgefühl und Vaterlandsliebe zu tun habe (Preußische Jahrbücher, März 1889, zit. in Kirkness 1975, S. 386)[1].

Der deutsche Sprachpurismus erreichte einen weiteren Gipfel zur Zeit des Ersten Weltkriegs und wurde (wieder) von einem "militanten Chauvinismus" gekennzeichnet (vgl. Kirkness 1984a, S. 297; v. Polenz 1967b, S. 81). Der Publizist E. Engel sprach in seinen Werken von der "Ausrottung dieses Krebsgeschwürs am Leibe deutscher Sprache, deutschen Volkstums, deutscher Ehre" und von seinem Haß "gegen die Schändung der schönsten Sprache der Welt"[2].

---

1 Schon in den fünfziger Jahren des 19. Jahrhunderts verlangten viele Menschen eine genormte einheitliche Schreibung, damit Schwankungen überwunden werden könnten. Im Jahr 1880 wurde von Konrad Duden das "Vollständige Orthographische Wörterbuch der deutschen Sprache", der erste Duden, veröffentlicht. "Dudens Streben nach Einheitsschreibung stand im engen Zusammenhang mit dem nationalistischen Erlebnis der Reichsgründung" (Bernsmeier 1980, S. 126). Vorschläge für Rechtschreibreformen gab es auch Anfang dieses Jahrhunderts innerhalb des Sprachvereins, vor allem durch A. Schmitz, die sich auch auf die Schreibung von Fremdwörtern bezogen. Schmitz schlug z.B. vor, die Eliminierung des "h" bei Fremdwörtern, also "Teater", und die Ersetzung von "ti" durch "zi"; diese Vorschläge wurden aber vom Vorstand des Vereins abgelehnt (ebd., S. 126). Eine ausführlichere Darstellung der Rechtschreibreformen für Fremdwörter in historischer Sicht bietet Zabel (1987b, bes. S. 8-24).
2 Engel, Eduard: Entwelschung, Verdeutschungsbuch für Amt, Schule, Haus und Leben, Leipzig 1918, S. 22 und 23, zit. nach P. v. Polenz (1967b, S. 81).

Bei der Sprachreinigungsbewegung handelt es sich um eine Erscheinung, die nicht isoliert zu betrachten ist. Sie hängt unmittelbar zusammen mit der Ideologie "zum Schutz und zur Stärkung des Deutschtums", die damals im politischen Leben herrschte. Insofern war die Verdeutschungsbewegung eine "Begleiterscheinung" des allgemeinen politischen Klimas. Diese These wurde schon im Jahr 1918 von L. Spitzer geäußert. Nach Spitzer hat sich damit der Deutsche Sprachverein "aus einer wissenschaftlichen in eine politische Institution gewandelt" (Spitzer 1918, S. 45).

Ab den zwanziger Jahren dieses Jahrhunderts findet sich in den Spalten der Zeitschrift des Vereins (so Bernsmeier 1980, S. 136) ein "deutschnationaler, tendenziell profaschistischer Zug". Durch den Abdruck z.B. von Werbetexten über Hakenkreuzschmuck oder "Germanische Namensschildchen" wird deutlich, daß der Verein sich an einer bestimmten politischen Richtung orientierte. In den dreißiger Jahren dieses Jahrhunderts kritisierten einige Vereinsmitglieder den Fremdwortgebrauch der Nationalsozialisten. "Daß der Gebrauch bestimmter Fremdwörter im totalitären Staat oft absichtlich dazu dient, die Gedanken der Führer gerade nicht für alle erkennbar zu machen, davon ahnt der biedere Sprachreiniger noch nichts" (v. Polenz 1967b, S. 83)[1].

2.1.3. Die fünfziger und sechziger Jahre in der Bundesrepublik Deutschland

Klagen über zu starken Fremdwortgebrauch waren immer im Laufe der fünfziger und sechziger Jahre in Zeitungen und wissenschaftlichen Zeitschriften zu finden, in der Bundesrepublik aber nicht mehr in dem Ausmaß wie zu den puristischen Zeiten und nicht mehr von einer öffentlichen Institution gelenkt. Die "Gesellschaft für deutsche Sprache", die 1947 in Wiesbaden gegründet wurde, hatte ganz andere Ziele als der "Deutsche Sprachverein".

In den fünfziger Jahren erschien eine Abhandlung, die den Gebrauch von Fremdwörtern verteidigt: Es handelt sich um das Buch von H. J. Rechtmann (1953) "Das Fremdwort und der deutsche Geist. Zur Kritik des völkischen Purismus", meines Wissens eine der ersten Schriften nach 1945, die zur Benutzung von Fremdwörtern positiv eingestellt ist. Rechtmann versuchte, die Argumentation der Puristen zu widerlegen: "die fremdwortbeladene (...) Sprache aus einer der 'Franzosenzeiten' der deutschen Geistesgeschichte, dem 12./13. oder dem 18. Jahrhundert (habe; I. K.) einen eigentümlichen Reiz", "historisches Kolorit" und "ästhetische Echtheit" (Rechtmann 1953, S. 28). Fremdwörter seien Zitate aus fremden Sprachen, und keine Übersetzung sei angemessen. Eine Verdeutschung sei eine Verleugnung des Zitats. Das

---

1 Auf weitere Richtungen dieser Phase des deutschen Sprachpurismus werde ich nicht eingehen, denn es ist hier besonders schwer, sich allein auf die sprachlichen Erscheinungen zu beschränken, ohne zugleich den politischen und sozialen Kontext zu berücksichtigen (vgl. v. Polenz 1967b, Bernsmeier 1983 und Simon 1989).

neugebildete Wort sei traditionslos, nicht zitierend, habe keine Geschichte, keine Tiefe und bedeute eine Verarmung des Wortes. Deshalb "gehen wir" (nach Rechtmann) ins Theater, "wie die Zeitgenossen des Euripides" und nicht ins Schauhaus; und "wir wollen eine Oper hören und nicht ein Singwerk" (ebd., S. 117). Rechtmann betont weiterhin den Wert des Fremdwortes, vor allem, wenn es zum Weltwort wird, und das ist der Fall, wenn es in literarischen, journalistischen und wissenschaftlichen Texten gebraucht wird, die über die Grenzen eines Landes hinweg sich ausbreiten (ebd., S. 172-177).

Das Englische hat das Deutsche in den letzten drei bis vier Jahrzehnten am meisten beeinflußt. Intensive Beziehungen mit England und vor allem den USA führten u.a. zu englisch-deutschen Sprachkontakten. Dabei ist der englisch-amerikanische Einfluß auf das Deutsche stärker als umgekehrt[1]. Er war (und ist immer noch) stark im Bereich der Technik, reicht aber bis in die Sphären der Unterhaltung und der Freizeit - Filme und Fernsehprodukte wirken hier besonders stark.

In den fünfziger und sechziger Jahren bedingte die Wirtschafts- und die technische Entwicklung den Ausbau (oder Umbau) einzelner Technik-Fachsprachen. Die Industrialisierung der Landwirtschaft im Laufe der sechziger Jahre brachte eine neue technische Terminologie mit sich; gleichzeitig veralteten ältere Wortschätze, die mit veraltenden Berufen und Techniken in Verbindung standen (z.B. Bereich des Wagenbaus). Die neuen (Fach-)Wortschätze waren vom Englisch-Amerikanischen beeinflußt. Die Auswanderung deutscher Naturwissenschaftler nach Nordamerika war ein Grund für die Umstellung der Naturwissenschaften in Deutschland auf das Englische. Auch andere Disziplinen wurden von englisch-amerikanischen Vorbildern geprägt, z.B. die Wirtschaftswissenschaften. Englische Einflüsse machten sich ab den sechziger Jahren auf den Wortschatz des Luftverkehrs bemerkbar; deutsch-englische Mischfachsprachen entwickeln sich (bis heute) in entsprechenden Kommunikationssituationen[2] (Steger 1989, S. 18-23).

Den Einfluß des Englischen auf das Deutsche kann man nach Viereck (1984, S. 940) in drei Entlehnungsperioden aufteilen:
a) bis zum Ersten Weltkrieg
b) die Zeit zwischen den zwei Weltkriegen. In dieser Phase fing die intensive Übernahme von Amerikanismen an und

---

1 Studien zum Einfluß des Deutschen auf das Englische sind in der Fachliteratur auch vorhanden: vgl. z.B. Eichhoff (1971 in 1979), Pfeffer (1986) und Kann (1989).
2 Ab den sechziger Jahren bewirkte die Einwanderung von Arbeitskräften (Gastarbeitern) aus Italien, Spanien, Griechenland und der Türkei Einflüsse aus diesen Sprachen auf das Deutsch der Alltagssprache. Diese Einflüsse nahmen besonders in den siebziger und achtziger Jahren zu.

c) nach dem Zweiten Weltkrieg. In dieser Periode nahmen die englisch-amerikanischen Entlehnungen zu aufgrund des politischen, wirtschaftlichen, technischen und wissenschaftlichen Übergewichts der USA[1].

2.1.4. Die siebziger und achtziger Jahre in der Bundesrepublik Deutschland

Das Englische und Amerikanische bleiben weiterhin die wichtigste Quelle für Entlehnungen. Wie zu erwarten, ist die Zahl der direkten Entlehnungen aus dem Englischen relativ groß, die täglich, vor allem durch die Werbung und die Massenmedien, ins Deutsche übernommen werden, z.B. "Skyjacker", "Leasing", "Backlash", "Bypass", "Recycling".

Interessant sind auch die Scheinentlehnungen. Dabei unterscheidet man lexikalische und semantische Scheinentlehnungen.

Unter lexikalischen Scheinentlehnungen versteht man Wörter, die im Deutschen mit (ganz oder teilweise) englischem Morphemmaterial gebildet worden sind, in dieser Form oder in dieser Bedeutung im Englischen aber nicht existieren; dabei handelt es sich meistens um Komposita, bei denen das Morphemmaterial nicht scheinentlehnt ist, "wohl aber das Kompositum mit seiner Bedeutung als Ganzes" (Carstensen 1981b, S. 176). In diese Kategorie ordne ich auch den Sonderfall "Twen": eine lexikalische Scheinentlehnung, aber kein Kompositum.

Bei den lexikalischen Scheinentlehnungen unterscheidet Carstensen (1981b, S. 176, meine Hervorhebung) folgende Untergruppen: a) <u>lexikalische Scheinentlehnungen, die "in Analogie zu ähnlichen vorhandenen englischen Begriffen im Deutschen gebildet worden" sind, jedoch als solche Zusammensetzungen im Englischen nicht existieren</u>. Beispiele dafür sind: "Showmaster"

---

[1] Einzelne englische Entlehnungen ins Deutsche gab es schon seit der Mitte des 17. Jahrhunderts. Es handelt sich um wissenschaftliche Begriffe, die zuerst in England geprägt worden sind, z.B. "Logarithmus", "centrifugal", "centripetal". Im 18. Jahrhundert, als sich im deutschen Sprachraum vier Zentren englischen Einflusses entwickelten (Hamburg, Leipzig, Zürich und Göttingen), von denen die Ausbreitung (übersetzter) englischer Literatur ausging, kam es zur ersten "Einwanderung" englischen Wortguts ins Deutsche. Eine Entlehnung aus dieser Zeit ist z.B. "Steckenpferd"; heute wird im Deutschen meist die zweite Entlehnung dieses Wortes, "Hobby", gebraucht; engl. "popular song" wurde von Herder einmal mit "Populärlied" und dann mit "Volkslied" wiedergegeben; letzteres wurde um 1847 ins Englische als "folk song" rückentlehnt und "popular" (song, music) nach 1945 noch einmal ins Deutsche in der Abkürzung "Pop" entlehnt. Ausdrücke aus den Naturwissenschaften, wie "Spektrum", "Barometer", aus der Politik "Koalition", "Opposition", aus Handel und Finanzwesen "Ex-", "Import", "Banknote", aus der Seefahrt "Kutter", "Linienschiff" gehören zu den englischen Entlehnungen des 18. Jahrhunderts.

Im 19. Jahrhundert war wieder der englische Einfluß auf das Deutsche vorherrschend. Neben neuen Wörtern, die mit englischen wissenschaftlichen Entdeckungen zusammenhängen, z.B. "Dampfschiff", "Lokomotive", "Darwinismus", "Evolutionstheorie", wurden viele Sportarten mit den entsprechenden Fachausdrücken aus England eingeführt, wie "Tennisspielen" und "Fußball". Das Wort "Sport" selbst ist englischen Ursprungs. Am Anfang des 20. Jahrhunderts wurden einige Ausdrücke des Fußballs ins Deutsche übersetzt, von denen sich viele in Deutschland durchsetzten, im Gegensatz zu Österreich, wo die Sprache des Fußballs und des Sports allgemein heute noch wesentlich stärker mit englischem Wortgut durchsetzt ist, z.B. "der Corner", "das Goal"/"ein Goal schießen", "das Out" (vgl. Viereck 1984, S. 939-940).

und "Talkmaster", die in Analogie zu "quizmaster" gebildet wurden. Im Englischen gibt es nur "showman", was nicht genau die Bedeutung von "Showmaster" hat.

Auch die deutsche Bildung "Pullunder" ist mit englischem Morphemmaterial in Analogie zu "Pullover" entstanden. Hier hat sogar eine Bedeutungserweiterung stattgefunden. "Pullunder" war ursprünglich ein ärmelloser Pullover, den in erster Linie Männer unter der Jacke trugen. Im Laufe der Zeit wurde das Wort "Pullunder" auch für die Frauenkleidung übernommen (DUDEN Fremdwörterbuch 1982, S. 637). Hannah (1987, bes. S. 100-102) hat diese Bedeutungserweiterung aufgrund von empirischen Untersuchungen bestätigt. Seine Testpersonen, die das Wort in seiner späteren Bedeutung kannten, waren jünger, mehr Frauen als Männer und mehr an Mode interessiert. Sie gaben als Erklärung, "Pullunder" heiße so, "weil andere Kleider darunter getragen werden". Diejenigen, die das Wort in seiner früheren Bedeutung kannten, meinten "Pullunder" heiße so, "weil er unter anderen Kleidern getragen wird" (vgl. Hannah 1987, S. 98-106).

"Coverboy" ist in Analogie zu "covergirl" im Deutschen entstanden, im "Longman Dictionary of Contemporary English" (1987) ist "covergirl" nicht verzeichnet, wohl aber "cover" (u.a. auch) in der Bedeutung "the outer front or back page of a magazine or book" (ebd., S. 237). "Longseller" und "Steadyseller" sind in Analogie zu "bestseller" gebildet worden.

b) <u>Eine andere Art von lexikalischen Scheinentlehnungen stellen solche Bildungen (meist Zusammensetzungen) dar, die ebenfalls im Deutschen mit englischen Morphemen gebildet wurden, aber auch im Englischen existieren.</u> Sie haben da aber eine ganz andere Bedeutung. Carstensen (1981b, S. 178) nennt sie "analoge lexikalische Scheinentlehnungen mit zufälliger englischer Formentsprechung". Das Wort "callboy" gibt es z.B. im Englischen mit der Bedeutung "jemand, der Schauspielern Bescheid sagt, wenn sie auf die Bühne kommen sollen"; aber im Deutschen bedeutet "Callboy" das männliche Gegenstück zu "Callgirl".

Weitere lexikalische Scheinentlehnungen sind z.B. die Wörter "Dressman" und "Twen". Carstensen (1981b, S. 179) übernimmt die Schreibung "Dreßman" und meint, daß bei diesem Wort "nicht eindeutig geklärt werden kann, ob es sich ebenfalls um eine Analogie handelt, oder ob der neue Begriff unabhängig von vorhandenen englischen Wörtern entstanden ist". Demgegenüber ist Hannah (1987) der Meinung, daß die zwei Bestandteile des Wortes in ihrer ursprünglichen Form übernommen und anschließend zur Bildung einer Berufsbezeichnung zusammengesetzt wurden. Das ist im Englischen und im Deutschen öfter der Fall. Dabei war die einzige Änderung die Großschreibung. Daß "Dressman" eine deutsche Erfindung ist, dafür spricht auch, so Hannah, daß es das Wort im Englischen nicht gibt und bei einer eventuellen Zusammensetzung die Bedeutung ziemlich unklar wäre, weil die zwei Wörter im Englischen mehrere Bedeutungen haben (vgl. Hannah 1987, S. 119-129). Hannah verwendet für derartige deutsche Schöpfungen den Ausdruck "Lehnfremdbildung", doch die Bezeichnung Carstensens "lexikalische Scheinentlehnung" scheint mir besser zu sein, da sie das Gemeinte eindeutig wiedergibt.

Im DUDEN Fremdwörterbuch 1982 (S. 781) wird "Twen" als "anglisierende Bildung zu engl. 'twenty'" betrachtet und als "junger Mann, (seltener auch:) junges Mädchen in den Zwanzigern" erklärt. "Twen" stellt insofern einen Sonderfall dar, als die volle englische Form, aus der es abgeleitet ist, nie ins Deutsche entlehnt wurde. Als Ausgangspunkt für die Entstehungsgeschichte von "Twen" wird das englische Wort "teenager" angesehen, dessen Entlehnungszeit ins Deutsche in den fünfziger Jahren des 20. Jahrhunderts bestimmt wird. "Teenager" wurde daraufhin zu "Teen" abgekürzt, was wahrscheinlich eine deutsche Entwicklung ist. In englischen Wörterbüchern ist bis heute "Teen" mit der Bedeutung "junger Mensch im Alter zwischen 13 und 19 Jahren" nicht aufgeführt, sondern nur die Pluralform "teens" mit der Bedeutung "the period of one's life between and including the ages of 13 and 19" (Longman Dictionary 1987, S. 1087). Mit der Abkürzung "Teen" wurde die Basis zur Bildung "Twen" geschaffen, da keine Bezeichnung für die Altersgruppe von 20-29 zur Verfügung stand; das Bedürfnis nach einer Bezeichnung entstand in den späten fünfziger Jahren mit dem Erscheinen der Zeitschrift "Twen, Revue der Zwanzigjährigen", die bis 1971 erschien (vgl. Carstensen 1979b, S. 157). Hannah (1987, S. 117) hat durch seine empirischen Untersuchungen festgestellt, daß das Wort heutzutage keine so große Verbreitung hat, weniger als das Wort "Dressman". Das ist möglicherweise darauf zurückzuführen, daß erstens das Bedürfnis nach der Bildung von "Twen" ein künstliches war, was mit der Entstehung von "Dressman" nicht der Fall war - das Wort wurde mit der gleichzeitigen Entstehung des neuen Berufs gebildet, und der Beruf existiert immer noch - , und zweitens die Betroffenen, d.h. die 20- bis 29jährigen keine so starke Generationszusammengehörigkeit wie die Teenager fühlen (vgl. Hannah 1987, S. 114-118).

Als Variante zu "teenager/teen" wurde auch die Bezeichnung "teenie" (bzw. "teeny") wahrscheinlich im englischen Raum gebildet (ebd., S. 111). In deutschen Wörterbüchern wird das Wort mit der Bedeutung "junges Mädchen bis etwa 16 Jahre" und mit der Bemerkung "Jargon" aufgeführt (DUDEN Fremdwörterbuch 1982, S. 753). Empirische Untersuchungen zeigen, daß es gerade von den Betroffenen, d.h. von der Altersgruppe 10-19, vermieden wird, was wiederum aufgrund seiner Konnotationen "kindisch", "unreif", "nicht vollwertig" zu geschehen scheint (Hannah 1987, S. 112-114). Die deutsche Bildung "Greenager" ist ein Kunstwort aus "Greenhorn" und "Teenager" (DUDEN Fremdwörterbuch 1982, S. 288), hat aber keine so große Verbreitung.

Schließlich sei noch erwähnt, daß Bildungen, wie "Relax-Album", "Junkpunker", "Live-Gig", "Creativ Rock", Wortspiele wie "Show-fan-ster", "Who-rra" (vgl. Hess-Lüttich 1987, S. 37), hauptsächlich in der Jugendpresse belegt sind; es handelt sich eher um Augenblicksbildungen, die aber trotzdem eine intensive Anwesenheit und Produktivität englischer Elemente im Deutschen zeigen.

In einigen Fällen kann es vorkommen, daß ein englisches Wort übernommen wird, das im Laufe der Zeit morphologischen Veränderungen unterliegt, oder daß ein englisches Morphem in der Wortbildung des Deutschen produktiv ist.

Carstensen (1979b) unterscheidet elf verschiedene Kategorien morphologischer Eigenwege des Deutschen bei der Übernahme englischen Wortmaterials. Für die Zwecke der vorliegenden Untersuchung und des Überblicks, der in diesem Abschnitt gegeben wird, nenne ich nur die folgenden drei Fälle, die mir von Bedeutung scheinen:

a) **Kürzungen**
- Kürzung von Einzelwörtern; z.B. "professional" wird zu "Profi", "pullover" zu "Pulli" und "fashionable" zu "fesch". Auch die ehemalige DDR blieb hier nicht passiv: sie kürzte "plastic(s)" zu "Plast".
- Kürzung von Komposita; "frockcoat" wird zu "Frack" gekürzt, "smoking-jacket" zu "Smoking", "happy ending" zu "Happy End".

b) **Morphologisch veränderte Formen**

"flag" wird zu "Flagge", "knocked out" zu "knockout". Seit kurzer Zeit gibt es sogar eine Bezeichnung für den Akt des "knockouts": "ausknocken" (FR vom 11.8.85, zit. in Probst 1989, S. 89). "The bowl" wird zu "die Bowle", und zugleich wird die Bedeutung verändert. "Bowl" ist "a deep round container open at the top (...) for holding liquids, flowers, etc." (LD 1987, S. 112. "LD" für "Longman Dictionary of Contemporary English.").

Bei Verben wird die deutsche Infinitivendung "-en" angefügt, z.B. "jetten", "leasen", "hitchhiken", "campen", "grillen", "featuren", "liveacten", "verdealen" (vgl. Carstensen 1979b, S. 165; Hess-Lüttich 1987, S. 38).

c) **Prä- und Suffixe**
- Deutsche Prä- und Suffixe werden an das englische Verb angefügt, z.B. neben "checken" existieren noch "abchecken", "durchchecken", "ein- und auschecken". Diese Tendenz zeigt sich auch bei Substantiven (z.B. "Interviewter") und bei Adjektiven (z.B. "trailerbar").
- Englische Prä- und Suffixe werden entweder als solche (z.B. "Ex-", "Mini-" oder "Super-") oder lehnübersetzt übernommen, z.B. "-bewußt" nach englisch "-conscious", "Beinahe-" nach englisch "near-" in Wendungen wie "Beinahe-Unfall".
- Das Deutsche verwendet auch englische prä- und suffixähnliche Elemente; diese können in spielerischer Absicht an deutsches Wortmaterial gefügt werden, wie "-ical", das auf englisch "musical" zurückgeht und im Deutschen statt "music-" plus "-al", "mus-" plus "-ical" analysiert wurde (vgl. Carstensen 1985a). "-ical" kann an deutsche Stämme angefügt werden, wie im Fall von "Grusical", für den es bereits im Paderborner Corpus (bei der Vorbereitung eines Anglizismen-Wörterbuchs) zwanzig Belege gibt, ("Unterhaltical", "Werbical"), an englische ("Hippiecal", "Popical") oder

auch an im Deutschen und Englischen gemeinsame Etyma ("Gymnastical", "Historical", "Talentical"). Solche Bildungen findet man vor allem in Zeitungstexten; sie werden meistens zu spielerischen oder ironischen Zwecken gebildet und scheinen eher Augenblicksbildungen zu sein und keine bleibenden Formen (außer "Grusical", das in Wörterbüchern registriert ist).

Übernommen wurden auch einige Bildungen auf "-in". Sie stammen von gewissen Protestaktionen der Neger, wurden in die Sprache studentischer Demonstrationen übernommen und fanden zu Beginn der sechziger Jahre in den USA eine größere Verbreitung. Die Formen "Sit-in", "Go-in", "Teach-in" wurden dann auch in Deutschland Ende der sechziger Jahre bekannt im Zusammenhang mit den Studentenunruhen (vgl. Tschirch 1970). Außer den drei bereits genannten existieren im Deutschen weitere "-in-Bildungen", die aus dem Angloamerikanischen entlehnt oder im Deutschen gebildet sind[1]. Anhand des Beispiels "Roll-in", das 1977 in der Universität Bonn geprägt wurde und "eine Reihe von Veranstaltungen, etwa Podiumsdiskussionen, Teach-ins oder Streikveranstaltungen zu einem bestimmten hochschulpolitischen Thema" bezeichnet (Schmidt 1979, S. 163), meint Schmidt (1979), daß das "-in-Morphem" weiterhin im Deutschen produktiv ist und zur Bildung spezifischer Bezeichnungen dient.

Unter <u>semantischer Scheinentlehnung</u> versteht man die Übernahme eines (in diesem Fall) englischen Wortes, das aber im Deutschen eine oder mehrere Bedeutungen annimmt, die es im Englischen nicht hat.

Viereck W. (1980b, S. 13) stellt fest, bei dem Wort "Single" sei die Bedeutung "an unmarried person" noch nicht in Fremdwörterbüchern verzeichnet. Das trifft heute (1992) nicht mehr zu. "Single" hat sowohl im Englischen als auch im Deutschen u.a. auch die Bedeutung "alleinstehende Person". Aber im Deutschen hat es die Begrenzung "jmd., der bewußt und willentlich allein, ohne feste äußere Bindung an einen Partner lebt, aus dem Wunsch heraus, ökonomisch unabhängig und persönlich ungebunden zu sein" (DUDEN Fremdwörterbuch 1982, S. 706), was nicht mehr nur so zu stimmen scheint; wie im SPIEGEL (39/87, S. 103, zit. in Probst 1989, S. 138) belegt, werben z.B. Milchunternehmen dafür, "speziell für Singles eine halbe Portion in der Drei-Viertel-Liter-Flasche auf den Markt" zu bringen.

Unter der Grundbedeutung "Beginn einer Fortbewegung von einem bestimmten Ausgangspunkt", die das Wort "Start" im Deutschen hat, sind u.a. noch "Abflug eines Flugzeugs", "fahrplanmäßiger Abflug eines Flugzeugs" und "Abflug einer Rakete" zu zählen. Diese Bedeutungen wären für das englische Wort "start" ausgeschlossen. Entsprechende Bezeichnungen wären dann "take-off", "departure", "launch" oder "lift-off".

---

[1] Neben "Drive-in Kinos" existieren seit kurzer Zeit auch "Drive-in Restaurants" (Schnellrestaurant, bei dem man das Eßtablett ins Auto gereicht bekommt) und sogar auch ein "Drive-in Vulkan" als Bezeichnung für eine Freizeitanlage, wo man fast alle Sportarten betreiben kann (FR-Magazin, 23.1.1988, zit. in Probst 1989, S. 50).

Die Bedeutung von "trampen" entspricht nicht der Bedeutung von "to tramp". Das englische Wort für "trampen" ist "to hitchhike". Die Bedeutung von deutsch "Set", "Platzdeckchen für ein Gedeck an Stelle einer Tischdecke", ist im Englischen für "set" unbekannt (vgl. Carstensen 1980c, auch für weitere Beispiele). Zur Bezeichnung von "Boiler" wird im Englischen meist "geysir" gebraucht. Bei dem Wort "Ticket" liegt eine Bedeutungsverengung vor: Während es im Englischen die Fahrkarte allgemein bezeichnet, bedeutet es im Deutschen hauptsächlich "Flugkarte".

Carstensen (1979a) zählt zu den evidenten Einflüssen des Englischen auf das Deutsche auch die sogenannten Mischkomposita. Darunter versteht man Ausdrücke, meist Zusammensetzungen, die aus Bestandteilen zweier verschiedener Sprachen bestehen. Viereck W. (1980b, S. 15) verwendet dafür die Bezeichnung "Teilsubstitution". Dabei sind folgende Typen zu unterscheiden (vgl. Carstensen 1979a, S. 91 und Duckworth 1977, S. 49-50):
a) Komposita nach einem englischen Vorbild, bei dem eines der beiden Wortteile ins Deutsche übersetzt worden ist, z.B. "Hobbygärtner", "Topverkäufer", "Fernsehfeature", "Gehirntrust", "Live-Sendung", "Popmusik".
b) Komposita ohne englisches Vorbild, z.B. "Managerkrankheit", "Boxsport", "Showsendung", "Relaxliege".
c) Komposita mit Elementen aus dem Englischen und aus dem Französischen, z.B. "Manager-Niveau", "Nightclub-Chef", "Varieté-Boss".

Duckworth (1977) lehnt den Ausdruck "Mischkompositum" ab und schlägt "Lehnverbindung" vor, für die Komposita nach englischem Vorbild und "Verbindung" für die Komposita der Gruppe "b". "Zweifelsfälle können ja auch einfach als 'Verbindungen' geführt werden" (ebd., S. 50), denn "mischen" bezeichne eher etwas Zufälliges und Wahlloses als einen bewußten Vorgang, bei dessen Ergebnis die verschiedenen Bestandteile weiterhin erkennbar bleiben.

Neben den evidenten gibt es auch verborgene (latente) Einflüsse des Englischen auf das Deutsche:
Lehnübersetzungen, Lehnübertragungen und Lehnschöpfungen.
Carstensen (1985b) stellt fest, daß es bis 1985 etwa 200 Lehnübersetzungen gab. Damit erhebe sich die Frage, ob und inwiefern man sicher sein könne, daß eine Lehnübersetzung vorliege. Bei etymologischen oder lexikalisch-semantischen Entsprechungen in zwei Sprachen sollte man, so Carstensen, in englischen und deutschen Wörterbüchern systematisch vorgehen und erforschen, welcher Begriff zuerst da war. Er selbst hat das für die Ausdrücke "Wechselwähler" und "rund um die Uhr" durchgeführt und dabei folgendes festgestellt: "Floating voter" ist tatsächlich ein ursprünglicher Amerikanismus und 1905 zum ersten Mal belegt. Der "Wechselwähler" ist im Jahr 1967 von dem Politologen M. Kaase zur Wiedergabe

von "floating voter" "erfunden" und damit im allgemeinen Sprachgebrauch verankert worden (vgl. Carstensen 1979c, S. 11). Die Wendung "rund um die Uhr (schlafen)" gibt es im Deutschen seit Mitte des 19. Jahrhunderts; dazu trat etwa hundert Jahre später eine aus dem Englischen lehnübersetzte Wendung "rund um die Uhr (arbeiten)" (vgl. Carstensen 1977). In einigen Fällen läßt sich aber schwer nachweisen, ob der deutsche oder der englische Ausdruck zuerst da war; schließlich sind auch parallele Entwicklungen in zwei oder mehreren Sprachen nicht auszuschließen.

Im folgenden gebe ich einige Beispiele für bis jetzt bekannte Lehnübersetzungen aus dem Englischen:
"Gipfelkonferenz" < "summit conference"
"Auslandshilfegespräche" < "foreign aid talks"
(vgl. Duckworth 1977, S. 52-53);
"friedliche Koexistenz" < "peaceful coexistence"
"vorgefertigt" < "prefabricated"
"Geburtenkontrolle < "birth control"
"Zweitschlagkapazität" < second strike capacity"
"Gehirnwäsche" < "brain washing"
"Blutbank" < "blood bank"
"Kabelfernsehen" < "cable television"
(vgl. Carstensen 1979a, S. 92);
"Einkaufszentrum" < "shopping center"
"Schaugeschäft" < "show business"
"einarmige Banditen" < "one arm(ed) bandits" für die "Glücksspielautomaten"
(vgl. Viereck W. 1980b, S. 15);
"weiche Landung" < "soft landing"
"Bezugsrahmen" < "frame of reference"
(vgl. Viereck 1984, S. 944).

Carstensen (1985b) gliedert bei seinem "Versuch einer Gliederung der Lehnübersetzungen"
a) nach formalen Kriterien:
>Hier unterscheide man, ob die Bildung aus zwei Nomen bestehe ("Körpersprache" < "body language"), aus einem Adjektiv und einem Nomen ("moralische Aufrüstung" < "rearmament") oder aus zwei Nomen und einer Präposition ("Essen auf Rädern" < "meals on wheels").

b) nach lexikalischen Kriterien:

Hier wäre zu unterscheiden, ob das deutsche Etymon dem englischen entspreche, wie es der Fall bei "brandneu" < "brandnew"[1], "Feldstudie" < "field study" ist, oder ob keine gemeinsamen Etyma vorliegen, wie bei "Königsformat" < "kingsize", "Raumfähre" < space shuttle".

c) nach semantischen Kriterien:

Hier wäre zu unterscheiden, ob es die deutsche Zusammensetzung auch früher und mit einer anderen Bedeutung gegeben hatte, ("Fischauge" < "fish-eye" bedeutete früher "Auge des Fisches", seine neue Bedeutung ist: "neue Art eines Kameraobjektivs"), oder ob es sich um neue Zusammensetzungen handele, z.b. "chemische Keule" < "chemical mace", "Aktionsmalerei" < "action painting".

d) nach Häufigkeitskriterien:

Schließlich unterscheidet Carstensen Lehnübersetzungen, die häufiger und seltener vorkommen. An dieser Stelle möchte ich betonen, daß man sehr vorsichtig sein muß, wenn man Wörter wie z.B. "Heimatland" oder "Hexenjagd" zu den Lehnübersetzungen zählen sollte (vgl. Carstensen 1985b, S. 131-135).

Eine Lehnübertragung liegt vor, wenn ein Wort ein fremdsprachliches Vorbild in "teilweiser Anlehnung nachbildet" (vgl. Duckworth 1977, S. 53). Ebenda sind u.a. "Musikkiste" (juke box) und "Unternehmensforschung" (operations research) als Beispiele für Lehnübertragungen aufgeführt. Carstensen (1979a, S. 92) führt weitere Beispiele für Lehnübertragungen an. Die jeweiligen Ausdrücke sind aber nicht immer in deutschen Wörterbüchern verzeichnet, was den Verdacht offen läßt, daß sie vielleicht Augenblicksbildungen sind und keine festen Bestandteile des Sprachgebrauchs (z.B. "Krisenplanung" nach "contingency planning", "Titelgeschichte" nach "coverstory").

Lehnschöpfungen sind Eigenbildungen der Empfängersprache, in diesem Fall des Deutschen, die geschaffen werden, damit die Wortbedeutung der Ausgangssprache, in diesem Fall das englische Vorbild, wiedergegeben werden kann. Lehnschöpfungen lehnen sich nicht an das Vorbild an (vgl. Duckworth 1977, S. 52 und Carstensen 1979a, S. 92). So ist z.B. "Meinungspflege" gebildet worden, um den Ausdruck "public relations" wiederzugeben (Duckworth 1977, S. 52), "Waffenstrahl" für "laser", "Kunststoffe" für "plastics", "bügelfrei" für "non iron", "Blockfreiheit" für "non alignment", "Luftpirat" für "skyjacker", "Konterschlag" für "backlash" usw.

Lehnbedeutungen

Eine Lehnbedeutung liegt vor, wenn ein schon vorhandenes Wort die Bedeutung eines Wortes einer anderen Sprache annimmt (vgl. z.B. Duckworth 1977, S. 52; Carstensen 1979a, S. 92). Beispiele dafür sind:

---

[1] Issatschenko (1979) macht u.a. auf diesen Übersetzungsfehler aufmerksam und nennt das deutsche "brandneu" eine "hybride Bildung", denn "brand" bedeutet im Englischen "die Fabrikmarke eines Produkts" und im Deutschen "das Brennen", "das Ausglühen". Das habe zur Folge, daß sich mit der wörtlichen Übersetzung ein völlig anderer Sinn ergebe.

"realisieren" im Sinne von "erkennen" nach engl. "to realize",
"Kanal" (im funktechnischen Bereich) nach engl. "channel",
"Strategie" (nicht mehr auf militärische Dinge beschränkt) nach "strategy" (Carstensen 1979a, S. 92-93),
"feuern" in der Bedeutung "entlassen",
"praktisch" in der Bedeutung von "fast", "so gut wie" und
"Arbeitsessen" im Sinne von "Mahlzeit, bei der wirtschaftliche und politische Besprechungen geführt werden" (Viereck W. 1980b, S. 14-15).

Lehnsyntaktische Konstruktionen (vgl. Carstensen 1980a)

Einige Erscheinungen innerhalb der Syntax gehen möglicherweise auf entsprechende Konstruktionen in der englischen Sprache zurück, wie beispielsweise das generalisierende "immer" in Phrasen wie "wann immer Sie wollen", "wer immer das sein mag", "wo immer etwas gebaut wird"; der Ausdruck "Beide(s) ... und ..." am Satzanfang, der aber seltener als die entsprechende deutsche Konstruktion mit "sowohl ... als auch" ist (Beide, der Deutsche und der Belgier, sind gekommen), entspricht dem englischen "Both ... and".

"In 1980" statt "(im Jahr)1980" könnte ein Anglizismus sein, aber für diese Wendung gibt es im Deutschen einige ältere Belege. Auf englische Einflüsse zurückzuführen sind Phrasen wie "in deutsch" statt "auf deutsch", "in anderen Worten" statt "mit anderen Worten", "für eine Woche" statt "eine Woche lang", "diesen Sommer" statt "in diesem Sommer".

Konstruktionen aus einem ganzen Satz und folgendem Substantiv finden sich sowohl auf deutsch, besonders in Werbungen, als auch auf englisch, vor allem in der Sprache der Jugend. Während sich Zusammensetzungen wie "im nationalen 'wir-sind-wieder-wer-Spiel' ..." oder "mit seiner Es-wird-schon-alles-wieder-gut-Haltung ist der Arbeitsminister" z.B. im SPIEGEL und in der "Zeit" finden, sind Wortreihungen wie "The Marlboro/Camel/Go West-Generation", "Pop-Off-Flower-Alternativ-Scene", "eine It's a beautiful day Stimmung" in Jugendzeitschriften belegt (vgl. Hess-Lüttich 1987, S. 37).

Der zunehmende Gebrauch des Artikels in Wendungen wie "unter dem Ausschluß der Öffentlichkeit" oder "mit der Hilfe von" könnte eventuell noch ein Zeichen englischen Einflusses sein, sowie die Voranstellung des Genitivs in Phrasen wie "Hamburgs Bürgermeister", "Amerikas Johnson", "Kölns Stadtbad", "Europas größtes Versandhaus". (Für weitere Beispiele vgl. Carstensen 1979a, S. 93 und 1980a).

Anhand der Fachliteratur vor allem der siebziger und achtziger Jahre gliederte ich die Einflüsse des Englischen auf das Deutsche in evidente und verborgene (latente). Zu den evidenten gehören neben echten Wortübernahmen (z.B. "leasing", "recycling") auch:
- lexikalische Scheinentlehnungen, z.B. "Showmaster", "Dressman", "Twen";
- morphologische Veränderungen von englischen Wörtern, z.B. "Smoking", "knockout", "abchecken";

- semantische Scheinentlehnungen, z.B. "trampen", "Start" und
- Mischkomposita, z.B. "Live-Sendung", "Managerkrankheit", "Hobbygärtner".

Zu den <u>verborgenen</u> Einflüssen gehören:
- Lehnübersetzungen, Lehnübertragungen und Lehnschöpfungen, z.B. (entsprechend) "Kabelfernsehen" < "cable television", "Musikkiste" < "juke box" und "Luftpirat" für "skyjacker";
- Lehnbedeutungen, z.B. "realisieren" in der Bedeutung von "erkennen" und
- lehnsyntaktische Konstruktionen, z.B. "für eine Woche" nach engl. "for a week" statt "eine Woche lang".

Für die verborgenen Einflüsse wird oft in der Fachliteratur der Ausdruck "inneres Lehngut" benutzt, im Gegensatz zu dem "äußeren Lehngut".

Exkurs: Fremde Einflüsse auf die deutsche Sprache in der ehemaligen DDR

Aufgrund der ideologischen, politischen und technischen Orientierung der DDR an der Sowjetunion gab es erkennbare sprachliche Einflüsse aus der ehemaligen Sowjetunion auf das Deutsch der ehemaligen DDR: zunächst sogenannte russische Exotismen, die auch in Wörterbüchern der Bundesrepublik verzeichnet waren; dabei handelt es sich um russische Wörter, die russische Gegenstände oder typisch russische Situationen bezeichnen, z.B. "Wodka", "Steppe", "Pogrom", "Knute", "Samowar", seit ein paar Jahren auch "Glasnost" und "Perestroika", die aber bereits zu einem international verbreiteten Wortschatz gehören. Gerade "Glasnost" wird über den Kontext seiner aktuellen Verwendung im Russischen hinaus auch auf andere Bereiche übertragen. Damit wird es zu einem "echten Lehnwort", d.h. zu einem Wort der deutschen Sprache. So beziehen sich Journalisten auf Bereiche des politischen Handelns, in denen ihnen etwas mehr "Glasnost" wünschenswert erscheint, z.B. die Umweltpolitik (Biere 1987, S. 4). Darüber hinaus gab es im Wortschatz der DDR russische Wörter, die in der Bundesrepublik immer (fast ganz) unbekannt waren, z.B. "Natschalnik" (Vorgesetzter), "Towaritsch" (Genosse), "Propusk" (Passierschein), "Subotnik" (freiwillige unbezahlte Arbeit), "Datsche" (Wochenendhäuschen), landwirtschaftliche Ausdrücke wie "jarowisieren" (Verfahren zur Verkürzung der Vegetationszeit der Pflanzen), bestimmte Speisebezeichnungen usw. Sie wurden vermittelt durch die Tagespresse und Fachliteratur und über den in der ehemaligen DDR möglichen Kultur- und Sprachkontakt mit der ehemaligen Sowjetunion. Die meisten Entlehnungen aus dem Russischen waren slawischer Herkunft (vgl. auch Bellmann 1984, S. 900 und Moser 1961, S. 6).

Neben direkten Entlehnungen existierten zahlreiche indirekte Entlehnungen aus dem Russischen; das waren Lehnbildungen nach russischem Vorbild, besonders Lehnübersetzungen und Lehnübertragungen, z.B. Titel, wie "Friedenswacht", "Haus der Kultur", "Held der

Arbeit", "Pionierleiter" (Bellmann 1984, S. 903). Ein großer Teil dieser Lehnbildungen stammte aus dem Bereich der Landwirtschaft, z.b. "Ablieferungssoll", "Arbeitsproduktivität", "Arbeitseinheit", "Planaufgabe/Planauflage", "Hilfsfonds" (vgl. Nyvelius 1970). Groß war auch die Zahl der Lehnbedeutungen aus dem Russischen. Es handelte sich dabei um Fremdwörter griechisch-lateinischen Morphemmaterials und französischer, englischer (und auch deutscher) Herkunft, die zum Teil von der Ausdrucksseite her den Internationalismen nahe waren, jedoch semantisch Sonderbedeutungen hatten. Diese Sonderbedeutungen hingen mit dem politischen System in der DDR und in der UdSSR zusammen und hatten besondere ideologische Konnotationen (Bellmann 1984, S. 900). Dabei sind folgende Fälle zu unterscheiden:

1.) Bedeutungserweiterung bei dem Gebrauch des Fremdwortes in der DDR, z.B.
Brigade bedeutet in der Bundesrepublik: "Einheit aus mehreren Truppenteilen derselben Waffe" (nach WAHRIG 1980) und in der ehemaligen DDR:

a) "Gruppe mehrerer Arbeiter oder Angestellter im Wettbewerb" (WAHRIG 1980);

b) "kleinste Arbeitsgruppe in einem Produktionsbetrieb" (DUDEN Fremdwörterbuch 1982).

Pionier bedeutet in der Bundesrepublik: "Angehöriger einer für kriegstechnische Arbeiten an der Front (Brücken-, Wegebau) ausgebildeten Truppe; Bahnbrecher, Wegbereiter" (WAHRIG 1980) und in der ehemaligen DDR:
Pioniere: "Organisation der DDR und anderer sozialistischer Staaten für Kinder von 6 bis 10 und 10 bis 13 Jahre" (WAHRIG 1980).

Aktivist bedeutet in der Bundesrepublik: "politisch tatkräftiger Mensch; zielbewußt Handelnder" und in der ehemaligen DDR: "Arbeiter oder Angestellter, der für überdurchschnittliche Leistungen ausgezeichnet worden ist" (WAHRIG 1980).

Blasphemie bedeutet in der Bundesrepublik: "Beschimpfung, Verhöhnung von Heiligem, Gotteslästerung" (WAHRIG 1980) und in der ehemaligen DDR: "Verhöhnung von Personen, Überzeugungen und Bräuchen, die allgemeine Verehrung genießen" (DUDEN OST 1960, zit. in Moser 1961, S. 16).

Rekonstruktion bedeutete in der DDR auch: "Grunderneuerung eines Gebäudes" (Hellmann 1987, S. 14).

2.) Bedeutungsverengung bei dem Gebrauch des Fremdwortes in der DDR, z.B.:
Chauvinismus bedeutet in der Bundesrepublik: "übersteigerte Vaterlandsliebe" (WAHRIG 1980) und in der ehemaligen DDR: "Haß gegen andere Völker, schürender, eroberungssüchtiger Nationalismus" (DUDEN OST 1960, zit. in Moser 1961, S. 13).

Akademiker bedeutet in der Bundesrepublik vor allem "akademisch Gebildeter" und in der ehemaligen DDR vor allem "Mitglied einer Akademie" (Moser 1961, S. 7).

3.) Werthafte Veränderungen bei dem Gebrauch einiger Fremdwörter in der DDR. Hellmann (1980, S. 523) spricht von Wertungsspezifika. So wurden z.B. die Fremdwörter "Agitation", "Proletarier", "Materialismus", "Kommunist", "Revolution" positiv bewertet, während die

Wörter "Bourgeoisie", "Kosmopolitismus", "christlich", "Dissident" negativer als in der Bundesrepublik bewertet wurden (vgl. Moser 1961, S. 17; Hellmann 1980, S. 523).

4.) Weiterhin gab es Fremdwörter, die jeweils auf der anderen Seite ohne Äquivalent waren. Das war z.b. der Fall bei bestimmten Teilbereichen des Wirtschaftswortschatzes; etwa "Konjunkturzuschlag" oder "Splitting-Tabelle" vom Finanzwesen gehören zu den Fremdwörtern, die in der DDR kaum verbreitet waren, weil sie dort kein sachliches Äquivalent hatten. Andererseits waren Fremdwörter wie "Kombinat", "Kollektiv", "Kolchose" ohne westdeutsches Äquivalent.

5.) Außerdem gab es Fremdwörter - genauer Russismen - meist lateinischer Etymologie, die nur in der deutschen Sprache der DDR zu finden waren. Das jeweils Bezeichnete war/ist oft in der westdeutschen Gesellschaft vorhanden, wenn auch mit kleinen Unterschieden, hatte/hat aber da eine andere Bezeichnung, z.B.:

das Aktiv: "Arbeitsgruppe, deren Mitglieder zusammen an der Erfüllung bestimmter gesellschaftlicher, wirtschaftlicher oder politischer Aufgaben arbeiten" (DUDEN Fremdwörterbuch 1982). In der Bundesrepublik gab/gibt es nur den "Aktiv" als grammatischen Terminus im Gegensatz zu "Passiv";

der Traktorist steht in WAHRIG 1980 mit der Bemerkung "DDR". In der Bundesrepublik lautet die entsprechende Bezeichnung "Traktorfahrer";

der Projektant: "das ist ein Ingenieurbüro oder eine entsprechende Abteilung eines großen Betriebes oder einer kommunalen Einrichtung, befähigt und berechtigt, ein Bauvorhaben zu projektieren und die Ausführung zu überwachen" (Hellmann 1987, S. 14). Mit dem Ausdruck "Bezeichnungsspezifika" führt Hellmann (1980, S. 524) weitere Beispiele für diese Gruppe an:

DDR: **Kaderleiter**   Bundesrepublik: **Personalchef**
DDR: **Plast**   Bundesrepublik: **Plastik**

"Jahrelang galt 'Plast' sogar als eine Art Synonym für DDR", schreibt P. Nöldechen in der "Westfälischen Rundschau" vom 2.1.1989.

Im Bereich der Wortbildung waren russisch beeinflußte Ableitungen auf "-ant" (z.B. "Diversant", "Kapitulant", "Projektant") (Moser 1961, S. 8) und Wortbildungen mit "Inter" für die DDR typisch, z.B. "Intervision", "Intermetall", "Intershop", "Interhotel" (Hellmann 1980, S. 525). Diese Fremdwörter hatten in der DDR Sonderbedeutungen.

Zuletzt seien noch russische Einflüsse auf die Syntax erwähnt, z.B. die doppelte Verneinung oder Wendungen wie "im Ergebnis" (im Ergebnis der Reise läßt sich sagen), oder "mit ... an der Spitze" (die Völker Asiens mit China an der Spitze) deuten auf einen eventuellen russischen Einfluß hin (Moser 1961, S. 18).

So viel zu den russischen Einflüssen auf das Deutsche in der ehemaligen DDR. Die internationalen Beziehungen, vor allem das Übergewicht der USA auf politischem, wirtschaftlichem und technischem Gebiet fanden auch im Deutsch in der DDR ihren

Niederschlag. So gab es auch in der DDR Fremdwörter englisch-amerikanischen Ursprungs, die in manchen Bereichen oder Teilwortschätzen deutlich zu erkennen waren/sind.

Ab Mitte der sechziger Jahre kamen Anglizismen in höherem Maße auch im Deutsch in der DDR vor; zuerst in der Sportberichterstattung (sechziger Jahre), dann in der modernen Unterhaltungsmusik (siebziger Jahre) und schließlich in der Computer-Terminologie (achtziger Jahre). Hinzu kamen Anglizismen, die in der DDR gebildet wurden, also lexikalische und semantische Scheinentlehnungen, z.b. statt "aerobic" übte man "Pop-Gymnastik"; der "Broiler" war in der DDR ein Brathähnchen und die "Combine" eine Dreschmaschine. Jugendlichen waren "checken", "cool", "power", "freak" bekannte Begriffe, "babysitter", "clever", "publicity", "comeback" und "service" wurden auch im DDR-Duden verzeichnet (vgl. Oschlies 1988).

Zum Einfluß des Angloamerikanischen auf die deutsche Sprache in der ehemaligen DDR führe ich noch exemplarisch an die Untersuchungen von Kristensson (1977), Langner (1986) und Heiß (1987). Alle drei untersuchten Zeitungen und Zeitschriften aus der ehemaligen DDR. Kristensson (1977)[1] kam zu dem Ergebnis, daß im "Neuen Deutschland" durchschnittlich zwei Angloamerikanismen pro Seite verwendet wurden (ebd., S. 238).

Langner (1986) benutzte als Korpus hauptsächlich (d.h. um 95 %) Tages- und Wochenzeitungen aus den Jahren 1979 bis 1985. Direkte Entlehnungen aus dem Englischen (z.B. "Poster", "Workshop", "Surfing") machen etwa 1/5 der Gesamtheit seiner Belege aus; 5 % des Korpus besteht aus lexikalischen Scheinentlehnungen (z.B. "Dressman", "Skyship", "Cutter[in]"), semantischen Scheinentlehnungen (z.B. "Boiler", "kicken", "City") und Entlehnungen in der Form von Lexemen, "die im Deutschen schon länger bekannt sind und die nun (zunächst) nur die Form des Englischen übernehmen" (Langner 1986, S. 405) (z.B. "classic", "magic"). Die Mischbildungen stellen mit mehr als 2/3 aller Belege die größte Gruppe dar; Lehnbildungen (z.B. "Außenseiter" < "outsider"), Lehnbedeutungen (z.B. "hallo" als Begrüßungswort) und Lehnwendungen (z.B. "einmal mehr", "aus zweiter Hand") machen im Korpus von Langner nur etwa 2 % der Entlehnungen aus. Was die einzelnen Kommunikationsbereiche anbelangt, sind u.a. Politik, Wissenschaft und Technik, Sport und Freizeitgestaltung insbesondere der Jugendlichen, sowie Bezeichnungen für Waren stark vertreten (vgl. Langner 1986, S. 404-408).

Bei einer Materialbasis von sechs Zeitungen und Zeitschriften aus den Jahren 1983 bis 1985 kam schließlich Heiß (1987) zu dem Ergebnis, daß das Jugendmagazin "Neues Leben" mit weitem Abstand die meisten Anglizismen aufwies. An zweiter Stelle kamen die ebenfalls auf jugendliche Leser (von 13 bis ca. 25 Jahre) ausgerichtete Tageszeitung "Junge Welt" und die satirische Wochenzeitschrift "Eulenspiegel". Also bei Medien, die sich an einem jugendlichen Leserpublikum orientierten, traten frequenzmäßig die meisten Anglizismen auf. Bei dem

---

1 Dieses Buch hat zum Teil sehr kritische Rezensionen hervorgerufen, vgl. z.B. Carstensen (1978) und Ising (1982).

Vorkommen in den einzelnen Sachbereichen stand "Freizeit" an der Spitze (mit 34,11 % aller Belege), es folgten "Sonstiges" (25,98 %), "Politik" (13,60 %) und "Handel, Gewerbe und Verkehr" (9,06 %) (vgl. Heiß 1987, S. 93-97).

Wie ersichtlich, war auch das Deutsche in der ehemaligen DDR vom englischsprachigen Einfluß nicht ausgeklammert. In der Zeit nach der Wende nimmt vermutlich dieser Einfluß zu, während andere Fremdwörter[1], die in Verbindung mit DDR-typischen Sachverhalten, Organisationen etc. standen, aus dem Gebrauch verschwinden, weil auch die entsprechenden Signifikate nicht mehr existieren. Das "Politbüro" und das "Zentralkomitee" waren z.b. vor der Wende allmächtige Institutionen, das "Kollektiv" und die "Brigade" gehören jetzt fast zur Geschichte, und auch die "Jungen Pioniere" wurden abgeschafft.

Mit anderen Fremdwörtern, z.b. "sozialistisch/Sozialismus" wird jetzt vorsichtiger umgegangen; bei Journalisten vom "Neuen Deutschland" erkennt man offenkundig

> "das Interesse, die alten, völlig diskreditierten Schlüsselwörter 'real existierender Sozialismus' und 'kommunistisch' zu ersetzen durch 'demokratischer Sozialismus' einerseits und 'stalinistisch/Stalinismus' andererseits" (Hellmann 1990, S. 266).

Zuletzt sei noch erwähnt, daß neue Fremdwörter hinzukommen; so findet man ebenfalls in Texten des "Neuen Deutschland" Wörter aus dem westlichen Wirtschaftsvokabular, z.B. "Kapitalanlagen", "Rendite", "Joint Ventures" und "Verkaufstraining".[2]

2.2. Fremde Einflüsse auf die griechische Sprache

2.2.1. Antike, Römisches Imperium, Mittelalter und byzantinische Zeit

Schon in der Antike wurden die Griechen von anderen Völkern beeinflußt, die vor ihnen eine Zivilisation entwickelt hatten. Texte, die aus dem zweiten Jahrtausend vor Christi stammen und die in der Schrift "Linear B" geschrieben sind (also vor der Adaptation des phönizischen Alphabets), enthalten auch Wörter vorgriechischer Sprachen[3]. Wörter vorgriechischer Herkunft findet man auch in den Homerischen Gedichten (Ende des 8. Jahrhunderts v. Chr.). Im 8. Jahrhundert v. Chr. adaptierten die Griechen das Alphabet der Phönizier, eines alten semitischen Seefahrervolkes. Zahlreiche Wörter ägyptischen (z.B. "πάπυρος", "κόμμι" > lat. gummi), persischen (z.B. "παράδεισος", das Paradies) und lydischen[4] (z.B. "τύραννος"[5],

---

1 Fremdwörter hier im weitesten Sinne gemeint; das können auch (ganz oder teilweise) fremdsprachliche Benennungen sein, Ehrentitel, Auszeichnungen oder Lehnübersetzungen aus dem Russischen, z.B. "Verdienter Aktivist", "Held der Arbeit" und andere.
2 Zum DDR-Wortschatz nach der Wende vgl. z.B. Hellmann (1990).
3 Z.B. aus der Sprache der Pelasger, eines vorindogermanischen Volks im ägäischen Raum.
4 Die Lydier waren ein vorpersisches Volk im westlichen Kleinasien.
5 Die ursprüngliche Bedeutung des Wortes war "der König, der nicht von seinen Vorfahren den Thron übernommen hat" (vgl. Lendakis 1988, S. 69).

der Tyrann) Ursprungs sind im klassischen Griechisch zu finden. Auch das seit den antiken Zeiten "griechische" Wort für "Wein", "οἶνος", ist weder indogermanisch noch semitisch, sondern stammt aus einer Sprache aus dem Mittelmeerraum oder aus Pontos in Kleinasien[1]. Platon behauptet in seiner Dialogschrift "Kratylos" (409 e), daß die Griechen, vor allem die, die in der Nähe der Barbaren wohnten, viele Wörter von ihnen übernommen hatten[2]. Einen zweiten Beleg dafür, daß das Altgriechische offen für verschiedene Einflüsse war, finden wir in Xenophons "Staat der Athener". Dort wird erwähnt, daß die Athener aufgrund ihrer Herrschaft über das Meer Kontakt zu anderen Völkern hatten, was sie dazu brachte, Gegenstände und Wörter von ihnen zu übernehmen. Dies deutet darauf hin, daß die Übernahmen nicht immer unter friedlichem Aspekt erfolgten. Im Gegenteil: In den meisten Fällen erfolgten sie aufgrund kriegerischer Auseinandersetzungen.

Zur Zeit des Hellenismus (3., 2. und 1. Jahrhundert v. Chr.) gab es bedeutende Veränderungen in der griechischen Sprache, die vor allem durch die Entstehung der sogenannten "Koiné", d.h. der Sprachform, die zu dieser Zeit im griechischen und kleinasiatischen Raum in Gebrauch war, verursacht waren. Diese Sprachform kann man als Ursprung der neugriechischen Sprache betrachten. Ein Beispiel für diese Koiné, genauer für die mündliche Sprachform, die man in der hellenistischen Zeit benutzte, ist die Sprache des Neuen Testaments. Schon im 1. Jahrhundert v. Chr. entstand das sogenannte "sprachliche Problem". Es handelte sich zu dieser Zeit um die Bewegung des Attizismus: Gelehrte des 1. Jahrhunderts v. Chr. meinten, daß man das klassische Griechenland wieder beleben könnte, wenn man die klassische griechische Sprache in allen Bereichen wieder benutzen würde. Wir wissen heute, daß diese Bewegung nicht die Wiederbelebung der klassischen griechischen Ideale erstrebte, sondern nur eine einfache, äußerliche und formale Imitation der klassischen Sprache. Ergebnis dieser Bewegung war die Spaltung der damaligen griechischen Sprache in:

a) die Schriftsprache, die mit vielen Fehlern das klassische Griechisch zu imitieren versuchte und

b) die gesprochene Sprache, eine einfachere Form der griechischen Sprache, die "Koiné" der hellenistischen Zeit.

Diese Spaltung blieb im Laufe der Jahrhunderte lebendig, die ganze byzantinische Zeit, bis ins 19. Jahrhundert. Dann entwickelten sich die Begriffe "Volkssprache" (dimotiki) für die gesprochene Form und "bereinigte (Sprachform)" (katharevussa) entsprechend für die gelehrte, künstliche, vor allem geschriebene Sprachform[3].

---

1 Vgl. Stamatakos, Wörterbuch der altgriechischen Sprache (1972, S. 678).
2 Otto, W. F./Grassi, E./Plamböck, G. (Hrsg.) (1959, S. 152): "Ich denke nämlich, daß die Hellenen, zumal die in der Nähe der Barbaren wohnenden, gar viele Worte von den Barbaren angenommen haben."
3 Vgl. Babiniotis (1979, S. 15-16). Eine ausführlichere Betrachtung des Attizismus bietet Kramer et al. (1986, S. 146-151).

In der Epoche des Römischen Reiches gab es vor allem Einflüsse aus dem Lateinischen: (1.) auf einzelne Wörter, vor allem aus dem Bereich der Regierung und des Handels. Manchmal kann man lateinische Einflüsse auch in der Literatursprache erkennen, z.b. in Plutarchs "Parallelen Biographien", aber generell vermeidet die Literatursprache lateinische Wörter. Der Evangelist Lukas, der angeblich höhere literarische Ansprüche stellte als die anderen Evangelisten, benutzte oft statt eines lateinischen Lehnwortes das entsprechende griechische, so z.b. "ἑκατόνταρχος" und "ἐπιγραφή" statt der lateinischen Wörter "κεντυρίων" (< centum) und "τίτλος" (< titulum)[1]. Weiter gab es (2.) Endungen lateinischer Herkunft, die sich als sehr produktiv erwiesen, wie "-άριος"[2], "-άριον", "-ιανός", die dann zur Bildung neuer Wörter mit griechischem Stamm benutzt wurden, z.b. "μηχανή" (Maschine) in Verbindung mit "-arius" ergibt "μηχανάριος". Es gibt auch den Fall, daß eine griechische Endung an einen lateinischen Stamm gefügt wird. Das lateinische Wort "πόρτα" (Pforte) z.b. in Verbindung mit der griechischen Endung "-ας" ergibt "πορτάς" (Pförtner). Die lateinischen Elemente wurden leicht assimiliert und nicht als fremde empfunden, zumindest nicht von einem größeren Teil der Bevölkerung.

Im frühen Mittelalter war das Lateinische immer noch die hauptsächliche Quelle der Entlehnung. Auch die Übernahme italienischer Wörter (z.B. für den Sprachschatz der Schiffahrt), die im späten Mittelalter intensiv war, begann in dieser Phase. Es ist allerdings schwer, die lateinischen von den italienischen Entlehnungen zu unterscheiden. Außerdem findet man im frühen Mittelalter Lehnwörter aus dem Arabischen und Persischen, die sich auf Kennzeichen des orientalischen Lebens bezogen. Diese Lehnwörter wurden aufgrund oft kriegerischer Kontakte des Byzantinischen Reiches mit diesen Völkern übernommen, z.B. in den Kriegen mit den Arabern während des 7. Jahrhunderts.

Die Herrschaft der Franken über Konstantinopel im Jahr 1204 (im Rahmen des vierten Kreuzzugs) und über die westlichen Gebiete des Byzantinischen Reiches führte u.a. zu vielen "lateinischen" Entlehnungen. Gemeint ist hier nicht das klassische Latein, sondern romanische Sprachen (Dialekte), die im Mittelmeerraum gesprochen wurden. Bei den meisten Übernahmen handelte es sich um italienische Lehnwörter, vor allem aus italienischen Dialekten und besonders aus dem Venezianischen. Sie bezogen sich auf Handel und Schiffahrt.[3]

In dieser Zeit gibt es Einflüsse aus dem Italienischen und besonders aus dem Venezianischen auch auf das Mittelhochdeutsche, die den Herrschafts- und Einflußbereich der Seerepublik Venedig zeigen und dessen kommerzielle Vormachtstellung seit den Kreuzzügen bis Ende des 15. Jahrhunderts. Diese Entlehnungen stammen ebenfalls meist aus dem Bereich

---

1 Im Neuen Testament findet man außerdem vereinzelte Wörter hebräischer Herkunft, z.B. "Σάββατον" (Samstag), "Πάσχα" (Passah). Letzteres, im Neuen Testament noch in der Bedeutung des jüdischen Festes, danach und bis heute im Griechischen in der christlichen Bedeutung von "Ostern".
2 Die Endung "-arius" (lateinischer Herkunft) findet sich auch im Althochdeutschen und dient vor allem zur Bezeichnung von Berufen (Drux 1984, S. 856).
3 Vgl. Browning (1988, S. 42-126).

des Handels und der Schiffahrt, z.B. mhd. "Sandelholz" (aromatisches Holz) < ital. "sandalo", "Citron" < ital. "citrone", "Tapete" < ital. "tappeto", "arantz" < ital. "arancia" (Apfelsine) oder "kanel" (Zimt) < ital. "canella". Die Lehnwörter aus der Seefahrt, auf die hier nur andeutungsweise eingegangen werden kann, z.B. mhd. "bonatze" (Windstille), grch. "bunatsa" < ital. "bonaccia", mhd. "capitan" < ital. "capitano"[1] (vgl. Pfister 1984, S. 887), gibt es heute im Griechischen zum größten Teil immer noch. In der deutschen Sprache gibt es sie aber nicht mehr so häufig. Dafür sehe ich zwei Gründe: (1.) In Griechenland spielte und spielt weiterhin die Schiffahrt eine wesentlich größere Rolle als in Deutschland; (2.) Griechenland ist näher zu Italien als Deutschland, was die Beibehaltung der italienischen Wörter begünstigt. Unter den Ländern, in denen Deutsch gesprochen wurde, haben sich die italienischen Lehnwörter vor allem auf die Schweiz und Südtirol beschränkt. Andere italienische Wörter wurden dem Deutschen einverleibt: z.B. "Villa", "Casino", vor allem aber auch Ausdrücke des Bankwesens wie "Credit", "Giro", "Skonto", "Konto" (vgl. Pfister 1984, S. 887).[2]

Bei den Entlehnungen in die griechische Sprache im späten Mittelalter finden wir außer italienischen Wörtern aus den Bereichen des Handels und der Schiffahrt auch französische Lehnwörter aus dem Feudalrecht, vor allem bezüglich Besitzverhältnissen. Die meisten dieser Lehnwörter sind nicht in dem Maße assimiliert worden wie die Lehnwörter der vorhergehenden Epoche; so sind sie nicht in die Sprache integriert worden. Es gibt fast keine produktive Endung, durch die neue Wörter mit griechischen Stämmen gebildet werden könnten. Die romanischen Endungen "-aros", "-ella", "-etto", "-inos" werden selten zur Wortbildung benutzt.

Die Bereicherung des Wortschatzes dieser Epoche erfolgt mehr durch griechische Wortelemente und seltener durch Entlehnungen. Dies gilt jedoch nicht für die Begriffe aus dem Bereich der Schiffahrt. Zum größten Teil sind diese italienischer Herkunft und später über das Griechische in das Türkische, Arabische und teilweise sogar das Russische übernommen worden. Diese Wörter wurden Teil eines internationalen Handels- und Schiffahrtswortschatzes, der im ganzen östlichen Mittelmeerraum bis zum 19. Jahrhundert benutzt wurde.

---

1   Das italienische "capitano" stammt wiederum aus dem griechischen "Κατεπάνω(ς)" (höheres Amt bei den Byzantinern im Mittelalter; wörtlich: "der völlig Obere"). Vgl. Andriotis, Etymologisches Wörterbuch der neugriechischen Sprache (1983, S. 147).
2   Ausdrücke aus den Fachsprachen des Handels und der Schiffahrt erreichen das Deutsche auch aus dem Niederländischen und das schon vor dem Ende des Mittelalters ("Kabeljau", "Makrele "Klippe"). Diese Entlehnungen erfolgten weiter im Laufe der Jahrhunderte und wurden wegen des engen räumlichen und verwandtschaftlichen Verhältnisses der beiden Schwestersprachen begünstigt. Sie erreichten einen hohen Anteil im 17. Jahrhundert, als Holland zur führenden See- und Handelsmacht in Westeuropa wurde. Aus dem 16. Jahrhundert stammen "Boje", "lavieren", aus dem 17. Jahrhundert "Harpune", "Kai", "Wrack", aus dem 18. Jahrhundert "baggern" und "Klüver"; "Dock" wahrscheinlich aus dem 19. Jahrhundert (vgl. Smet 1984, S. 925).

2.2.2. Die türkische Herrschaft (1453-1821), das 19. Jahrhundert und die erste Hälfte des 20. Jahrhunderts

Die Eroberung Konstantinopels durch die Türken im Jahr 1453 brachte eine große Veränderung in die griechische Geschichte. Auch für das Bildungswesen bedeutete der Fall Konstantinopels eine Veränderung. Bildung wurde zu einem Privileg einer kleinen Elite. Die sprachliche Spaltung, die Diglossie, die, wie schon erwähnt, im 1. Jahrhundert v. Chr. ihre Wurzeln hat, existiert weiter nicht nur in der byzantinischen Zeit, sondern auch während der Türkenherrschaft, 1453-1821.

Im Laufe der Jahrhunderte wurden von der "Volkssprache" viele türkische Wörter übernommen, besonders im Bereich des Alltags: des Haushalts und des Essens, aber auch der Verwaltung und des Militärs. Viele dieser Wörter werden auch heute noch benutzt, obwohl die Situationen für ihren Gebrauch immer seltener werden. Türkische Suffixe, die an griechische Stämme gefügt wurden (z.B. "-dzis"), findet man bis heute. Entlehnungen aus romanischen Sprachen, vor allem aus dem Italienischen und dem venezianischen Dialekt, gab es vom 15. bis zum 19. Jahrhundert. Die ionischen und ein Teil der ägäischen Inseln waren nicht unter türkischer Herrschaft. Juristische und politische Texte des 16., 17. oder 18. Jahrhunderts aus diesen Gebieten enthalten viele Italienismen, z.B. "νοδάρος" ("nodaros"), "τεσταμέντο" ("testamendo"), "ἰνβεντάριο" ("invendario"), "λίμπερο" ("libero") oder "μόδον" ("modon"); "μόμπιλε" ("mobile") und "στάμπιλε" ("stabile") bedeuteten das bewegliche und unbewegliche Eigentum; die Bedeutung der anderen Wörter ist leicht zu erschließen.

Während und nach der Befreiung von der türkischen Herrschaft und der Gründung des neugriechischen Staates[1] gab es das Bedürfnis nach einer nationalen Sprache für den neuen Staat und somit nach einer Sprachplanung. Dies führte zur Bildung von drei "Schulen" mit unterschiedlicher Problemstellung und verschiedenen Zielen[2]. Es handelt sich um die Ströme des Archaismus, des Modernismus und des mittleren Weges bzw. Purismus (vgl. Kramer et al. 1986, S. 174; Browning 1988, S. 142-149; Babiniotis 1979, S. 18-21). Gemeinsam war allen drei Bewegungen eine Abneigung gegen fremde Elemente in der Sprache (Kramer et al. 1986, S. 175), am intensivsten im Purismus, dessen wichtigster Vertreter der Gelehrte A. Korais war. Als Ausgangspunkt seiner Theorie betrachtete er die gesprochene Sprache des Volkes, die aber von den fremden Elementen gereinigt und durch griechische - altgriechische oder neugebildete - bereichert werden sollte (Babiniotis 1979, S. 19). Mit anderen Worten: Man plädierte für eine Gräzisierung des Griechischen. Das Griechische hatte damals einen relativ hohen Anteil an Fremdwörtern. Tatsächlich gräzisierten die Puristen zahlreiche Fremdwörter

---

[1] Der Freiheitskrieg hatte 1821 angefangen; 1828 fand die erste Nationale Konferenz in Nauplion statt; am 3.2.1830 erkannten die Großmächte im Londoner Protokoll die Unabhängigkeit Griechenlands an.
[2] Diese drei Schulen sind schon kurz vor den Freiheitskriegen (1821) nachzuweisen, aber erst nach 1829 gewannen sie an Bedeutung.

(und bildeten auch neue Wörter), und ihre Vorschläge konnten sich durchsetzen. Wörter, die heute als selbstverständlicher Bestandteil der griechischen Gegenwartssprache erscheinen, sind zumindest teilweise bewußtes Werk der Puristen und Gelehrten des vorigen Jahrhunderts.[1] Das Positive bei diesen Neubildungen war, daß sie günstig für weitere Ableitungen auf dieser Basis sein konnten, was mit ihren fremdsprachlichen Entsprechungen nicht der Fall war. In diesem Sinne waren sie also eine wirkliche Bereicherung des Wortschatzes; der Preis dafür war aber "eine gewisse 'Entinternationalisierung' des Wortschatzes" (Kramer et al. 1986, S. 183).

Die sprachpflegerischen und -reformatorischen Bewegungen zur Zeit der Gründung des neugriechischen Staates erinnern an entsprechende Bewegungen, die bei ähnlichen Anlässen im deutschen Raum verliefen. Die bekannte These von P. v. Polenz also, daß in Deutschland die Steigerung und Ausbreitung des Sprachpurismus zusammen mit einer Steigerung des Nationalgefühls zustande kam, stimmt auch für Griechenland, wie man an diesen Ereignissen sehen kann.

Die Puristen haben gewisse Übersteigerungen nicht vermeiden können, nämlich die Tendenz zur Entfernung und Ersetzung auch rein volkssprachlicher, allgemein benutzter Wörter. Es war nicht möglich, eine völlig künstliche Sprachform durchzusetzen, und es ist nicht gelungen, die "vulgäre" und "platte" Volkssprache, wie sie sagten, zu "aristokratisieren" (Lendakis 1988, S. 62).

Aus diesen Überlegungen wird ersichtlich, daß das alte Problem der sprachlichen Spaltung, der sogenannten "Diglossie", in einer anderen Dimension weiterlebte. Die Verbreitung der neugebildeten Wörter fing in den Kreisen der Gebildeten an, für die es besonders wichtig und in einem gewissen Sinne auch prestigegeladen war, eine Sprachform zu benutzen, die sich an das Altgriechische anlehnte. Die Begriffe "katharevussa" und "dimotiki" und die damit bezeichneten Sachverhalte gewannen an Bedeutung. Die sprachliche Spaltung herrschte bis ins 20. Jahrhundert. Die "katharevussa" war die offizielle Sprache des Staates, der Erziehung, des Journalismus, des öffentlichen Lebens und fast der ganzen wissenschaftlichen Welt. Als künstliche Sprache - und wie ihr Name andeutet - war sie frei von Fremdwörtern. Erst 1976 wurde sie gesetzlich abgeschafft[2].

---

1 Einige Beispiele mögen genügen:
Für das damalige Wort für "Zeitung" ("gasetta") prägten sie "ἐφημερίδα" (efimerida),
für "Krankenhaus" ("spitali") "νοσοκομείο" (nosokomio),
für "Kapital" ("kapitali") "κεφάλαιο" (kefaleo),
für "Börse" ("bursa") "χρηματιστήριο" (chrimatistirio),
für "General" ("generalis") "στρατηγός" (stratigos),
für "Post" ("posta") "ταχυδρομείο" (tachidromio),
für "Minister" ("ministros") "ὑπουργός" (ipurgos).

2 Auf das für die griechische Sprache sehr wichtige Problem der Diglossie kann ich nicht detaillierter eingehen. Ich habe versucht, es im Rahmen der fremden Einflüsse und der Einstellung zu ihnen zu behandeln. Für die Geschichte des griechischen Sprachproblems vgl. z.B. Kordatos (1943). Eine ausführlichere Darstellung des Themas in deutscher Sprache bietet Kramer et al. (1986, S. 121-209).

Eine zweite Welle intensiven türkischen Einflusses auf die griechische Sprache kam ab den zwanziger Jahren dieses Jahrhunderts, als etwa 1,5 Millionen Griechen von den Türken aus Kleinasien vertrieben wurden und als Flüchtlinge in das heutige Griechenland kamen. Dies geschah im Jahr 1922 und ist bekannt in der griechischen Geschichte als "kleinasiatische Katastrophe". Zahlreiche Wörter türkischen Ursprungs aus der Alltagssprache, besonders aus den Bereichen "Haushalt", "Essen" und "Musik" bilden bis heute einen wichtigen Bestandteil des griechischen Wortschatzes. Gerade eine bestimmte Art von Musik aus Kleinasien trug bei diesen Flüchtlingen zu der Entstehung einer besonderen Subkultur innerhalb der griechischen Gesellschaft bei. Die Mitglieder dieser Subkultur waren vor allem in den Jahren 1930-1950 durch diese Musik und durch einen besonderen Gruppenjargon mit vielen türkischen Wörtern auf eine besondere Art und Weise verbunden.

Trotz aller sprachpflegerischer Bewegungen, sprachlicher Planungen und Gräzisierungsversuche hatte das Griechische bis in die zweite Hälfte des 20. Jahrhunderts einen relativ hohen Anteil an Wörtern türkischen Ursprungs, die zum aktiven Gebrauch fast aller sozialen Schichten gehörten; aus diesem Grund war es unmöglich, die Sprache von ihnen "reinigen" zu wollen. Das hatte am Anfang des 20. Jahrhunderts M. Triantaphyllidis erkannt. In seinem Buch "Vertreibung des Fremden oder Gleichberechtigung", das man als Verteidigung der Fremdwörter betrachten kann, versuchte er anhand einer Reihe von Beispielen zu zeigen, daß Wörter fremder Herkunft "gar keine Fremdwörter sind", weil sie vom Volk nicht als solche empfunden werden; sie würden von allen Griechen verstanden und benutzt, seien das lebendige Zeichen des Einflusses anderer Völker auf das Griechische und mit der Geschichte verbunden. Sie seien günstig zur Bildung von Metaphern, Sprichwörtern und weiteren Ableitungen; ihr Gebrauch in der Literatur habe eine eigene Schönheit. Als treffende und genaue Bezeichnungen seien sie als eine Bereicherung für die Sprache anzusehen. Deshalb ist es nach Triantaphyllidis falsch, Wörter "vertreiben" zu wollen, die keine altgriechische Form hätten.

Anfang der vierziger Jahre (bis 1945) gab es im Griechischen einige deutsche (z.B. "Kommandantur", "Stukas") Wörter, die aber nach dem Ende des Zweiten Weltkriegs nicht mehr in Gebrauch waren, weil die damit bezeichneten Sachverhalte nicht mehr existierten: Die deutschen Armeeverbände waren wieder aus Griechenland vertrieben worden.

2.2.3. Die fünfziger und sechziger Jahre

Nach dem Zweiten Weltkrieg nahm der englische Einfluß, der schon in der vorhergehenden Phase anfing, zu[1]. Die Einführung des Englischen als Fremdsprache in den Schulen - bis dahin

---

1 Englische Einflüsse auf das Griechische gab es schon seit dem 19. Jahrhundert, als englische Händler, Archäologen und Diplomaten nach Griechenland reisten. Nach 1900 begannen Kontakte mit den USA, vor

lernte man in erster Linie Französisch - , die Beziehungen der Länder auf privater Ebene (Mobilität der Bevölkerung, touristische Strömungen) und nationaler Ebene (Handels- und politische Beziehungen) trugen dazu bei. Das Übergewicht der USA reichte bis nach Griechenland, und der amerikanische Einfluß auf Sprache und soziales Leben wurde intensiver. Griechen wanderten in die USA aus; amerikanische Soldaten von Heer und Marine wurden in Griechenland stationiert, amerikanische Produkte importiert. Seit den ersten Jahren des griechischen Fernsehens (also nach 1967) werden amerikanische Filme und Serien gesendet.

Von den englischen Wörtern in der griechischen Sprache dieser Phase wurden einige <u>direkt</u> aus dem Englischen übernommen: aus dem Bereich des Sports, z.B. "golf", "hockey"[1] und die Lehnübersetzung von "football". Wörter aus der Fußballsprache sind immer noch englisch ("score", "match"). Neben "basketball" und "tennis" existieren (immer noch) die entsprechenden Lehnübersetzungen. Weitere weitverbreitete Fremdwörter aus dem Englischen sind: "bacon", "cake", "sandwich", "whiskey", "film", "jeep", "radio", "tram", "trolley", "party", "humor", "club", "star", "week-end", "detective", "gangster", "pullover", "shoc", "O.K." usw.

Ein Teil der englischen Wörter wurde <u>indirekt</u> über das Französische übernommen, wie Akzent, bestimmte Auslaute und Endungen vermuten lassen, z.B. "boykottage", "boxeur", "partenaire", "permananent", "record", "recital", "sport"; "kotero" < engl. "cutter" ist wahrscheinlich über das Italienische übernommen worden (vgl. Swanson 1958, S. 28-44).

2.2.4. Die siebziger und achtziger Jahre

Die wachsende Anzahl derjenigen, die eine Fremdsprache erlernen (vor allem Englisch und Französisch, seit den achtziger Jahren auch Deutsch), internationale Beziehungen, amerikanische Produkte (technische Geräte und Fernsehprogramme) tragen dazu bei, daß der Anteil von Wörtern aus dem Englischen und dem Französischen im Griechischen wächst. Englische Wörter gibt es meist in der Technik und Technologie; französische beziehen sich meist auf Mode. Die Fremdwörter werden fast immer phonologisch und manchmal morphologisch ans Griechische angepaßt. Auch Lehnübersetzungen und Lehnbedeutungen findet man im schriftlichen und mündlichen Sprachgebrauch (vgl. ausführlicher Kapitel 5.2.2., 5.3.3. und 6.2., unten).

---

1 Hier und in den folgenden Beispielen benutze ich die Schreibung in der Herkunftssprache.

3. Stand der Fremdwortforschung in der deutschen und in der griechischen Sprache

Die Zusammenstellung wichtiger Ergebnisse aus der deutschen und der griechischen Fremdwortforschung in diesem Teil meiner Untersuchung zielt auf:
1. das Bekanntmachen mit der aktuellen Wortschatzstruktur der jeweiligen anderen Sprache, die in Verbindung mit dem Sprachvergleich auf historischer Ebene (Kapitel 2., oben) für das Verständnis und die Erforschung des heutigen Fremdwortgebrauchs und der Fremdworteinschätzung von Bedeutung ist;
2. die Hervorhebung wichtiger Daten, auf die mein eigenes Forschungsvorgehen gestützt wird;
3. die Feststellung gewisser "Forschungslücken" als Vorschlag für weitere Untersuchungen.

Zunächst ist es bemerkenswert, daß innerhalb der Sprachforschung überhaupt das Thema "Fremdwort" behandelt wurde (und immer noch wird) und dies im Deutschen kontinuierlich seit über drei Jahrhunderten: In der ersten Hälfte des 17. Jahrhunderts fingen zum ersten Mal die Puristen in den Sprachgesellschaften an, sich Gedanken über den "Schutz des Deutschen vor der Überfremdung" zu machen. Schon im Jahr 1571 brachte Simon Roth mit seinem "Teutschen Dictionarius" das erste Fremdwörterbuch in Deutschland heraus. Bei den Fremdwörtern sah er - im Gegensatz zu den Sprachpflegern des 17. Jahrhunderts - keine Herabwürdigung seiner Muttersprache, sondern eine Zier und Bereicherung für sie.

Im griechischen Sprachraum fing man erst Anfang des 19. Jahrhunderts an, sich Gedanken über den "hohen" Anteil an Fremdwörtern in der griechischen Sprache zu machen. Dies ist aus politischen und sprachlichen Gründen zu erklären: Abgesehen davon, daß Griechenland davor nicht als Staat existierte und in diesem Sinne auch die griechische Sprachforschung bis Anfang des 19. Jahrhunderts nicht sehr hoch entwickelt war, waren fremdsprachliche Einflüsse auf das Griechische nicht in dem Maße vorhanden, daß sie Anlaß zu Untersuchungen gaben. Bis auf die türkischen (und an zweiter Stelle italienischen) Einflüsse, die zur Zeit der Gründung des Staates als "störend" empfunden wurden im Rahmen der Entwicklung und Planung der neugriechischen Sprache (vgl. Kapitel 2.2.2., oben), war das Griechische immer relativ einheitlich. Auch hatte es keine fremde Bezugssprache gegeben, die in einem Sinne als "Prestigesprache" gegolten hätte - wie für das Deutsche etwa Latein oder Französisch -, aus der man Wörter hätte entnehmen können. Die Bezugssprache/Prestigesprache für das Griechische könnte nur Altgriechisch sein.

Aber selbst wenn die Fremdwortforschung in Griechenland etwa zwei Jahrhunderte später als in Deutschland eingesetzt hat, Tatsache ist, daß sie in beiden Ländern eine lange und andauernde Tradition hat: von den puristischen Strömungen des 17. bzw. 19. Jahrhunderts bis zu den modernsten Erkenntnissen der Anglizismusforschung. Im folgenden soll kein ausführlicher Literaturbericht erstellt werden, sondern vorgestellt werden soll eine Auswahl der bedeutendsten, interessantesten und umfangreichsten Untersuchungen, Projekte oder Themen, die wiederholt in der Fremdwortforschung in den achtziger Jahren aufgetreten sind.

3.1. In der deutschen Sprache

Die einzelnen Abschnitte innerhalb dieses Kapitels sind systematisch geordnet: Bei den Abschnitten 3.1.1. und 3.1.2. handelt es sich um zwei Fragestellungen, die als ein wichtiger Beitrag zur deutschen Fremdwortforschung zu betrachten sind. Welche Möglichkeiten gibt es, "Fremdwort" zu definieren? Unter welchen Aspekten kann es als Terminus in der Sprachwissenschaft aufrecht erhalten werden? (3.1.1.) Auch bei der Ausarbeitung der Kriterien zur synchronischen Betrachtung eines Wortes als Fremdwort in der deutschen Sprache (5.1.1., unten), die für meine weitere Untersuchung (bes. Kapitel 5.2. und 5.3.) von Bedeutung ist, werde ich mich auf Abschnitt 3.1.1. beziehen.

Nach einem Überblick über den Forschungsstand zur Fremdwortorthographie (3.1.2.) folgen Berichte über vier lexikographische Projekte (3.1.3. bis 3.1.6., zwei davon sind noch in Vorbereitung), geordnet nach Wichtigkeit. Zunächst, was versteht man unter "Lehnwortbildung"? Die Unterscheidung zwischen Wortentlehnung und Lehnwortbildung gehörte Ende der achtziger Jahre zu den zentralen Prinzipien der Fremdwortforschung. Inwiefern unterscheidet sich das für 1993 geplante "Lexikon der deutschen Lehnwortbildung" von einem normalen Fremdwörterbuch? (3.1.3.) Auch im Laufe der vorliegenden Untersuchung wird der Begriff "Lehnwortbildung" gebraucht: Bei den von mir durchgeführten Experteninterviews berichteten zwei der Mitarbeiterinnen im genannten Projekt über den Stellenwert der Lehnwortbildung(en) innerhalb des Fremdwortgebrauchs und der Fremdworteinschätzung (vgl. Kapitel 6.1.2., unten). Das im Jahr 1989 erschienene "Wörterbuch der brisanten Wörter" ist ein spezieller Beitrag zur Fremdwortlexikographie. Welche Wörter bezeichneten die Autoren ursprünglich als "schwer" und schließlich als "brisant"? Warum ist der größte Teil dieser Wörter fremder Herkunft? (3.1.4.)

In den Abschnitten 3.1.7. bis 3.1.10. werden die wichtigsten Dissertationen behandelt, die im Laufe der achtziger Jahre erschienen sind, und die englische (3.1.9. bis 3.1.9.) und französische (3.1.10.) Entlehnungen im Deutschen als Untersuchungsgegenstand haben. Die Abhandlungen werden hauptsächlich chronologisch aufgeführt. Insbesondere das Genus englischer Entlehnungen und die (phonologische und morphologische) Anpassung der Fremdwörter an die Sprache, in der sie aufgenommen werden (3.1.7., 3.1.9. und teilweise 3.1.10.), wurden entsprechend im Laufe der achtziger Jahre auch in der griechischen Fremdwortforschung behandelt. Aus diesem Grund werden die beiden Themen kontrastiv betrachtet (für das Griechische vgl. Kapitel 3.2.); der Leser wird so mit den Gemeinsamkeiten und Unterschieden der jeweiligen Entlehnungsforschung vertraut gemacht. In diesem Sinne ist auch das Kapitel 3. als ein zusätzlicher Aspekt des deutsch-griechischen Sprachvergleichs zu verstehen.

3.1.1. Über den Begriff "Fremdwort"

"Fremdwörter sind für viele Menschen immer noch ein heißes Eisen". Mit diesem Satz fängt Stickel (1985) seinen Aufsatz "Das 'Fremdwort' hat ausgedient" an (ebd., S. 7) und bekräftigt darin seine Absicht, "das Fremdwort am liebsten zum alten Eisen [zu] werfen": Die Fremdwortfrage sei schon so oft erhitzt und mit ungeeigneten Hämmern bearbeitet worden, daß sie nun völlig zerklopft daliege und man nichts Rechtes mehr daraus machen könne.

Stickel meint, "Fremdwort" könne kein geeigneter sprachwissenschaftlicher Begriff mehr sein: Dieser Begriff sei zu unklar und diene zur Bezeichnung sehr verschiedenartiger sprachlicher Erscheinungen. Oft fungieren <u>Herkunft einerseits</u> und <u>Verständlichkeit und Gebräuchlichkeit andererseits</u> als entscheidende Merkmale für Fremdwörter. Diese Kriterien treffen zu für Wörter wie "Biotop", "Hybridkompositum", "Legato" oder "Marketing". Bei "Apperzeption" und "Transsubstantiation" kommt die schwere Aussprache hinzu. Bei Wörtern wie "Professor", "Interesse", "Theater" oder "Sport" treffen die Merkmale "schwer verständlich" und "selten gebräuchlich" nicht zu. Es gibt also offensichtlich schwierige und leichte Fremdwörter. Das ist aber auch bei deutschen Wörtern der Fall. Texte der öffentlichen Verwaltung und des Rechtswesens haben einen hohen Anteil von Wörtern, mit denen ein Laie nicht sehr viel anfangen kann, z.B. "Abdingbarkeit", "Auslobung", "Mündelsicherheit" oder "Wandelung".

Aus diesen Überlegungen wird ersichtlich, warum der Begriff "Fremdwort" zur Bestimmung von Wörtern mit den Eigenschaften "fremdsprachliche Herkunft" und "schwer zu verstehen und zu gebrauchen" ungeeignet ist. Außerdem sind "Verständlichkeit" und "Gebräuchlichkeit" keine objektiven Merkmale, sondern variieren je nach individuellen und sozialen Voraussetzungen ihres Vorkommens. Selbst die Herkunft eines Wortes ist nicht immer sicher zu entscheiden. Das kann man an den folgenden zwei Beispielen sehen: (1.) den Scheinentlehnungen, z.B. "Dressman", "Highlife" usw. (vgl. Kapitel 2.1.4., oben) und (2.) den Bildungen mit griechischen und lateinischen Bestandteilen, z.B. Fachwörter auf "-ose", "-ismus", "-istik", die aus keiner Einzelsprache entlehnt sind, sondern in unterschiedlichen Ländern geprägt wurden und zu den Internationalismen gezählt werden.

Auch bei den Wörtern, die nachweislich aus einer anderen Sprache übernommen wurden, gibt es Entwicklungen innerhalb des Deutschen, z.B. Bedeutungsveränderungen, bzw. -erweiterungen oder -verengungen.

Schließlich gibt es auch noch die Lehnübersetzungen und -übertragungen, die nach fremden Vorbildern gebildet wurden (und werden), und die Lehnbedeutungen, d.h. Fälle, wie "feuern" und "buchen" in den Bedeutungen "entlassen" und "Platz bestellen", nach den Vorbildern engl. "to fire" und "to book", sprachliche Erscheinungen, die sich mit dem Begriff "Fremdwort" nicht erfassen lassen.

Stickel akzeptiert nur die alltagssprachliche Verwendung des Begriffs "Fremdwort", nämlich die Bezeichnung für Wörter, die dem jeweiligen Sprecher als fremd erscheinen, unabhängig davon, ob sie echte Übernahmen, Scheinentlehnungen, fach- oder bildungssprachliche Internationalismen sind (Stickel 1985, S. 13-15). → subjektive Dimension

In einer Reihe von Veröffentlichungen befaßt sich auch Kirkness mit dem Begriff "Fremdwort". 1980 kritisiert er den Gegensatz "deutsch" vs. "fremd" und erörtert drei Einwände:
- **Erstens** ist es problematisch, Fremdwörter von deutschen Wörtern abzugrenzen. Sprechen wir zunächst von der Ausdrucksseite der Wörter, gibt es u.a. Zusammensetzungen mit deutschem Stamm und fremdem Affix ("Stellage"), mit fremdem Stamm und deutschem Affix ("Borniertheit"), mit ausschließlich fremden Bestandteilen ohne Vorbild in einer Fremdsprache ("Blamage", "Showmaster"), sogar Wörter ungeklärter Herkunft ("Rabatz", "randalieren"). Die Verwirrung wird größer, wenn wir die Lehnwörter einbeziehen und zwischen "Lehnwörtern im weiteren Sinne" ("Regierung", "Sport", "Titel") und "Lehnwörtern im engeren Sinne" ("Wein", "Mauer") unterscheiden. Erstere werden in Fremdwörterbüchern aufgeführt, letztere nicht.
- **Zweitens**, fassen wir die Inhaltsseite (Signifikat) der Wörter ins Auge, finden wir bei deutschen Signifikanten entlehnte Signifikate. Das ist bei "Geist", "Gott" oder "Welt" der Fall. Außerdem trifft das zu bei den zahlreichen Lehnprägungen.
- **Drittens** weckt der Gegensatz "deutsch" vs. "fremd" Assoziationen und Emotionen puristischer Art. "Deutsch" wird oft von den Vorstellungen "eigen", "heimisch", "vertraut" und deshalb "verständlich" begleitet, "fremd" wiederum von den Vorstellungen "nicht dazugehörig", "unbekannt" und deshalb "unverständlich". Dabei werden Fremdwörter mit Fachwörtern verwechselt. Lexikalische Fremdheit ist nicht mit Unverständlichkeit gleichzusetzen, denn deutsche Wörter (meistens aus Fachsprachen) können auch für Deutsche unverständlich sein, z.B. "Umstandsergänzung", "gegenständig" oder "Artangabe".

Kirkness führt auch die Überlegung an, daß "deutsch" mindestens zweideutig verwendet wird. Einerseits kann es die deutsche Sprache unter Einschluß der Fremdwörter bezeichnen und andererseits die deutsche Sprache unter Ausschluß der Fremdwörter. Ähnliches gilt für "fremd". Damit kann man ein Wort fremdsprachlicher Herkunft bezeichnen, es wird aber auch in den Bedeutungen "unbekannt", "nicht vertraut" verwendet, vor allem in der Phrase, daß ein Begriff, ein Gefühl, eine Idee für jemanden ein Fremdwort ist.

In einem späteren Aufsatz (1986) erweitert Kirkness seine Überlegungen auf den Bereich der Lexikographie. Nachdem er sich wieder mit dem Fremdwortbegriff befaßt hat und eine

Übersicht über die genannten Einwände gibt, schlägt er statt "Fremdwort" "eingeführtes Lehnwort" vor. Danach argumentiert Kirkness gegen die traditionellen Fremdwörterbücher. Er plädiert für "die Abschaffung des vertrauten, aber eigentlich überflüssigen Fremdwörterbuchs" (ebd., S. 158) und hält es für ein Hindernis auf dem Weg der Integration der dort aufgeführten Wörter in den Sprachbesitz des normalen Sprachteilhabers. Demgegenüber schlägt Kirkness die Zusammenstellung zweier neuer Wörterbücher vor:

(1.) ein Lehnwörterbuch; in ihm sollen aufgeführt werden:

a) als Hauptlemmata einerseits die Wortentlehnungen aus anderen Sprachen und als Sublemmata dazu z.B. innerdeutsche Ableitungen, in denen das Hauptlemma als Basis auftritt, und

b) als Hauptlemmata andererseits die entlehnten nichtwortfähigen Wortbildungseinheiten und als Sublemmata dazu die im Deutschen damit lehngebildeten Kombinationen.

In ein solches Lehnwörterbuch gehörten auch die Lehnübersetzungen, Lehnübertragungen und Lehnbedeutungen; doch deren lexikographische Erfassung erscheint Kirkness als unrealisierbar - aufgrund methodologischer und praktischer Schwierigkeiten;

(2.) ein Schwerwörterbuch, nämlich ein Versuch zur Erklärung von Fachwörtern, die aus fremden oder/und deutschen Konstituenten bestehen können, ein Wörterbuch mit einer stark wortbildungsbezogenen Komponente. Durch die Erläuterung und Auflösung der Merkmale "fremde Herkunft" und "Schwerverständlichkeit" sollen die jeweiligen Wortbedeutungen erschlossen und auf diese Weise der Laienöffentlichkeit vermittelt werden.

Am wichtigsten (für die breite Öffentlichkeit) soll jedoch das allgemeine einsprachige Wörterbuch bleiben, das möglichst viele Wörter beinhalten soll, unabhängig von ihrer tatsächlichen oder vermeintlichen fremden Herkunft. "Das Fremdwörterbuch aber sollte allenfalls noch als antiquarisches Kuriosum gehandelt werden" (Kirkness 1986, S. 162).

In diesen Zusammenhang gehört auch eine Reihe von Veröffentlichungen von Kirkness/Wetz (1985, 1986a, b), in denen das Phänomen "Fremdwort" als eine Art Mythos angesehen wird, von dem wir Abschied nehmen sollten. Das behaupten die Autoren aufgrund folgender Fälle "hausgemachter Fremdwörter":

a) der im Deutschen entstandenen "Showmaster", "Twen" usw. (Kirkness/Wetz 1985);

b) der Bedeutung von "rasant", eines Wortes französischer Herkunft, dessen Bedeutung aber im Deutschen in völlig entgegengesetzter Richtung verlaufen ist als im Französischen: Im Französischen bedeutet das Wort "anödend", "langweilig" und im Deutschen vor allem "aufregend", "spannend", "großartig" (Kirkness/Wetz 1986a);

c) des sogenannten "inneren Lehnguts". Darunter versteht man zunächst entlehnte Bedeutungen. Diese Bedeutungen können entweder mit schon vorhandenen Wörtern oder mit neuen Wortbildungen, die aus bereits vorhandenen Bestandteilen bestehen, ausgedrückt werden. Im ersten Fall handelt es sich um sogenannte Lehnbedeutungen (z.b. "feuern" in der Bedeutung "entlassen", aus dem englischen "to fire"), im zweiten Fall vor allem um Lehnübersetzungen und -übertragungen, wie "Zerrbild" als Übersetzung von "Karikatur", "einschließlich" als Übersetzung von "inklusive" oder "Wolkenkratzer" als Übersetzung von "sky scraper" (Kirkness/Wetz 1986b).

Gegenüber diesen Argumenten, die für die Abschaffung des Begriffs "Fremdwort" sprechen, vertritt August (1988) die These, daß das Fremdwort kein Scheinphänomen ist, denn (u.a.) Fremdwörter unterscheiden sich von deutschen Wörtern durch bestimmte Merkmale, z.B. besondere Aussprache, Schreibung, Beugung, die Untersuchungsgegenstand der Sprachwissenschaft waren und weiterhin sind. Außerdem ist es für den normalen Sprachteilhaber wenig relevant, daß ein Teil der deutschen Wörter historisch aus Fremdwörtern entstanden ist ("Ziegel" und "Mauer" sind - synchron gesehen - deutsche Wörter), und daß manche Fremdwörter gar nicht aus der Fremde kommen. Ferner müßte bei einer eventuellen Abschaffung des Begriffs "Fremdwort" und dessen Ersetzung durch den Begriff "Lehnwort" ein neuer Terminus für das "Lehnwort im herkömmlichen Sinne" (also z.B. für die Fälle "Mauer", "Ziegel") gefunden werden.

Man kann sich von den Richtlinien der puristischen Sprachwissenschaft des 17. Jahrhunderts bis zum 20. Jahrhundert entfernen und in diesem Sinne eine gewisse "Entmythologisierung" vornehmen, aber nicht die Existenz des ganzen Themas verleugnen. "Das Fremdwort darf für die Sprachwissenschaft kein Fremdwort bleiben!" (August 1988, S. 5).

Daß Fremdwörter sich von deutschen Wörtern durch bestimmte ausdrucksseitige Fremdheitsmerkmale unterscheiden, betont auch Munske (1983 und 1988). In seinem Aufsatz von 1988 geht er auf diese Merkmale detaillierter ein und dokumentiert sie mit zahlreichen Beispielen:
- Zu den phonologischen Fremdheitsmerkmalen gehören z.B. Laute, die dem Phoneminventar des Deutschen fremd sind, etwa die Nasalvokale in französischen Entlehnungen wie "Pendant";
- zu den graphematischen Fremdheitsmerkmalen gehören z.B. alle Zeichenverbindungen mit "y" ("Essay", "Boy") oder die Grapheme "ph", "th", "rh" ("Philosoph", "Theater", "Rhythmus");
- zu den morphologischen Fremdheitsmerkmalen gehören z.B. Wortauslaute auf "a", "o", "i" und "u" ("Kamera", "Safari") oder die Beibehaltung der quellsprachigen Pluralform wie "Examen - Examina", "Kodex - Kodizes".

Zur Problematik der ausdrucksseitigen Fremdheitsmerkmale bei Entlehnungen bin ich hier exemplarisch und nur für die Zwecke des Forschungsüberblicks zum Begriff "Fremdwort" eingegangen; ausführlicher dazu vgl. Kapitel 5.1.1., unten.

3.1.2. Fremdwortorthographie

Seit 1876 befassen sich alle Regelungen über Fremdwortschreibung mit der Frage "historisch oder phonetisch?" In den achtziger Jahren hat Heller (1981) untersucht, welche fremde, in deutschen Wörtern nicht vorkommende Grapheme durch deutsche ersetzt werden könnten. Heller vertritt "die Meinung, daß in vielen Fällen einer angleichenden Schreibung durchaus der Vorzug zu geben ist gegenüber einer Schreibung, die die Herkunft der Wörter graphisch konserviert" (Heller 1981, S. 155). So meint er, daß die griechisch-lateinischen Schreibungen "th", "ph" und "rh" durch "t", "f" und "r" ersetzt werden sollten, gibt aber zugleich zu, daß man auf große Umstellungsschwierigkeiten stoßen würde aufgrund des ungewohnten und überraschend wirkenden, neuen optischen Bildes, z.B. "Tese" statt "These", "Frase" statt "Phrase", "Retorik" statt "Rhetorik" usw.

Munske (1986) gibt einen Überblick über die Grapheme in Fremdwörtern und befaßt sich mit der graphematischen Markierung ihrer Vokalquantität, wobei er u.a. "die Problemfälle der Fremdwortorthographie" darstellt: z.B. bei "Physik", "Kritik", "Satellit" oder "Kapitel" wird die Kürze des Vokals durch graphische Geminate nicht markiert.

Der Beitrag von Zabel (1986) ist eher historischen Charakters. Durch die Darstellung von fünf Texten von 1876 bis 1980 zeigt er die Entwicklung der Regeln über die Schreibung von Fremdwörtern im Deutschen. Drei Texte stammen jeweils von 1876, 1880 und 1902. Die übrigen zwei enthalten die Regeln zur Schreibung von Fremdwörtern der "DUDEN-Rechtschreibung" (14. Auflage) von 1954 und (18. Auflage) von 1980.

Zabel hat 1987 die "Fremdwortorthographie" herausgegeben: Beiträge verschiedener Autoren betrachten das ganze Problemfeld aus verschiedenen Perspektiven. Im ersten Teil bietet Zabel eine historische Darstellung der Fremdwortorthographie, vor allem der Entscheidungen der Orthographischen Konferenzen von 1876 und 1901 sowie der Reformprogramme des 20. Jahrhunderts. Zabel schließt seinen Beitrag (Zabel 1987b) mit "Überlegungen zu einer Neufassung der Regeln". Im zweiten Teil untersuchen andere Autoren systematisch Möglichkeiten einer Weiterentwicklung der Fremdwortschreibung. Nüssler untersucht die Möglichkeiten und Grenzen einer Rechtschreibreform der Fremdwörter aus den Fachsprachen. Schaeder befaßt sich mit der Regulierung der Fremdwortschreibung aus der Sicht der Internationalismen-Forschung. U.a. vertritt er folgende These:

> "Im Hinblick auf eine zunehmende Tendenz zur Internationalisierung der Kommunikation (...) sollten Vorschläge zur Neuregulierung der Fremdwortschreibung davon absehen, Fremdwörter in ihrer Schreibung der im Deutschen üblichen Orthographie um jeden Preis anzupassen" (ebd., S. 139).

Muthmann bearbeitet das Phänomen der orthographischen Doppelformen in der deutschen Sprache der Gegenwart und bringt eine Tabelle mit deutschen Wörtern und Fremdwörtern, bei denen zwei Formen ihrer Schreibung vorliegen, z.B. "Chauffeur" und "Schofför", "Coupé" und "Kupee" oder "Photo" und "Foto". Augst macht einen konkreten Vorschlag zur Reform der Rechtschreibung von Fremdwörtern. Ausgehend von der Unterscheidung zwischen Zitatwörtern, Fachwortschatz, Bildungswortschatz und Gemeinwortschatz, die ursprünglich durch v. Polenz (1967a in 1979, S. 23-24) getroffen wurde, argumentiert Augst, daß Zitatwörter, Fach- und Bildungswörter nicht an die deutsche Schreibweise angepaßt werden sollten. Die Reform sollte Fremdwörter aus der Gemeinsprache zum Gegenstand haben, jedoch auch da sollte vorsichtig vorgegangen werden: Regionale, veraltete und auf Eigennamen basierende Fremdwörter sollten nicht eingedeutscht werden. Dasselbe gilt für Modewörter und Fremdwörter, deren Schreibung sehr entfernt von der deutschen Schreibweise liegt, z.B. "Nightclub"[1]. Bei den Wörtern, deren Schreibung reformiert wird, können die alten Schreibungen noch eine Zeitlang als Varianten zugelassen sein. Wörter, die man nach Augst reformieren könnte, sind z.B. "Prise" zu "Priese", "Party" zu "Parti", "Container" zu "Kontainer", "Graphik" zu "Grafik" oder "Clique" zu "Klicke".

Im Jahr 1989 gab die Kommission für Rechtschreibfragen des "Instituts für deutsche Sprache" ihren Vorschlag zur Neuregelung der deutschen Rechtschreibung und die Stellungnahme der "Gesellschaft für deutsche Sprache" heraus. Die Neuregelungsvorschläge beziehen sich auch auf die Fremdwortschreibung.

> "Zielsetzung dieser Vorschläge ist es, auf der Grundlage einer systematischen Bestandsaufnahme im Bereich des geläufigen Fremdwortschatzes, unter Berücksichtigung des Schreibgebrauchs, eine Vereinfachung und Vereinheitlichung der Schreibung durchzuführen, ohne das historisch gewachsene, im Bildungsbewußtsein verankerte System der Fremdwortschreibung grundsätzlich zu verändern" (Kommission für Rechtschreibfragen 1989, S. 157).

3.1.3. Das Projekt "Lehnwortbildung"

Die sogenannten "deutschen Fremdwörter" waren ein beliebter Untersuchungsgegenstand der Sprachwissenschaftler in den achtziger Jahren. Das im "Institut für deutsche Sprache" laufende Projekt der Lehnwortbildung geht von den Erfahrungen der Arbeit an der Fertigstellung des Deutschen Fremdwörterbuchs von Schulz und Basler aus. Link (1983) unternimmt eine Reformulierung der traditionellen Fremdwortdefiniton, die "Fremdwort" meist als "ein aus einer anderen Sprache übernommenes Wort" bezeichnet. "Fremdwörter sind oft keine Fremdwörter" (Link 1983, S. 54), versucht Link anhand folgender Phänomene zu zeigen:
1. Im Laufe der Zeit lassen sich semantische Veränderungen der entlehnten Einheiten erkennen, so daß Wörter entstehen, die wir zwar durchaus Fremdwörter nennen würden, deren Bedeutung aber Ergebnis innerdeutscher Entwicklungen ist. Als Beispiel wird wieder der in der Fachliteratur oft erwähnte Bedeutungswandel von "rasant" angeführt. Auch bei

---

1 Von der Rechtschreibreform werden auch Wörter der internationalen Kommunikation ausgeschlossen, z.B. "Eurocity" und "Stop" (Kommission für Rechtschreibfragen 1989, S. 69).

dem Wort "Transparent" liegt eine derartige Entwicklung vor: Neben der Bedeutung "Bild auf durchsichtigem Material, das von hinten beleuchtet wird", die auf französischen Einfluß zurückzuführen ist, dominiert heute die Bedeutung "Spruchband". Es handelt sich also um Homonyme, die im Deutschen unter Wiederverwendung des Signifikanten einer Entlehnung entwickelt werden, mit anderen Worten: um inhaltsseitig "deutsche Fremdwörter".

2. Betrachten wir auch die Ausdrucksseite der Wörter, so stellt man fest, daß Fremdwörter oft keine Entlehnungen sind, d.h. sie haben kein unmittelbares Vorbild in einer anderen Sprache. Es handelt sich meistens um Zusammensetzungen, bei denen eines, mehrere oder alle ihrer Bestandteile entlehnt sind und manchmal auch das spezielle Konstituentenkombinationsmuster, das Wortbildungsmuster selbst, aber nicht die Zusammensetzung als solche. Derartige, <u>im Deutschen entstandene, aus</u> (ganz oder teilweise) <u>entlehnten Morphemen bestehende Wörter</u>, werden als <u>Lehnwortbildungen</u> bezeichnet[1].

Die entlehnte Wortbildungseinheit kann in der Herkunftssprache (in den folgenden Beispielen das Griechische, das in der deutschen Lehnwortbildung eine wichtige Rolle spielt) potentiell selbständig, z.B. "iso-", "nomo-", "-these", "anti-", "peri-", oder prinzipiell gebunden sein, z.B. "-itis", "-ose". Nach der Übernahme wird sie dann mit anderen Wortbildungseinheiten kombiniert, entlehnten oder indigenen. Beispiele für den ersten Fall sind: "Kosmologie", "Appendizitis", "Thermolyse", "Diathermie" und "Schizophrenie". Bei dem zweiten Fall handelt es sich bei den Lehnwortbildungsprodukten um sogenannte "<u>Hybride</u>", z.B. "Spielothek", "Thermohosen", "Antiheld", "Metasprache", "kosmisch", "Borniertheit" oder "Stellage".

Bei synchroner Sprachbetrachtung und erst recht für die normalen Sprachteilhaber ist nicht unterscheidbar, ob es sich um Lehnwortbildungen (also Fremdwörter wie "Kosmologie", "Diathermie", "Schizophrenie") oder Wortentlehnungen handelt (z.B. "Peripherie", "Isonomie", "isochron", "Geometrie", "Antithese"; vgl. auch Link 1988, bes. S. 231-234).

Betrachtet man - in Ergänzung zu Link - das Phänomen von der griechischen Sprache her, so ist selbst für griechische Sprachteilhaber nicht unterscheidbar, ob die "griechischen" Wörter im Griechischen gebildet ("περιφέρεια" - "peripheria", "ισονομία" - "issonomia", "ισόχρονος" - "issochronos", "γεωμετρία" - "geometria", "αντίθεσις" - "andithessis") oder nicht im Griechischen gebildet und als solche eingeführt sind (wie "κοσμολογία" - "kosmologia", "διαθερμία" - "diathermia", "σχιζοφρένεια" - "schisofrenia")[2].

Aufgrund ihrer Erfahrungen mit der Arbeit am Deutschen Fremdwörterbuch stellt Link (1983) fest, daß auch ausdrucksseitig Fremdwörter bis zu 65 % deutsch sind (ebd., S. 58). Unter Berücksichtigung dieser Faktoren kommt sie zu einer Erweiterung der traditionellen Fremdwortdefinition: Fremdwörter sind Wörter, bei denen zumindest eine ihrer ausdrucksseitig

---

1 Für eine ausführliche Liste der Arten von Lehnwortbildungen vgl. Link (1983, S. 58-59 und 1988, S. 226-238).
2 In diesem Fall handelt es sich um die sogenannten "Einwanderer"; vgl. dazu Kapitel 3.2.1., unten.

als solche in Erscheinung tretenden Konstituenten bzw. ein im Deutschen unter Wiederverwendung des Signifikanten weiterentwickeltes Homonym einer Konstituente, sowie gegebenenfalls die Weise der Kombination der Konstituenten, aus einer Fremdsprache übernommen wurde (Link 1983, S. 60).

In Links Aufsatz (1983) wird eine erste Liste solcher als Konstituenten deutscher Lehnwortbildungen fungierender lexikalischer Einheiten dargestellt (S. 61-64), die am Anfang einer Lehnwortbildung vorkommen können (z.b. "anti-", "de[s]-", "extra-", "multi-", "pan-", "physi[o]-", "trans-", "zykl[o]-") und solcher, die am Ende einer Lehnwortbildung vorkommen können (z.b. "-abel", "-[o]chromie", "-erie", "-ismus", "-ose", "-um"). Diese Liste wurde als erste Grundlage für das Projekt "Wortbildung mit entlehnten Elementen" zusammengestellt.

Im Jahr 1987 wurde dann von einer im "Institut für deutsche Sprache" (Mannheim) arbeitenden Gruppe von Sprachwissenschaftlerinnen und -wissenschaftlern (u.a. G. Hoppe, A. Kirkness, E. Link) folgender Band verfaßt: "Deutsche Lehnwortbildung. Beiträge zur Erforschung der Wortbildung mit entlehnten WB-Einheiten im Deutschen" (Hoppe et al. 1987). Es handelt sich in dieser Abhandlung um lexikologisch-lexikographische Einzelbeiträge zu Fragen der Untersuchung und Beschreibung der Lehnwortbildung. Es werden z.b. wichtige Begriffe dieses Bereichs erörtert, wie "das Kombinem" und "das Affixoid", ein fachsprachliches Lehnwortbildungsmuster anhand der "-itis"-Kombinatorik dargestellt und die Funktion von produktiven Lehnwortbildungseinheiten am Beispiel von "therm(o)" näher untersucht. Darüber hinaus wird der Leser über das generelle Ziel des Projekts informiert, worauf ich gleich kurz eingehen werde (vgl. z.B. Kirkness et al. 1987, S. 9-24).

Geplant ist ein lexikographisches Nachschlagewerk mit dem Titel "Lexikon der deutschen Lehnwortbildung", kurz: "LWB-Lexikon". Die diachrone Unterscheidung zwischen Wortentlehnung und Lehnwortbildung bei zusammengesetzten Wörtern sowie die Darstellung der Entlehnungsgeschichte der Wortbildungseinheiten sind zentrale Anliegen des Vorhabens. Lehnwortbildung hat im Deutschen nach Auffassung der Autoren eine systematische Struktur. Sie spielt eine wichtige Rolle im Bereich der Bildungs-, Fach- und Wissenschaftssprache(n) und macht einen wesentlichen Teil des "zunehmend zu beobachtenden europäischen Sprachenausgleichs (Internationalismen, Eurolatein)" aus (Kirkness et al. 1987, S. 10). Von den Themenbereichen, die das LWB-Vorhaben systematisch behandeln soll, seien hier noch hervorgehoben:
- die Theorie der deutschen Wortbildung;
- die Fragestellung, inwieweit Lehnwortbildung ein (sub)systemkonstituierender und -differenzierender Faktor ist und
- die Problematisierung des allgemeinen Fremdwortverständnisses, die Korrektur der herkömmlichen Fremdwortdefinition als Beitrag zur allgemeinen Fremdwortdiskussion.

Die Lemmatisierung von entlehnten Wortbildungseinheiten und Kombinationen und die Erläuterung ihrer Struktur und Bedeutung soll zur Reduzierung von lexikalisch bedingten

Verständnis- und Kommunikationsschwierigkeiten zwischen Fachleuten oder Wissenschaftlern und Laien beitragen.

Das gesamte LWB-Vorhaben stützt sich auf folgende Materialbasis:
- gegenwarts- und historisch-entwicklungsbezogene Abhandlungen zur Theorie der deutschen Wortbildung und zu einzelnen Einheiten und Mustern;
- Literatur über die Wortbildung in Fachsprachen;
- Arbeiten über die Wortbildung im Lateinischen, Griechischen und in anderen europäischen Sprachen und
- die wichtigsten älteren und neueren Sprach- und Sachwörterbücher des Deutschen, der klassischen und der europäischen Nachbarsprachen.

Dabei gibt es einen gegenwartsorientierten und einen historisch orientierten Teil des Basismaterials. Ersteres besteht aus Zeitungskorpora (vor allem aus den siebziger und den achtziger Jahren), aber auch aus Texten wie politische Broschüren, Informationsblätter, Parteiprogramme und Gebrauchsanweisungen. Letzteres besteht aus der Belegsammlung von Schulz und Basler, zu der ca. zwei Millionen Belegzettel gehören. Sie stammen aus mehr als 10000 Quellen von 1450-1970. Weiterhin bieten sich einsprachige Lexika und Enzyklopädien des 18. bis 20. Jahrhunderts, wissenschaftliche und literarische Zeitschriften des 17. bis 20. Jahrhunderts zur Erweiterung des historischen Basismaterials an.

Neben diesen Primärquellen werden auch folgende Sekundärquellen herangezogen:
- ältere Handbücher zur deutschen Wortbildung, z.B. die von Kluge und Behaghel;
- die wichtigsten allgemeinen historischen und modernen Sprachwörterbücher des Deutschen, z.B. das "Deutsche Wörterbuch von J. und W. Grimm", das "Etymologische Wörterbuch von Kluge und Mitzka" oder "DUDEN - Das große Wörterbuch der deutschen Sprache";
- die wichtigsten Sachwörterbücher des Deutschen, also Enzyklopädien und Lexika und
- die lexikographischen Standardwerke des Griechischen und Lateinischen, aber auch des Englischen (z.B. "Oxford English Dictionary"), des Französischen (z.B. "Grand Larousse de la langue française") und auch des Italienischen, Spanischen und Russischen.

Dieses riesige Textkorpus wird ständig erweitert. Für das Wörterbuch sind zwei Typen von Lemmata vorgesehen (vgl. Hoppe et al. 1987, S. 441-448):
- als <u>Hauptlemmata</u> elementare und komplexe Lehnkombineme[1] und
- als <u>Sublemmata</u> Kombinationen des jeweiligen Hauptlemmas mit anderen Wortbildungseinheiten.

Die Struktur jedes Artikels soll dann folgendermaßen aussehen:

---

[1] Ein Kombinem ist eine (immer) gebundene/nichtselbständige lexikalische Einheit im Gegensatz zum Lexem, unter dem man eine (auch) selbständige/nichtgebundene lexikalische Einheit versteht (vgl. Hoppe et al. 1987, S. 443-444, auch für weitere Begriffe, die für die Zusammenstellung des Lexikons relevant sind).

Hauptlemma:
A. Beschreibungsteil: 1. Gegenwartsbezogen-funktionales Gebrauchsschema; grammatische und semantische Kurzinformationen; Paradigmatisches und Pragmatisches.
2. Entwicklungsbezogene Darstellung.

Sublemmata:
B. Dokumentationsteil: Textbelege, Buchungen und Literaturhinweise.

3.1.4. Schwere Wörter - Brisante Wörter

Im Jahr 1989 erschien das Wörterbuch "Brisante Wörter. Von Agitation bis Zeitgeist". Obwohl die Ausgangsbasis des Wörterbuchs nicht in erster Linie die Fremdwortproblematik war, halte ich es für einen wesentlichen Beitrag zur Fremdwortforschung und Fremdwortlexikographie, da - meiner Einschätzung nach - mindestens 80 % der darin behandelten Wörter Fremdwörter sind. Das mag ein Zeichen dafür sein, daß Fremdwörter mit relevanten gesellschaftlichen Bereichen, Themen und Werten verbunden sind, also in der täglichen Kommunikation eine wichtige Rolle spielen, immer mehr Bedürfnisse für ihre lexikographische Erfassung entstehen und somit ein aktuelles Forschungsthema sind.

In den "Brisanten Wörtern" kann man über Wörter und Themen der Zeit nachlesen, die "den Lebensnerv unserer Gesellschaft berühren" (Strauß/Zifonun 1989, S. 35). Es ist ein neuer Typ von Wörterbuch und besteht aus drei Bereichen: "Politik", "Umwelt" und "Kultur und Bildung", die voneinander getrennt sind, mit alphabetischer Anordnung der Lemmata innerhalb jedes Bereichs. Außerdem gibt es am Ende des Buches ein alphabetisches Register, das alle Stichwörter des Lexikons enthält, sowie teilweise auch den zur Beschreibung dieser Stichwörter verwendeten Wortschatz. Denn der Erklärungsstil der Stichwörter ist beschreibend. Nicht ausformulierte Bedeutungsangaben (wie sonst üblich in Wörterbüchern) sind nicht zu finden. Jedes Stichwort enthält z.B. folgende Aussagen: sach- und enzyklopädische Informationen über die Entstehung und Bedeutung des Wortes sowie Angaben zur Wortgeschichte und historische Exkurse; Erklärungen der Bedeutung(en) des Wortes anhand mehrerer Textbelege (vor allem aus den achtziger Jahren) und Angaben über Wörter, die zur gleichen Wortfamilie gehören (z.B. "Pazifismus", "Pazifist", "-in", "pazifistisch") oder/und über sinnverwandte Wörter (z.B. im Fall von "Pazifismus": "Friedensbewegung" oder "Antimilitarismus").

Das Wörterbuch sollte ursprünglich den Titel "Lexikon der schweren Wörter" haben; im Laufe der achtziger Jahre gab es eine Reihe von Veröffentlichungen über den Gesamtrahmen des Wörterbuchs (Genese, Materialbasis, Mikro- und Makrostruktur usw.). Kurz vor seiner Veröffentlichung haben sich die Verfasser des Lexikons entschlossen, den Titel "Schwere

Wörter" auf "Brisante Wörter" umzusetzen, obwohl sie in allen früheren Publikationen dazu immer von dem Handbuch der "schweren Wörter" sprachen. Zufälligerweise (?) enthält der neue Titel eine fremdsprachliche Bezeichnung.

Kurz zu dem Begriff "schwere Wörter": In der nachindustriellen Gesellschaft Bundesrepublik Deutschland wächst die Anzahl der Wissenschaftsdisziplinen und damit der entsprechenden Fachsprachen. Lexikalisch-semantische Differenzierungen der jeweiligen Teilwortschätze folgen, so daß Kommunikationsstörungen zwischen Angehörigen verschiedener Fächer auftreten können, ja sogar Kommunikationsschwierigkeiten zwischen Fachleuten ein und desselben Faches sind nicht auszuschließen. Zum gesellschaftlichen Problem werden diese Wortschatzdifferenzierungen aber durch den Bezug der Fach- und Wissenschaftssprachen zur Gemeinsprache. In der fachexternen Kommunikation zwischen Fachleuten und Laien kann es zu prinzipiellen Verständigungsstörungen, ja fast Verständigungsblockierungen kommen (vgl. Strauß/Zifonun 1984, S. 382-385).

Täglich ist der Laie mit Texten konfrontiert, die das Merkmal "fachextern" besitzen, sich an die breite Öffentlichkeit richten, jedoch von Produzenten mit dem Merkmal "Fachmann" stammen. Diese Texte haben zum Ziel, entweder Informationen über neuere Entwicklungen und wissenschaftliche Erkenntnisse, z.B. aus der Physik, der Biologie oder der Ökologie, zu geben (z.B. massenmediale Texte) oder Hinweise zu vermitteln. Letzteres kann der Fall sein bei:
- Gebrauchsanleitungen für technische Geräte (Textproduzent: Fachleute in technischen Firmen);
- Packungsbeilagen von Medikamenten (Textproduzent: Pharmazeuten);
- bestimmten Formulartypen von den Behörden an die Bürger (Textproduzent: Beamte);
- Parteiprogrammen für die Wähler (Textproduzent: Parteien).

Solche Texte haben meistens "schwer zu verstehende" Wörter; es handelt sich dabei um fachsprachliche Begriffe, die (oder deren fachsprachliche Bedeutung) dem Laien fremd sind (bzw. ist) (vgl. Mentrup 1982, S. 270-274). Das Wort "Funktion" z.B. hat in der Mathematik eine bestimmte eingeschränkte Bedeutung; unter "Recycling" verstehen die Leser eines Artikels einer Tageszeitung nicht genau das, was ein Umweltexperte darunter versteht usw.

Haß, Mentrup und Wimmer (1986, S. 3) bestätigen, daß Fremdwörter oder Wörter mit Lehnelementen wie "anti-", "bio-", "path-" oder "öko-" einen großen Teil der "schweren Wörter" ausmachen. Von den Beispielen für "Schwerwortkandidaten" (ebd., S. 5) sind etwa 70 % Fremdwörter und Mischkomposita, z.B.:

Fremdwörter	Mischkomposita	deutsche Wörter
Akkumulation	Biomasse	Altlast
alternativ	Dränung	Entsorgung
Core	Restrisiko	Landschaftsverbrauch
Denaturierung	Verbundsystem	Neugemenge
Fallout		Regelkreis

Fremdwörter	Mischkomposita	deutsche Wörter
ökologische Nische		umkippen
Ökotop		Versiegelung
Recycling		
Screening		
Synergist		
Zerealien		
Zyklus		

Diese Liste bezieht sich auf das Gebiet "Umwelt"; Wörter, die zur Verschleierung eines Sachverhalts benutzt werden, sind in diesem Gebiet stark repräsentiert. "Risiko" ist etwa ein Wort, das verwendet wird, wenn über verschiedene Arten von Gefahren gesprochen wird, z.b. Risiken der Umweltzerstörung. "Das gefühlsbeladene Wort Gefahr verwandelt sich in das scheinbar harmlosere Risiko" (Strauß/Zifonun 1989, S. 41). Die Wortfamilie mit "Risiko" wird immer größer. Damit bezeichnen Techniker, Sozialwissenschaftler, Juristen die mögliche Gefährdung, mit der die äußerst geringe Wahrscheinlichkeit eines katastrophalen Ereignisses bei einer großtechnischen Anlage ausgedrückt werden soll (vgl. Strauß/Haß/Harras 1989, Brisante Wörter, S. 516-519).

Im Sprachbereich "Politik", genauer in Textsorten wie Nachrichten und politische Kommentare, sind Fremdwörter der hauptsächliche Grund für die Schwierigkeit der Texte. Das haben empirische Untersuchungen gezeigt[1].

Die "schweren Wörter" wurden für das Wörterbuch empirisch, d.h. text(sorten)bezogen und corpusgestützt ermittelt (Strauß/Zifonun 1985, S. 126). Als Terminologisierung des Begriffs sei ein Zitat angeführt:

"Wörter mit einer bestimmten Bedeutungsweise oder mehreren verschiedenen Weisen des Bedeutens bzw. Wörter, für die bestimmte semantische Urteile wie etwa (sub)systemtranszendente Polysemie, Vagheit oder Schlechtbestimmtheit gelten, sind dazu a n g e l e g t (disponiert), im Gebrauch zu kommunikativen Schwierigkeiten zu führen" (Strauß/Zifonun 1985, S. 123)[2].

---

1 Vgl. Oksaar (1983, S. 125-130, bes. S. 127-128): Drei Gruppen von Informanten (je fünf Schüler, Studenten und Akademiker) haben angegeben, daß in erster Linie folgende Faktoren im Verständnisprozeß der Texte maßgebend wirkten: (1.) zu viele Fremdwörter, (2.) fremdsprachliche Zitate und Kurzwörter, z.B.: eine europäische "Force de Frappe", die "scala-mobile" Methode, das "fait-accompli", die "Cocom-Liste" (Cocom = Koordinationskommitee für den Ost-West-Handel) und (3.) lange Wörter, z.B. "Leistungsbilanzdefizit" oder "Devisenbewirtschaftungsmaßnahmen".

2 Dasselbe Zitat befindet sich auch in Strauß/Zifonun (1984, S. 401). Das ist auch die erste ausführliche Veröffentlichung über die Bestimmung und lexikographische Behandlung von "schweren Wörtern". Bei der Publikation der Autoren im Jahr 1985 handelt es sich um ein zweibändiges Werk über die "Semantik schwerer Wörter im Deutschen". Dabei wird der Schwerpunkt auf die Typologie der "schweren Wörter" gelegt. Es werden drei Typen von schweren Wörtern mit steigender Komplexität unterschieden und ihre Merkmale bzw. Zustände ihrer Verwendung ausführlich behandelt. Da diese Thematik aber das Problemfeld der vorliegenden Untersuchung nur am Rande betrifft, werde ich nicht ausführlicher darauf eingehen.

3.1.5. Zur Fertigstellung des Deutschen Fremdwörterbuchs von Schulz und Basler

In der Tradition der Fremd- und Verdeutschungswörterbücher, die Ende des 19. und Anfang des 20. Jahrhunderts als Spezialwörterbücher entstanden und in breiten Kreisen in Gebrauch waren, erschien 1913 der erste Band vom Deutschen Fremdwörterbuch. Es wurde vom Schüler des bekannten Wortforschers Kluge, H. Schulz, begründet. Im ersten Band hatte Schulz die Buchstaben A-K behandelt und vorwiegend literarische Quellen berücksichtigt. O. Basler hat Schulz' begonnenes Werk fortgeführt und auch nichtliterarische Quellen, wie Zeitungen und Zeitschriften, in sein Materialkorpus zusätzlich aufgenommen. Der zweite Band (L-P) erschien im Jahr 1942.

Nach Baslers Tod hat seit den siebziger Jahren eine Arbeitsgruppe im "Institut für deutsche Sprache" unter der Leitung von A. Kirkness die Arbeit am Deutschen Fremdwörterbuch fortgesetzt. So erschienen: der dritte Band (Q-R) im Jahr 1977, der vierte Band (S) im Jahr 1978, der fünfte Band (T) im Jahr 1981 und der sechste Band (U-Z) im Jahr 1983. 1984 folgte die erste Lieferung, ein Quellenverzeichnis, und 1986 die zweite/dritte Lieferung, ein umfangreiches Register zur Erschließung des Wörterbuchs, als siebter Band des Gesamtwerks (Olt 1987, S. 320-322).

3.1.6. Zur Vorbereitung eines Anglizismen-Wörterbuchs

Seit 1980 läuft an der Universität-Gesamthochschule Paderborn ein Projekt, das die im Deutschen nach 1945 verwendeten Anglizismen lexikographisch behandeln soll. Die Arbeitsgruppe stand unter der Leitung des bekannten Anglisten B. Carstensen. "Anglizismen" soll hier im weiten Sinne verstanden werden, d.h. unter Einschluß der Amerikanismen; nicht nur Wörter, sondern auch Phraseologismen und Wortbildungselemente sollen aufgenommen werden. Sogar das sogenannte innere Lehngut wird lemmatisiert, "wenn philologisch gezeigt werden kann, daß englischer Einfluß tatsächlich vorliegt oder dieser zumindest glaubhaft gemacht werden kann" (Kirkness/Wiegand 1983, S. 322). Das Korpus umfaßt ca. 60 000 Belege und hat seinen Schwerpunkt auf der Pressesprache. Fachsprachliches Vokabular wird auch berücksichtigt, vor allem aus den Bereichen des Tourismus, der Freizeitbeschäftigungen und des kulturellen und gesellschaftlichen Lebens, jedoch sind fachsprachliche Anglizismen, die nur fachintern gebraucht werden, ausgeschlossen (Carstensen 1981a, S. 20).

Die Mikrostruktur des Wörterbuchs soll u.a. folgende Informationen vermitteln:
- die im Deutschen häufigste Aussprache des englischen Wortes;
- grammatische Angaben, z.B. bei den Substantiven die Genuszuordnung und die Flexionsformen;

- Entlehnungszeit und -weg, d.h. Informationen über die Entlehnungsgeschichte, soweit das möglich ist;
- syntaktische Besonderheiten;
- Bedeutungserläuterung;
- Komposita; dabei erhebt sich das Problem, daß oft nicht erkennbar ist, ob ein Mischkompositum ein englisches Vorbild hat oder nicht;
- Belege;
- stilistische Gesichtspunkte, z.b. soll angegeben werden, ob der Anglizismus hauptsächlich oder nur in der Umgangs- oder in der Hochsprache vorkommt; (zur Mikrostruktur des Wörterbuchs vgl. Carstensen 1981a, S. 21-31 und Kirkness/Wiegand 1983, S. 323-328).

Wie aus dem Erwähnten ersichtlich wird, handelt es sich um ein sehr interessantes, jedoch bei seiner Vorbereitung nicht problemloses Werk. Die Probleme, mit denen die Arbeitsgruppe ständig konfrontiert wird, wurden in einigen Veröffentlichungen (z.B. Carstensen 1981a und Kirkness/Wiegand 1983) erläutert und sind vollkommen verständlich und gerechtfertigt, zumal es in der Sprache, wie bekannt ist, keine eindeutig abgrenzbaren Gebiete gibt. Es wäre eine große Leistung und Hilfe für Wissenschaftler und normale Sprachteilhaber, wenn das Anglizismen-Wörterbuch demnächst erschiene.

3.1.7. Das Genus englischer Fremdwörter im Deutschen

Seit 1980 erschienen in deutschen Fachzeitschriften Aufsätze von Carstensen (1980b) und Schlick (1984/85) und die Dissertation von Gregor (1983), die sich speziell auf das Genus von Anglizismen im Deutschen konzentrierten.

Nach Carstensen (1980b) sind für die Genuszuweisung bei substantivischen Anglizismen zwei Grundprinzipien maßgebend:

a) Nach dem Prinzip der "nächsten lexikalischen Entsprechung" bekommt z.b. "Job" maskulines Genus wegen seiner nächsten lexikalischen Entsprechung "der Beruf"; "der Boom" ist maskulin wegen "der Aufschwung", "die Box" ist feminin wegen "die Kiste" oder "die Schachtel" und "das Girl" ist neutrum wegen "das Mädchen". Probiert man weiter die Gültigkeit des Prinzips, so stellt man eine ganze Reihe von "Ausnahmen" fest: "das Team", aber "die Mannschaft", "das Baby", aber "der Säugling", "der Jet", aber "das Flugzeug" und "die Maschine".

b) Morphologische Faktoren scheinen auch eine wichtige Rolle zu spielen bei der Genuszuordnung. So sind z.B. Substantive auf "-er" und "-or", die Personen oder Dinge bezeichnen, meistens Maskulina (vgl. "der Teenager", "der Bestseller", "der Junior" und "der Traktor"). Substantive auf "-ness" und "-ity" sind meistens Feminina (vgl. "die

Fitness" und "die Publicity") und Substantive auf "-ing" und "-ment" meistens Neutra (vgl. "das Bowling" und "das Management").

Was Carstensen "nächste lexikalische Entsprechung" nennt, ist bei Gregor (1983) unter "naheliegendstes deutsches Äquivalent" aufgeführt. Das naheliegendste Äquivalent bestimmt nach Gregor (S. 59) das Genus des entlehnten englischen Wortes, sofern es sich dabei um ein morphologisches Simplex handelt. Wenn es sich bei dem entlehnten Wort um eine durchsichtige Morphemkonstruktion handelt, "erhält es das Genus des in einer entsprechenden deutschen Morphemkonstruktion genusdeterminierenden Morphems" (ebd., S. 59).[1] Man muß auch bemerken, daß die meisten englischen Einsilber im Deutschen maskulin sind, bei den Sprechern eine "Tendenz zum maskulinen Genus" besteht, somit Maskulina statistisch an erster Stelle stehen und verschiedene Genera eine Bedeutungsdifferenzierung zeigen können.

Polyseme Sprachzeichen werden nicht gleichzeitig mit allen ihren Bedeutungen entlehnt, sondern nur mit einer. Für jede der Bedeutungen läuft ein eigener Entlehnungsprozeß ab. Wenn die deutschen Identifikationsbasen dasselbe Genus haben, bekommt auch das englische Wort in jeder Bedeutung dasselbe Genus; z.B. "Caddie" hat im Deutschen folgende Bedeutungen:
1. Junge, der dem Golfspieler die Schläger trägt;
2. zweirädriger Wagen zum Transportieren der Golfschläger;
3. Einkaufswagen (in einem Supermarkt).
Bei allen drei Bedeutungen erhält das Wort maskulines Genus aufgrund der deutschen Identifikationsbasen "<u>der</u> Junge" und "<u>der</u> Wagen".

Bei verschiedenem Genus der deutschen Identifikationsbasen bekommt auch die Entlehnung ein anderes Genus in jeder ihrer Bedeutungen. "Boston" z.B. erhält in der Bedeutung "amerikanisches Kartenspiel" neutrales Genus aufgrund einer Motivation über dt. "das Spiel"; in der Bedeutung "langsamer amerikanischer Walzer" bekommt es maskulines Genus aufgrund einer Motivation über dt. "<u>der</u> Tanz" (Gregor 1983, S. 67-69).

Ähnliches gilt für Doppelentlehnungen, d.h. wiederholte Entlehnungen desselben Wortes zu verschiedenen Zeitpunkten. Die Doppelentlehnung erfolgt wie die einfache Entlehnung, da für die normalen Sprachteilhaber nur die letzte Entlehnung relevant (und auch bekannt) ist. Wenn keine besonderen Faktoren vorliegen, erhält das Wort bei jeder Entlehnung dasselbe Genus, z.B. "der Shop"; das Wort wurde bereits im 19. Jahrhundert entlehnt, geriet außer Gebrauch und wurde nach 1945 noch einmal entlehnt. Immer erhielt es maskulines Genus aufgrund von "<u>der</u> Laden". Doppelentlehnungen und verschiedene Identifikationsbasen mit unterschiedlichen Genera führen zu verschiedenen Artikeln des englischen Wortes. "Square" z.B. war im 18. und 19. Jahrhundert Neutrum aufgrund von "das Quadrat"; im 20. Jahrhundert ist es maskulin aufgrund von "der Platz". Bei der Doppelentlehnung von Homonymen richtet sich das Genus des entlehnten Wortes auch nach den Genera der

---

[1] Beispiele: "Back-ground" (mask.) wegen "der Grund", "Knock-down" (mask.) wegen der impliziten Ableitung von "der Abstoß".

jeweiligen Identifikationsbasen; z.b. "die Coach" wegen dt. "die Kutsche" und "der Coach" als Nomen agentis, "der Sportlehrer" (Gregor 1983, S.70-73).

Weitere Faktoren, die bei der Genusselektion maßgebend wirken können, sind:
- "der vorbildsetzende Gebrauch", z.b. der Sprachgebrauch bei Anzeigen und Werbespots kann als Vorbild für den Sprachgebrauch der Sprecher dienen,
- "der Integrationsgrad (Schriftaussprache)", z.B. das engl. Wort "lokomotive" wird im Deutschen "Lokomotiv<u>e</u>" und erhält feminines Genus, weil das "e" ausgesprochen wird und Substantive auf "-e" im Deutschen meistens feminin sind (für weitere Faktoren vgl. Gregor 1983, S. 77-81).

Dies sind nach Gregor die wichtigsten Prinzipien, nach denen die Genuszuordnung bei substantivischen Anglizismen im Deutschen erfolgt. Im zweiten Teil seiner Untersuchung (S. 90-169) führt er ein Register auf, in dem seine Ausführungen an im Deutschen gebräuchlichen Anglizismen veranschaulicht werden.

Schlick (1984/85) untersucht in seinem Aufsatz das gleiche Thema aufgrund von 50 englischen Substantiven. Schon genannte Regeln und Ergebnisse gelten auch hier. Besonders betont Schlick, <u>daß die Genuszuweisung nicht willkürlich ist und daß sie durch mehr als ein Kriterium bestimmt wird</u>. Statistisch kommen bei den von ihm untersuchten Substantiven an erster Stelle die Maskulina mit 28 und an zweiter Stelle die Feminina (12), die knapp vor den Neutra (10) liegen. 14 der Maskulina sind Einsilber, 12 davon kommen auch als englische Verben vor (z.B. "Case", "Dance", "Joke"), und 7 davon besitzen einen "('aktiven') verbalen Handlungs- und Geschehensinhalt" (ebd., S. 212). Die These, daß englische einsilbige Substantive, die von Verben mit einem aktiven Handlungs- und Geschehensinhalt abgeleitet werden, im Deutschen ein maskulines Genus erhalten, ist interessant genug, aufgrund eines umfangreicheren Materials kontrolliert zu werden.

3.1.8. Englisches im deutschen Werbefernsehen

Mit den Einflüssen des Englischen auf das deutsche Werbefernsehen befaßt sich die 1984 erschienene Dissertation von Steinbach. Nachdem er im ersten Teil einen umfangreichen Überblick über englische Einflüsse auf die deutsche Sprache allgemein nach der bisherigen Forschung systematisch darstellt, kommt er im zweiten Teil des Buches zu seinem eigentlichen Thema. Untersucht wurden 727 verschiedene, im Mai 1978 im ZDF und WWF gesendete Werbespots auf Erscheinungsformen der englischen Sprache. Von 1524 Belegstellen wurden 537 verschiedene Einzelbelege isoliert, die zu 388 Lemmata zusammengefaßt und in Form eines Wörterbuchs systematisch aufgeführt sind. Nach der statistischen Analyse lassen "mehr als ein Prozent der im Werbefernsehen von deutschen Sprechern artikulierten Sprechsilben einen evidenten Bezug zur englischen Sprache erkennen" (Steinbach 1984, S. 259). Vor allem

betroffen davon sind die Bereiche Medien, Freizeit, Optik, Verkehr und Tourismus. Weiterhin konnte noch folgendes gezeigt werden:
- Anglizismen sind typische Merkmale der Werbesprache,
- die Werbung von amerikanischen Firmen zeigte in höherem Maß englischsprachige Einflüsse als die Werbung anderer Betriebe,
- Markennamen und Mischverbindungen sind in hohem Anteil repräsentiert; das Substantiv spielt eine dominierende Rolle,
- eine relativ große Anzahl englischsprachiger Phrasen wurde eingeblendet, was zu der Vermutung führt, daß englischsprachige Interferenzen mehr in der schriftlichen als in der mündlichen Werbesprache anzutreffen sind,
- von den 388 Lemmata gehören 81 % zum äußeren und 19 % zum inneren Lehngut (z.B. Lehnübersetzungen, -übertragungen usw.).

Englisches Wortmaterial dient oft in der deutschen Fernsehwerbung dazu, daß das jeweilige Werbeobjekt mit positiven Merkmalen ausgestattet wird. Die "Einzigartigkeit" des Produktes wird mit angeblich beeindruckenden englischsprachigen, meist ein- oder zweisilbigen Markennamen hervorgehoben. Ende der achtziger Jahre wurden - so möchte ich hinzufügen - bereits die ersten rein englischsprachigen Spots vom WWF des WDR ausgestrahlt.

Steinbach analysierte auch andere Sprachebenen als die Lexik. Was die Aussprache betrifft, sind bei den Phonemen auch englische Realisierungen feststellbar, jedoch sind das meist Sonderfälle. Im Regelfall wurden englische Laute an die deutschen angepaßt. Der Anteil der deutsch ausgesprochenen Markennamen beträgt 62 %. In der Schreibung waren in einem größeren Maß englische Einflüsse bemerkbar. Charakteristisch ist dabei die bevorzugte, in Markennamen nahezu ausschließliche Verwendung von "c" anstelle von "k". Steinbach spricht von der "Tendenz, das spezifisch Nationale durch das international Übliche zu ersetzen" (Steinbach 1984, S. 237). Die Verwendung englischer Schreibformen wird durch werbepraktische Ziele begünstigt, wie z.B. Internationalisierungstendenzen oder Produktbezeichnungen.

Es handelt sich insgesamt um eine besonders interessante interdisziplinäre Studie, weil sie sprachwissenschaftliche und wirtschaftswissenschaftliche Interessen befriedigt, indem sie mindestens zwei moderne Untersuchungsbereiche der Wissenschaft verbindet: Anglizismen und die Werbung im Fernsehen.

3.1.9. Die Annäherung von Lehnelementen aus dem Englischen an das Deutsche

Die Anpassung von Lehnelementen des Englischen an das Deutsche untersucht Hannah in seiner 1987 erschienenen Dissertation. Ausgehend von der Auffassung, daß empirische Forschung verhältnismäßig selten angewandt worden ist, um diese Fragestellung zu erforschen, hat er eine Umfrage erstellt und 50 Informanten befragt. Die Befragung hatte

Interviewcharakter und dauerte jeweils 30 bis 45 Minuten. Folgende Ziele wurden u.a. bei der Umfrage als wichtig betrachtet:
- Feststellung des Bekanntheitsgrades und der aktiven Verwendung bestimmter, aus dem Englischen entlehnter Wörter;
- Feststellung der Kriterien, nach denen die Informanten ein Wort für deutsch oder nicht deutsch hielten und
- Feststellung des Grades der Beherrschung der englischen Sprache (Hannah 1987, S. 4-7).

Die Auswertung der Umfrage erfolgte unter Berücksichtigung von personenbezogenen Faktoren, wie Geschlecht, Alter, Beruf, Anzahl der Schuljahre, Englischkenntnisse und Interesse an Mode. Die letzte Angabe war wichtig, weil die Untersuchung anhand von Beispielen aus dem Bereich Mode und Kleidung stattfand.

Anhand von acht Beispielen und mit Hilfe der durch die Umfrage gewonnenen Ergebnisse untersucht Hannah die Anpassungserscheinungen, die bei der Entlehnung (oder Scheinentlehnung) eines englischen Wortes zu beobachten sind. U.a. bietet er interessante Informationen zur Entstehung der Scheinentlehnungen (Hannah selbst benutzt den Ausdruck "Lehnfremdbildung") "Pullunder", "Twen" und "Dressman" (S. 91-129).

Im letzten Kapitel seiner Dissertation (S. 180-203) kommt Hannah zu einem "Versuch eines Modellentwurfes", wo die Änderungen, die einige entlehnte englische Substantive in ihrem Integrationsprozeß ins Deutsche aufweisen, in Tabellen dargestellt werden. Drei Phasen werden unterschieden; innerhalb jeder Phase werden die Anpassungserscheinungen jedes Wortes auf den Ebenen der Morphologie, der Orthographie, der Phonologie und der Semantik angegeben. Die Reihenfolge der Phasen stellt eine Diachronie dar, jedoch sind die Änderungen bei einem Wort innerhalb einer Phase als synchron zu betrachten. Die Reihenfolge der vier Ebenen innerhalb einer Phase spielt keine Rolle. Beispiel: Speziell für das Wort "trenchcoat" sehen die drei Phasen folgendermaßen aus:

Tabelle 1: <u>Sprachliche Veränderungen von "trenchcoat"</u>

	morphologische Veränderungen	orthographische Veränderungen	phonologische Veränderungen[1]	semantische Veränderungen
1. Phase	Genuszuordnung: der Trenchcoat	Großschreibung	--	--
2. Phase	Abkürzung zu "der Trench"	--	--	--
3. Phase	--	--	--	'Trench' = 'Mantel'

---

[1] Bei dem Anpassungsprozeß dieses Wortes verzeichnet der Autor keine phonologischen Veränderungen. Ich möchte jedoch ergänzen, daß die deutsche (standardsprachliche) Aussprache des "r" von der englischen abweicht. Diese Veränderung findet schon bei der Übernahme des Wortes statt und sollte somit in der ersten Phase des Anpassungsprozesses notiert werden.

Wie aus der Tabelle ersichtlich ist, muß das Wort nicht in allen Ebenen in jeder Phase Änderungen aufzeigen. Nach Hannah stellt dieses Modell einen Rahmen dar, mittels dessen eine große Anzahl von Entlehnungen untersucht werden kann (ebd., S. 180-186). Diese phasenweise Annäherung eines Fremdwortes an die entlehnende Sprache wird anschließend verglichen mit einer "einigermaßen vergleichbaren Situation aus der physikalischen Welt", z.B. mit dem

> "Verhältnis zwischen Schwer- und Fliehkraft, wie es sich in einem Wasserstrudel oder im Verhalten eines kleinen Himmelskörpers zu einem größeren zeigt. Zuerst wird das Fremdwort 'eingefangen' durch die 'Anziehungskraft' der entlehnenden Sprache; (...). Durch Anpassung auf der vier genannten sprachlichen Ebenen 'nähert sich' das Wort der Zielsprache, indem es Eigenschaften von Wörtern dieser Sprache annimmt; (...). Schließlich siegt die 'Anziehungskraft' über die 'Fliehkraft' dadurch, daß das entlehnte Wort keine oder wenige Eigenschaften aufweist, die es als ein Fremdwort erkennen lassen (...). Das Wort kann als eingebürgert betrachtet werden" (Hannah 1987, S. 186-187).

Dieser Integrationsprozeß wird im letzten Teil der Untersuchung mit Abbildungen, speziell für jede der in den vorigen Kapiteln detailliert besprochenen Entlehnungen, näher erklärt. Das von Hannah entworfene Modell scheint vor allem wegen des Vergleichs mit physikalischen Phänomenen auf den ersten Blick etwas übertrieben zu sein, jedoch bietet es eine neue Möglichkeit, den Weg einer Entlehnung zu erläutern.

3.1.10. Französische Entlehnungen im Deutschen

Neben Untersuchungen über Entlehnungen aus dem Englischen sind in den achtziger Jahren auch Abhandlungen über französische Entlehnungen veröffentlicht worden. Munske (1983) behandelte im ersten Teil seines Aufsatzes grundsätzliche Gesichtspunkte, nach denen man die "Fremdheit" oder die "Vertrautheit" eines Wortes beurteilen kann, und im zweiten Teil seines Aufsatzes widmete er sich ausschließlich den Gallizismen und untersuchte deren Transferenz und Integration auf phonologischer und graphematischer Ebene. Dieser Aufsatz war die Grundlage für die im Jahr 1986 erschienene Dissertation von Volland. Dort wurden die Transferenz und die Integration französischer Entlehnungen auf phonologischer, graphematischer, morphologischer und lexikalisch-semantischer Ebene systematisch behandelt.

Untersuchte Volland den Integrationsprozeß französischer Entlehnungen, so setzte sich Abdelfettah (1989) in seiner Dissertation mit einem historischen Aspekt der Erforschung von französischen Entlehnungen auseinander: die Rezeption des Vokabulars der Französischen Revolution durch den deutschen öffentlichen Sprachgebrauch. Zu diesem Zweck wurde ein Korpus aus deutschen Zeitschriftentexten aus dem Zeitraum 1789-1802 untersucht. Bei den

vierzehn verschiedenen Zeitschriften sind die drei Hauptströmungen vertreten: konservativ, liberal und revolutionär-demokratisch. Die Texte wurden nach folgenden Kriterien ausgewählt:
a) Der Text ist in der Zeit zwischen 1789 und 1802 entstanden
b) Er bezieht sich auf die revolutionären Vorgänge in Frankreich und
c) Er ist von einem deutschen Autor verfaßt, d.h. ist keine Übersetzung eines französischen Textes (zum Quellenmaterial der Untersuchung vgl. Abdelfettah 1989, S. 57-65).

Die Belegsammlung der rund 630 ermittelten Stichwörter mit ihren Ableitungen und Zusammensetzungen basiert auf einer Grundlage von mehr als 7500 untersuchten Seiten. Besonders interessant ist die Verteilung der Entlehnungen innerhalb der genannten Zeitspanne: eine relativ hohe Quote von 67 Entlehnungen im Jahr 1789, die dann fast kontinuierlich ansteigt bis 1794. In diesem Jahr, das - bezogen auf die politischen Ereignisse in Frankreich - vom Aufstieg und Sturz der Jakobiner gekennzeichnet ist, ergab sich eine Anzahl von 139 Entlehnungen. Danach sinkt die Entlehnungsquote regelmäßig ab. Ein Jahr später (1795) beträgt die Anzahl der Entlehnungen ca. 50 und im Jahr 1802 nur noch 10. Geht man von den historischen Phasen der Französischen Revolution aus, so ist in der ersten Phase ("Konstitutionelle Monarchie", 1789-1792) ein Prozentsatz von 45,14 Entlehnungen zu verzeichnen, also etwa die Hälfte der Wörter wurde im ersten Drittel des Zeitraums übernommen. In der zweiten Phase ("Konventherrschaft", 1793-1795) wurden 12,07 % der Entlehnungen übernommen, und für die dritte Phase ("Direktorialregierung", 1795-1802) ermittelte Abdelfettah einen Prozentsatz von 42,79 Wortübernahmen (ebd., S. 277-280).

3.2.　In der griechischen Sprache

Im Laufe der achtziger Jahre hat sich die griechische Fremdwortforschung mit Fragestellungen beschäftigt, die mit der deutschen Fremdwortforschung vergleichbar sind. Während deutsche Forscher festgestellt haben, daß viele Fremdwörter gar nicht aus der Fremde kommen und sich wiederholt mit diesen "deutschen Fremdwörtern" befaßt haben, wurde eine entsprechende Problematik in der griechischen Wortschatzforschung behandelt: einerseits, daß viele Wörter, die man im Neugriechischen als fremd bezeichnen könnte, ihren Ursprung in der griechischen Sprache selbst haben und andererseits, daß viele griechische Wörter gar nicht im griechischen Sprachraum entwickelt, sondern aus anderen Sprachen übernommen wurden (vgl. 3.2.1.).

Die Integration von fremdsprachlichen Elementen in das deutsche bzw. griechische Sprachsystem wurde ebenfalls in der Fremdwortforschung systematisch behandelt. Während im deutschen Sprachraum die Annäherung und Integration von englischen und französischen Lehnelementen ins Deutsche untersucht wurde, erschienen im griechischen Sprachraum

Abhandlungen über die Integration von Wörtern englischer Herkunft, insbesondere auf phonologischer Ebene (vgl. 3.2.2.).

Im Bereich der <u>Fremdwortorthographie</u> sind Tendenzen zur Vereinfachung der Schreibung von Fremdwörtern zu beobachten, so die These von Kamaroudis (1985); speziell betrachtet der Autor aufgrund einer Materialbasis von über 100 Stichwörtern eine orthographische Wiedergabe, die sich stark an die Aussprache der Wörter annähert und nicht an die Schreibung in der Herkunftssprache. Diese könnte man auch mit dem griechischen Alphabet teilweise wiedergeben.

Weiterhin gibt es aus den frühen neunziger Jahren aus dem Bereich der <u>historisch orientierten</u> Fremdwortforschung die Veröffentlichung von Katsanis (1990) über griechisch-lateinische Sprachbeziehungen. Was den Einfluß des Lateinischen auf das Griechische betrifft, unterscheidet der Autor zwei Wege, durch die lateinische Wörter ins Griechische übernommen wurden: den "Gelehrtenkanal" und den "Volkskanal", mit anderen Worten: die geschriebene und die gesprochene Sprache. Bezogen auf die geschriebene Sprache findet man lateinische Wörter in den Werken byzantinischer Schriftsteller aus dem Mittelalter, hauptsächlich nur bis zum 6. Jahrhundert. Ab der Regierungszeit Justinians (527-565 n. Chr.) wurden nur durch den mündlichen Weg lateinische Wörter ins Griechische übernommen. Diese Wörter entsprachen nicht mehr der Form des "Gelehrtenlateins", sondern des "mündlichen Volkslateins", wie es im griechischen Raum und auf dem Balkan inzwischen entwickelt und gesprochen wurde. Während die Erforschung des schriftlichen Weges bis jetzt ausreichend stattgefunden hat, bemängelt der Autor die Erforschung des mündlichen Weges, etwa die Sammlung der Entlehnungen, die daher stammen. Als einen ersten Schritt in diese Richtung bietet der Autor exemplarisch eine Anzahl von Wörtern lateinischer Herkunft, die durch den mündlichen Weg ins Griechische entlehnt wurden und die noch heutzutage in nordgriechischen Dialekten in Gebrauch sind; z.B. "βίνα" (vina): "Verwandtschaft", "Großfamilie" (aber auch "Vene"), metaphorisch aus lat. "vena" (die Vene).

Ebenfalls aus den frühen neunziger Jahren stammen zwei eher <u>lexikographisch orientierte</u> Abhandlungen. Setatos (1990) bietet eine Sammlung von türkischen Entlehnungen ins Griechische auf der Ebene des äußeren sowie des inneren Lehnguts: einzelne Wörter, aber auch Lehnbedeutungen, Lehnübersetzungen, Lehnübertragungen und lehnsyntaktische Konstruktionen. Charalambakis (1991) befaßt sich mit dem Thema der Lehnübersetzungen des Neugriechischen aus anderen europäischen Sprachen. Nach der Klärung terminologischer Gesichtspunkte bietet der Autor eine Lemmatisierung von 88 breit benutzten griechischen Lehnübersetzungen aus dem Englischen mit ihren deutschen, französischen und italienischen Entsprechungen (soweit all diese Sprachen bei bestimmten Ausdrücken vorhanden sind). Bei solchen Fällen handelt es sich - so Charalambakis - um eine Art Internationalismen, für die der Autor den Begriff "<u>latente Internationalismen</u>" vorschlägt. Die lexikographische Erfassung, zumindest eines Teils von ihnen, sei notwendig, da diese Ausdrücke ein wichtiges Mittel zur

Bildung der aktuellen wissenschaftlichen Terminologie seien. Ihre vollständige lexikographische Erfassung sei kaum erreichbar wegen der unendlichen Wortbildungsmöglichkeiten. Auch das Thema "Purismus" wird in diesem Aufsatz angesprochen unter dem Gesichtspunkt des inneren Lehngutes. Seine Erforschung führe dazu, die Etymologie vieler "griechischer" Wörter, die man für indigen halte, nachzuprüfen; das Wort "οικολογία" (Ökologie) z.B. wird nicht im Neugriechischen gebildet aus "οίκος" + "-λογία" < λέγω (sprechen), sondern es handelt sich um einen Internationalismus, der auf Elementen des Altgriechischen basiert. Im Neugriechischen wurde das Wort als Lehnübersetzung übernommen aus dem Französischen (écologie) oder - am wahrscheinlichsten - aus dem Englischen (ecology).

Ich möchte noch bemerken, daß die Untersuchung von Anastasiadi-Symeonidi (1990) über das Genus der neueren Entlehnungen im Neugriechischen ein interessanter Beitrag zur griechischen Fremdwortforschung ist. Das Korpus der Untersuchung besteht aus 1200 Fremdwörtern aus dem Englischen und Französischen. Bei der Vorgehensweise wird unterschieden zwischen "+lebendigen" und "-lebendigen" Substantiven, und die "-lebendigen" werden wiederum in morphologisch angepaßte und unangepaßte unterteilt. Die "+lebendigen" entlehnten Substantive - unabhängig davon, ob sie morphologisch angepaßt oder unangepaßt sind - bekommen das grammatische Genus, das ihrem natürlichen Genus entspricht. Diese Regel gilt bei 97,5 % der untersuchten Fälle. Bei den "-lebendigen" angepaßten Substantiven hängt die Genusselektion in erster Linie von der Endung des Substantivs und der Stelle des Akzents ab sowie auch vom Genus des Nomens in der Herkunftssprache. Die "-lebendigen" unangepaßten Substantive bekommen entweder feminines oder neutrales Genus. Die Faktoren, die die Auswahl zwischen diesen zwei Genera bestimmen, sind: das Genus in der Herkunftssprache, die Kenntnis der Herkunftssprache vom griechischen Sprecher sowie auch der Grad der Kodifizierung des Fremdwortes, d.h. sein Bekanntheitsgrad in der Sprachgemeinschaft: Wenn das unangepaßte Substantiv im Französischen feminin ist, wenn der griechische Sprecher Französischkenntnisse hat und wenn das Fremdwort zu den "minus kodifizierten" gehört, d.h. einen niedrigen Bekanntheitsgrad in der Sprachgemeinschaft hat, dann bekommt es höchstwahrscheinlich im Griechischen feminines Genus. Wenn diese Faktoren nicht zutreffen, bekommt das Substantiv meistens neutrales Genus.

Nach diesem Überblick zum aktuellen Forschungsstand referiere ich ausführlicher über zwei Themenbereiche, die für die vorliegende Untersuchung am bedeutendsten sind.

3.2.1. Über den Begriff "Rückwanderer" ("αντιδάνειο")

Als "Rückwanderer" bezeichnet z.b. Anastasiadi-Symeonidi (1985) ein Wort, das eine Sprache S_1 aus einer anderen Sprache S_2 übernimmt und welches die Sprache S_2 in einer früheren Phase der Sprachgeschichte aus der Sprache S_1 übernommen hatte, z.B.:
neugrch. "λιμάνι" (Hafen)   < türk. "liman" < altgrch.   "λιμήν"; oder
neugrch. "μπάνιο" (Bad) < ital. "bagno" < lat.   "balneum" < altgrch. "βαλανεῖον".

Neben diesem Fall werden als Rückwanderer auch folgende Fälle bezeichnet, z.B.:
neugrch. "καλαμάρι" (Tintengefäß, aber auch: Tintenfisch) < lat. "calamarius" aus "calamus" + "-arius" < altgrch. "κάλαμος" (Rohr);
neugrch. "καμαριέρα" (Dienstmädchen) < ital. "cameriera" aus "camera" + "-iera" < lat. "camerarius" < "camera" < altgrch. "καμάρα" (etwas, das eine gewölbte Decke hat);
neugrch. "κορδόνι" (Schnur) < ital. "cordone" aus "corda" + "-one" < lat. "corda" < altgrch. "χορδή" (Saite).

Bei den zuletzt genannten Beispielen erkennt man, daß die neugriechischen Wörter mehr Silben haben als die entsprechenden altgriechischen, etwas, was im Gegensatz steht zur Kürzung, die meistens wegen phonetischer Entwicklungen stattfindet. Dies geschieht, weil neue Ableitungen in den Zwischenstufen zustandekommen: Zur Basis als Träger auch der Hauptbedeutung wird ein Suffix hinzugefügt. Dieses Suffix kann oft ein Verkleinerungssuffix sein und manchmal die Bedeutung der Basis von "-lebendig" zu "+lebendig" verwandeln oder umgekehrt. Wenn sich also in den Zwischenstufen eine abgeleitete (nicht zusammengesetzte) lexikalische Einheit entwickelt, und wenn - trotz der Veränderungen - die Hauptbedeutung sich nicht in einem großen Maß verändert hat, kann man das Wort in der Endstufe (in den Beispielen ist sie das Neugriechische) wahrscheinlich ebenfalls zu den "Rückwanderern" zählen.

Könnte man also demgemäß auch folgende Fälle als "Rückwanderer" bezeichnen? (z.B.):
neugrch. "φωτογραφία" (Foto)   < frz. "photographie" aus altgrch. "φωτο-" (Licht) + "γράφειν" (schreiben) oder
neugrch. "αεροπλάνο" (Flugzeug)   < frz. "aéroplane" aus altgrch. "ἀήρ" (Luft) + frz. "planer".

Die Antwort ist hier negativ aus folgenden Gründen:
(1.) In der ersten Stufe (Altgriechisch) haben wir keine lexikalische Einheit, sondern Elemente, die die Zwischensprache (Französisch) übernommen hat, um einen lexikalischen Neologismus zu bilden;
(2.) die Bedeutung hat sich total verändert von der ersten bis zur letzten Stufe und
(3.) die Bildung der zusammengesetzten lexikalischen Einheit hat in einer Zwischenstufe stattgefunden nach den Wortbildungsregeln der Fremdsprache (Französisch) und nicht

des Altgriechischen. Für solche Wörter schlägt Anastasiadi-Symeonidi (1985) den Begriff "Einwanderer" vor.

Wichtig ist noch, daß die "Einwanderer" meistens Wörter der technischen Entwicklung sind - sehr oft Internationalismen - , wohingegen die "Rückwanderer" in den meisten Fällen in der Umgangssprache gebräuchlich sind. "Einwanderer" und "Rückwanderer" sind Untersuchungsobjekte einer diachronisch orientierten Sprachbetrachtung. Gerade die "Einwanderer" unterscheiden sich meistens - synchronisch betrachtet und vor allem, was die Ausdrucksseite der Wörter betrifft - kaum von griechischen Wörtern. Bei den "Rückwanderern" kann dies ebenfalls der Fall sein, es ist aber auch möglich, daß aufgrund von ausdrucksseitigen Merkmalen (Anlaute, Endungen) eine fremde Herkunft erkennbar ist.

3.2.2. Englische Entlehnungen im Neugriechischen

Mit der phonologischen Integration und Assimilation von Anglizismen hat sich Apostolou-Panara in ihrer 1985 abgeschlossenen Dissertation befaßt. Ihre Materialbasis bestand aus über 1000 Stichwörtern, die zum Teil aus der Presse entnommen wurden (Tages- und Wochenpresse, sowie aus Magazinen allgemeinen und speziellen Inhalts) und zum Teil aus der neugriechischen Prosa (Romane und Novellen). Die Verfasserin schreibt, die journalistische Rede biete - als vorübergehend - im Sinne der Erneuerung und deshalb auch aktuell, ein umfangreiches Material an Entlehnungen. Andererseits sei die literarische Prosa, eine "beständigere", "dauerhaftere" Stilart, eben aus diesem Grund als Material für die Untersuchung gewählt worden. Diese Stilart gelte auch als mehr überarbeitet als die erstgenannte und daher auch als typisch für den Grad des Durchdringens und der Integration von Fremdwörtern. Die Stichwörter, aus denen das Untersuchungsmaterial bestand, waren hauptsächlich morphologisch unangepaßte Fremdwörter.

Bei der phonologischen Assimilation von Anglizismen sind u.a. folgende Regeln wirksam:
- die Stimmhaftigkeit:

  Nasal + /p, t, k/ wird zu Nasal + [b, d, g]; z.B. <camping> /kæmpɪŋ/ wird zu [kambiŋg];
- die Entnasalierung:

  Nasal + /b, d, g/ wird zu [b, d, g]; z.B. <standard> /stændəd/ wird zu [stadar];
- die Palatalisierung:

  Palatalisierung findet z.B. statt bei den Phonemen /k, x/ eines Anglizismus, wenn sie vor den Phonemen /i, e/ realisiert werden; z.B. <cake> /keik/ wird zu [kjeik]; <hit> /hɪt/ wird zu [xjit].

Außerdem entwickeln sich im Neugriechischen mit der Übernahme von englischen Fremdwörtern neue phonotaktische Möglichkeiten, etwa bestimmte Konsonantenkombinationen, z. B.:

- /ds/, /gs/   im Auslaut z.B. /slaids/, /gags/;
- /sn/   im Anlaut z.B. /snupi/;
- /rf/, /zk/, /zn/ im Inlaut z.B. /serfing/, /niuzkaster/, /biznes/;
- /rtx/, /ngr/, /tr/ im Inlaut z.B. /apartxaid/, /kongreso/, /ultra/.

Im großen und ganzen erweist sich das phonologische System des Neugriechischen als besonders widerstandsfähig bei der Übernahme und Einverleibung von Anglizismen, so das wichtigste Ergebnis der Untersuchung von Apostolou-Panara. Der Anstieg der Entlehnungen Anfang der achtziger Jahre verursache manchmal den Eindruck, daß das Sprachsystem von einer zu hohen "Lockerheit" und "Toleranz" gegenüber fremden Einflüssen gekennzeichnet sei und gefährdet werde; dieser Eindruck sei jedoch nur oberflächlich, wie es bei der Untersuchung ersichtlich geworden ist: Zumindest, was das phonologische System betrifft, das meistens als besonders "angreifbar" und "veränderbar" gilt, können im Neugriechischen nur wenige fremde Elemente "eindringen" und sich festsetzen. "Die inneren Widerstände, die nichts anderes sind als das, was wir 'Sprachgefühl' nennen, sind stark" (Apostolou-Panara 1985, S. 252, meine Übersetzung).

Weitere Gedanken zur phonologischen Integration von englischen Fremdwörtern ins Neugriechische hat dieselbe Autorin in einer ihrer neuesten Veröffentlichungen detaillierter ausgeführt (vgl. Apostolou-Panara 1991). Bei der phonologischen Integration spielen - so die These der Autorin - die englischen Graphem-Phonem-Korrespondenzen eine wichtige Rolle. Die Übernahme eines Fremdwortes kann in einer Sprache durch die geschriebene oder durch die gesprochene Rede erfolgen. In beiden Fällen hängt seine Wiedergabe in das neue Sprachsystem, d.h. seine Annäherung oder seine genaue Wiedergabe, von zwei Faktoren ab. Der eine Faktor betrifft das phonologische System der Empfängersprache; die Möglichkeiten, die dieses System anbieten kann, und die "Dehnbarkeit", die es zu durchlaufen imstande ist, sind von großer Bedeutung im Integrationsprozeß. Der zweite Faktor steht in Verbindung mit der Person, die zuerst das Fremdwort einführt: Je besser sie die Gebersprache (in unserem Fall das Englische) kennt, desto genauer ist die Wiedergabe des Fremdwortes in der Empfängersprache (in unserem Fall das Griechische). Diese zwei Faktoren stehen in gegenseitiger Abhängigkeit voneinander und treffen bei jedem Sprachkontakt zu.

Die englischen Fremdwörter wurden und werden immer noch ins Neugriechische durch die zwei genannten Wege übernommen. Wenn der Kontakt durch die gesprochene Sprache erfolgt, ist eine gewisse Ähnlichkeit zum Wortmodell der Gebersprache vorhanden. Wenn das Fremdwort durch die geschriebene Sprache, durch die visuelle Repräsentation eingeführt wird, fungiert die graphische Substanz des Wortes als ein starker Einflußfaktor im Integrationsprozeß. Besonders in Fällen, in denen die Person, die das Wort einführt, keine guten Englischkenntnisse hat, ist dieser Einfluß entscheidend insofern, als die graphemischen Werte als phonemisch angenommen werden. Dies geschieht durch eine Interpretation der englischen Grapheme, die nicht mit dem entsprechenden phonemischen System übereinstimmt.

Es ist eine auf persönlichen Eindrücken basierende Interpretation, die vom Grad der Kenntnis der Gebersprache abhängig ist. Die Autorin nennt diese Interpretation der Grapheme der Gebersprache eine "sekundäre graphemische Interpretation" im Gegensatz zur Interpretation, die innerhalb der Gebersprache erfolgt, genannt "primäre graphemische Interpretation". Dieser Integrationsprozeß wird definiert als "graphemische Reinterpretation". Dabei werden zwei Typen unterschieden:

a) die systematische graphemische Reinterpretation "will cater für those loans that have undergone graphemic reinterpretation only in so far as an idiosynchratic feature is concerned due to diachronic considerations pertaining to the phonological system of English" (Apostolou-Panara 1991, S. 200). Beispielsweise hat die Elision der Phoneme /t, l, r, w/ in bestimmten Positionen in einem Zeitpunkt der englischen Sprachgeschichte stattgefunden, etwa /r/ wurde stimmlos in postvokalischen Positionen nach dem 16. Jahrhundert; <folklore> wird demgemäß im Englischen /fəʊklɔ:/ ausgesprochen, jedoch bei seiner Integration im Griechischen als /folklor/. Ähnliches gilt für <Newcastle> /nju:ka:sl/, es wird zu /njukastl/.

b) die intuitive graphemische Reinterpretation "must be ascribed to the bilingual person's instinct in turning the graphemic values into phonemic ones as faithfully as he is in a position to" (ebd., S. 198). In diesem Fall durchlaufen ebenfalls die englischen Grapheme eine Reinterpretation, die näher steht zu den Graphem-Phonem-Korrespondenzen der Empfängersprache als der Gebersprache, z. B.:

<manager>   /mænidʒə/   wird zu /manadzer/,
<camera>   /kæmərə/   wird zu /kamera/,
<crawl>   /krɔ:l/   wird zu /kroul/,
<super>   /su:pə/   wird zu /super/,
<clown>   /klaʊn/   wird zu /kloun/.

Im wesentlichen ergänzt die zuletzt genannte Untersuchung die Hauptergebnisse der davor genannten: Sie bestätigt die "Widerstandsfähigkeit" gegenüber fremden Elementen des phonologischen Systems des Neugriechischen. Dies ist von besonderer Bedeutung für die vorliegende Untersuchung, die sich u.a. zur Aufgabe gestellt hat, den Zusammenhang zu erforschen zwischen der Übernahme von fremdsprachlichen Elementen und deren Einschätzung. Eine "Überfremdung der griechischen Sprache", wie sie oft diskutiert und behauptet wird, läßt sich nicht immer - wie die gerade referierten Untersuchungen gezeigt haben - von den Fakten bestätigen.

4. Fremdwortschatz und Fremdwortgebrauch im Deutschen und Griechischen und Einstellungen zu dem "Fremden"

Nachdem in den Kapiteln 2. und 3. wichtige Aspekte des deutsch-griechischen Sprachvergleichs (im Bereich Wortschatz) kontrastiert worden sind, wird nach einer auf diesen Kapiteln beruhenden Zusammenfassung der wichtigsten Forschungsergebnisse die Fragestellung der vorliegenden Untersuchung entwickelt: das Fremde und das Eigene aus sprachlicher Sicht; die Einstellung zu dem Fremden im Deutschen und im Griechischen am Beispiel der Fremdwörter, und wie sie begründet wird anhand der Erforschung und Zusammenstellung von sprachlichen Fakten.

4.1. Bisherige Ergebnisse der Fremdwortforschung

4.1.1. In der deutschen Fachliteratur

Verschafft man sich einen Überblick aufgrund des Verzeichnisses lieferbarer Bücher von 1989 (Bd. 2), wird folgendes deutlich: Es gibt elf Eintragungen zum Stichwort "Fremdwörterbuch", dazu kommen noch neun Eintragungen zum Stichwort "Fremdwörterlexikon" (S. 3037). Zwei weitere umfangreiche Nachschlagewerke, das "Lexikon der deutschen Lehnwortbildung" und ein Anglizismen-Wörterbuch, befinden sich in Vorbereitung.

Außer der Abfassung lexikographischer Werke haben sich Sprachwissenschaftler(innen) oft mit der historischen Erforschung des Themas beschäftigt. Die zweibändige Abhandlung von Kirkness (1975) über die Geschichte der Sprachreinigung in den Jahren 1789-1871 und die Aufsätze von Bernsmeier (1977 und 1980) über die Geschichte des Deutschen Sprachvereins in seiner Gründungsphase und zur Zeit des Ersten Weltkriegs sind umfangreiche Analysen. Dazu kommen noch die Veröffentlichungen von v. Polenz (1967b), Bernsmeier (1983) und Simon (1989) über die Sprachreinigung zur Zeit des Nationalsozialismus.

Wie aus Kapitel 3.1.1. (oben) ersichtlich, haben sich Sprachwissenschaftler(innen) relativ ausführlich mit der synchronischen Betrachtung des Begriffs "Fremdwort" und seiner möglichen Abgrenzung von "Lehnwort" auseinandergesetzt. Zum ersten Mal hat v. Polenz (1967a in 1979) den Begriff "Fremdwort" synchronisch betrachtet. Er grenzt den Terminus "Fremdwort" in der Synchronie auf die Fälle ab,

> "in denen einzelne Sprachteilhaber ein Wort oder eine Wendung einer fremden Sprache nur gelegentlich und wie ein Zitat verwenden, wobei sie beim Gesprächspartner oder Leser die Kenntnis einer fremden Sprache voraussetzen, beispielsweise die von akademisch Gebildeten manchmal zu hörenden Adverbien 'pro forma' und 'formaliter'" (Polenz 1967a in 1979, S. 23).

Dazu zählt er auch "Wörter für Dinge, die es nur bei anderen Völkern gibt" (ebd.), z.B. "Lord", "Geisha" oder "Kolchose". Diese Wörter "haben im deutschen Sprachgebrauch nur Zitatcharakter" (ebd.). Für die übrigen Wörter fremdsprachlicher Herkunft, die im Deutschen gebraucht werden, verwendet v. Polenz den Begriff "Lehnwort" und benutzt die äußerst vage Formulierung:

> "'Lehnwörter' im synchronischen Sinne sind dagegen alle Wörter fremdsprachlicher Herkunft, die <u>mindestens in einer größeren Gruppe von Sprachteilhabern</u> zum üblichen Wortschatz gehören" (v. Polenz 1967a in 1979, S. 23; meine Hervorhebung).

Dabei unterscheidet er drei Kategorien: Lehnwörter des Bildungswortschatzes (z.b. "nonkonformistisch"), des Fachwortschatzes (z.b. "Formalismus") und des Gemeinwortschatzes (z.b. "Information"). Es ist aber unklar, nach welchen Kriterien er z.b. die "Lehnwörter" "Format", "Formel" und "Formular" zu dem Gemeinwortschatz zählt, jedoch "formulieren" zu dem Bildungswortschatz. v. Polenz betont, daß "Lehnwörter" aus dem Bildungswortschatz und aus dem Fachwortschatz für jene, die diesen Sprachschatz nicht teilen, ebenso fremd sein können, wie deutsche Wörter dieser Gruppierungen (z.b. "Gesittung", "Wesenheit" oder "Lautverschiebung"). "Lexikalische 'Fremdheit' ist eine sprachsoziologische Erscheinung, die nicht auf Wörter fremdsprachlicher Herkunft beschränkt ist" (v. Polenz 1967a in 1979, S. 24).

Dieses Argument, das in den achtziger Jahren von Stickel und Kirkness wieder aufgenommen wurde, hat die genannten Forscher dazu geführt, für eine Abschaffung des Begriffs "Fremdwort" zu plädieren (vgl. Kapitel 3.1.1., oben). Eine wichtige Rolle bei ihrer Argumentation spielt auch, daß viele Fremdwörter nicht aus der "Fremde" kommen, sondern im Deutschen mit teilweise oder ganz fremden Bestandteilen entstanden sind. Letztere Erkenntnis gehört trotzdem zu den wichtigsten Ergebnissen der Fremdwortforschung. Dagegen plädieren August (1977 und 1988), Müller (1975 in 1979) und Munske (1988) für eine Aufrechterhaltung des Begriffs "Fremdwort", da sich Fremdwörter synchronisch durch bestimmte Merkmale (Fremdheitsmerkmale) von den Lehnwörtern und den Erbwörtern unterscheiden (vgl. Kapitel 5.1.1., unten).

Eine ausführliche Klassifikation der Lehnwortbildungen ist Link und Kirkness zu verdanken (vgl. z.B. Link 1988, S. 226-238). Ein Teil der Lehnwortbildungen besteht aus Wörtern mit englischem Morphemmaterial. B. Carstensen hat sich in zahlreichen Veröffentlichungen mit den Einflüssen des Englischen auf das Deutsche auseinandergesetzt und die verschiedenen Arten von Anglizismen untersucht und systematisch klassifiziert. Carstensen unterscheidet evidente und verborgene Einflüsse des Englischen auf das Deutsche. Zu den evidenten Einflüssen zählen außer direkt übernommenen Wörtern auch lexikalische Scheinentlehnungen (z.B. "Showmaster" oder "Dressman"), semantische Scheinentlehnungen (z.B. "trampen" hat nicht die Bedeutung vom englischen "to tramp") und Mischkomposita (z.B. "Live-Sendung"). Zu den verborgenen Einflüssen gehören Lehnbildungen (z.B. "Wechselwähler" ist eine Übersetzung von "floating voter") sowie englische Einflüsse auf die deutsche Syntax (z.B. "das macht keinen Sinn" vom englischen "that doesn't make sense"). Außerdem gibt es noch kleinere Untersuchungen über: morphologische Veränderungen von Fremdwörtern im Deutschen (z.B. Greule 1983/84), morphologische Veränderungen speziell von Anglizismen (z.B. Carstensen 1979b), orthographische Veränderungen (z.B. Carstensen 1982) und lautliche Veränderungen (z.B. die empirische Untersuchung von Fink 1980 über die Aussprache von Angloamerikanischem im Deutschen).

In den sechziger und siebziger Jahren gab es einen Trend in der Fremdwortforschung, den Anteil von Anglizismen und Amerikanismen in der deutschen Pressesprache zu untersuchen. Aber es gab und gibt keine genaue Definition von "Anglizismus". Jeder Forscher definiert den Begriff für die jeweilige Untersuchung. Es ist auch äußerst schwer und fragwürdig, die Amerikanismen von den Anglizismen abzugrenzen. Wie ersichtlich geworden ist, zählen zu den Anglizismen nicht nur die direkten Übernahmen, sondern auch Scheinentlehnungen sowie Wortbildungen, die sich an entsprechende englische Ausdrücke anlehnen. Es liegt an dem jeweiligen Forscher, inwiefern er die verborgenen Einflüsse erkennt und ob er sie zu den Anglizismen zählt. Deshalb führten diese Untersuchungen bisher zu sehr unterschiedlichen Ergebnissen (vgl. Kapitel 5.3.1., unten).

4.1.2. In der griechischen Fachliteratur

In Griechenland hat die Fremdwortlexikographie keine so lange und andauernde Tradition wie in Deutschland. Im Laufe der siebziger und achtziger Jahre ist ein einziges Fremdwörterbuch erschienen (Verveniotis 1976). Ein "Wörterbuch griechischer Wörter, die aus dem Türkischen abgeleitet werden" erschien im Jahr 1960[1]. Darüber hinaus hat die Untersuchung von Contossopoulos (1978), die auf französisch geschrieben ist, eine lexikographische Ausgangsbasis: Es werden hunderte von Ausdrücken aufgelistet, die im Neugriechischen oft benutzt werden und nach Meinung des Autors französischen Ursprungs sind. Diese Ausdrücke sind ins Griechische übernommene Wörter (z.B. "αλτρουϊσμός" < franz. "altruisme"), aber auch Lehnübersetzungen (z.B. "ψυχραιμία" < franz. "sang-froid") und Lehnwendungen.

Zu den bisherigen Ergebnissen der Fremdwortforschung in der griechischen Fachliteraur gehört auch die Klärung terminologischer Fragen: eine Definition von "Rück-" und "Einwanderern" von Anastasiadi-Symeonidi (1985) sowie der Begriffe "lateinische Entlehnung", "neulateinische Entlehnung" und "romanische Entlehnung" von Katsanis (1990).

---

1 Koukidis (1960).

Gerade die "Einwanderer" könnte man als die Kehrseite der Lehnwortbildung im Deutschen betrachten. Da das Englische die Sprache ist, die das Griechische in den letzten zwei Jahrzehnten am meisten beeinflußt hat, hat entsprechend eine Entwicklung der Anglizismusforschung stattgefunden. Apostolou-Panara (1985 und 1991) kommt bei ihren Untersuchungen zu dem Ergebnis, daß das phonologische System des Neugriechischen besonders "widerstandsfähig" ist bei der Übernahme englischer Fremdwörter, d.h. die Entlehnungen erhalten eine stark gräzisierte Aussprache.

Darüber hinaus wird in Griechenland oft eine Diskussion gegen eine Überfremdung der Sprache geführt. Der im Jahr 1982 gegründete "Griechische Sprachverein" sah u.a. seine Aufgabe darin, Lösungen vorzuschlagen für die Wiedergabe ins Griechische neu eingeführter Fremdwörter. Auch in den Medien gibt es oft Diskussionen über eine gewisse "Xenomanie", die in der Sprache zu beobachten sei und in anderen Bereichen des Lebens weitere Dimensionen hat. Es wird z.B. oft über fremdsprachliche Beschriftungen geklagt, die ja direkt auffallen aufgrund des unterschiedlichen Alphabets. Im Buch von Kalioris (1984) "Die sprachliche Entgräzisierung", das als repräsentatives Beispiel für die Diskussion gegen die Überfremdung der Sprache betrachtet werden kann, wird u.a. auch das Phänomen der fremdsprachlichen Beschriftungen ausführlich diskutiert und kritisiert.

4.2. Offene Fragen

> "Trotz der seit Jahrzehnten angestrengten Bemühungen um eine Internationalisierung politischer und gesellschaftlicher Fragen und Entscheidungen macht die Beobachtung betroffen, daß die Sprachwissenschaften im großen und ganzen einsprachig orientiert geblieben sind; eine Sprache, jeweils die Muttersprache, ist ihnen als Untersuchungsgegenstand hinreichend und genug" (Braun 1986, S. 330).

Über den deutsch-griechischen Sprachvergleich existieren aus den späten achtziger und den frühen neunziger Jahren vier umfangreiche Analysen auf der Ebene der Syntax.[1] Ein deutsch-griechischer Sprachvergleich auf der Ebene des Wortschatzes hat bis jetzt noch nicht stattgefunden. In der vorliegenden Untersuchung wird der Stellenwert des Fremdwortes im Deutschen und Griechischen erforscht. Eine der Erkenntnisse, die durch die Untersuchung gewonnen werden sollen, betrifft zunächst den Anteil der Fremdwörter in beiden Sprachen. Décsy (1973, S. 184-185) klassifiziert die europäischen Sprachen nach ihrem Mischungsgrad und unterscheidet "Mischsprachen", "neutrale Sprachen" und "introvertierte Sprachen". Zu den "Mischsprachen" zählt Décsy (u.a.) Französisch und Englisch, als Beispiele für "neutrale Sprachen" führt er (u.a.) Dänisch und Polnisch auf, und zu den "introvertierten Sprachen"

---

[1] Drei davon befassen sich mit Aspekten der kontrastiven Betrachtung von Präpositionen (Aggis 1986, Fries 1988 und Benholz 1990) und eine mit der Valenz kognitiver Verben im Deutschen und im Griechischen (Butulussi 1991).

gehören nach Décsy (u.a.) Deutsch und Neugriechisch. Meine Hypothese ist, daß das Neugriechische wesentlich "introvertierter" als das Deutsche ist. Ein Grund dafür ist, daß das Deutsche den lateinischen Wortschatz viel stärker integriert und aktiviert hat als das Griechische. An einer anderen Stelle bezeichnet Décsy den deutschen Sprachbereich als "das kompakteste linguistische Einheitsgebiet auf unserem Kontinent" (ebd., S. 30).

Neuere Untersuchungen dagegen (Munske 1988, S. 68-69) zählen das Deutsche zu den Mischsprachen, weil im deutschen Sprachsystem Phänomene, die mit der phonologischen, graphematischen und morphologischen Struktur der Latinismen und Gräzismen zusammenhängen, häufig anzutreffen sind.

> "Für das Deutsche ist die z w e i f a c h e   S t r u k t u r aus ererbten, indigenen und entlehnten lateinisch-griechisch-romanischen Elementen und Regeln charakteristisch" (Munske 1988, S. 69).

Ich möchte mich Munskes Überlegungen anschließen und, was den Anteil des fremden Elements im Deutschen im Vergleich zum Griechischen betrifft, zeigen, daß das griechische Sprachgebiet viel einheitlicher strukturiert ist als das deutsche. Es gibt Untersuchungen, die den Wortschatz des Deutschen mit dem Wortschatz anderer europäischer Sprachen vergleichen und interessante Ergebnisse über gemeinsame Wörter und Internationalisierungstendenzen im europäischen Sprachgebiet liefern (vgl. z.B. Heller 1966, S. 36-40, Braun 1986 und Braun/Schaeder/Volmert 1990); das Griechische wurde bei den jeweiligen Untersuchungen nicht berücksichtigt: Das Griechische benutzt nicht das fast allen europäischen Sprachen gemeinsame lateinische Alphabet, so daß die Erforschung des Wortschatzes z.B. von Wörterbüchern erschwert wird.

Ähnliches gilt auch für die sprachwissenschaftliche Forschung in Griechenland. Es gibt keine Untersuchung, die den Wortschatz des Griechischen und die fremden Einflüsse auf ihn im Vergleich mit dem Wortschatz einer anderen Sprache betrachtet. Ein Vergleich des Griechischen mit dem Deutschen ist vor allem für die griechische Forschung von besonderer Bedeutung, weil Deutsch die dominierende Sprache im mitteleuropäischen Raum ist.

Bei der Erforschung der fremden Einflüsse auf eine Sprache erhebt sich die Frage nach dem Unterschied zwischen Fremdwortschatz und Fremdwortgebrauch. Die bisherigen Untersuchungen über den Gebrauch von Anglizismen in deutschen Zeitungstexten betrachten diesen Gebrauch isoliert und nicht in Verbindung mit dem Anteil der Anglizismen am deutschen Wortschatz, welcher prozentual einen höheren Wert aufweisen müßte als der des Anglizismen-Gebrauchs. Abgesehen davon gibt es im Laufe der siebziger und achtziger Jahre keine Abhandlung in Deutschland, die den Gebrauch von Fremdwörtern allgemein (nicht nur von Anglizismen) am fließenden Text untersucht. Quantitative Ergebnisse über den Gebrauch von Fremdwörtern in griechischen Texten wurden bisher überhaupt nicht ermittelt.

> "Wenn (...) Fremdwörter einmal aufgrund lautlich-morphologischer Kriterien bestimmt werden, so ist es aufschlußreich zu erfahren, wieviel dieser Wörter es zur

Zeit in der deutschen Sprache gibt und wieviel im fließenden Text vorkommen" (Augst 1977, S. 115).

Dieser Projektvorschlag soll für beide Sprachen, Deutsch und Griechisch, aufgegriffen werden.

Bei der Untersuchung des Gebrauchs von Fremdwörtern im Deutschen und Griechischen erhebt sich die Frage nach der "Sprachtoleranz" gegenüber fremden Einflüssen. Meine Hypothese ist: Im Deutschen werden wesentlich mehr Fremdwörter gebraucht als im Griechischen; zugleich läßt der Kampf gegen Fremdwörter nach, und es scheint, daß puristische Zeiten vorbei sind. Im Griechischen werden weniger Fremdwörter gebraucht, dagegen gibt es aber einen deutlichen Kampf gegen Fremdwörter, jedoch nicht gegen Fremde. Die bekannte griechische Gastfreundschaft, der zunehmende Tourismus und die Integration in die Europäische Gemeinschaft, verstärkt ab 1992/93, schwächen xenophobische Tendenzen in der griechischen Gesellschaft eher ab.

4.3. Fremdwörter und Fremde - "Fremdes" und "Eigenes"

Damit stellt sich ein wichtiges soziologisches und kulturanthropologisches Thema. Da die Sprache als Spiegel und wichtigstes Element der Kultur eines Volkes gekennzeichnet werden kann, bedingt die Erforschung der Sprache eine Erforschung der Kultur und der Tradition eines Volkes, seiner Gefühle und Erwartungen. Indem man also über die Einstellung einer Gesellschaft zu den Fremdwörtern Schlüsse zieht, impliziert dies, daß man auch Aspekte der Einstellung der Gesellschaft zu dem "Fremden" erforscht. Ich betrachte den letzten Teil der vorliegenden Untersuchung als einen Gegenstand der Volkslinguistik (vgl. Brekle 1985). Ergebnisse der "reinen" Sprachwissenschaft werden dazu verwendet, gesellschaftlich relevante Strukturen zu durchleuchten (ebd., S. 146).

Neueste Ergebnisse der verhaltensbiologischen Forschung besagen, daß so etwas wie Angst vor dem Fremden dem Menschen mitgegeben sein könnte; dies kann zwar bisher nicht bewiesen werden, aber es gibt Indizien, die andeuten, daß "Xenophobie-Gene" zur genetischen Ausstattung der menschlichen Gattung gehören. Dieses Fremdensyndrom, das nicht bewiesen, aber auch nicht widerlegt werden kann, kann auch in den liberalsten Gesellschaften beobachtet werden.[1]

Jean François Lyotard sprach in einem Ökologie-Kolloquium in Siegen (1988) von dem Feind, den jeder Mensch in sich trägt, und von der "Projektion" dieses inneren Feindes auf

---

[1] Vgl. Zimmer (1981, bes. S. 173-179). Außerdem hat der Humanethologe Irenäus Eibl-Eibesfeldt in allen von ihm untersuchten Kulturen eine frühkindliche Xenophobie festgestellt, die sich bereits in sehr frühem Lebensalter manifestiert: Säuglinge beginnen mit fünf bis sechs Monaten zu "fremdeln", auch wenn sie vorher keine schlechten Erfahrungen mit unbekannten Personen gemacht hatten (Eibl-Eibesfeldt 1984, S. 216-223). "Offensichtlich bildet die Xenophobie einen wichtigen Bestandteil des menschlichen Verhaltensrepertoires" (ebd., S. 223).

einen äußeren, somit von einer "Entäußerung oder Externalisierung" des inneren Feindes. Lyotard versteht die ökologische Bewegung als eine Bewegung, die die Angst vor verschiedenen Gefahren beseitigen und ein auf die Dauer ausgerichtetes Sicherheitsgefühl erzeugen will. Auch die Medien entwickeln sich nach Lyotard in einer ähnlichen Richtung. Wenn man sagt, daß die Medien lügen, so entsteht dieser Eindruck, weil sie darauf eingestellt sind, ebenfalls ein Sicherheitsgefühl zu erzeugen (Lyotard 1989, bes. S. 39-40). Sowohl die ökologische Bewegung als auch die Medien bemühen sich also bei dieser Auffassung um eine sichere und vertraute Umwelt (oikos) und um die Beseitigung der Angst vor einer unsicheren und unvertrauten Umwelt, die manchmal zu drohen versucht. Wenn man an dieser Stelle die "sichere und vertraute Umwelt" als "eigene Umwelt" ansieht und die "unsichere, gefährliche und unvertraute Umwelt" als "fremde Umwelt", die überhaupt nicht näher wahrgenommen werden darf, kommt man zu dem Fazit, daß die ökologische Bewegung und die Medien für die Beseitigung der Angst vor dem "Fremden", die auch in dem gerade erklärten kosmisch-kosmologischen Sinne vorhanden ist, arbeiten können und das auch bereits teilweise tun.

Zu den Erkenntnissen aus der Biologie und der Philosophie seien kurz solche aus der Geschichte hinzugefügt. Vom antiken Griechenland stammt die Differenzierung zwischen Griechen und Barbaren. Aischylos beschimpfte im Jahr 472 v. Chr. die Perser als Barbaren: Während er sie als "unfreie Sklaven einer orientalischen Militärdespotie" betrachtete, sah er bei den Griechen die Verkörperung der politischen Freiheit (Borst 1988, S. 20). Aus dieser Zeit stammt der Ursprung der Gegensätze "Europa vs. Asien" und "Grieche vs. Barbar".

Den Topos des Fremden findet man auch im mitteleuropäischen Raum, und zwar als im 5. Jahrhundert n. Chr. das christlich gewordene Römische Imperium der germanischen Völkerwanderung unterlag. Eine Abwehr bildete sich diesmal gegen die Germanen, die sich unverständlicher Sprachen bedienten, militärisch stark, bäuerlich robust und der lateinischen Tradition (dem mittelalterlichen Bildungsideal) fremd waren. Ein ähnliches Schema wie das "Grieche vs. Barbar" entwickelte sich in der Form "Romane vs. Germane" und "lateinkundiger Gelehrter vs. dialektredender Bauer". Diese Kluft wurde nach Borst (ebd., S. 23) nie wieder ganz geschlossen[1].

Das Interesse an den Fremden oder dem Fremden, die Angst davor, das Thema der Ausländerfeindlichkeit und der Minderheiten, Ethnizität und Ethnozentrismus gewinnen im Rahmen der neuesten politischen Entwicklungen an Bedeutung. Aufbrechende Nationalitätenkonflikte in Osteuropa führen u.a. zu einer Neuorientierung von Begriffen wie "Rassismus", "Neo-" und "Antirassismus", "Multikulturalismus", "ethnische Minderheiten" und die Toleranz oder Intoleranz ihnen gegenüber. Das erst 1991 erschienene "Das Eigene und das Fremde"[2] setzt sich mit derartigen Überlegungen auseinander und spürt den vielfältigen

---
1 Borst (1988, S. 19-31) schildert die Geschichte und Bedeutung des "europäischen Schlagworts" "Barbaren" von der Antike bis zum Zweiten Weltkrieg.
2 Bielefeld, U. (Hrsg.): Das Eigene und das Fremde. Neuer Rassismus in der alten Welt? (1991). Das Buch hat einen ähnlichen Titel wie das vorliegende, stammt aber aus einem anderen Themenkreis, wie der Untertitel deutlich macht.

Ausgrenzungen und Diskriminierungen nach, denen "die anderen" gegenwärtig ausgesetzt sind.

Aus diesen Exkursen ist ersichtlich geworden, daß das Thema "Fremdes und Eigenes" von vielen Wissenschaftsdisziplinen untersucht werden kann. Die vorliegende Untersuchung benutzt einen sprachwissenschaftlichen Ansatz, um Aspekte der Einstellung der Deutschen und der Griechen zu dem "Fremden" zu erforschen. Eine Grundidee kann jetzt schon geäußert werden: Die Griechen besitzen eine andere Einstellung zu dem Fremden als die Deutschen. Der in Griechenland oft zitierte Satz des ehemaligen Staatspräsidenten Sartzetakis "Wir sind eine Nation ohne Geschwister" mag als ein Beispiel dienen. Das griechische Volk hat einen weitaus höheren Grad ethnischer Autonomie als andere Völker. Dasselbe gilt auch für die griechische Sprache. Sie stellt einen eigenen Zweig innerhalb der indoeuropäischen Sprachfamilie dar und ist in einem höheren Grad eine "introvertierte" Sprache (im Sinne von Décsy 1973, S. 184).

Für die fremden Elemente und die Einstellung dazu bedeutet dies zweierlei:

a) Die fremden Elemente sind leichter zu erkennen, d.h. fallen meistens sofort auf, schneller als in einer Sprache, deren Wortschatz einen höheren Mischungsgrad besitzt, wie das Englische (Griechisch und Englisch können als Extremfälle gelten).

b) Weil die griechische Sprache weltweit nur von ca. 12-13 Millionen Menschen als Muttersprache gesprochen wird, sind z.B. griechische Sprachpfleger darauf eingestellt, die sprachliche Tradition zu "bewahren". In der Satzung des 1982 gegründeten "Griechischen Sprachvereins" steht z.B., es sei (u.a.) eine Aufgabe des Vereins, "Lösungen vorzuschlagen für den Schutz der griechischen Sprache vor dem massenhaften, unüberlegten und ungerechtfertigten Eingang von Fremdwörtern, die die Sprache verunreinigen und ihr Gepräge verändern" (Satzung des Vereins, in: Griechische Sprache 1984, Bd. 1, S. 13). Dieser Wortlaut könnte in einem deutschen sprachwissenschaftlichen Text mindestens der letzten zwei Jahrzehnte nicht gefunden werden, höchstens in einigen Leserbriefen. Für die griechische Sprache, auf griechisch ausgedrückt und für Griechen klingt aber diese Äußerung nicht übertrieben und polemisch, sondern eher richtig und gerechtfertigt. Diese stark xenophobische Ideologie der Griechen ist dadurch zu erklären, daß sie aufgrund von historischen Tatsachen bei Fremdwörtern den Begriff des "Eroberers" nahelegen, was für die Deutschen viel seltener zutrifft. Außerdem ist die deutsche Sprache auf unserem Kontinent sehr stark repräsentiert (sie wird als Muttersprache von 92 Millionen gesprochen), so daß keine so großen Gefahren für ihre "Verunreinigung" bestehen. Aber auch hier ist eine latente xenophobische Stimmung vorhanden, die sich in der Sprachpolitik und im Bewußtsein der Menschen manifestiert.

4.4. Zur Auswahl des Untersuchungsmaterials

Meine Untersuchung stützt sich zunächst auf eine kontrastive Analyse von Wörterbüchern und Zeitungstexten. Die Untersuchung von Wörterbüchern ist schon in der Vergangenheit angewandt worden (z.B. Braun 1987, S. 197-202), um die gleichen Wortschätze im Deutschen, Englischen und Französischen zu ermitteln. Ich werde in zwei deutschen und in zwei griechischen Wörterbüchern den Buchstaben "L" im Hinblick auf den Anteil von Fremdwörtern untersuchen. Die kontrastive Analyse von Zeitungstexten wird den Gebrauch von Fremdwörtern in der deutschen und in der griechischen Sprache am Ende der achtziger Jahre erforschen. Die Untersuchung von Wörterbüchern (als Sprachsystem-"langue" in der Terminologie von de Saussure) wird vom passiven Wortschatz der beiden Sprachen ein Bild geben und die Untersuchung von Zeitungstexten (als Sprachpraxis-"parole" in der Terminologie von de Saussure) vom aktiven Wortschatz. Ich untersuche die Pressesprache, weil sie aktuell ist, unmittelbar die "native speaker" anspricht und ein breites Spektrum der sozialen, kulturellen und politischen Aktivität des jeweiligen Landes und internationaler Geschehnisse thematisiert.

Zur Erforschung der Einstellung der deutschen und der griechischen Bevölkerung gegenüber Fremdwörtern werden die folgenden Detailuntersuchungen durchgeführt:
- Expertenbefragungen, d.h. Interviews mit Angestellten in Sprachberatungsstellen und Sprachvereinen und
- Befragungen mit Hilfe von standardisierten Fragebögen. Diese Arbeitsmethoden sind in der bisherigen Forschung relativ selten benutzt worden, um Einstellungen zu ermitteln.

5. Fremdwortschatz und Fremdwortgebrauch

Im ersten Teil des Kapitels 5. erarbeite ich eine Definition von "Fremdwort" auf synchronischer Ebene. Diese Definition ist nötig im Hinblick auf die empirische Ermittlung von Fremdwörtern (5.2. und 5.3.).

5.1. Fremdwort: Kriterien zur synchronischen Betrachtung

5.1.1. In der deutschen Sprache

Bei dem Versuch einer Abgrenzung der Fremdwörter von den deutschen Wörtern gibt es zwei Möglichkeiten in der Arbeitsweise: Geht man diachronisch vor, so ist das wichtigste, wenn nicht einzige Kriterium, die Fremdwörter von den deutschen Wörtern zu unterscheiden, ihre fremdsprachliche Herkunft. So argumentiert(e) die historisch orientierte Sprachwissenschaft und kommt zu dem Ergebnis, daß u.a. Wörter wie "Fenster", "Opfer", "Kirche" oder "Samstag" Fremdwörter sind.

Demgegenüber möchte ich versuchen, "Fremdwort" eher operational-synchronisch zu definieren. In der Fachliteratur ist oft die Rede von Erbwörtern (oder heimischen Wörtern), Lehnwörtern und Fremdwörtern (z.B. August 1977, S. 67; Heller 1975, S. 56; Heller 1980, S. 169 und Munske 1983, S. 565-568). Während die Erbwörter seit dem Indogermanischen bis heute deutsch sind, stammen die Lehn- und Fremdwörter aus fremden Sprachen[1]. Bei den Lehnwörtern handelt es sich um Entlehnungen, die "an wesentlichen Vorgängen des Sprachwandels in deutscher Sprachgeschichte teilgenommen", ihre Fremdmerkmale verloren haben (Munske 1983, S. 565) und "sich der äußeren Gestalt (signifiant) der Erbwörter weitgehend angepaßt haben, so daß der Laie sie nicht von deutschen Wörtern unterscheiden kann" (August 1977, S. 67). Auch unter synchronischem Aspekt betrachtet, ist ein Fremdwort ein Wort fremder Herkunft, und dies wird in Fremdwortdefinitionen wiederholt betont, z.B. von Heller (1980, S. 169):

> "Das Fremdwort ist eo ipso ein Wort fremder Herkunft - eine Tatsache, die in jeder Fremdwortdefinition Berücksichtigung finden muß, ob sie nun unter diachronischem oder synchronischem Aspekt erfolgt."

Darüber hinaus und besonders, wenn man den Schwerpunkt in die synchronische Betrachtungsweise legt, wird an mehreren Stellen der Fachliteratur der zwei letzten Jahrzehnte

---

[1] Neben diesen drei Gruppen gibt es auch die "hausgemachten Fremdwörter", z.B. "Showmaster". Diese Gruppe kommt (z.B.) bei Heller (1975 und 1980) unter der Bezeichnung "Pseudo-Fremdwörter" vor. Nach Heller sind sie diachron gesehen deutsch und synchron gesehen fremd.

betont, daß Fremdwörter durch bestimmte Merkmale (Fremdheitsmerkmale) sich von den Lehnwörtern und den Erbwörtern unterscheiden (alphabetisch geordnet):

Augst (1977, S. 67) weist darauf hin, daß im Gegensatz zu den Lehnwörtern "die Fremdwörter ihre fremde Gestalt in Schreibung, Lautung und Morphologie weitgehend gewahrt" haben, und an einer anderen Stelle (1987, S. 172-174) geht er im Rahmen eines Vorschlags für eine Neugestaltung der Regeln der Fremdwortschreibung auf die "lautlichen, rechtschreiblichen und grammatischen Abweichungen" der Fremdwörter ein; 1988 (S. 5) schließlich erwähnt Augst (erneut) die "besonderen Probleme", die Fremdwörter einem normalen Sprachteilhaber machen: "Aussprache, Schreibung, Beugung, Ableitung, mangelnde Motivierung usw."

Heller (1975, S. 56 und 1980, S. 169) definiert Fremdwort als "ein Wort fremder Herkunft, das - unter synchronischem Aspekt betrachtet - fremde Merkmale in seiner formalen Struktur aufweist". Besonders in der Veröffentlichung von 1980 hat der Autor diese formal-strukturellen fremden Merkmale systematisch aufgestellt. Sie beziehen sich: a) auf die phonologische Ebene; das sind Phonembestand, Phemposition und Phonemkombination, b) auf die graphische Ebene; das sind Buchstabenbestand, Buchstabenkombination und Beziehung zwischen Buchstabe und Phonem und c) auf die lexikalische Ebene; diese Merkmale sind Morphembestand, Akzentuation, Flexion und Derivation.

Müller (1975 in 1979, S. 59) definiert Fremdwort als ein "fremdsprachliches Wort, das ein oder mehrere für eine Fremdsprache charakteristische Elemente enthält" und betont, daß für eine synchronische Betrachtung graphische, semantisch-lexikalische (etwa bestimmte Wortbildungsmittel) sowie grammatisch-morphematische (z.B. bestimmte Endungen) Merkmale ausschlaggebend sind (ebd., bes. S. 60-64).

Munske (1983) untersucht Aspekte der "Fremdheit" und "Vertrautheit", die bei entlehnten Wörtern für die Sprecher des Deutschen auftreten, und kommt zu folgendem Schluß:

> "Der Eindruck der Fremdheit wird hervorgerufen durch phonologische, graphematische und morphologische Elemente und Regeln, die dem System des Deutschen fremd sind" (ebd., S. 565).

In einer späteren Veröffentlichung (1988) geht der Autor detaillierter auf diese ausdrucksseitigen Fremdheitsmerkmale ein und dokumentiert sie mit zahlreichen Beispielen. Zu den phonologischen Fremdheitsmerkmalen zählt er auch den Wortakzent.

Zuletzt sei noch auf eine Veröffentlichung hingewiesen, die von der bisherigen, alphabetisch geordneten Reihenfolge abweicht, weil sie eine Sonderstellung hat: Die Autoren

(Eisenberg/Baurmann 1984) sprechen zwar auch von den strukturellen Eigenheiten, "die dafür verantwortlich sind, daß der kompetente Sprecher ein Wort als fremd empfindet" (ebd., S. 16), benutzen jedoch eine andere Terminologie, was das "Fremdwort" betrifft. Das, was in der Terminologie von Augst, Heller und Munske, denen ich mich auch anschließe, ein "Fremdwort" ist, ist für Eisenberg und Baurmann ein "fremdes Wort". Entsprechend verstehen diese Autoren unter "Fremdwort" das, was in der üblichen Terminologie ein "Lehnwort" ist. Dies ist für den Leser zumindest am Anfang etwas irritierend:

> "Fremde Wörter sind synchron-systematisch auffällig. Sie haben Eigenschaften, die sie im weitesten Sinne strukturell von den heimischen Wörtern unterscheiden (...). Fremde Wörter kann man synchron im Wortschatz einer Sprache ausgrenzen, Fremdwörter nicht" (Eisenberg/Baurmann 1984, S. 16).

Der Aufsatz, der eher für didaktisch orientierte Zwecke geeignet ist, bietet einen Überblick über die "Grammatik fremder Wörter". Merkmale "fremder Wörter" sind nach Eisenberg und Baurmann: Besonderheiten im Laut und in der Silbe, im Wortakzent, in der Wortbildung, in der Flexion und im grammatischen Geschlecht (ebd., S. 16-20).

Unter Berücksichtigung der wichtigsten Abhandlungen zu diesem Thema beschreibe ich im folgenden die Kriterien, die für eine synchronische Betrachtung eines Wortes als Fremdwort sprechen.

5.1.1.1. Fremde Laute und Lautfolgen[1]

Fremdwörter können erkannt werden, wenn sie fremde Phoneme enthalten, d.h. Phoneme, die nicht zum Phoneminventar des Deutschen gehören. Bevor auf einzelne Beispiele eingegangen wird, muß erwähnt werden, daß zum größten Teil die fremden Phoneme durch deutsche ersetzt werden, die möglichst nah zu den jeweiligen fremden Phonemen stehen. Ob und inwiefern eine solche Substitution stattfindet, hängt von mehreren Faktoren ab, auf die ich nach den Beispielen kurz eingehen werde.

Fremde Phoneme sind z.B. die Nasalvokale des Französischen [ã], [ɔ̃], [ɛ̃] und [œ̃], so wie sie etwa in "Ensemble" [ãsãblə], "Chance" [ʃãsə] oder "Teint" [tɛ̃] realisiert werden. Bei einigen Wörtern ist es zu einer gewissen Anpassung an die deutsche Aussprache gekommen, so etwa bei "Ballon", "Bonbon" und "Bronze". Sie werden meist ausgesprochen: [balɔŋ], [bombɔŋ] und [brɔŋsə]. Bei "Cousin", "Pension" und (vielleicht) "Saison" gibt es sowohl die französische als auch die assimilierte Aussprache: [kusɛ̃] und [kusɛŋ], [pãsiɔ̃] und [paŋsio:n], [sɛsɔ̃] und [sɛsɔŋ]. In einigen Fällen ist es zur völligen Anpassung an die deutsche Aussprache

---

[1] Die Erkenntnisse dieses Unterkapitels (5.1.1.1.) stammen aus eigenen Untersuchungen und teilweise aus folgenden Quellen (chronologisch geordnet): a) Meinhold/Stock (1980, S. 86-87, 106-109 und 151-155); b) Eisenberg/Baurmann (1984, S. 16) und c) Munske (1988, S. 52-54). Weitere Quellen werden im Text angegeben.

gekommen, z.B. bei "Balkon" und "Karton" sind drei Aussprachevarianten möglich, nämlich: [balkɔ̃], [balkɔŋ] und [balko:n]; [kartɔ̃], [kartɔŋ] und [karto:n]. Bei "Parfum/Parfüm" gibt es sogar (nach Augst 1987, S. 172) vier Aussprachevarianten: [parfɶ̃:], [parfɶŋ], [parfy:m] und [parfYm]. Die Aussprache der Nasalvokale oder deren phonologische Assimilation hängt vom jeweiligen Sprecher, d.h. von seiner Gewohnheit, seiner Ausbildung, seinen Französischkenntnissen und/oder der jeweiligen Kommunikationssituation ab. Meistens ist es so, daß in offiziellen Kommunikationssituationen, z.B. bei Vorträgen, wissenschaftlichen Diskussionen oder Nachrichtensendungen die französische Aussprache erhalten bleibt, während in inoffiziellen Kommunikationssituationen, z.B. Alltagsgesprächen oder Gesprächen zwischen Personen, die einen engeren Kontakt zueinander haben, in der Regel die assimilierte Aussprache vorkommt. Schließlich hängt die Aussprache auch von den Wörtern selbst ab. In Wörtern, die sich seit langer Zeit in der deutschen Sprache befinden und oft benutzt werden, hat sich die deutsche Aussprache durchgesetzt (z.B. bei "Balkon"), während Wörter, die heute als veraltet gelten (z.B. "Paravent"), Eigennamen (z.B. "Verdun") und Termini (z.B. "Renaissance") eher mit nasalierten Vokalen ausgesprochen werden (Stötzer 1984).

Das lange [o:] des Französischen bei "Loge" ([lo:ʒ]) und des Englischen bei "Baseball" scheint deutschen Sprechern kaum Schwierigkeiten bei der Aussprache zu bereiten.

Das Vokalphonem [æ] ist zwar charakteristisch für Wörter englischer Herkunft, wird aber im Deutschen meist durch das naheliegende [ɛ] ersetzt, so z.B. bei "Camp", "campen" und "Handicap". Der Unterschied ist sehr gering.

Weiterhin gibt es noch fremde Diphthonge[1], z.B. die englischen [ɛɪ] und [oʊ], wie sie in Wörtern wie "B<u>a</u>con", "Spr<u>ay</u>", "Kn<u>ow</u>-how", "Overfl<u>ow</u>" oder "Trench<u>coa</u>t" vorkommen[2].

Weitere Vokalverbindungen, die zu den fremdwortspezifischen Erscheinungen zählen, sind z.B. "ao" ("Chaos"), "ai" ("naiv"), "ie" ("Hygiene"), "ia" ("medial"), "io" ("Nation"), "oe" ("Poet"), "ua" ("persuasiv"), "iu" ("Laboratorium") und "ue" ("manuell").

Von den fremden Konsonantenphonemen ist das französische [ʒ] wichtig, das oft bei französischen Entlehnungen anzutreffen ist, z.B. "Garage", "Journalist" oder "Genie", und das deutschen Sprechern relativ geringe Schwierigkeiten bei der Aussprache zu bereiten scheint[3]. Das französische [ɲ] tritt seltener auf und wird meist durch [nj] substituiert, z.B. ("Kognak") [kɔɲak] und [kɔnjak], ("Champignon") [ʃãpiɲɔ̃] und [ʃampinjɔŋ].

Weiterhin sind folgende Konsonantenphoneme charakteristisch für Fremdwörter: [θ] wie z.B. bei "Thriller". Das Phonem wird im Deutschen durch [s] ersetzt[4]; [dʒ] wie z.B. bei "Job", "Jeans" oder "Image"; [tʃ] im Anlaut; so kommt es meist bei Exotismen[5] vor (z.B.

---

1 Die deutschen Diphthonge sind: "au", "ei" und "eu".
2 Bei diesen Anglizismen treten auch orthographische Fremdheitsmerkmale auf. Auf diese werde ich in Kapitel 5.1.1.2. eingehen.
3 Höchstens wird es durch das [ʃ] assimiliert, z.B. "beige" [bɛ:ʒ] und [be:ʃ].
4 Man muß aber sagen, daß es nur ganz wenige Entlehnungen mit "th" gibt. Ein Grund dafür mag sein, daß die Deutschen Schwierigkeiten mit der Aussprache des "th" haben.
5 Wörter fremden Ursprungs, die für eine fremde Gesellschaft typische Gegenstände oder Sachverhalte bezeichnen.

"Tschamara"), aber auch bei dem alltäglichen "tschüs"; [tʃ] im Inlaut, z.B. "Dispatcher", "Datsche" (sofern es sich um keine Ableitung handelt, wie "matschig"), aber nicht im Auslaut, vgl. "deutsch" und "Quatsch"; [w] wie bei "Western" oder "Whisky"; das Phonem wird im Deutschen manchmal durch [v] ersetzt, so hört man oft [vɛstən] und [vɪski] statt [wɛstərn] und [wɪski], aber auch [tvɛn] (bei der Pseudoentlehnung "Twen") statt der englischen Aussprache [twɛn]. Ferner ist die Stimmhaftigkeit von "b", "d" und "g" im Auslaut in der Regel ein Kennzeichen für Anglizismen, z.B. "Pub" und "Job", [pʌb] und [dʒɔb]) vs. deutsch "Grab" und "Stab" [graːp] und [ʃtaːp]; "Smog" [smɔg] (aber auch [smoːk]) vs. deutsch "Betrag" [bətraːk]; "Trend" [trɛnd] (und [trɛnt]) vs. deutsch "Bad" [baːt]. Außerdem wird "r" im Englischen und im Deutschen verschieden realisiert. Demgemäß ist eine englische Aussprache des "r" charakteristisch für Anglizismen, wenn man als Maß die deutsche Standardaussprache nimmt und keine regionalen Besonderheiten. (z.B. das hiesige Idiom?)

Ob ein Anglizismus eher "deutsch" oder eher "englisch" ausgesprochen wird, hängt von mehreren Faktoren ab, wie empirische Untersuchungen zeigen. Fink (1980) hat in seiner Untersuchung bei 184 Probanden die Aussprache von 51 Anglizismen getestet. Er geht davon aus, daß man nicht von einer Aussprachenorm reden kann, und dies sowohl im Deutschen als auch im Englischen, sondern eher von Aussprachevarianten. Bei seiner Untersuchung unterscheidet Fink eine "'annehmbare' englische Aussprache", "eine deutsche Aussprache, ausgerichtet an der für das Deutsche gültigen Graphem-Phonem-Relation" und eine "gemischte Aussprache", nämlich eine Variante, die "aus Mischungen von englischen und nicht-englischen bzw. nicht identifizierbaren Phonemen" besteht (Fink 1980, S. 118).

> "In seiner Gesamtheit (ca. 9300 Realisationen) wurde das englische Wortgut der Untersuchung zu fast 2/3 (63 %) englisch ausgesprochen. An zweiter Stelle in der Häufigkeit standen deutsche Aussprachen mit gut 1/4, während sich gemischte Realisationen auf nur 11 % beliefen" (ebd., S. 164).

Die Faktoren "Jahre von Englischunterricht" und "Alter" spielten die größte Rolle. Je mehr Jahre von Englischunterricht die Testpersonen hatten, desto mehr hatten sie die Wörter englisch ausgesprochen. In bezug auf das Alter lag der Schnittpunkt zwischen dem 40. und 50. Lebensjahr, d.h. ältere Leute neigten öfter zu der deutschen Aussprache, die wiederum bei guten Englischkenntnissen seltener realisiert wurde (Fink 1980, S. 164). → Faktor Bildung

Ferner sind folgende konsonantische Anlautverbindungen kennzeichnend für ein Fremdwort: "ch" (und zwar [ç] und [x] wie in "Chemie" und "Chondren"), [ps] ("Psalm"), [pt] ("Pterodaktylus"), [pn] ("Pneuma"), [sk] ("Skizze"), [sl] ("Slalom"), [sm] ("Smog"), [sn] ("snob"), [sp] und [st], sofern sie /sp/ und /st/ ausgesprochen werden und nicht /schp/ und /scht/, z.B. "Spot" vs. deutsch "spielen", und "Star" vs. deutsch "Stadt". Einige Entlehnungen, die seit langem im Deutschen integriert sind und bei denen sich die deutsche Aussprache durchgesetzt hat, sind, synchronisch betrachtet, keine Fremdwörter; z.B. "Sport", "Spesen", "Streik", "starten" oder "Stop". Diese Wörter werden mit /schp/ und /scht/ im Anlaut ausgesprochen, wenn man die deutsche Standardaussprache als Maß nimmt und keine regionalen Besonderheiten.

Neben den zweigliedrigen gibt es auch dreigliedrige konsonantische Anlautverbindungen, die dem deutschen Sprachsystem fremd sind: z.B. [skl] ("Sklerose"), [skr] ("Skript"), [spl] ("Splendid"), [spr] ("Spray") und [str] ("Straddle"). Bei den drei letzten gilt es wiederum als Bedingung, daß kein "sch" in der Aussprache vorkommen soll. Vgl. z.B. "Straddle" vs. deutsch "Strand" oder "Spray" vs. deutsch "Spruch".

Heller (1975, S. 70-71) bietet eine Tabelle zwei- und dreigliedriger konsonantischer Anlautverbindungen, die im Deutschen nur in Fremdwörtern vorkommen. Von dieser Tabelle fehlen aber die Kombinationen [sg] und [spl], andererseits führt Heller (u.a.) [gj] an, was im Anlaut keines Fremdwortes (mehr?) zu belegen ist. Ferner bietet Augst (1986, S. 313) einen tabellarischen Überblick über die Struktur <u>deutscher</u> Lexeme. Notiert sind die Kernvokale und die Konsonanten und Konsonantenkombinationen, die im An- und Abfeld eines deutschen Lexems vorkommen können. Demgemäß: Alles, was abweichend von dieser Tabelle ist, gehört zum Fremdwortschatz. Das ist wichtig z.B. für diejenigen Einsilber, die fremder Herkunft sind; da aber sonstige Fremdheitsmerkmale nicht vorhanden sind, ist deren Struktur wie die Struktur deutscher Lexeme, so z.B. bei "Akt", "Fakt", "Punkt" oder "kill(-en)".

5.1.1.2. Fremde Orthographie

Neben den fremden Lauten und Lautfolgen fungieren oft Abweichungen von der deutschen Orthographie als entscheidendes Kriterium für die Fremdheit eines Wortes. Dabei unterscheide ich folgende vier Kategorien[1]:

1) - Grapheme aus fremden Alphabeten; es handelt sich hier um einige Entlehnungen hauptsächlich aus dem Französischen, die relativ leicht zu erkennen sind auf Grund des ungewöhnlichen Schriftbildes eines ihrer Grapheme, z.B.: <ç> bei "Garçon", <é> bei "Chicorée" oder <à> und <ê> wie bei "Tête-à-tête".
2) - Grapheme aus dem deutschen Alphabet, die aber nur in Fremdwörtern vorkommen; das sind <y> und <c>, sofern <c> nicht in den Verbindungen <ch> und <sch> auftritt, z.B. "Gymnasium", "Oktroy", "crescendo" oder "ad hoc".
3) - Grapheme aus dem deutschen Alphabet, deren phonetische Realisierung aber ein fremdes Phonem ergibt; z.B. "Journalismus", "Lounge" oder "Chance".

---

1 Zur Darstellung dieses Unterkapitels (5.1.1.2.) habe ich folgende Quellen berücksichtigt (chronologisch geordnet):
 a) Eisenberg/Baurmann (1984, S. 18-19);
 b) Heller (1986); hier wird zum ersten Mal ein umfangreiches Inventar der fremden Graphem-Phonem-Relationen, der fremden Phonographeme in der Terminologie von Heller aufgelistet. Ich ergänze dazu das Phonographem <oe/ö/>, wie es bei dem Wort "Oesophagus" vorkommt;
 c) Munske (1986, bes. S. 50-54);
 d) Munske (1988, S. 57-59).

4) - In diese Kategorie, die auch die umfangreichste von allen vier ist, klassifiziere ich Grapheme aus dem deutschen Alphabet, die in der Aussprache ebenfalls deutsche Phoneme ergeben; jedoch handelt es sich hier ebenfalls um fremde Phonem-Graphem-Relationen. Beispielsweise ist bei "Redakteur" die Beziehung <eu/œ/> fremd, bei "Schock" die Beziehung <sh/ʃ/> und bei "Service" die Beziehung <e/œ/>.

Fremdwörter werden in geschriebenen Texten manchmal auch durch folgende (graphische) Merkmale hervorgehoben: durch die Kleinschreibung bei Substantiven und/oder Kursivschreibung, durch die Schreibung in Anführungszeichen und durch die Voranstellung von "sogenannt". Die letzten zwei Möglichkeiten sind vor allem in Fachtexten anzutreffen (vgl. Schmitt 1985, S. 84-88), während die Kleinschreibung und die Kursivschrift außer von Fachtexten auch in der Presse zu finden sind, z.b. kommen sie oft vor im "Spiegel" und in der "Zeit", meistens bei Markennamen, fremden Eigennamen, Zitatwörtern oder neuen Fremdwörtern[1].

5.1.1.3. Fremde Morpheme und fremde Flexion

Im Bereich der Morphologie gibt es gewisse Substantivendungen einerseits und motivierte Suffixe andererseits, an denen man die Fremdsprachlichkeit eines Wortes erkennen kann[2]. Fremde Substantivendungen sind z.B.:

"-a"[3]: "Villa", "Komma", "Kamera", "Firma";
"-an": "Veteran", "Sopran", "Roman" (keine Einsilbler! Vgl. "Plan");
"-ant": "Restaurant, "Diamant", "Elefant";
"-ee": "Idee", "Komitee", "Resümee" (keine Einsilbler! Vgl. "See" und "Schnee");
"-i"; Substantive auf "-i" können einerseits zu einem großen Teil Fremdwörter sein (z.B. "Flokati", "Gummi", "Kiwi") oder Abkürzungen von Fremdwörtern (z.B. "Uni", "Profi", "Trabi", "Pulli").

Andererseits können sie aber auch Abkürzungen von deutschen Wörtern sein (z.B. "Azubi", "Stasi", "Kuli", "Bundi") oder Verkleinerungen (z.B. "Mutti" oder "Müsli"). Notiert seien schließlich auch Formen wie "Opi" und "Spieli": In der Kindersprache stehen sie entsprechend für "Opa" und "Spielplatz". Auf jeden Fall ist die Endung "-i" bei einem

---

1 Beispiele: "Dies ist keine Demonstration, wie wir sie in der Bundesrepublik kennen. Hier herrscht weder Begeisterung noch Krawall, hier setzt niemand auf *action*." In: Die Zeit, 17.11.1989, S. 2.
"Was eine *TV-Game-Show* ist, weiß selbst eine Omi". In: Zeitmagazin, 1.12.1989, S. 104.
"Eine (...) Minderheit professionell fahrender Gesellinnen (...) handhabt mit sauber trainierter Selbstverständlichkeit Kreditkarten, *message-boards* und Flugpläne." In: Zeitmagazin, 9.2.1990, S. 68.
2 Vgl. auch Müller (1975 in 1979, S. 62-63).
3 Eine Ausnahme dabei bilden einige Bezeichnungen für Verwandtschaftsbeziehungen, z.B. "Oma" oder "Papa". Sie gehören mehr zur Umgangssprache.

Substantiv ein Zeichen dafür, daß es fremd ist oder irgendwie peripher[1]. Weitere fremde Substantivendungen sind:

"-ing": "Shopping", "Floating" (aber nicht "-ling": "Frühling", "Lehrling");
"-is": "Krisis", "Ptosis";
"-ment": "Apartment", "Management";
"-o": "Risiko", "Kommando", "Konto";
"-os": "Mythos", "Topos";
"-us": "Corpus", "Habitus", "Kasus";

Weiterhin gibt es auch produktive Suffixe, die für Substantive fremdsprachlicher Herkunft charakteristisch sind, z.B.:

"-al": "Signal", "General", "Personal";
"-ant": "Foliant", "Diversant", "Sympathisant";
"-anz": "Akzeptanz", "Ignoranz", "Arroganz";
"-ar": "Formular", "Honorar", "Missionar";
"-är": "Funktionär", "Revolutionär", "Sekretär";
"-at": "Zitat", "Postulat", "Kandidat";
"-ent": "Korrespondent", "Dirigent", "Präsident";
"-enz": "Transparenz", "Kontingenz", "Magnifizenz";
"-ett(e)": "Quartett", "Etikett", "Dublette";
"-eur", bzw. "-ör": "Frisör", "Chauffeur";
"-ie" [i:]: "Garantie", "Melodie", "Energie";
"-ie": "Serie";
"-ier": "Revier", "Turnier";
"-ik": "Taktik", "Mimik", "Musik";
"-il": "Konzil", "Ventil";
"-in": "Disziplin", "Termin", "Doktrin";
"-ion": "Spion", "Region", "Aggression";
"-ismus": "Pluralismus", "Feminismus";
"-ist": "Germanist", "Kommunist";
"-istik": "Linguistik", "Charakteristik";
"-itis": "Pharyngitis", "Neuritis";
"-iv": "Archiv", "Motiv", "Aktiv";
"-iz": "Justiz", "Miliz";
"-ment": "Element", "Medikament", "Instrument";
"-ol": "Monopol", "Symbol";
"-om": "Metronom", "Diplom", "Ökonom";
"-on": "Lexikon", "Person", "Kanon";

---

[1] Zu den Substantiven auf "-i" vgl. auch Greule (1983/84 und 1986).

"-or":   "Faktor", "Lektor", "Kondensator";
"-ose":   "Psychose", "Thrombose";
"-tion": "Projektion", "Investition";
"-ur":   "Kultur", "Natur";
"-üre":   "Broschüre", "Lektüre".

Suffixe, die die fremdsprachliche Herkunft eines Adjektivs zeigen können, sind z.b.:

"-abel": "diskutabel", "akzeptabel";
"-al":   "sozial", "normal", "emotional";
"-ant":   "dominant", "brisant";
"-ar":   "atomar", "nuklear";
"-är":   "familiär", "interdisziplinär";
"-ell":   "personell", "aktuell";
"-ent":   "transparent", "frequent", "latent";
"-il":   "stabil", "labil";
"-iv":   "kontrastiv", "positiv", "intuitiv";
"-ös":   "religiös", "mysteriös".

Bei Verben fungiert die Endung "-ieren" meistens als Zeichen für die fremdsprachliche Herkunft des Wortes[1].

Beispiele für fremde Präfixe sind: "ana-", "anti-", "bio-", "dia-", "ex-", "infra-", "inter-", "intra-", "kon-", "mono-", "multi-", "peri-", "pro-", "re-", "super-", "supra-", "trans-" usw.

Außer der fremden Morpheme gibt es einige Formen in der Substantivflexion, die charakteristisch für Fremdwörter sind. Ein wichtiges Fremdheitsmerkmal ist z.B. die substituierende Flexion im Plural (Munske 1988, S. 61). Das Deutsche kennt nur die Form des additiven Plurals oder des Ø-Plurals[2]. Substituierende Flexion im Plural liegt z.b. vor bei:

"Kriterium"   -   "Kriterien"
"Examen"   -   "Examina"
"Genus"   -   "Genera"
"Lexikon"   -   "Lexika"
"Index"   -   "Indizes"
"Drama"   -   "Dramen"
"Cello"   -   "Celli"
"Typus"   -   "Typen"

Substituierende Pluralflexion kommt oft bei Anglizismen[3] vor, z.B.:

"Lobby"   -   "Lobbies" (neben "Lobbys")
"Rowdy"   -   "Rowdies" (neben "Rowdys")

---

1 Dabei gibt es einige Ausnahmen, z.b. "halbieren", "hausieren".
2 Zum deutschen Pluralsystem vgl. Augst (1979, bes. S. 224) und die Darstellung in der DUDEN-Grammatik (1984, S. 241-247), die sich im Prinzip auf die Untersuchung von Augst stützt.
3 Vgl. dazu Carstensen (1981c): Zur Deklination aus dem Englischen entlehnter Substantive im Deutschen.

"Part*y*" — "Part*ies*" (neben "Partys")
"Stuntm*an*" — "Stuntm*en*"

Der additive Plural auf "-ta" ist ebenfalls eine fremde Pluralform. Sie kommt vor bei einigen griechischen Neutra, die auf "-ma" enden und ist die originale griechische Pluralform dieser Substantive, z.B. "Lemma" - "Lemmata". Bei einigen dieser Nomen gibt es neben der Pluralform auf "-ta" auch den Plural auf "-s", z.B. "Dilemmata" und "Dilemmas", "Komata" und "Komas" oder "Kommata" und "Kommas". Bei (z.B.) "Charisma", "Thema" und "Syntagma" gibt es im Plural die Endungen "-ta" und "-men". Die jeweilige Pluralform kann bei solchen Fällen vom sozialen Status des Sprechers oder von seiner Bildung abhängig sein. Außerdem besteht bei fachsprachlichen Texten und/oder Fachleuten die Tendenz zur Pluralform auf "-ta", während in alltäglichen Kommunikationssituationen häufiger der Plural auf "-s" oder auf "-men" anzutreffen ist (Hübner 1988, S. 162). Bei "Schema" gibt es sogar drei Pluralformen, nämlich "Schemata", "Schemas" und "Schemen".

Der additive Plural auf "-s" muß auch besonders angeführt werden. In den meisten Fällen kommt er bei der Pluralbildung von Fremdwörtern vor, z.B. "Autos", "Hippies", "Feuilletons" oder "Abonnements". Darüber hinaus ist er in wenigen deutschen Wörtern anzutreffen und zwar bei Verkleinerungen wie "Omas" oder "Muttis", bei onomatopoetischen Wörtern wie "Uhus" oder "Kuckucks", bei (eher) umgangssprachlichen Pluralformen wie "Jungens" (n + s) und bei Abkürzungen wie "LKWs", "Treffs" oder "Proffs".[1]

Ein weiteres Fremdheitsmerkmal bei der Substantivflexion im Genitiv von Maskulina und Neutra ist die Tilgung des "-s" (oder "-es"), z.B. des "Quiz". Fremde Flexion kommt meistens zusammen mit anderen Fremdheitsmerkmalen vor.

5.1.1.4. Fremde Derivation

Die fremden Endungen spielen oft eine wichtige Rolle bei der Wortbildung, so daß sie dazu beitragen können, daß auf synchronischer Ebene eine Art Grenze zwischen deutschen Wörtern und Fremdwörtern gezogen werden kann, und das sogar bei Wörtern gleichen Stammes. So sieht man z.B. bei dem Wort "Nummer" nichts, was auf eine fremde Herkunft hindeuten könnte, jedoch erkennt man bei der Ableitung "numerieren" an der Endung "-ieren" die Fremdheit des Wortes. Unter diesem Gesichtspunkt klassifiziere ich ebenfalls die Wörter "Punkt" und die Ableitung "pünktlich" zu den deutschen Wörtern, jedoch die Ableitung "punktuell" zu den Fremdwörtern aufgrund der Endung "-ell". Die folgende Tabelle 2 zeigt weitere Beispiele. Man vergleiche links die Basislexeme und ihre Ableitungen, die

---

[1] Zum "-s"-Plural gibt es unterschiedliche Einschätzungen. Einerseits ist nach Eisenberg/Baurmann (1984, S. 20) der "-s"-Plural ein Zeichen dafür, "daß ein Substantiv fremd oder sonstwie peripher ist". Andererseits gehört bei Eisenberg (1989, S. 158) der Plural auf "-s" mittlerweile zum deutschen Deklinationssystem, und die Zahl der "s"-Plurale nimmt ständig zu.

synchronisch zu den deutschen Wörtern zu zählen sind, und rechts die Derivate, die wegen ihrer Endungen ebenfalls synchronisch dem Fremdwortschatz zuzuordnen sind.

Tabelle 2: <u>Deutsche und fremde Derivation</u>

deutsch	fremd
Form, Former, Formerei, formen, förmlich, formbar, formlos, Formung	Format, Formation, formativ, formieren, formalisieren, formell, formal, Formular, formulieren
Regel, regelhaft, regelbar, regellos, regelmäßig, regeln, Regelung	regulieren, Regulator, Regularität, Regulation, regulativ, regulär
Norm, normen, Normung	normieren, normal, Normalität, normalisieren
Note	Notar, notieren, Notiz
Orden, ordentlich	ordinieren, ordinär, Ordinarius
Part, Partei, parteilich	partiell
Akt	Akteur, Aktion, aktiv, Aktivität, aktuell
Laie, laienhaft	Laisierung, Laizismus, Laizist
Lack, lacken	lackieren, Lackierer
Verb	Verbum, verbal, verbalisieren
Meter, metrisch	Metrik, Metrum
Filter, filtern	filtrieren, Filtrat
Nummer, nummerisch, nummern	Numerus, numerieren, Numerierung
Nase	nasal, nasalieren
Post, postbar	postalisch
Geste	Gestik, gestikulieren
Kur	kurabel, kurieren
Larve, Lärvchen	larval
Monster	Monstrum
Front	frontal
Lift	Lifting
Lampe	Lampion

Wörter, die überhaupt keine Fremdheitsmerkmale aufweisen, werden in Tests meistens als deutsche Wörter eingestuft. Scholz (1972) machte diese Erfahrung mit "Post", "Orden" und

"Sport". 65 % der Befragten hielten "Post" für ein deutsches Wort. Bei "Orden" und "Sport" lagen die Prozentsätze entsprechend bei 74 % und 70 % (Scholz 1972, S. 23-27).

5.1.1.5. Fremde Betonung

Die Betonung eines Wortes kann auch ein Kriterium für seine Fremdheit sein. Wörter germanischen Ursprungs tendieren dazu, auf der ersten Silbe betont zu werden oder auf der Silbe, die einem Präfix folgt, wie dies der Fall bei den untrennbaren Verben ist. Eine Ausnahme liegt vor bei Substantiven, die auf dem diachron fremden Suffix "-ei" enden und einen deutschen Stamm haben, z.B. "Bäckerei" oder "Schneiderei". Weiterhin gibt es wenige Ausnahmen, d.h. Wörter deutschen Ursprungs, die nicht auf der ersten Silbe betont werden, nämlich "lebendig", "vielleicht", "Forelle" und "Holunder". Diese Fälle werden in der Fachliteratur oft erwähnt.

Wurzel (1980) hat sich (erneut) mit Aspekten der Akzenttheorie auseinandergesetzt und ein detailliertes Regelwerk für die Betonung sowohl der deutschen Wörter als auch der Fremdwörter entwickelt. Er benutzt entsprechend die Begriffe "native" und "nichtnative" Wörter. Während also deutsche Wörter durch Anfangsbetonung gekennzeichnet werden, erhält in Fremdwörtern der Vokal der letzten schweren Silbe[1] den Akzent des Wortes, "vorausgesetzt, der Vokal steht in einem nichtnativen Morphem" (Wurzel 1980, S. 306, meine Hervorhebung). So haben wir z.B. "Repräsentation" und "Radikalität", aber "Evakuierung" und "repräsentieren". Diese Grundregel wird durch folgende Ausnahmen eingeschränkt:
- die Endungsmorpheme "-on", "-um", "-us" und "-is" werden nicht betont, vorausgesetzt, die Vokale sind kurz; man vergleiche z.B. "Lexikon", "Zentrum", und "Exodus", aber "Balkon", "Konsum" und "Tabus";
- das Morphem "-ik" wird nicht betont, wenn ihm eine schwere Silbe vorausgeht, z.B. "Logik" und "Semantik", aber "Physik" und "Musik";
- das Morphem "-or" wird nicht betont, wenn es im Auslaut ist und wenn eine der vorausgehenden Silben des Wortes schwer ist, z.B. "Direktor", aber "Direktoren";
- grammatische Termini, die auf "-iv" enden, haben Anfangsbetonung, z.B. "Akkusativ", "Konjunktiv" oder "Passiv";
- zu den Ausnahmen zählen auch die Wörter "Alkohol" (aber "Alkohóliker"), "Kognak" und "Leutnant". Sie haben Anfangsbetonung, obwohl sie Fremdwörter sind.

Wenn ein Fremdwort keine schwere Silbe hat, erhält die erste Silbe den Akzent. So erklärt sich auch der Akzentwechsel in "Musik" - "Musiker" oder "Chemie" - "Chemiker".

---

[1] Eine schwere Silbe ist eine Silbe, die auf einen langen Vokal, einen Diphthong oder einen Konsonanten endet.

Fremde Betonung kommt meistens zusammen mit anderen Fremdheitskriterien bei einem Wort vor. Bei "Eventualität", "Intelligenz" oder "modernisieren" z.b. gibt es noch fremde Endungen, bei "Engagement", "Ingenieur", "Milieu" oder "prätentiös" treten auch fremde Laute oder/und fremde Laut-Buchstaben-Beziehungen auf, und bei "Manifest", "direkt" oder "Rakete" ist auch die Silbenfolge der Wörter fremd.

Der Grund für die unterschiedliche Betonung der deutschen Wörter und der Fremdwörter liegt in der Wortbildung. Deutsche komplexe Wörter sind morphologisch durchsichtig und analysierbar. Daher erfolgt ihre Betonung nach morphologischen Prinzipien und ist auf die Hervorhebung des Stammes abgestellt. Entlehnungen sind in der Regel morphologisch unanalysierbar, und daher erfolgt ihre Betonung nach phonologischen Prinzipien. Die morphologische Unanalysierbarkeit ist also noch ein Merkmal der Entlehnungen[1]. Das ist deutlicher bei Wörtern, die mehrere Silben (und keine Präfixe) haben, z.B. "Helikopter", "Ophthalmologe", "Mutualismus" oder "Pterodaktylus"[2].

5.1.1.6. "Zentrum und Peripherie" im deutschen Wortschatz

Anhand der ausgearbeiteten Kriterien lassen sich Fremdwörter von Erb- und Lehnwörtern unterscheiden. Jedoch von einer deutlichen Abgrenzung der Fremdwörter aus den anderen zwei Gruppen kann nicht die Rede sein, da die Sprache ein offenes und sich immer weiterentwickelndes System ist. Das Prinzip der "Systemdynamik" sowie die damit zusammenhängende Theorie von "Zentrum und Peripherie" wurde von der Prager Schule ausgearbeitet. Im zweiten Band der Zeitschrift "Travaux linguistiques de Prague" (1966) wird die Beziehung zwischen Zentrum und Peripherie auf verschiedenen Ebenen des Sprachsystems (Phonologie, Morphologie usw.) erörtert. Im einleitenden Artikel betont Daneš, daß es sich bei der Sprache nicht um ein klar aufgebautes, symmetrisch und regelmäßig organisiertes System von Einheiten handelt. Gleichzeitig warnt er vor den falschen, ja unwissenschaftlichen Schlüssen, zu denen man bei der Annahme einer solchen Auffassung gelangen könnte, nämlich zu unzulässiger Vereinfachung der sprachlichen Fakten oder Zweifeln an dem Systemcharakter der Sprache (Daneš 1966, S. 9-10). Deshalb sollte man die sprachlichen Kategorien nicht als geschlossene und klar umrissene Schachteln ansehen, sondern als Gestalten mit einem kompakten Kern und einem graduellen Übergang zu einer diffusen Peripherie, welche wiederum zur nächsten Kategorie graduell übergeht (ebd., S. 11). Die Theorie von "Zentrum

---

1 Gemeint sind hier die Basislexeme (nicht die Ableitungen); "Chemiker" ist durchsichtig aufgrund der Ableitung von "Chemie".
2 Diese Erkenntnis ist in der Fachliteratur schon erwähnt worden, vgl. z.B.: Munske (1988, S. 55) und Eisenberg/Baurmann (1984, S. 17). Munske (1988) behauptet im Rahmen seiner Darstellung der ausdrucksseitigen Fremdheitsmerkmale der Fremdwörter, daß ihr Akzentsystem "am deutlichsten und regelmäßigsten die Sonderstellung des Fremdwortschatzes im Deutschen" markiert (ebd., S. 55).

und Peripherie" ist für verschiedene sprachliche Ebenen anwendbar und gehört somit nach Daneš zu den allgemeinen Merkmalen (Universalien) der Sprache.

Filipec (1966) hat als erster die Theorie von "Zentrum und Peripherie" auf den Wortschatz angewandt. Er benutzt auch die Begriffe "Zentrum", "Übergang" und "Peripherie" und beschäftigt sich auch mit der Frage nach der Grenze zwischen Peripherie und Nicht-System. Dazwischen nimmt er eine Grenzsphäre an, die noch zum System gehört, "aber in gewissen Funktionen auch einem anderen System (anderen Systemen) dienen kann" (Filipec 1966, S. 259). Zur Peripherie des Systems gehören nach Filipec (u.a.) selten gebräuchliche phonetische und graphische Varianten eines Wortes sowie Neuwörter und dichterische Neologismen, während veraltete und mundartliche Formen Elemente anderer Systeme sind. Filipec nennt eine Reihe von Faktoren, die für die Stellung eines Lexems im Zentrum oder in der Peripherie maßgebend sind. Dabei fällt das Hauptgewicht auf die formalen und semantischen Aspekte; eine Rolle spielen aber auch soziale, zeitliche und territoriale Gesichtspunkte.

Im Bezug auf die Fremdwörter klassifiziert Filipec Exotismen, fachsprachliche Fremdwörter und Zitatwörter in die Peripherie des Systems, während die phonetische und graphische Anpassung von Fremdwörtern an das übernehmende Sprachsystem ein Beispiel für den "dynamischen Übergang" ins Zentrum darstellt. Der Autor weist schließlich darauf hin, daß zwischen Zentrum und Peripherie ein lebhafter Austausch besteht und spricht über "Systeme von Übergängen, Abstufungen und Varianten" (Filipec 1966, S. 272).

Die Theorie von "Zentrum und Peripherie" ist seit 1966 öfter von Sprachwissenschaftlern angewandt worden, um verschiedene Themen in der Sprachtheorie genauer zu erklären und dies nicht nur im deutschen Sprachraum. Auf Entlehnungsvorgänge bezieht sich auch die Untersuchung von Werner (1981), insbesondere auf die Integration entlehnter Einheiten. Dabei stellt das Zentrum das rezipierende Sprachsystem dar, und in der Peripherie befinden sich die entlehnten Elemente. Der Autor behauptet, daß ein Druck von zentralen Systembereichen auf entlehnte Einheiten (periphere Systembereiche) ausgeübt wird, aber auch, daß Entlehnungen Veränderungen im Zentrum bewirken können, wenn sie in einer hohen Anzahl vorhanden sind. Solche gegenseitigen Veränderungen können verschiedene Sprachebenen betreffen, die lautliche, die graphische, die syntagmatische und die semantische Ebene. Die stufenweise Substitution eines fremden Phonems durch ein heimisches ist ein Beispiel für den Einfluß des Sprachsystems (Zentrums) auf die entlehnte Einheit (Peripherie) auf lautlicher Ebene. Einflüsse des Sprachsystems auf semantischer Ebene liegen vor, wenn z.B. entlehnte Wörter eine andere Bedeutung bekommen, als sie in der Herkunftssprache hatten. Ein Beispiel für den Einfluß der Entlehnungen (Peripherie) auf das System (Zentrum) wiederum auf semantischer Ebene ist die (allmähliche) Verdrängung eines einheimischen Wortes durch sein entlehntes fremdsprachliches Äquivalent.

Heller (1980) hat "Zentrum und Peripherie" auf eine Reform der Fremdwortschreibung übertragen. Sein Kerngedanke besteht darin, daß die "ph"-, "th"- und "rh"-Schreibung in

Wörtern griechisch-lateinischen Ursprungs durch "f", "t" und "r" ersetzt werden soll. Auf diese Art und Weise werden zahlreiche Wörter der Gemeinsprache auffällige fremde Merkmale verlieren, so daß sie in Richtung auf das Zentrum des lexikalischen Systems vorrücken. Durch die graphische Einbürgerung wird der zentrumsnahe Bereich erweitert und werden mehrere Wörter zu Lehnwörtern. Heller plädiert z.B. für die Schreibungen "Tese" statt "These", "Fase" statt "Phase" und "Rytmus" statt "Rhythmus". Von der Reform sollen diejenigen Fremdwörter ausgeschlossen werden, die durch ihre fremde Schreibung <u>und</u> durch ihre niedrige Gebrauchsfrequenz in die Peripherie des lexikalischen Systems gehören, nämlich veraltete und veraltende Lexeme, Zitatwörter, zu Appellativa gewordene Eigennamen und Fremdwörter aus den Fachsprachen (vgl. Heller 1980, bes. S. 177-184 und Heller 1981).

Ich benutze die Begriffe "Zentrum" und "Peripherie", um die Unterschiede zwischen Fremdwörtern und deutschen Wörtern näher zu erklären. Die zwei Abbildungen (S. 87 und 88) entsprechen jeweils einer synchronischen Betrachtungsweise (Abb. 1, S. 87), die auch für die vorliegende Untersuchung von Bedeutung ist, und einer diachronischen Betrachtungsweise (Abb. 2, S. 88). Fremdwörter sehe ich bei diesen Abbildungen als ein aus mehreren Kreisen bestehendes Feld, dessen innerster Kreis das Zentrum des Fremden sein soll. Deutsche Wörter sind ebenfalls ein aus mehreren Kreisen bestehendes Feld, dessen innerster Kreis das Zentrum der deutschen Wörter sein soll. In der Mitte der beiden Felder und als Schnittmenge, die zu den beiden Systemen gehört, befindet sich eine "Zone der Unsicherheit" oder eine "intrasystemhafte Grenzsphäre" in der Terminologie von Filipec (1966). In diese Grenzsphäre gehören bei der synchronischen Darstellung (Abb. 1):

- Wörter, die aus einem deutschen Basismorphem und einem fremden Suffix bestehen, z.B. "Spielothek", "Stellage" oder "gastieren";
- Wörter, die aus einem fremden Basismorphem und einem deutschen Suffix bestehen, wie "Musiker", "komisch" oder "taktisch";
- Wörter mit mehr als einer Silbe, die keine fremden Merkmale in ihrer formalen Struktur aufweisen und trotzdem fremden Ursprungs sind, z.B. "Krater", "Liter"[1], "killen" (in der Bedeutung "töten"), "Titel", "Krise"[2] oder "Partei"[3];
- die Monatsnamen; trotz einiger fremder Merkmale, z.B. fremde Lautfolgen bei "Fe<u>br-uar</u>" oder fremde Betonung bei "September", "Oktober" usw., sind diese Wörter seit Jahrhunderten ein fester Bestandteil der deutschen Sprache. Außerdem könnte man sie auch als Eigennamen betrachten;
- onomatopoetische Wörter, z.B. "larifari" oder "Uhu".

---

[1] Man könnte hier eine Abweichung von der deutschen Orthographie als Fremdheitsmerkmal annehmen: Die deutsche Schrift wäre "Litter" aufgrund des kurzen Vokals.
[2] Man könnte hier wiederum eine Abweichung von der deutschen Rechtschreibung feststellen: Ein langes "i" wird im Deutschen normalerweise mit "ie" wiedergegeben.
[3] Das Suffix "ei" ist zwar fremden (französischen) Ursprungs, tritt aber sehr oft bei Wörtern mit einem deutschen Stamm auf, z.B. "Bäckerei" oder "Schneiderei".

Innerhalb dieser Grenzzone ergeben sich wiederum Tendenzen zum einen oder zum anderen Bereich.

Bei der diachronischen Darstellung klassifiziere ich in die Grenzsphäre folgende Fälle (Abb. 2):

- Wörter, die mehreren Sprachen gemeinsam sind und auf eine indogermanische Urverwandtschaft zurückzuführen sind, z.B. "Mutter" < ahd. "muother", engl. "mother", griech. "mētēr", germ. "moder" < idg. "mater";
- Rückwanderer, z.B. "biwakieren" < franz. "bivaque" < dt. "Beiwacht" < ahd. "bîwaht";
- Wörter, die zwar fremde Merkmale in ihrer formalen Struktur aufweisen, aber im deutschen Sprachraum gebildet wurden. Es handelt sich hier um Scheinentlehnungen, d.h. um die bekannten Beispiele "Showmaster", "Twen" oder "High-Tech". Diese Wörter gehören synchronisch betrachtet zu den Fremdwörtern.

Zusammensetzungen aus fremden Bestandteilen klassifiziere ich synchronisch zu den Fremdwörtern, sofern mindestens eins aus den genannten Fremdheitsmerkmalen vorhanden ist, unabhängig davon, ob das Wort als solches übernommen oder im Deutschen aus fremden Konstituenten gebildet wurde. Die Unterscheidung zwischen Wortentlehnung und Lehnwortbildung gehört zu den Zielen eines anderen Projekts, das auch seinen Forschungsschwerpunkt in der Diachronie hat (vgl. Kapitel 3.1.3., oben).

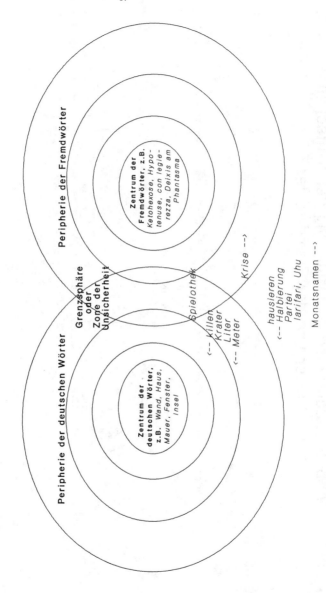

Abb. 1: Synchronische Darstellung der deutschen Wörter und der Fremdwörter

Abb. 2: Diachronische Darstellung der deutschen Wörter und der Fremdwörter

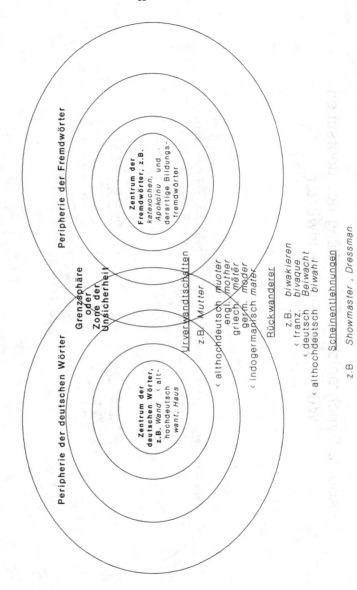

5.1.2. In der griechischen Sprache

Die übernommenen Entlehnungen werden in der Regel phonologisch angepaßt, zumindest von den meisten Sprachteilhabern. Die Realisierung von fremden Lauten ist eher eine Randerscheinung und erfolgt meistens aus sozialen Gründen; wenn z.B. weibliche Sprachteilhaber oder Fernsehmoderatoren ihre Französischkenntnisse andeuten möchten, sprechen sie entsprechend [ʃIk] (chic) und [reportaʒ].

Es gibt aber bestimmte Lautfolgen, die für Fremdwörter typisch sind, z.B. folgende Anlautverbindungen bei Substantiven:

/bl/ wie bei /blofa/ (Bluff) < engl. bluff oder /bluza/ (Bluse) < frz. blouse;
/br/ wie bei /brudzos/ (Bronze) < ital. bronzo oder /brosura/ (Broschüre) < frz. brochure;
/dz/ wie bei /dzaki/ (Kamin) < türk. ocak oder /dzogos/ (Kartenspielen) < ital. giuoco;
/g + Vokal/[1] wie bei /gol/ (Tor) < engl. goal oder /ginia/ (Pech) < frz. guigne.

Orthographisch werden die übernommenen Fremdwörter auch angepaßt. In der Regel werden sie in den Texten mit dem griechischen Alphabet wiedergegeben. Die orthographische Wiedergabe mit dem lateinischen Alphabet gehört - wie die Realisierung von fremden Lauten - zu den Randerscheinungen und kann die Hervorhebung eines Wortes bezwecken oder seinen Zitatcharakter betonen. Dies wird in deutschen Texten mit der Kursivschrift oder mit der Schreibung in Anführungszeichen gezeigt. Die in Griechenland oft kritisierte Wiedergabe mit dem lateinischen Alphabet bezieht sich zum größten Teil auf Beschriftungen, Schilder und die Sprache der Werbung.

Bezüglich der morphologischen Anpassung von Fremdwörtern lassen sich drei Kategorien unterscheiden:

- Morphologisch unangepaßte Fremdwörter

Das sind Substantive, die sich keinem Flexionsparadigma des Neugriechischen[2] zuordnen lassen. Bei ihrer Deklination erweisen sie in allen Kasus (Singular und Plural) eine und dieselbe Form. Zu einem großen Teil enden diese Substantive auf einen Konsonanten außer [s], z.B.[3]:

"boomerang", "parking", "super market", "reporter", "reservoir", "week-end", "copyright", "film", "avantgarde", "computer", "gag", "dessert", "chaiselongue", "stil", "club", "shoc", "hand-ball" oder "golf" u.a.

---

1 Diese Anlautverbindung kann auch bei onomatopoetischen Wörtern manchmal vorkommen.
2 Gemeint ist hier die heutzutage gebrauchte neugriechische Standardsprache und nicht die ältere Sprachform "katharevussa". Substantivformen wie:
"σωτήρ", Genitiv "σωτῆρος" (Retter, Befreier),
"μήτηρ", Genitiv "μητρός" (Mutter),
"ἔαρ", Genitiv "ἔαρος" (Frühling) oder
"δῶρον", Genitiv "δώρου" (Geschenk) und dergleichen
gehören zum Sprachschatz der "katharevussa". Sie lassen sich entsprechenden Flexionsparadigmen dieser Sprachform zuordnen und deklinieren. Heutzutage kommen sie äußerst selten vor.
3 Ich benutze die Schreibung in der Herkunftssprache.

Neutra, die auf /Konsonant + s/ enden, gehören auch in diese Kategorie, z.B.:
/mats/ < engl. match, /skets/ < engl. sketch, /sanduits/ < engl. sandwich, /sorts/ < engl. shorts.
Ferner auch Neutra auf /-e/ und /-u/ wie:
/rezume/ < frz. resumé, /randevu/ < frz. rendezvous.
Manchmal entwickeln sich Pluralformen, die die Pluralendung der Herkunftssprache haben, z.B.:

    computer - computers
    solo - soli
    sportsman - sportsmen
    liqueur - liqueurs.

- **Morphologisch angepaßte Fremdwörter**

Das sind Substantive, die aufgrund ihrer Endung ganz normal wie griechishe Wörter dekliniert werden. In diesem Fall können bestimmte Endungen auf die fremde Herkunft des Wortes hinweisen[1]. Fremdwörter dieser Kategorie sind z.B.:

Maskulina auf /-es/ wie /kanapes/ (Couch) < frz. canapé oder auf /-istas/ wie /turistas/ (Tourist);

Feminina auf /-ela/ wie /tabela/ (Tabelle), /kopela/ (junges Mädchen) < ital. coppella oder auf /-eta/ wie /zaketa/ (Jacke) < frz. jaquette, /etiketa/ (Etikett) < ital. etichetta;

Neutra auf /-eto/ wie /paketo/ (Paket) < ital. pacchetto.

Ferner die <u>Undurchsichtigkeit</u> bei mehrsilbigen Wörtern (Basislexemen) kann auch als Fremdheitskriterium in der Synchronie bei morphologisch angepaßten Fremdwörtern fungieren. Dies ist der Fall z.B. bei den italienischen Fremdwörtern /temperamento/ oder /lavomano/ sowie bei der allseits bekannten /perestroika/.

- **Fremdwörter in der mittleren Phase der Anpassung**

Hier werden wiederum zwei Untergruppen unterschieden:

a) Fremdwörter, bei denen eine angepaßte und eine unangepaßte Form existieren. Es ist möglich, daß der Gebrauch der jeweiligen Form vom Bildungsgrad oder der Kenntnis der Herkunftssprache abhängig ist; weniger Gebildete etwa benutzen meistens die angepaßte Form, z.B.:

    /doping/ - /doparizma/
    /makijaz/ - /makijarizma/ < frz. maquillage
    /trakter/ - /trakteri/ < frz. tracteur

Es gibt auch Fälle, in denen die zwei Formen nur im Plural existieren, z.B.:

    /taxi/ und /taxia/
    /beton/ und /beta/
    /stilo/ und /stila/ < frz. stylographe (Kugelschreiber)

---

[1] Bei Verben gibt es z.B. die fremde Endung /-aro/; sie ist vergleichbar mit der Endung "-ieren" im Deutschen.

b) Fremdwörter, die unangepaßt sind, deren Ableitungen aber an die Morphologie des Griechischen angepaßt sind, z.B.:

/nikel/ (Nickel) - /nikelono/ (abgeleitetes Verb), /nikelinos/ (abgeleitetes Adjektiv), /nikelotirio/ (abgeleitetes Substantiv);
/fast fud/ (fast food) - /fast fudadiko/ (Bezeichnung für das entsprechende Lokal);
/sofer/ (< frz. chauffeur) - /soferaki/;
/dzip/ (< engl. jeep) - /dzipaki/ u.a.

Ob eine Entlehnung angepaßt ist oder nicht, hängt zu einem großen Teil von ihrem Alter ab, (neuere Entlehnungen sind in der Regel unangepaßt), aber auch vom Grad der Kodifizierung (in der Terminologie von Anastasiadi-Symeonidi 1990), d.h. vom Bekanntheitsgrad des Wortes in der Sprachgemeinschaft: Mit dem häufigen Gebrauch schreitet der Anpassungsprozeß fort, entwickeln sich Ableitungen, Zusammensetzungen etc. Weiterhin spielen die Fremdsprachenkenntnisse, die heutzutage in der Bevölkerung in höherem Maße vorhanden sind als etwa vor zwanzig bis dreißig Jahren, eine wichtige Rolle: Sprachteilhaber mit Sprachkenntnissen der Herkunftssprachen - was auch mit dem allgemeinen Bildungsgrad und teilweise mit dem Alter der Menschen zusammenhängt - gebrauchen die Wörter "richtig", d.h. näher zu ihrer Form in der Ursprungssprache. Schließlich hängt die Anpassung auch von der Entlehnung selber ab: Italienische Wörter z.B., die allerdings ältere Entlehnungen sind, enden häufig auf Vokale, auf die auch griechische Wörter enden. In diesem Sinne waren/sind sie schon bei ihrer Übernahme angepaßt. Dasselbe gilt für das Wort "perestroika": Die Endung "-a" bei weiblichen Substantiven gehört zum griechischen Sprachsystem.

5.2. Fremdwörter in Wörterbüchern

Der Anteil von Fremdwörtern im Deutschen und im Griechischen und die Einheitlichkeit und der Mischungsgrad der beiden Sprachen sind zunächst über eine Analyse von Wörterbüchern zu erfassen. Während die Untersuchung von Zeitungstexten eine bis jetzt oft angewandte Methode zur Messung von Fremdwörtern (vor allem von Anglizismen) im Deutschen ist, ist die Untersuchung von Wörterbüchern eine seltener benutzte Methode. In den achtziger Jahren ist sie angewandt worden im Rahmen der Erforschung von Internationalisierungstendenzen der europäischen Wortschätze. Die Veröffentlichung von Braun (1987, S. 190-207, bes. 197-202) habe ich oben schon erwähnt (Kapitel 4.4.). Neuere Ergebnisse der Internationalismenforschung liegen ebenfalls bereits vor[1]. Da die vorliegende Untersuchung den Anteil der Fremdwörter im Deutschen und Griechischen mit dem

---

1 Braun/Schaeder/Volmert (Hrsg.) (1990); gemeinsame Wörter in europäischen Sprachen wurden hier anhand von Wörterbüchern ermittelt (vgl. z.B. den Beitrag von Volmert, S. 95-122). Ferner hat Grünhoff (1983) 112 im Deutschen, Englischen, Italienischen, Spanischen und Französischen gemeinsame Wörter mit dem Anfangsbuchstaben "R" herausgefunden und lexikographisch erfaßt.

Anfangsbuchstaben "L" zeigen wird, könnte im Rahmen einer weiteren Forschungsaufgabe das Griechische in die Untersuchungen der Internationalisierungstendenzen miteinbezogen werden.

Aus den frühen neunziger Jahren ist noch die Untersuchung von Lehnert (1990) zu erwähnen: Im DDR-DUDEN von 1984 und 1986 hat er am Beispiel des Buchstabens "C" die Entwicklung der Angloamerikanismen im Wortschatz der ehemaligen DDR gemessen (Lehnert 1990, S. 64-65).

In der vorliegenden Untersuchung wurde der Buchstabe "L" bzw. "Λ" gewählt, weil:
- er im Deutschen und im Griechischen als Laut vorkommt, der mit einem (allerdings nicht mit demselben) Graphem schriftlich wiedergegeben wird, was z.b. mit "b" und "d" nicht der Fall ist. Diese Laute werden im Griechischen entsprechend mit "mp" <μπ> und "nt" <ντ> wiedergegeben;
- es relativ viele Wörter in beiden Sprachen gibt, die mit "L" anfangen, was z.b. für "x" oder "y" nicht zutrifft und
- mit "L" keine Vorsilben anfangen, was z.b. bei "a" oder "m" der Fall ist.

5.2.1. Der Anteil der Fremdwörter in zwei deutschen Wörterbüchern anhand der exemplarischen Untersuchung des Buchstabens "L"

5.2.1.1. Zur Methode

Die Auflagen von 1980 und 1986 des "Deutschen Wörterbuchs" von "Wahrig" ermöglichen die Feststellung der Entwicklung des fremdsprachlichen Wortschatzes Ende der siebziger bis Mitte der achtziger Jahre[1]. Bei dem Durchzählen der Fremdwörter sowie der insgesamt (bei dem Buchstaben "L") aufgeführten Lemmata bin ich folgendermaßen vorgegangen:

a) die insgesamt bei "L" aufgeführten Lemmata

Abkürzungen wurden nicht gezählt, weil sie immer auch ausgeschrieben erscheinen und man bei einer Abkürzung nichts über eine deutsche oder fremde Herkunft sagen kann.

Varianten eines und desselben Wortes (orthographische oder phonetische) wurden getrennt gezählt, wenn sie auch als verschiedene Lemmata aufgeführt sind, z.B. "lacrimoso" und "lagrimoso". Varianten eines Wortes, die nebeneinander und innerhalb desselben Lemmas verzeichnet sind, wurden meistens nicht getrennt gezählt, sondern nur einmal, z.B. "Labial" und "Labiallaut" oder "Lordose" und "Lordosis". Wenn es sich aber bei diesen nebeneinander und innerhalb desselben Lemmas verzeichneten Varianten jeweils um ein deutsches Wort und um ein Fremdwort handelt (oder wenn ein Teil dieser Variante fremd ist), dann wurden diese Varianten getrennt gezählt. Das war z.B. der Fall bei "Luftröhrenentzündung" und "Luftröhrenkatarrh".

---

[1] Die Ausgabe von 1986 wurde im Juni 1986 abgeschlossen.

b) die bei "L" vorkommenden Fremdwörter

In jeder untersuchten Auflage des Wörterbuchs habe ich zwei Fremdwortzählungen vorgenommen, eine "umfassende" und eine "engere". Dies hat seinen Grund darin, daß es fast unmöglich ist, zu klar abgrenzbaren und umrissenen Ergebnissen zu kommen, vor allem aufgrund der zahlreichen Grenzfälle, mit denen man bei derartigen Zählungen dauernd konfrontiert wird. Um ein Beispiel zu erwähnen: Zusammensetzungen, bei denen ein Teil fremder Herkunft ist (z.B. "Lautphysiologie"), gehören nicht zu den Fremdwörtern, die mit "L" anfangen. Andererseits wäre es nicht richtig, diese Wörter zu den deutschen Wörtern zu zählen. Dasselbe trifft auch bei den zahlreichen Eigennamen, etwa Namen von Völkern, Orten, Währungseinheiten usw. zu. Unter diesem Aspekt betrachtet könnte man sagen, daß die "<u>engeren</u>" Zählungen auch die <u>wirklichkeitsnäheren</u> Zählungen sind.

Bei den "<u>umfassenden</u>" Zählungen wurden außer den verschiedenen fremden Basislexemen und ihren Ableitungen noch mitgezählt:
- Varianten eines und desselben Wortes, sofern sie als verschiedene Lemmata verzeichnet sind, z.B. "Ladanum", "Laudanum" und "Labdanum";
- Ausdrücke mit Zitatcharakter, wie fremdsprachliche (zum Teil historische) Schlagwörter, z.B. "Laissez faire, laissez aller (oder) passer" oder "Liberté, Egalité, Fraternité";
- Zusammensetzungen, bei denen ein Teil fremd ist (Mischkomposita), z.B. "Leitungsanästhesie", "Lesedrama" oder "Labyrinthfisch";
- Zusammensetzungen, die aus fremden Teilen bestehen, z.B. "Laktationsperiode", "Literaturhistoriker" oder "Legislaturperiode";
- fremde (Eigen)namen im weitesten Sinne, wie Währungseinheiten ("Leu"), Warenzeichen ("Lycra", "Lambrusco"), Namen von Völkern und Ländern ("Lateiner", "lateinamerikanisch"), Personentitel und Termini der Geschichte ("Legat", "Latifundium") und der Gegenwart ("lady", "Lord").

Lehnwörter, d.h. Wörter fremder Herkunft, die aber in ihrer formalen Struktur keine Fremdheitsmerkmale aufweisen, so wie sie in Kapitel 5.1.1. (oben) dargestellt wurden, wurden auch bei den umfassenden Zählungen ausgeschlossen, werden also für deutsche Wörter gehalten. Hier einige Beispiele für diese Lehnwörter: "Lägel", "Letter", "Liste", "Lanze", "Lampe", "Larve", "Lotse" und "Lupe". Oft sind diese Wörter Einsilbler: "Lack", "Lahn", "Laie", "Luv" und "Liek". Minimalpaare mit deutschen Wörtern sind manchmal möglich: "Lahn" - "Wahn", "Letter" - "Wetter", "Liste" - "List".

Wörter mit einem deutschen Stamm und einer fremden Endung (z.B. "Lager<u>ist</u>", "Liefer<u>ant</u>", "laut<u>ieren</u>" oder "Leck<u>age</u>") habe ich tendenziell als deutsche Wörter betrachtet, bis auf die Fälle, bei denen es sich um scherzhafte oder witzig gebräuchliche Bildungen handelt (z.B. "Luftik<u>us</u>", "Lappal<u>ie</u>" oder "Lumpaz<u>ius</u>"). Derartige Bildungen sind interessant, denn sie zeigen eine Fähigkeit der Sprachteilhaber, mit fremden Endungen auch spielerisch umzugehen, insofern habe ich diese scherzhaften Bildungen bei den "engeren" Fremdwortzählungen miteingeschlossen. Das ist auch das Verfahren, das meistens die

Fremdwörterbücher benutzen; "Lagerist" und "Lieferant" verzeichnen sie nicht, "Lappalie" und "Lumpazius" aber.

Weitere Grenzfälle lagen vor bei Wörtern, bei denen das Bezeichnete den Namen einer Person trägt, z.b. den Namen des Entdeckers oder Erfinders. Diese Wörter habe ich in allen Fremdwortzählungen miteinbezogen, wenn sie in ihrer formalen Struktur Fremdheitsmerkmale aufweisen. Beispiele: "Latimeria"[1], "Lawrencium"[2] oder "Lobelie"[3]. Schließlich zeigen auch sie die Übernahme und Akzeptanz von nicht deutschen Wörtern in das Sprachsystem.

Bei den "engeren" Zählungen wurden fremde Basislexeme, ihre Ableitungen und Zusammensetzungen aus fremden Bestandteilen gezählt. Bei Varianten eines und desselben Wortes wurde nur die eine Variante berücksichtigt, z.b. "Legendar" und "Legendarium" wurde nur einmal gezählt[4]. Folgende Fälle von Fremdwörtern wurden nicht miteinbezogen:
- Zusammensetzungen aus teilweise fremden Bestandteilen (Mischkomposita);
- Flexionsformen eines Wortes, die als getrennte Lemmata aufgeführt sind, manchmal Singular und Plural, auch wenn sie verschiedene Bedeutungen haben, wie im Fall von "Limbus" und "Limbi"[5]. Weitere Beispiele sind: "lex" - "leges" und "Liga" - "Ligen";
- Genusunterschiede, z.b. bei "Laborant" - "Laborantin" und "Lektor" - "Lektorin" wurde nur das Maskulinum gezählt;
- veraltete Wörter. Solche Wörter sind meistens im Wörterbuch mit besonderen Angaben verzeichnet, z.B. "Lokatar", "legendar"; weiterhin Wörter, die veraltete Gegenstände und Sachverhalte bezeichnen, z.B. "Laudemium"[6] oder "Landaulett"[7];
- fremdsprachliche (Eigen)namen im weitesten Sinne, etwa Warenzeichen, Personentitel und Termini der Geschichte (z.B. "Liktor", "Legat", "Legionär" oder "Libation"[8]) und Personentitel der Gegenwart (z.B. "Lord-Mayor"[9]) und
- Zitatwörter und -wendungen, wenn es sich um historische Schlagwörter und Termini handelt, wie "L'État c'est moi" oder "Liberté, Égalité, Fraternité", weiterhin veraltete fremdsprachliche Wendungen, wie "labet" oder "loco laudato".

---

1 Ein Fisch (nach der südamerikanischen Museumsdirektorin E. D. Courtenay-Latimer, geboren 1907).
2 Chemisches Zeichen (nach dem US-amerikanischen Physiker E. O. Lawrence, 1901-1958).
3 Angehörige einer Gattung der Glockenblumengewächse ... (nach dem flandrischen Botaniker M. Lobelius, gestorben 1616).
4 Bei Groß- und Kleinschreibungen eines und desselben Wortlauts handelt es sich entsprechend um Substantive und Adjektive, insofern also um verschiedene Wörter und nicht um Varianten eines Wortes, z.B. "labial" und "Labial" ("Labiallaut"), "lamé" und "Lamé", "lokal" und "Lokal".
5 Limbus: nach katholischer Auffassung Aufenthaltsort der ungetauft gestorbenen Kinder und der Frommen und Gerechten aus vorchristlicher Zeit. Limbi: Teil der Blumenkrone; Teilkreis an Winkelmeßinstrumenten (lat. "Saum", "Kleiderbesatz", "Rand").
6 Laudemium: im alten deutschen Recht, Abgabe an den Lehnsherrn.
7 Landaulett: kleiner, viersitziger Pferdewagen (nach der Stadt "Landau" in der Pfalz).
8 Libation: altrömisches Trankopfer, -spende (lat. "libatio": "Trankopfer", zu "libare": etwas wegnehmen, ausgießen, opfern).
9 Lord-Mayor: Erster Bürgermeister (Londons und einiger anderer englischer Großstädte) (engl.).

5.2.1.2. Absolute Häufigkeit und prozentualer Anteil

Das "Deutsche Wörterbuch" von "Wahrig" verzeichnet in der Auflage von 1980 insgesamt 3055 Lemmata mit dem Anfangsbuchstaben "L". Davon sind 951 Fremdwörter im weitesten Sinne, d.h. nach der Methode der umfassenden Zählung; das sind 31,1 %; in der engeren Zählung beträgt die Anzahl der Fremdwörter 589, d.h. 19,2 % (vgl. Anhang I, S. 176-197). In der Auflage von 1986 gibt es mit dem Anfangsbuchstaben "L" insgesamt 3048 Lemmata. Davon sind 998 (d.h. 32,7 %) Fremdwörter im weitesten Sinne; im Vergleich mit der entsprechenden Zählung der Auflage von 1980 wurden 26 Fremdwörter herausgenommen (vgl. S. 198, unten) und 73 hinzugefügt (vgl. S. 198-201, unten). Dies bedeutet einen Anstieg der Fremdwörter um 47, d.h. um 1,6 %. In der engeren Zählung der Auflage von 1986 habe ich 624 Fremdwörter gezählt (20,4 %). Im Vergleich mit der entsprechenden Zählung der Auflage von 1980 wurden 8 Fremdwörter herausgenommen und 43 Fremdwörter hinzugefügt (vgl. S. 201-202, unten). Wiederum ist es hier zu einem Anstieg der Fremdwörter um 35 gekommen, um 1,2 %.

Hier noch einmal die einzelnen Zahlen und Ergebnisse in tabellarischer Übersicht:

Tabelle 3: <u>Anteil der Fremdwörter in "Wahrig" 1980 und 1986</u>

	Gesamtzahl der mit "L" beginnenden Wörter	Anteil der Fremdwörter umfassende Zählung		Anteil der Fremdwörter engere Zählung	
		absolut	%	absolut	%
Aufl. 1980	3055	951	31,1	589	19,2
Aufl. 1986	3048	998	32,7	624	20,4
Unterschied	-7	+47	**+1,6**	+35	**+1,2**

Bei den herausgenommenen Fremdwörtern handelt es sich entweder um veraltete Wörter (z.B. "legendar", "Lokatar", "loco laudato") oder um Wörter, deren Bedeutung aus anderen aufgeführten Stichwörtern erklärbar ist (z.B. "Logistiker" erklärt sich aus "Logistik", "Lithologe" aus "Lithologie") oder um "manche sich selbst erklärende Wortzusammensetzungen und Ableitungen" (z.B. "Liefertermin", "Landwirtschaftsministerium"), wie man aus dem Vorwort der Auflage von 1986 entnehmen kann. Die Verfasser des Wörterbuchs mußten eine Anzahl von Wörtern für diese Ausgabe herausnehmen, um den Wortschatz zu aktualisieren, was die Hinzufügung neuer Wörter bedeutet. Bei den hinzugefügten Fremdwörtern (mit dem Anfangsbuchstaben "L") handelt es sich in erster Linie um Ausdrücke aus den Bereichen "Technik" und "Chemie" (jeweils elf Wörter). An zweiter Stelle kommt der Bereich "Wirtschaft" mit acht Wörtern und an dritter Stelle die Kategorie "ausländische Gegenstände, Situationen, Speisen etc." mit sieben Wörtern. Es folgen das Gebiet

"Umgangssprache" mit sechs Wörtern und die Bereiche "Sprachwissenschaft" und "Medizin" mit jeweils vier Wörtern; dann kommen "Sport" und "Tierkunde" mit jeweils drei Wörtern und zuletzt "Politik" mit zwei Wörtern (vgl. Tabelle 4).

Tabelle 4: <u>Die neuen Fremdwörter in "Wahrig" (1986 im Vergleich zu 1980) nach Sachgebieten (nach der umfassenden Zählung)</u>

Technik	Chemie	Wirtschaft (einschl. Warenzeichen)
Lambdasonde	Lackmuspapier	Label
Landemanöver	Laminat	Laborismus
Larvizid	Laurat	Landrover
Laserkanone	Laurinsäure	leasen
Lasertechnik	Ligand	Lockout
Lichtschutzfaktor	lipophil	Lupolen
Light-Show	lipophob	Lurex
lippensynchron	Lokalelement	Lycra
Live-Aufzeichnung	Lyase	
Luft-Boden-Rakete	lyophil	
Luft-Luft-Rakete	lyophob	

Ausländische Gegenstände Situationen, Speisen etc.	Umgangssprache	Sprachwissenschaft
Labdanum	lala	Langue
Labradorit	Lamäng	Laryngal(laut)
Ladino	Laternengarage	Lexem
Lambrusco	Lesbe	lexikalisieren
Lido	Lukas (= Hau-den-Lukas)	
Litschipflaume	logo	
Lasagne		

Medizin	Sport	Tierkunde	Politik
Leishmania	Le-Mans-Start	Limulus	libertär
Leishmaniose	Lob (Lobball)	Lepidoptere	linksliberal
Lobektomie	Lochbillard	Lepidopterologie	
Logasthenie			

<u>Sonstige Bereiche</u>

laminar
Lautiermethode
leistungsorientiert
Leoniden
Level
Liner
Logogramm
Lokalkenntnis
Lokalpresse
Löffelbiscuit
Lottoblock
Lounge
Loure
...lyse

In bezug auf die Herkunft dieser neu aufgenommenen Fremdwörter läßt sich folgendes feststellen: Der Einfluß des Englischen nimmt hier nicht die primäre Stellung ein, wie man eventuell erwartet hätte. An erster Stelle kommen Fremdwörter auf der Basis des Lateinischen und Griechischen. Dabei handelt es sich hauptsächlich um die folgenden zwei Kategorien:
1. Fremdwörter und fremdsprachliche Termini, die es auch vor 1986 gab, ursprünglich aus Fachsprachen stammen und nur fachsprachenintern bekannt und gebräuchlich waren. Jetzt werden sie in ein Wörterbuch der Gemeinsprache aufgenommen. Beispiele für solche Wörter sind: "Lexem", "Laurat", "Lobektomie", "Lepidopterologie" oder "Leoniden". Und da die Sprache nicht unabhängig von den sie benutzenden Menschen existiert, läßt sich damit erschließen, daß Angehörige der Bildungsschicht jetzt öfter das Bedürfnis haben, sich über gewisse fachsprachliche Wörter zu informieren. Ich kann mir vorstellen, daß dies nicht nur für die fachsprachlichen Fremdwörter gilt, sondern sich auch auf die deutschen fachsprachlichen Wörter erweitern läßt;
2. neue Wortschöpfungen, d.h. Zusammensetzungen aus bereits bekannten Bestandteilen. Diese Wortneuschöpfungen erfüllen jetzt den Bedarf an der Bezeichnung neuer Sachverhalte, meistens aus Fachsprachen. Sie sind interessant, weil man ihre Bedeutung <u>nicht</u> aus den bekannten Teilbedeutungen der einzelnen Bestandteile erschließen kann. So hat z.B. "Laborismus" kaum etwas mit "Labor" zu tun, "Logogramm" kaum etwas Gemeinsames mit "Gramm", "lipophob" und "lyophob" kann man schwer mit "Angst" erklären, und als normaler Bürger kommt man nicht so leicht auf die Idee, daß "Lokalelement" ein Fachausdruck der Chemie oder der Geophysik sein kann. Ebensowenig hat "Ligand" mit dem bekannten Fußballausdruck "(Bundes)liga" zu tun. (Für die richtigen Erklärungen der Wörter vgl. Anhang I, S. 199-201, unten.)

Das Nichterschließen der Gesamtbedeutung aus den Teilbedeutungen kommt nicht ausschließlich bei Fremdwörtern vor. Ebenso kann es auch bei deutschen Wörtern der Fall sein, z.B. eine "Gottesanbeterin" ist keine Anbeterin Gottes, sondern eine Art Heuschrecke. Ein "Goldregen" ist kein goldener Regen, sondern ein Strauch oder Baum; ebenfalls sind "Stiefmütterchen" und "Löwenzahn" entsprechend eine Blume und eine Wiesenpflanze. Die Bestandteile unserer Welt, nämlich Gegenstände, Sachverhalte, tierische und pflanzliche Organismen, neue Erfindungen und Entdeckungen, sind in ihrer Anzahl unbegrenzt. Eine Sprache mit Einschluß der Fremdwörter verfügt aber nur über eine begrenzte Anzahl von Wörtern, die nicht ausreichen, um die ganze Welt in ihrer Kompliziertheit und Vielfältigkeit zu erfassen. Aus diesem Grund ist man als Namengeber gezwungen, neue Situationen, Erfindungen usw. oder Teile der Tier- und Pflanzenwelt mit bereits bekannten Wörtern zu benennen.

Nach diesen zwei Kategorien, d.h. den fachsprachlichen Fremdwörtern, die in die Gemeinsprache aufgenommen werden, und den Wortneuschöpfungen, kommen Fremdwörter, die als "eigentliche Entlehnungen" gekennzeichnet werden können. Als ein Erkennungsmerkmal tritt zunächst eine dem Deutschen fremde Graphem-Phonem-Beziehung auf, wie bei "Label" <a/εɪ>, "Liner" <i/aɪ>, "Lasagne" <gn/ɲ>, "Lockout", "Light-Show" oder "Le-Mans-Start". Bei diesen Fällen ist es in der Regel so, daß das Wort zusammen mit dem bezeichneten Gegenstand oder Sachverhalt im Deutschen bekannt geworden ist. In dieser Kategorie handelt es sich in erster Linie um englische Fremdwörter und an zweiter Stelle um französische Fremdwörter.

5.2.2. Der Anteil der Fremdwörter in zwei griechischen Wörterbüchern anhand der exemplarischen Untersuchung des Buchstabens "Λ" ("L")

5.2.2.1. Zur Methode

Für die Messung des fremdsprachlichen Wortschatzes in der griechischen Sprache wurden das "Wörterbuch der neugriechischen Sprache" von Stamatakos (1971) und das "Griechische Wörterbuch" von Tegopoulos/Fytrakis (1989) benutzt. Das erste gehört zu den Standardwerken der neugriechischen Lexikographie und läßt sich vor allem vom Umfang her am besten mit dem deutschen "Wahrig" vergleichen. Im Laufe der achtziger Jahre gab es keine Neuauflage von "Stamatakos (1971)". Das "Griechische Wörterbuch" von Tegopoulos/Fytrakis (1989) hat einen wesentlich geringeren Umfang, bietet aber eine Lemmatisierung des aktuellen griechischen Wortschatzes (Mitte der achtziger Jahre). Außerdem wurde es in den letzten Jahren positiv in Griechenland rezensiert und - was für die Zwecke der vorliegenden Untersuchung von großer Bedeutung ist - bietet etymologische Angaben der Stichwörter.

Eine der Schwierigkeiten, denen ich begegnet bin, war, daß das Wörterbuch von Stamatakos (1971) nicht immer die Herkunft der Wörter verzeichnet. Bei diesen Fällen war es oft so, daß ich aufgrund einer Endung oder einer Lautfolge den Verdacht hatte, daß es sich um ein Fremdwort handeln könnte. Ich habe dann in Spezialwörterbüchern nachgeschlagen. Solche Spezialwörterbücher sind das Etymologische Wörterbuch (Andriotis, 1983), das Fremdwörterbuch (Verveniotis, 1976) und das Wörterbuch von Fachausdrücken der Seefahrt (Segditsas, 1954). Letztere machen einen nicht unerheblichen Teil des griechischen Fremdwortschatzes aus und kommen fast alle aus dem Italienischen.

Wie bei dem deutschen Teil habe ich in jedem Wörterbuch zwei Fremdwortzählungen durchgeführt: eine umfassende und eine engere. Bei den <u>umfassenden</u> Zählungen wurden außer Basisfremdwörtern und ihren Ableitungen noch folgende "Fälle" mitgezählt:
- Varianten eines und desselben Wortes (orthographische und Aussprachevarianten), sofern sie als getrennte Lemmata aufgeführt werden;

- Zusammensetzungen aus fremden Bestandteilen[1] und Zusammensetzungen, bei denen ein Teil fremder Herkunft ist (Mischkomposita);
- fremde Eigennamen (d.h. Personentitel, Amtsbezeichnungen, z.B. "λόρδος" - "lordos" (Lord), die zum Teil auch den Stellenwert eines historischen Terminus haben können[2]).

Bei den <u>engeren</u> Zählungen habe ich nur Basisfremdwörter und ihre Ableitungen gezählt. Veraltete und heutzutage kaum noch gebrauchte Fremdwörter wurden ebenfalls wie bei dem deutschen Teil der Untersuchung nicht berücksichtigt. Als Kriterien für die Aufnahme von Wörtern in den engeren Zählungen galten <u>einerseits</u> Fremdheitsmerkmale in der Ausdrucksseite der Wörter, z.B. fremde Endungen oder fremde Lautfolgen, weiterhin auch die "Undurchsichtigkeit" des Stammes. Letzteres ist oft bei Wörtern, die über zwei Silben haben, benutzt worden (z.B. "λαβομάνο" - "lavomano", "λαζούρι" - "lasuri", "λανάρα" - "lanara"). Ferner ist die Tatsache, daß einige Wörter "allein im Paradigma" stehen, d.h. ohne Ableitungen, Zusammensetzungen und dergleichen, als Kriterium für ihre Aufnahme in die engeren Fremdwortzählungen berücksichtigt worden.

<u>Andererseits</u> habe ich auch ein Fremdheitsmerkmal, das die Inhaltsseite der Wörter betrifft, in Betracht gezogen: Bei einigen Wörtern ist es so, daß sie einen Gegenstand oder Sachverhalt bezeichnen, bei dem man weiß oder zumindest als Laie auf die Idee kommen könnte, daß es sich bei dem Bezeichneten um einen Gegenstand oder Sachverhalt fremder Herkunft handelt. Folglich ist auch das Bezeichnende ein Wort fremder Herkunft, z.B. "λατέρνα" - "laterna" (Drehorgel) und "λαζάνια" - "lasania" (lasagne). In den meisten Fällen trat dieses Kriterium in Verbindung mit anderen ausdrucksseitigen Kriterien auf.

Wörter fremder Herkunft, die keine ausdrucksseitigen Fremdheitsmerkmale aufweisen, bei denen man auch inhaltsseitig (d.h. vom Bezeichneten her) keine fremde Herkunft annehmen könnte oder die schon zahlreiche Ableitungen und Zusammensetzungen gebildet haben, habe ich in keiner Zählung als Fremdwörter betrachtet. Diese (nach der deutschen Terminologie) Lehnwörter können oft Wörter aus der Alltagssprache sein. Beispiele: "λεμόνι" - "lemoni" (Zitrone), "λουλούδι" - "luludi" (Blume), "λάστιχο" - "lasticho" (Gummi) oder "λεβέντης" - "levendis" (Bursche).

---

[1] Zusammensetzungen aus fremden Bestandteilen sind in dem ermittelten Korpus äußerst selten. Im Wörterbuch von Stamatakos habe ich nur das Wort "λεγενόμπρικο" - "legenobriko" gefunden - aus türk. "legen" und türk. "ibrik" - und in "Tegopoulos/Fytrakis" den Eigennamen "λατινοαμερικάνικος" (lateinamerikanisch). Beide Wörter entfielen bei den engeren Zählungen: das eine, weil es mittlerweile veraltet und in seiner Form kaum als Fremdwort zu erkennen ist; das zweite, weil die Eigennamen bei den engeren Zählungen nicht berücksichtigt wurden. Scheinbare Zusammensetzungen wie "λάινσμαν" (engl. "linesman") oder "λάιτμοτιβ" (dt. Leitmotiv) wurden im Griechischen als solche übernommen und nicht im Griechischen gebildet.

[2] Z.B. "λεγάτος" - "legatos" < lat. "legatus" (römischer Gesandter) oder "λαυράτον" - "lavraton" < lat. "laurus" (byzantinische Münze, mit dem Abbild des mit Lorbeer gekrönten Kaisers).

5.2.2.2. Absolute Häufigkeit und prozentualer Anteil

Nach Anwendung der dargestellten Methode habe ich folgende quantitativen Ergebnisse ermittelt:
Das "Wörterbuch der neugriechischen Sprache" von Stamatakos (1971) verzeichnet insgesamt 2743 Lemmata mit dem Anfangsbuchstaben "Λ". Davon sind 291 Fremdwörter im weitesten Sinne, d.h. nach der Methode der umfassenden Zählung; das sind 10,6 %; in der engeren Zählung beträgt die Anzahl der Fremdwörter 171, d.h. 6,2 % (vgl. Anhang I, S. 203-210, bzw. 211-217).

Im "Griechischen Wörterbuch" von Tegopoulos/Fytrakis (1989) gibt es mit dem Anfangsbuchstaben "Λ" insgesamt 1221 Lemmata. Davon sind 175 (d.h. 14,3 %) Fremdwörter im weitesten Sinne und 112 (d.h. 9,1 %) Fremdwörter im engeren Sinne. Hier noch einmal die einzelnen Zahlen und Ergebnisse in tabellarischer Übersicht:

Tabelle 5: Anteil der Fremdwörter in "Stamatakos (1971)" und "Tegopoulos/Fytrakis (1989)"

	Gesamtzahl der mit "L" beginnenden Wörter	Anteil der Fremdwörter umfassende Zählung		Anteil der Fremdwörter engere Zählung	
		absolut	%	absolut	%
Stamatakos 1971	2743	291	10,6	171	6,2
Tegopoulos/Fytrakis 1989	1221	175	14,3	112	9,1
Unterschied	(-1522)	(-116)	+3,7	(-59)	+2,9

Bei dem Wörterbuch von 1989, das weniger als 50 % Lemmata verzeichnet als das von 1971, ist ein Anstieg des Fremdwortschatzes um 3,7 % bzw. 2,9 % festzustellen. Dies bedeutet einen Anstieg der Fremdwörter zumindest im Grundwortschatz, dürfte aber für den Gesamtwortschatz im wesentlichen auch zutreffen, denn Fremdwörter kommen hinzu, verschwinden aber auch aus dem Wortschatz.

Im Wörterbuch von 1989 wurden im Vergleich zu dem von 1971 139 Fremdwörter aus dem umfassenden Fremdwortschatz herausgenommen und 23 neue hinzugefügt (vgl. Anhang I, S. 218). Bei den herausgenommenen handelt es sich meistens um veraltete Fremdwörter oder um solche (Ableitungen etc.), deren Bedeutung aus anderen angeführten Stichwörtern erklärbar ist. Zum Teil wurden fremdsprachliche Fachausdrücke weggelassen, die nach wie vor in den entsprechenden Kontexten gebraucht werden, etwa aus den Bereichen:
- der Musik, z.B. "λέντο" ("lento"), "λεγκάτο" ("legato"), "λάργκο" ("largo");
- der Schiffahrt, z.B. "λιγάρω" ("ligaro") < ital. "ligare";
- der Tierkunde, z.B. "λοκούστα" ("lokusta") < lat. "locusta" (Art Heuschrecke);
- der Pflanzenkunde, z.B. "λοβελία" ("lovelia") (Lobelie);
- des Sports, z.B. "λόουν τέννις" ("lawn tennis").

Bei den hinzugefügten Wörtern handelt es sich wiederum zum Teil um fremdsprachliche Fachausdrücke, z.b. das deutsche Wort "Leitmotiv", das fast ausschließlich im Bereich der Musik und eventuell der Literatur gebräuchlich ist, oder das ebenfalls deutsche "Lumpen" (grch. "λούμπεν"), das in der Bedeutung "Lumpenproletariat" gebräuchlich ist. Es ist interessant, daß diese Fachausdrücke jetzt in einem Wörterbuch des Grundwortschatzes aufgenommen werden. Abgesehen von einigen fremden Eigennamen[1] werden noch solche Fremdwörter neu verzeichnet, bei denen die damit bezeichneten Gegenstände und Sachverhalte jetzt mehr an Bedeutung gewinnen bzw. breiteren Bevölkerungsschichten bekannt werden, z.b. "laser"[2], "leasing", "lifting", "lobby", eventuell auch "lettreset"[3] oder "linoleum". Den Linienrichter hat es schon immer im Fußball gegeben, aber jetzt scheint es, daß die englische Bezeichnung (linesman) zumindest genauso gebräuchlich ist wie die griechische[4].

Die führende Stelle bei den Herkunftssprachen der neuen Wörter hat eindeutig das Englische, es folgen das Französische, das Italienische und das Deutsche. Die Wörter sind fast ausschließlich Entlehnungen (keine Lehnwortbildungen), zum größten Teil morphologisch unangepaßt.

5.2.3. Abschließende Betrachtungen

Die kontrastive Untersuchung von deutschen und griechischen Wörterbüchern ermöglicht die Zusammenstellung von Fakten über die Einheitlichkeit und den Mischungsgrad der beiden Sprachen.

Hier die einzelnen Zahlen und Ergebnisse (kontrastiv) in tabellarischer Übersicht:

Tabelle 6: <u>Anteil des Fremdwortschatzes in den untersuchten deutschen und griechischen Wörterbüchern</u>

	Gesamtzahl der mit "L" beginnenden Wörter	Anteil der Fremdwörter umfassende Zählung absolut	%	Anteil der Fremdwörter engere Zählung absolut	%
Wahrig 1980	3055	951	31,1	589	19,2
Wahrig 1986	3048	998	32,7	624	20,4
Unterschied	-7	+47	+1,6	+35	+1,2
Stamatakos 1971	2743	291	10,6	171	6,2
Tegopoulos/Fytrakis 1989	1221	175	14,3	112	9,1
Unterschied	(-1522)	(-116)	+3,7	(-59)	+2,9

---

1 Z.B. "λατινοαμερικάνικος" (lateinamerikanisch), "λιθουανικός" (litauisch), "λουθηρανός" (der Lutheraner).
2 Ich benutze die Schreibung in der Herkunftssprache.
3 Fachausdruck im Hochdruckverfahren, auf deutsch: der Lettersetdruck.
4 An dieser Stelle möchte ich bemerken, daß die Fußballsprache im Griechischen immer viele englische Ausdrücke hatte; "corner", "goal", "offside", "penalty", "foul" gehören nicht zu den Entlehnungen der letzten zehn Jahre, sondern werden etwa gebraucht, seitdem in Griechenland Fußball gespielt wird.

Wie aus der Tabelle ersichtlich wird, gibt es in beiden Sprachen eine Zunahme des Fremdwortschatzes innerhalb der untersuchten Zeiträume; im Deutschen 1,6 bzw. 1,2 % und im Griechischen 3,7 bzw. 2,9 %, was durch die längere Zeitspanne zwischen den Stichproben zu erklären ist.

Bezogen auf den Anteil des Fremdwortschatzes in beiden Sprachen: Hier sollte man vor allem diejenigen Ergebnisse miteinander vergleichen, die alle aus der zweiten Hälfte der achtziger Jahre stammen, nämlich aus der Analyse von Wahrig (1986) und Tegopoulos/Fytrakis (1989); einerseits im Deutschen 32,7 bzw. 20,4 %, andererseits im Griechischen 14,3 bzw. 9,1 %. Dies bedeutet, daß das Griechische wesentlich einheitlicher als das Deutsche ist, oder mit anderen Wörtern, daß das Deutsche einen weitaus höheren Mischungsgrad hat als das Griechische. Im Deutschen beträgt der Fremdwortschatz umfassend gezählt 1/3 bzw. eng gezählt 1/5 des Gesamtwortschatzes und im Griechischen 1/7 bzw. 1/11. Der Anteil des Fremdwortschatzes im Deutschen ist mehr als doppelt so groß wie im Griechischen.

Die Unterscheidung "umfassende Zählung - engere Zählung" hat jeweils verschiedene Ergebnisse erbracht. Das ist dadurch zu erklären, daß in den umfassenden Zählungen auch die "Grenzfälle" miteingeschlossen wurden, die bei den engeren Zählungen getilgt wurden, z.B. Mischkomposita, veraltete Fremdwörter, fremdsprachliche Titel und Amtsbezeichnungen, Zitatwendungen etc. In diesem Sinne sind die engeren Zählungen auch die wirklichkeitsnäheren Zählungen. Ich finde trotzdem die Unterscheidung "umfassend - eng" unerläßlich, damit nicht der Eindruck entsteht, alles, was nicht zur Kategorie "fremd" gehöre, sei Bestandteil deutscher Herkunft. Interessant ist auch, daß sich bei den einzelnen Messungen etwa das gleiche Verhältnis "umfassend : eng" ergeben hat: In Wahrig (1980), (1986) und in Tegopoulos/ Fytrakis (1989) beträgt das Verhältnis "umfassend : eng" 1,6 zu 1; in Stamatakos (1971) beträgt es 1,7 zu 1. Das ist dadurch zu erklären, daß in Stamatakos (1971) viele veraltete Fremdwörter verzeichnet werden, die bei der engeren Zählung ausgeschlossen wurden.

Bei dem deutschen Fremdwortschatz fällt zunächst der starke Einfluß des Lateinischen auf, das an erster Stelle der Einflußsprachen steht. Wörter lateinischen Ursprungs bilden große Wortfamilien innerhalb des deutschen Sprachsystems. Die Wortfamilie von "liquid" etwa besteht aus insgesamt zwölf Stichwörtern[1], die Wortfamilie von "Literat-Literatur" aus 16 Stichwörtern, und die größte Wortfamilie aus einem Wort lateinischen Ursprungs innerhalb des Buchstabens "L" ist die Wortfamilie aus "lokal". Sie besteht aus insgesamt 29 Stichwörtern.

An zweiter Stelle kommt der Einfluß des Griechischen; die Bildung von zahlreichen Ableitungen und Zusammensetzungen ist ebenfalls hervorzuheben. Meistens handelt es sich bei Wörtern griechischen Ursprungs um Fachausdrücke[2]. Die Wortfamilie mit "Larynx"

---

[1] Alle Beispiele stammen aus Wahrig (1986).
[2] Als Einzelfälle findet man Wörter griechischer Herkunft auch als Bestandteile des Grundwortschatzes, z.B. "Laie", eventuell auch "Lexikon" und auf jeden Fall das jedermann bekannte "Lakritze".

(Kehlkopf) besteht aus insgesamt zehn Stichwörtern, die mit "Lith(os)" (Stein) aus 14. Besonders interessant ist noch das Phänomen der griechischen "hausgemachten" Fremdwörter im Deutschen: "Legasthenie", "Logasthenie"[1], "Logogramm", "Logogriph"[2], "Logopädie" werden weder in griechischen Wörterbüchern verzeichnet noch sind die Wörter griechischen native speakern verständlich[3]. Neben Wörtern lateinischen und griechischen Ursprungs gibt es im deutschen Wortschatz eine nicht unerhebliche Anzahl von Komposita aus lateinischen und griechischen Bestandteilen. Diese Zusammensetzungen sind tendenziell Bestandteile von Fachwortschätzen. Beispiele: "Longimetrie", "Laktoskop", "Laktometer", "Laryngofissur", "Latenzperiode", "Lokalanästhesie", "Lumbalanästhesie", "Luminographie", "Luminophor", "lävogyr".

An dritter Stelle kommt der Einfluß des Französischen, aber mit wesentlich weniger Wörtern als die zuvor genannten Sprachen. Die Wörter sind meistens "singles" und seltener in Wortfamilien; "leger", "liieren-Liaison", "Likör" gehören zu den öfter gebrauchten französischen Wörtern im Deutschen, "lamé", "Lançade", "larmoyant", "Longe", "Limousine", "Livree" zu den seltener gebrauchten. Andere, wie "Lavoir", "Lingerie", "Livre d'heure", "Lisiere", "Logement", "Legionär", sind schon aus dem Gebrauch verschwunden.

Während die französischen Wörter immer mehr zurückgehen, befinden sich die Anglizismen auf dem Vormarsch. Alle möglichen Sachbereiche sind dabei beteiligt: Industrieprodukte ("Lambswool", "Lambskin", "Lasting"), Wirtschaft ("Leasing", "leasen", "Longseller"[4]), Technik ("Laser", "Light-Show", "live"), Transportwesen ("Lore", "Liner", "LASH-Carrier", "Looping"), Essen und Trinken ("Lunch", "lunchen", "Longdrink"), Arbeitswelt ("Lockout") und - last (but) not least - Drogenszene ("Load"), Sport ("Lawn-Tennis"), Medizin ("Lifting"), EDV ("Layout"), Politik ("Lobby"), Mode ("Look") und sonstige Bereiche ("Lead", "Level", "Lounge").

Sporadisch findet man noch Wörter aus anderen Sprachen: Aus dem Italienischen z.B. stammen die Fachausdrücke der Musik ("legato", "lento", "largo", "lacrimoso"), die Wörter "Lava", "Lorokonto" und die allseits bekannte "Lasagne". Aus dem Spanischen stammen die Namen der Tiere "Leguan"[5] und "Lama"[6] sowie das Wort "Lasso"[7].

Bei dem griechischen Fremdwortschatz kommen als Einflußsprachen vor allem das Lateinische, Französische, Italienische, Türkische und in den letzten zehn Jahren intensiver das

---

1 Gedächtnisstörung, verbunden mit dem Vergessen von Wörtern; aus "λόγος" - "logos" (Wort, Rede) und "ασθένεια" - "asthenia" (Schwäche, Krankheit).
2 Buchstaben- oder Worträtsel, bei dem durch Wegnehmen, Hinzufügen oder Ändern eines Buchstabens jeweils ein neuer Wortsinn entsteht; aus "λόγος" - "logos" (Wort) und "γρίφος" - "grifos" (Rätsel).
3 Die genannten Wörter werden alle in Wahrig (1986) verzeichnet, stammen also nicht aus einem Spezialwörterbuch. Verschafft man sich einen Überblick z.B. im DUDEN-Fremdwörterbuch (1990), so findet man weitere "griechische" Wörter, die nicht in griechischen Wörterbüchern verzeichnet sind. Die Beispiele "Logoneurose", "Logotherapie" und "logozentrisch" stammen aus meiner Stichprobe im Lemma "Logos".
4 Eine deutsche Bildung in Analogie zu "Bestseller".
5 Angehöriger einer Familie der Echsen < span. "la iguana".
6 Von Guanako abstammendes Kamel, das in Südamerika als Lasttier gehalten wird < span. "llama".
7 Langer Riemen oder Strick, dessen zusammenziehbare Schlinge aus einiger Entfernung dem zu fangenden Tier um den Hals geworfen wird < span. "lazo" (Schnur, Schlinge) < lat. "laqueus".

Englische vor. Von dem Italienischen hat das Griechische viele Wörter aus dem Fachwortschatz der Schiffahrt entlehnt, die türkischen Wörter, die noch gebraucht werden, stammen zu einem großen Teil aus den Bereichen Essen und Trinken und/oder werden in der Umgangssprache benutzt. Bei den übrigen Einflußsprachen ergeben sich Schnittmengen mit dem deutschen Fremdwortschatz. Die gemeinsamen Fremdwörter sind zum Teil Benennungen von Tieren und Pflanzen lateinischer Herkunft, z.B.:

deutsch	Herkunft	griechisch		
Leopard	lat. "leopardus"	λεοπάρδαλις	-	leopardalis
Languste	lat. "locusta"	λοκούστα	-	lokusta[1]
Lazerte	lat. "lacerta"	λακέρδα	-	lakerda
Liguster	lat. "ligustrum"	λιγούστρον	-	ligustron
Lupine	lat. "lupinus"	λούπινον	-	lupinon
Lupulin	lat. "lupus"	λουπουλίνη	-	lupulini

Sporadisch findet man noch gemeinsame Fremdwörter, die nicht immer bestimmten Sachbereichen zuzuordnen sind, z.B.:

deutsch	Herkunft	griechisch		
Libell	lat. "libellus"	λίβελλος	-	livellos
Lanolin	lat. "lana" und "oleum"	λανολίνη	-	lanolini
Lignit	lat. "lignum"	λιγνίτης	-	lignitis
Limousine	frz. "limousine"	λιμουζίνα	-	limusina

Einige Gegenstände und Sachverhalte verdanken ihre Benennung bestimmten Personen. Auch dieser Fall findet sich ebenso im deutschen wie im griechischen Fremdwortschatz, z.B.:

dt.	"lynchen"	grch.	"λυντσάρω"	-	"lintsaro"	zu	W. Lynch;
	"Leishmaniose"		"λεϊσμανίαση"	-	"läismaniassi"	zu	Leishman;
	"Lamaismus"		"λαμαϊσμός"	-	"lamaismos"	zu	Lama (buddh. Priester);
	"Leninismus"		"λενινισμός"	-	"leninismos"	zu	Lenin;
	"Lobelie"		"λοβελία"	-	"lovelia"	zu	M. Lobelius.

Weitere gemeinsame Fremdwörter sind in Deutschland und in Griechenland bekannt geworden zusammen mit dem bezeichneten Gegenstand oder Sachverhalt, der im Land der Herkunftssprache entwickelt wurde. Die Sportart "lawn tennis" (λόουν τέννις) wurde z.B. in England entwickelt, das Getränk "liqueur" (λικέρ) vermutlich in Frankreich, der Pferdewagen "Landaulett" (λαντωλέ) stammt aus Landau, die "Lasagne" (λαζάνια) und der "Lavendel" (λεβάντα) aus Italien. Schließlich sind die Anglizismen "lockout" (λοκ-άουτ), "laser"

---

1 Das Wort ist übrigens ein "faux ami". Im Griechischen bedeutet es nicht den bekannten Speisekrebs, sondern eine Art Heuschrecke.

(λέιζερ), "lifting" (λίφτηγκ), "leasing" (λήζηγκ), "lobby" (λόμπυ) seit der zweiten Hälfte der achtziger Jahre auch Bestandteile des griechischen Fremdwortschatzes.

Bei derartigen Untersuchungen sollte man besonders darauf achten, daß die zugrundegelegten Materialbasen vergleichbar sind. Im Umfang möglichst gleich große Wörterbücher, die in voneinander nicht weit entfernten Zeitabständen erschienen sind, sind die idealsten Bedingungen für einen Sprachvergleich auf der Ebene des Wortschatzes. Wichtig ist auch, daß dieselbe Methode in beiden (bzw. in allen) Teilen des Vergleichs angewandt wird.

Durch die vorliegende Untersuchung konnten Aussagen getroffen werden über den Anteil des Fremdwortschatzes im Deutschen und Griechischen Ende der achtziger Jahre und dessen Zunahme in bestimmten Zeitabständen. Jedoch dürfte man diese Ergebnisse nicht auf beliebige Zeitspannen extrapolieren. Es ist durchaus möglich, daß gerade Ende der achtziger Jahre aufgrund auch der politischen Entwicklungen in Europa oder des starken Übergewichts der USA die Zunahme des Fremdwortschatzes in vielen Sprachen begünstigt wurde. Jedoch führt die Hypothese des ständig zunehmenden Fremdwortschatzes zur - meiner Auffassung nach - nicht realistischen Annahme, daß vor allem kleine Sprachen in ihrer Existenz in der Zukunft gefährdet sind oder sogar verschwinden werden. Um wirklichkeitsgerechtere Aussagen treffen zu können, sollte man den Wortschatz mit Hilfe von historischen Längsschnittanalysen überprüfen. Auch wäre es interessant, andere Buchstaben außer "L" in einer Wörterbuchauflage zu untersuchen (Querschnittsanalysen).

Nach der exemplarischen Untersuchung des Anteils der Fremdwörter am Wortschatz soll die Untersuchung des Anteils der Fremdwörter am Sprachgebrauch neue Perspektiven eröffnen. Der Fremdwortgebrauch wird - so meine Hypothese - niedrigere Werte aufweisen als der Fremdwortschatz.

5.3. Fremdwörter in Zeitungstexten

5.3.1. Allgemeine Überlegungen zur Untersuchung von Zeitungstexten

In den sechziger und siebziger Jahren gab es einen Trend in der Fremdwortforschung, den Anteil von Anglizismen und Amerikanismen in der deutschen (und österreichischen) Pressesprache zu analysieren. Erstaunlich ist, daß die verschiedenen Studien zu sehr unterschiedlichen Ergebnissen führten.

Carstensen stellte 1963 fest, "daß die deutsche Presse etwa durchschnittlich <u>einen Amerikanismus oder Anglizismus pro Seite</u> verwendet"[1] (zitiert in Carstensen 1979d, S. 321, meine Hervorhebung). Zwei Jahre später kam er zu dem Ergebnis, "daß man wohl von einem

---

[1] Bei den im folgenden referierten Untersuchungen benutze ich jeweils die von den einzelnen Autoren gebrauchten Begriffe.

Durchschnitt von etwa zwei Anglizismen pro Seite ausgehen könne" (zitiert in Carstensen 1979d, S. 321, meine Hervorhebung).

Fink (1970) wählte für seine Untersuchung je acht Wochenendausgaben der "Süddeutschen Zeitung", der "Frankfurter Allgemeinen Zeitung" und der "Welt" aus dem Jahr 1963. Er fand, daß pro Zeitungsseite vier Amerikanismen verwendet wurden. Zu den Amerikanismen zählte Fink:
- rein amerikanische Ausdrücke (keine Substitution),
- Kompositionen aus deutschen und amerikanischen Bestandteilen (Teilsubstitution) und
- rein deutsche Ausdrücke (Vollsubstitution). Diese deutschen Ausdrücke wurden gebildet durch Lehnübersetzungen oder Lehnübertragungen (Fink 1970, S. 12-15).

Nach den einzelnen Zeitungen differenziert, ergab die Untersuchung, daß die "Süddeutsche Zeitung" die meisten - d.h. im Durchschnitt 300 Amerikanismen - und die "Frankfurter Allgemeine" die wenigsten, - d.h. ca. 200 Amerikanismen pro Ausgabe - verwendete. Wenn man die Frequenz der einzelnen Amerikanismen berücksichtigt, so enthielt jede Zeitungsseite fast zwei (1,7) Amerikanismen (Fink 1970, S. 145-146).

Carstensen/Griesel/Meyer (1972) untersuchten eine Ausgabe der "Mainzer Allgemeinen Zeitung" aus dem Jahr 1971 und kamen zu dem Ergebnis, daß im Durchschnitt etwa zehn Anglizismen pro Seite verwendet wurden (ebd., S. 243). Zu den Anglizismen rechneten die Autoren ebenfalls, außer den Fremd- und Lehnwörtern, auch Mischkomposita, Lehnübersetzungen, Lehnbedeutungen, Lehnschöpfungen, weiterhin die Mehrfach- und Scheinentlehnungen.

Meyer (1974) untersuchte je eine Ausgabe des "Wiesbadener Kurier" und der "Mainzer Allgemeinen Zeitung", beide aus dem Jahr 1972, und fand, daß in den untersuchten Zeitungen 14 Anglizismen je Zeitungsseite vorkamen (ebd., S. 127). Auch hier wurden zu den Anglizismen nicht nur Fremdwörter, Lehnwörter, Pseudoentlehnungen und Mischkomposita, sondern auch das sogenannte "innere Lehngut" gerechnet.

Engels (1976) erforschte zwei Jahrgänge der "Welt" (1954 und 1964) im Hinblick auf das Vorkommen von Amerikanismen und kam zu folgenden Ergebnissen: Während im Jahr 1954 das untersuchte Korpus sechs Amerikanismen pro Seite und drei "neue Amerikanismen" (also TYPES) enthielt, sind die entsprechenden Zahlen für 1964 entsprechend 19 und sieben (Engels 1976, S. 48-52). Daß für 1972 14 Anglizismen je Zeitungsseite und für 1964 19 Amerikanismen je Zeitungsseite angegeben werden, wirkt ziemlich überraschend. Noch überraschender ist es, wenn man berücksichtigt, daß Fink (1970) im untersuchten Zeitungskorpus von 1963 ca. vier Amerikanismen pro Zeitungsseite angibt.

Bus (1980) untersuchte sechs Ausgaben der "Mainzer Allgemeinen Zeitung" aus dem Jahr 1978 und stellte fest, daß auf einer Zeitungsseite durchschnittlich fünf Amerikanismen zu finden waren. Unter Amerikanismen versteht Bus - ebenfalls wie Fink (1970), dessen Terminologie er übernimmt - Null-, Teil- und Vollsubstitutionen.

Oeldorf (1990) hat eine Ausgabe der "Zeit" aus dem Jahr 1990 untersucht und u.a. herausgefunden, daß insgesamt 369 "englische Lehnwörter" (in der Terminologie von Oeldorf) verwendet wurden. Die Anzahl der verschiedenen "englischen Lehnwörter" beträgt 196. Darüber hinaus verzeichnet Oeldorf (1990, S. 46) 36 Amerikanismen und einen Durchschnittswert von 8,4 "Lehnwörtern" (Anglizismen) pro Seite. (In der folgenden Tabelle 7 sind die Ergebnisse der einzelnen Untersuchungen tabellarisch zusammengestellt.)

Tabelle 7: Häufigkeit von Anglizismen bzw. Amerikanismen je Zeitungsseite (1963-1990)

Autoren und Jahr der Veröffentlichung		Jahr, aus dem das Material stammt (soweit angegeben)	Anglizismen pro Seite	Amerkanismen pro Seite
Carstensen	1963		1 Anglizismus <u>oder</u>	1 Amerikanismus
Carstensen	1965		2	
Fink	1970	1963		4
Carstensen/ Griesel/ Meyer	1972	1971	10	
Meyer	1974	1972	14	
Engels	1976	1954		6
Engels	1976	1964		19
Bus	1980	1978		5
Oeldorf	1990	1990	8,4	

Da es keine eindeutig festgelegte Definition von "Anglizismus" gibt und auch nicht geben kann, definieren die einzelnen Forscher den Begriff für die jeweiligen Untersuchungen. Viel schwieriger ist es, "Amerikanismus" zu definieren und von den übrigen Anglizismen abzugrenzen[1]. Weiterhin erhebt sich die Frage nach der Entlehnungszeit; inwiefern ist es angemessen, das Jahr 1945 als eine Art Grenze anzusehen und vor 1945 übernommene englische Entlehnungen nicht zu berücksichtigen? Ein weiteres Problem besteht darin, inwiefern man in der Lage ist, das sogenannte "innere Lehngut" zu erkennen und dies in die Zählung einzubeziehen. Auch hier könnte man sich nach der Entlehnungszeit einer Lehnbildung fragen. Bezogen auf die Frequenz von Anglizismen in deutschsprachigen Zeitungen und die Schwierigkeit, diese zu erschließen, sei ein Zitat von Carstensen angeführt:

---

[1] Auf derartige methodologische Schwierigkeiten hat bereits Carstensen (1979d, S. 322-323) hingewiesen.

"Die Wahrheit wird irgendwo zwischen den Werten 1 und 21,8 Anglizismen pro Zeitungsseite liegen, wobei ich heute davon überzeugt bin, daß viel eher der höhere Wert zutrifft" (Carstensen 1979d, S. 323)[1].

Yang (1990) widmet sich in seiner Untersuchung dem Einfluß des Englischen auf den Sprachstil des Nachrichtenmagazins DER SPIEGEL. Er untersuchte jeweils sechs Ausgaben aus den Jahren 1950, 1960, 1970 und 1980 und ermittelte insgesamt 10070 Anglizismen (TOKENS). Die Verwendungsfrequenz der Anglizismen pro Seite hat nahezu ständig zugenommen. Während im Jahr 1950 2,7 Anglizismen (TOKENS) pro Seite gebraucht wurden, beträgt der Wert für 1960 2,35 Anglizismen pro Seite. In den Jahren 1970 und 1980 wurden entsprechend 3 und 3,25 Anglizismen pro Seite gebraucht. Die Verwendungsfrequenz der einzelnen Anglizismen (TYPES) - also die type-token-ratio in der Terminologie von Yang - ist ständig gestiegen: Im Jahr 1950 wurde jeder Anglizismus (TYPE) durchschnittlich 1,95mal gebraucht, im Jahr 1960 2,05mal, 1970 2,27mal und 1980 2,4mal. Zu den Anglizismen zählte Yang das äußere Lehngut (im weitesten Sinne, d.h. Fremd- und Lehnwörter, Scheinentlehnungen und Mischkomposita, sowie "neue" und "alte" Anglizismen), Ableitungen von Anglizismen, z.B. "Vercomputerisierung" und Abkürzungen von Anglizismen, z.B. "Profi" (Yang 1990, S. 25-27).

Was das Vorkommen von Fremdwörtern allgemein in deutschen Zeitungstexten betrifft, ist die Untersuchung von Eggeling (1974 in 1979) von Bedeutung. Eggeling untersuchte im Hinblick auf den Gebrauch von Fremdwörtern zwölf deutsche Tageszeitungen, und zwar vier überregionale ("Bild", "Abendpost", "Welt" und "Frankfurter Allgemeine") und acht regionale Zeitungen aus dem Ruhrgebiet. Sie stammten alle vom 4.10.1971 bis 15.11.1971. Dabei konzentrierte sich der Autor auf alle politischen Artikel einer Ausgabe und legte als sein Untersuchungskorpus je rund 5000 Wörter zugrunde (nur bei zwei regionalen Zeitungen beschränkte er sich auf weniger Wörter). Insgesamt hat Eggeling einen Anteil von 9,05 % Fremdwörter gemessen, wobei "Bild" den geringsten (7,74 %) und die "Welt" den höchsten Prozentsatz (12,18 %) an Fremdwörtern aufwies. Dies bedeutet, daß der Unterschied regionale - überregionale Zeitungen für die Frequenz von Fremdwörtern nicht relevant ist (vgl. Eggeling 1974 in 1979, S. 275-277). Im Bezug auf den Unterschied "politische Fremdwörter" - "nicht politische Fremdwörter" fand Eggeling, daß der Anteil der speziell politischen Fremdwörter sehr hoch war. Er betrug 7,07 % an allen ausgewerteten Wörtern. Weiterhin ließ sich keine Theorie entwickeln, die die Häufigkeit von Fremdwörtern und das Niveau einer Zeitung in

---

1 Der Wert 21,8 Anglizismen pro Zeitungsseite stammt aus der Untersuchung von Viereck/Viereck/Winter (1976 in 1979); die Autoren verglichen im Hinblick auf das Vorkommen von Anglizismen zwei österreichische Zeitungen mit der "Süddeutschen Zeitung". Auf weitere Veröffentlichungen über die Häufigkeit von Anglizismen in der österreichischen Presse (vgl. z.B. Viereck K.,1980) und in der Presse der ehemaligen DDR (vgl. z.B. Kristensson 1977) werde ich nicht näher eingehen.
  Im Bereich "Anglizismenforschung in der Zeitungssprache" erwähne ich noch die Untersuchung von Pfitzner (1978), die keine quantitativen Ergebnisse bringt, sondern die stilistische Funktion von Anglizismen in vier deutschen Tageszeitungen aus dem Jahr 1969 erforscht.

Verbindung bringt: Die "Frankfurter Allgemeine" hatte einen relativ niedrigen Fremdwortanteil (8,01 %), während die "Lüdenscheider Nachrichten" mit 9,41 % und die "Ruhr-Nachrichten" mit 10,58 % einen relativ hohen Prozentsatz aufwiesen.

Weitere Ergebnisse dieser Untersuchung sind: Was die Wortarten der Fremdwörter betrifft, stehen die Substantive an erster Stelle mit mehr als vier Fünftel aller Fremdwörter. Über die Herkunftssprachen läßt sich sagen, daß Fremdwörter französischer Herkunft am meisten auftreten. Zusammen mit den Fremdwörtern lateinischer Herkunft, die an zweiter Stelle kommen, bilden sie gut 85 % aller untersuchten Fremdwörter[1].

Burger (1966 in 1979) hat sich ebenfalls mit der deutschen Pressesprache auseinandergesetzt, insbesondere mit der Konkurrenz englischer und französischer Fremdwörter in dieser Textsorte. Bei den aufgestellten Kategorien werden Wörter englischer Herkunft und Wörter französischer Herkunft, die dieselbe oder ähnliche Bedeutung haben, im Hinblick auf ihren Gebrauch klassifiziert. Einige Erkenntnisse sind heute nicht mehr gültig, z.b. "Apartment" trete "in Wettbewerb mit dem französischen Fremdwort, das heute allerdings noch sehr viel häufiger vorkommt" (Burger 1966 in 1979, S. 248). Mit dem "französischen Fremdwort" wird hier "Appartement" gemeint, das m. E. heute viel seltener als "Apartment" vorkommt.

5.3.2. Zur Methode

Wie ersichtlich geworden ist, sind Zeitungstexte bisher in der Fremdwortforschung oft benutzt worden, um verschiedene Aspekte von Sprachkontakten zu analysieren. Während in den sechziger und frühen siebziger Jahren Studien über Fremdwörter in der Pressesprache nur eines Landes entstanden, wurden in den späten siebziger und frühen achtziger Jahren auch solche Untersuchungen veröffentlicht, die die Pressesprache von zwei Ländern verglichen. Viereck/Viereck/Winter (1976 in 1979) und K. Viereck (1980) analysierten den Gebrauch von englischen Fremdwörtern in bundesdeutschen und österreichischen Zeitungen, Hellmann (1984) verglich das Vokabular von Zeitungen aus der Bundesrepublik und der ehemaligen DDR (allerdings gehört das Phänomen der Entlehnung nicht zu den Schwerpunkten dieser Studie). In der vorliegenden Untersuchung werden zum ersten Mal im Hinblick auf den Fremdwortgebrauch Zeitungstexte aus einem mitteleuropäischen und einem südosteuropäischen (und nicht deutschsprachigen) Land verglichen, aus der Bundesrepublik und aus Griechenland.

---

1 Das Vorkommen von Fremdwörtern in deutschen Zeitungen haben auch Heller (1966) und Sommerfeldt (1986) gemessen. Beide untersuchten Zeitungen aus der ehemaligen DDR. Nach Heller betrug die Fremdwortzahl in Zeitungen der ehemaligen DDR im Durchschnitt 8 bis 9 % (Heller 1966, S. 26-29), wobei das Untersuchungsmaterial aus den Jahren 1962 und 1963 stammte. Sommerfeldt (1986) verglich Zeitungstexte aus dem Jahr 1985 mit solchen aus den Jahren 1851/52 und stellte generell fest, "daß der Anteil der Fremdwörter im 20. Jahrhundert (7,03 %) größer ist als im 19. Jahrhundert (5,22 %)" (ebd., S. 83).

Dieser Vergleich führte zu folgenden Schwierigkeiten: Unterschiede in der politischen und sozialen Struktur beider Länder spiegeln sich nicht zuletzt in einem verschiedenartigen Zeitungsaufbau wieder. In Griechenland trifft es in einem höheren Maß als in Deutschland zu, daß die einzelnen Zeitungen sich entsprechenden politischen Richtungen zuordnen lassen, und die politischen Richtungen (Parteien) stehen in Griechenland weiter auseinander als in Deutschland. Die "Sozialdemokratische Partei Deutschlands" (SPD) entspricht nicht genau der griechischen sozialistischen Partei (ΠΑΣΟΚ - PASOK: "Panhellenische Sozialistische Bewegung"). Ähnliches gilt für die konservativen Parteien beider Länder. Die Extremparteien unterscheiden sich noch mehr als die Parteien um das Zentrum. All dies spiegelt sich wider in einer unterschiedlichen Zeitungsstruktur. Um vergleichbare Zeitungen zu erforschen, wählte ich für beide Länder überregionale Zeitungen, die eine hohe Anzahl von Lesern haben und nicht politischen Extremen zuzuordnen sind. Radikale politische Blätter neigen manchmal dazu, eine Sondersprache zu benutzen, die z.B. durch den Gebrauch von vielen Fremdwörtern von der Gemeinsprache abweicht. Meiner Meinung nach lassen sich die folgenden deutschen und griechischen Zeitungen am besten miteinander vergleichen:
- die "Frankfurter Allgemeine Zeitung" mit der "Μεσημβρινή" ("Messimvrini" - "Mittagszeitung")
- die "Frankfurter Rundschau" mit der "Ελευθεροτυπία" ("Eleftherotipia" - "freie Presse") und
- die "Zeit" mit "Το βήμα της Κυριακής" ("To vima tis Kiriakis" - "Die Sonntagstribüne").

Auf diese Weise besteht das Material jeweils für jedes Land aus einer eher konservativen, einer eher liberalen Tageszeitung und einer intellektuellen Wochenzeitung.

Abgesehen von dem Problem der Zeitungsäquivalenz gibt es auch "äußere" Unterschiede zwischen deutschen und griechischen Zeitungen: Die griechischen Zeitungen haben weniger Seiten als die deutschen, ein kleineres Format, dazu noch riesige Schlagzeilen und manchmal mehr Fotos in einigen Rubriken. Wegen stark unterschiedlicher Wörterzahl pro Seite ist es nicht angebracht, einen Durchschnitt von Fremdwörtern pro Seite zu erschließen. Außerdem gehört es nicht zu den Zielen dieser Untersuchung, die Anzahl der Fremdwörter in der ganzen Zeitung zu ermitteln, sondern die Zeitungstexte sollen exemplarisch, als Teil des aktiven Wortschatzes des gegenwärtigen Deutsch und Griechisch, stehen.

Um den Umfang der Texte vergleichbar zu halten, erfaßte ich als Untersuchungsmaterial 2500 Wörter bei jeder Zeitung. Bei der "Frankfurter Rundschau" untersuchte ich fast die ganze erste Seite und bei der "Frankfurter Allgemeinen Zeitung" etwa die Hälfte der ersten Seite, die meist vor allem Nachrichten aus Deutschland und aus aller Welt bringen. Um den Textumfang und den Textinhalt vergleichbar zu halten, untersuchte ich bei den griechischen Tageszeitungen die erste Seite ganz und zusätzlich diejenigen Artikel der folgenden Seiten, die sich zum Teil auf die griechische Politik und zum Teil auf die Politik anderer Länder bezogen, bis der Textumfang je Tageszeitung wiederum 2500 Wörter ausmachte. Bei den internationalen

Nachrichten wählte ich vor allem die aus, die sich auf die gleichen Themen bezogen, wie die entsprechenden Meldungen aus der "Frankfurter Allgemeinen" und der "Frankfurter Rundschau". Ähnlich verlief der Vergleich bei den Wochenzeitungen. Ich wählte ebenfalls verschiedene Artikel über Politik in der Bundesrepublik bzw. in Griechenland und über internationale Politik aus.

Das Material stammt aus den vier Wochen des Monats Februar 1988, damit mögliche "Zufallserscheinungen" ausgeschlossen wurden. Ich untersuchte die genannten Tageszeitungen von Montag, dem 1.2.1988, Dienstag, dem 9.2.1988, Mittwoch, dem 17.2.1988 und Freitag, dem 26.2.1988[1] (jeweils vier Ausgaben der "Frankfurter Allgemeinen", der "Frankfurter Rundschau" und der entsprechenden griechischen Tageszeitungen). Bei den Wochenzeitungen untersuchte ich die Ausgaben aus den vier Wochen des Monats Februar 1988:

Also alles in allem 10000 Wörter je:

FRANKFURTER ALLGEMEINE ZEITUNG	MESSIMVRINI
FRANKFURTER RUNDSCHAU	ELEFTHEROTIPIA
DIE ZEIT	TO VIMA TIS KIRIAKIS

Das macht zusammen 30000 Wörter deutschen Zeitungstext und 30000 Wörter griechischen Zeitungstext. Für die Fremdwörter des Deutschen sind folgende Kriterien maßgebend (vgl. Kapitel 5.1.1., oben): "fremde Laute und Lautfolgen", "fremde Orthographie", "fremde Morpheme und fremde Flexion", "fremde Derivation" und "fremde Betonung". (Entsprechend für die Fremdwörter des Griechischen, vgl. Kapitel 5.1.2., oben.) Wörter des Grenzgebiets, bei denen nicht mit Sicherheit geklärt werden konnte, daß es sich synchronisch um Fremdwörter handelt, sind nicht gezählt worden, damit einer möglichen Kritik, der quantitative Umfang sei aufgebauscht worden, entgangen werden konnte. Solche Wörter sind z.B. für das Deutsche: "Partei", "Polizei", "Familie", "Artikel", "praktisch" sowie alle Monatsnamen. Lehnbildungen wurden auch nicht berücksichtigt. Die ermittelten Zahlen sind somit als Mindestangaben zu verstehen.

Weitere Angaben zur Methode der Ermittlung und Zählung von Fremdwörtern in den untersuchten Texten sind: Zusammensetzungen, bei denen mindestens ein Teil fremder Herkunft war, wurden als Fremdwörter gezählt, z.B. "Fraktionsgeschäftsführer", "Kabinettsbeschlüsse", "Depotstimmrecht" oder "Unterdrückungsmethode". Wenn bei einer Zusammensetzung beide (bzw. alle) Bestandteile fremder Herkunft waren, wurde diese Zusammensetzung (da sie ein Wort ist) auch als ein Fremdwort gezählt. Dies geschah z.B. bei Fällen wie "Fraktionenparlament", "Atomphysiker", "Historikerkommission" oder "Interventionsfonds". Nach der angewandten Methode wurden weiterhin (z.B.) "Ministerpräsident" und "Bundespräsident" als zwei verschiedene Fremdwörter angesehen sowie die Fälle "Profis" und "Tennisprofi", "Premierminister" und "Erziehungsminister" (bzw. sonstiger) "...minister", "Bundesregierung" und "Koalitionsregierung".

---

1 Am Donnerstag, dem 25.2.1988, kam in Griechenland keine "Eleftherotipia" heraus.

5.3.3. Ergebnisse

Bei den griechischen Zeitungen wurden insgesamt ca. 30000 Wörter untersucht, von denen 193 als Fremdwörter anzusehen sind. Das entspricht einem Anteil von 0,64 %. Bei den deutschen Zeitungen wurden wiederum insgesamt ca. 30000 Wörter erfaßt, von denen ich 2357 als Fremdwörter anerkannt habe. Dies entspricht einem Anteil von 7,85 % (beide Prozente beziehen sich auf die TOKENS und nicht auf die TYPES). Eggeling (1974 in 1979) hat in den untersuchten Zeitungstexten von 1971 (ebenfalls Teil: "Politik") einen Fremdwortanteil von 9,05 % ermittelt. Wenn man berücksichtigt, daß Fink (1970) für Zeitungen aus dem Jahr 1963 einen Durchschnitt von vier Amerikanismen pro Zeitungsseite und Engels (1976) für Zeitungen von 1964 einen Durchschnitt von 19 Amerikanismen pro Zeitungsseite angibt, würde ich die Differenz von 1,20 % zwischen meinem Ergebnis und dem Ergebnis von Eggeling eher auf geringe Unterschiede in der Arbeitsmethode (d.h. in der Erschließung von Fremdwörtern) zurückführen und weniger darauf, daß die Zahl von Fremdwörtern von 1971 bis 1988 zurückgegangen sein könnte. Generell kann man davon ausgehen, daß die Anzahl von Fremdwörtern in deutschen Zeitungstexten in den siebziger und achtziger Jahren etwa gleichgeblieben ist.

Ordnet man die deutschen Zeitungen nach der Häufigkeit des Fremdwortgebrauchs, so hat die "Zeit" mit Abstand den höchsten Wert bei den Fremdwortypes, im Durchschnitt 144,75. Es folgt die "Frankfurter Rundschau" (im folgenden "FR") mit 124 und schließlich die "Frankfurter Allgemeine Zeitung" (im folgenden "FAZ") mit einem Durchschnitt von 118,5 Fremdworttypes. Bei den TOKENS haben die "Zeit" mit einem Durchschnitt von 193 und die "FR" mit 192,75 etwa denselben Fremdwortanteil, hierbei kommt aber an erster Stelle die "FAZ" mit einem Durchschnitt von 203,5 Fremdworttokens. (Für die Ergebnisse im einzelnen vgl. Tabelle 8.)

Bei den griechischen Tageszeitungen hat - bezogen auf die TYPES - die liberale Tageszeitung den höchsten Wert (im Durchschnitt 12,75); es folgen die Wochenzeitung (10) und die konservative Tageszeitung (9,75) mit etwa demselben Anteil an Fremdworttypes. Bei den TOKENS haben die Wochenzeitung mit einem Durchschnitt von 17,75 und die liberale Tageszeitung mit 17 etwa denselben Fremdwortanteil. An zweiter Stelle kommt die konservative Tageszeitung mit einem Durchschnitt von 13,5 Fremdworttokens.

Bei den Ergebnissen insgesamt fällt auf, daß der Durchschnittswert der Fremdworttypes bei der deutschen Wochenzeitung (144,75) mit Abstand der höchste ist. Bei den übrigen Ergebnissen liegen die Werte ziemlich dicht beieinander (vgl. Tabelle 9). Deutlicher ist dies bei den Ergebnissen in den griechischen Zeitungen.

Tabelle 8: <u>Ergebnisse aus dem Vergleich der Zeitungstexte</u>

ZEITUNG	DATUM	ANZAHL DER FREMDWÖRTER		ANTEIL DER FREMDWÖRTER AN ALLEN AUSGEWERTETEN WÖRTERN DIESER AUSGABE	
		TOKENS	TYPES	TOKENS	TYPES
Deutsche Tageszeitungen					
FAZ	1.2.1988	211	113	8,44%	4,52%
"	9.2.1988	186	112	7,44%	4,48%
"	17.2.1988	178	113	7,12%	4,52%
"	26.2.1988	239	136	9,56%	5,44%
"	durchschnittlich	<u>203,5</u>	<u>118,5</u>	<u>8,14%</u>	<u>4,74%</u>
FR	1.2.1988	193	129	7,72%	5,16%
"	9.2.1988	203	122	8,12%	4,88%
"	17.2.1988	181	119	7,24%	4,76%
"	26.2.1988	194	126	7,76%	5,04%
"	durchschnittlich	<u>192,75</u>	<u>124</u>	<u>7,71%</u>	<u>4,96%</u>
Deutsche Wochenzeitung					
DIE ZEIT	5.2.1988	196	160	7,84%	6,40%
"	12.2.1988	219	156	8,76%	6,24%
"	19.2.1988	172	128	6,88%	5,12%
"	26.2.1988	185	135	7,40%	5,40%
"	durchschnittlich	<u>193</u>	<u>144,75</u>	<u>7,72%</u>	<u>5,79%</u>
Griechische Tageszeitungen					
MESSIMVRINI	1.2.1988	11	10	0,44%	0,40%
"	9.2.1988	16	10	0,64%	0,40%
"	17.2.1988	14	8	0,56%	0,32%
"	26.2.1988	13	11	0,52%	0,44%
"	durchschnittlich	<u>13,5</u>	<u>9,75</u>	<u>0,54%</u>	<u>0,39%</u>
ELEFTHEROTIPIA	1.2.1988	18	12	0,72%	0,48%
"	9.2.1988	13	11	0,52%	0,44%
"	17.2.1988	19	13	0,76%	0,52%
"	26.2.1988	18	15	0,72%	0,60%
"	durchschnittlich	<u>17</u>	<u>12,75</u>	<u>0,68%</u>	<u>0,51%</u>
Griechische Wochenzeitung					
TO VIMA TIS KIRIAKIS	7.2.1988	32	11	1,28%	0,44%
"	14.2.1988	8	6	0,32%	0,24%
"	21.2.1988	22	15	0,88%	0,60%
"	28.2.1988	9	8	0,36%	0,32%
"	durchschnittlich	<u>17,75</u>	<u>10</u>	<u>0,71%</u>	<u>0,40%</u>

Tabelle 9: Durchschnittswerte der Fremdwörter in deutschen und griechischen Zeitungen

Deutsche Zeitungen

	TOKENS	TYPES	prozentualer Anteil TOKENS	prozentualer Anteil TYPES
FAZ	203,5	118,5	8,14%	4,74%
FR	192,75	124	7,71%	4,96%
DIE ZEIT	193	144,75	7,72%	5,79%
Insgesamt	196,41	129	7,85%	5,16%

Griechische Zeitungen

	TOKENS	TYPES	prozentualer Anteil TOKENS	prozentualer Anteil TYPES
MESSIMVRINI	13,5	9,75	0,54%	0,39%
ELEFTHEROTIPIA	17	12,75	0,68%	0,51%
TO VIMA TIS KIRIAKIS	17,75	10	0,71%	0,40%
Insgesamt	16,08	10,83	0,64%	0,43%

Die Zahlen in den zwei Kategorien "TYPES" und "TOKENS" liegen so dicht beieinander, daß sich kaum eine Theorie entwickeln läßt, daß etwa Tageszeitungen und Wochenzeitungen sich im Hinblick auf die Fremdwortfrequenz differenzieren ließen.

Bei den deutschen Zeitungen wäre es aufgrund der vorliegenden Ergebnisse zunächst auf den ersten Blick ebenfalls etwas gewagt zu behaupten, daß die intellektuellen und konservativen Zeitungen dahin tendieren, mehr Fremdwörter als die liberalen Zeitungen zu benutzen. Einerseits hat die intellektuelle "Zeit" mit Abstand den höchsten Durchschnittswert an TYPES im Vergleich zu den zwei Tageszeitungen (nämlich 144,75 vs. 118,5 der "FAZ" und 124 der "FR"), was für eine solche Theorie sprechen würde; andererseits liegen bei den TOKENS die Werte ziemlich nah beieinander: Nur mit zehn TOKENS Unterschied zu den zwei anderen Zeitungen im Durchschnittswert kommt die konservative "FAZ" an erster Stelle (203,5); weiterhin ist kein Unterschied zu beobachten zwischen der liberalen "FR" (192,75) und der intellektuellen "Zeit" (193). Jedoch möchte ich darauf hinweisen, daß 20 TYPES mehr (144,75 vs. 124) 20 verschiedene Fremdwörter mehr bedeutet, während 10 TOKENS mehr (203,5 vs. 193) einen viel geringeren Unterschied für verschiedene Fremdwörter bedeutet. In diesem Sinne hat also die "Zeit" in den untersuchten Texten wesentlich mehr verschiedene Fremdwörter gebraucht als die zwei deutschen Tageszeitungen. Inwiefern dieser Ansatz zu einer Theorie führen könnte, nach der intellektuelle Zeitungen insgesamt mehr Fremdworttypes gebrauchen als andere Zeitungen, sollte aufgrund von quantitativ umfangreicherem Material mit Hilfe von Längsschnittanalysen überprüft werden.

Betonen möchte ich noch einmal den großen Unterschied zwischen den Zahlen aus den deutschen Zeitungen und denen aus den griechischen Zeitungen: (durchschnittlich) 7,85 % Fremdworttokens in den untersuchten deutschen Zeitungstexten im Vergleich zu (durchschnittlich) 0,64 % Fremdworttokens in den untersuchten griechischen Zeitungstexten; der Prozentsatz der TYPES beträgt entsprechend 5,16 % und 0,43 % (vgl. Tabelle 9, S. 114, oben). Dies bedeutet, daß im Griechischen wesentlich weniger Fremdwörter als im Deutschen in einer Textsorte aus der Allgemeinsprache gebraucht werden. Wenn man berücksichtigt, daß die Texte der von mir untersuchten Zeitungen aus der Allgemeinsprache meist als Beispiele anerkannten Stils gelten, kommt man zu dem Schluß, daß zum anerkannten Stil des Griechischen gehört, daß man (zumindest in der geschriebenen Sprache) möglichst wenige Fremdwörter benutzt. Dies trifft für das Deutsche nicht zu. Deutsche Zeitungsjournalisten benutzen etwa 12mal so viele Fremdwörter wie ihre griechischen Kollegen. Dieser Unterschied in der "Zeitungssprache" scheint mir ein Indikator für die Allgemeinsprache zu sein.

5.3.4. Abschließende Betrachtungen

Was die Ursprungssprachen der ermittelten Fremdwörter betrifft, läßt sich zunächst für die deutsche Sprache folgendes feststellen: In erster Linie kommen Wörter lateinischer und griechischer Herkunft, dann folgen Wörter französischer und (zuletzt) englischer Herkunft. Im folgenden sollen Beispiele aus den wichtigsten Kategorien genannt werden.
- Wörter lateinischer Herkunft: zahlreiche (Lehnwort)bildungen auf "-tion" und "-ieren" und Wörter wie "Forum", "Plenum", "Minister", "Präsident", "Regierung" oder "Interesse";
- Wörter griechischer Herkunft, sowohl als Wortübernahmen als auch als Lehnwortbildungen; Beispiele für (Fremd)wortübernahmen sind: "Organ", "Idee", "Kritik", "Athlet", "System", "Politik", "Symbol", "Allotria" und "Akademie". Beispiele für Lehnwortbildungen sind: "Hydrogeologie", "Biosphäre", "Agrarpolitik" und "Bioenergie";
- Wörter französischer Herkunft: "Reportage", "Tourismus", "Fonds", "Amateur", "Regime", "Kommuniqué", "Etat", "Saison" und "Chance";
- Wörter englischer Herkunft: "Eishockey", "Weltcup", "Interview", "Manager", "Crew", "fighten", "Team", "Trainer" und "Job".
- Außerdem findet man auch Wörter aus weiteren Sprachen: "Konto" und "Rakete" kommen z.B. aus dem Italienischen, "Tabak" und "Zigarre" aus dem Spanischen, "Slalom" aus dem Norwegischen, "Benzin" und "Alkohol" aus dem Arabischen, und "Gummi" hat seine etymologischen Wurzeln im Altägyptischen.
- Wörter mit Bestandteilen aus zwei verschiedenen Sprachen kommen ziemlich häufig vor.

Dabei finden sich die Schemata:
a) "deutsch und fremd" bzw. "fremd und deutsch", z.B. "Nachrichtenagentur", "Lohnoperation", "Bundespräsident", "Chefarzt", "Randthema", "Nachkriegstrauma" oder "Kernenergie" und
b) "fremd und fremd", z.B. "Krisenregion", "Historikerkommission", "Ex-Athlet", "Kontrollpolitik", "Strukturkrise", "Sozialdemokrat" oder "Telefoninterview".

Das Wort "Politbürokandidat" hat Bestandteile aus drei Sprachen: aus dem Griechischen ("Polit-"), dem Französischen ("-büro-") und dem Lateinischen ("-kandidat"). In "Biathlon-Weltcup" (FAZ, 1.2.1988) erkennt man Bestandteile aus vier verschiedenen Sprachen, aus dem Lateinischen ("Bi-"), dem Griechischen ("-athlon-"), dem Deutschen ("-Welt-") und dem Englischen ("-cup").

Das häufige Vorkommen von Zusammensetzungen mit Teilen aus verschiedenen Sprachen sowie die zahlreichen Lehnwortbildungen zeigen die innere Dynamik der Sprache bei ihrer Integration von Fremdwörtern. Viele der Komposita bleiben in der Sprache und setzen sich durch, bei anderen handelt es sich nur um "Gelegenheitsbildungen", die schnell wieder verschwinden, wenn der pragmatische Kontext ihrer Bildung und ihres Gebrauchs nicht mehr existiert.

Über die Sachgebiete der ermittelten Fremdwörter in den von mir untersuchten Zeitungen läßt sich zunächst folgendes feststellen: Wörter aus dem Gebiet "Alltag" findet man in allen Herkunftssprachen. Diese Wörter sind auch fast allen Deutschen bekannt, z.B. "Interesse", "Telefon", "Tourismus" und "Job". Darüber hinaus erkennt man in der Kategorie "lateinische Herkunft" Fremdwörter aus dem Gebiet "Politik", die nicht unbedingt Fachausdrücke im engeren Sinne sein müssen, z.B. "Kommunismus", "Sozialismus" oder "Plenum". In der Kategorie "griechische Herkunft" erkennt man außer Fremdwörtern aus der Alltagssprache auch physikalische Fachausdrücke, die keine Entlehnungen (als solche), sondern Lehnwortbildungen sind, z.B. "Hydrogeologie", "Bioenergie", "Atomphysiker" oder "Kakophonie". In der Kategorie "französische Herkunft" sind (u.a.) Fremdwörter aus dem Gebiet "Wirtschaft" zu finden, z.B. "Fonds" oder "Etat", und in der Kategorie "englische Herkunft" schließlich überwiegen eindeutig Begriffe aus dem Sport, wie "Hockey", "Weltcup", "Trainer" oder "Team", ein Wort, das ursprünglich aus dem Sport kommt, dann aber auch in anderen Bereichen Anwendung gefunden hat.

Wenden wir uns als nächstes den Fremdwörtern aus den griechischen Zeitungen zu und betrachten zunächst, aus welchen Ursprungssprachen sie stammen. Das Englische, das Französische, nicht zuletzt das Italienische sind vor allem die Sprachen, aus denen das Griechische seine relativ wenigen Fremdwörter übernimmt, zumindest was die Zeitungssprache betrifft. Bezogen auf das Alter der Entlehnungen sind die italienischen Fremdwörter in der Regel älter als die englischen und französischen. Das Englische und das Französische gelten auch zur Zeit als die wichtigsten Gebersprachen für das Griechische.

Während sich die italienischen Fremdwörter zu einem großen Teil dem morphologischen System des Griechischen angepaßt haben und wie griechische Substantive dekliniert werden, behalten die englischen und französischen in vielen der Fälle ihre fremde Form, d.h. sie können nicht wie griechische Nomen dekliniert werden. Ein wichtiger Grund dafür ist, daß sie auf Phoneme enden, die dem System der griechischen Suffixe fremd sind. Dies hat zur Folge, daß die englischen und französischen Wörter meist als Fremdwörter auffallen und als solche auch von Nichtlinguisten erkannt werden: Die englischen und französischen Entlehnungen befinden sich also im "Zentrum" der Fremdwörter und die italienischen in der "Peripherie".

Im folgenden sollen nun einige Beispiele aus den wichtigsten Herkunftssprachen angeführt werden.

- Wörter italienischer Herkunft: "κασέτα" - "kasseta" (Kassette), "βόμβα" - "vomva" (Bombe), "λότο" - "lotto" (Lotterie), "καριέρα" - "kariera" (Karriere), "τρένο" - "treno" (Zug) oder "φόντο" - "fondo" (Hintergrund);
- Wörter französischer Herkunft: "τετ-α-τέτ" - "tet-a-tet", "ρεπορτάζ" - "reportas" (Reportage), "ντοσιέ" - "dossie" (Dossier), "σαμποτάζ" - "sabotas" (Sabotage), "ταξί" - "taxi" (Taxi) oder "τακτ" - "takt" (Takt);
- Wörter englischer Herkunft: "πρες-κόμφερανς" - "press-komferans" (Pressekonferenz), "φωτορεπόρτερ" - "fotoreporter" (Reporter), "τι-βί" - "ti-vi" (TV, Fernsehen), "σπορ" - "spor" (Sportart) oder "νοκ-άουτ" - "nock-aut" (knocked-out); hinzu kommt das schon allseits bekannte und bereits als Internationalismus anzusehende "AIDS".
- Weiterhin finden sich Wörter lateinischer Herkunft: "κομμουνισμός" - "kommunismos" (Kommunismus), "σοσιαλισμός" - "sossialismos" (Sozialismus), "μορατόριουμ" - "moratorium" (Moratorium), "πατερναλισμός" - "paternalismos" (Paternalismus), "κονσόρτσιουμ" - "konsortsium" (Konsortium), "σεμινάριο" - "seminario" (Seminar) oder "φόρουμ" - " forum" (Forum);
- die Wörter russischer Herkunft, die bereits Teile eines internationalen Wortschatzes sind, "γκλάσνοστ" (glasnost) und "περεστρόικα" (perestroika), kommen in politischen Zeitungstexten immer wieder vor.
- Eine interessante Kategorie bilden die sogenannten "Rückwanderer", Wörter altgriechischer Herkunft, die über andere europäische Sprachen und mit einer anderen Bedeutung wieder ins Neugriechische übernommen wurden. Solche Wörter sind (z.B.) das englische "μιούζικαλ" - "musical", das vom lateinischen "(ars) musica" und das wiederum vom altgriechischen "μουσική (τέχνη)" - "mussiki (techni)" stammt, oder das Wort "πιλότος" - "pilottos" (der Pilot), das vom italienischen "piloto", "pedoto" und dies wiederum vom griechischen "πηδώτης" - "pidotis" (der Steuermann) stammt.
    Es gibt fast keine Zusammensetzungen der Art des Mischkompositums - zumindest in den untersuchten Zeitungstexten. Das liegt an den relativ wenigen Fremdwörtern. Es gibt nur Ableitungen, meist Adjektive mit einem fremden Stamm und einer griechischen Endung.

Besonders bei jüngeren Entlehnungen handelt es sich meist um "alleinstehende" Wörter (singles) und um keine Wortfamilien. Aber auch bei älteren Entlehnungen findet man nur kleine Wortfamilien, falls es solche geben sollte. Nehmen wir als Beispiel ein Fremdwort, das es im Griechischen und im Deutschen gibt und das nicht gerade zu den neuesten Entlehnungen in beiden Sprachen gehört, das Wort "Sozialismus": Im Griechischen gibt es höchstens sechs Wörter, die zu dieser Wortfamilie gehören. Nur zwei davon kommen in den untersuchten Zeitungstexten vor, obwohl es sich bei diesen Texten zu einem großen Teil um politische Texte handelt und die "Wortfamilie des Sozialismus" relativ oft gebraucht wird. Im Deutschen ist die Anzahl der in die Wortfamilie "sozial" gehörenden Wörter mindestens sechsmal so groß wie im Griechischen.[1] Ein großer Anteil davon kommt in den von mir untersuchten Zeitungstexten vor. All dies zeigt, daß im Griechischen die Fremdwörter viel schwerer integriert werden als im Deutschen, in einem Sinne bleiben also im Griechischen die Fremdwörter mehr Fremde, und die Sprache verfügt über "stärkere Widerstände", nicht nur was die Aufnahme, sondern auch was die Integration von Fremdwörtern betrifft.

Bezogen auf die Sachgebiete dieser Fremdwörter läßt sich feststellen, daß sie Bestandteil der Allgemeinsprache sind und bis auf wenige Ausnahmen fast immer dem durchschnittlich gebildeten Griechen verständlich und gebräuchlich, also Teile seines aktiven Wortschatzes sind. Als Ausnahmen könnte man (z.B.) Wörter lateinischer Herkunft ansehen, die eher als Fachausdrücke etwa der Wirtschaft oder der Politik zu bezeichnen sind. Diese Wörter lateinischer Herkunft wie "κονσόρτσιουμ" - "konsortsium", "μορατόριουμ" - "moratorium", "πατερναλισμός" - "paternalismos", "μαξιμαλισμός" - "maximalismos" oder "φόρουμ" - "forum" (vielleicht auch "status quo"), die relativ junge Entlehnungen sind, stammen nicht direkt aus dem Lateinischen, sondern aus heutigen europäischen Sprachen, die zur Benennung moderner Sachverhalte und Situationen auf das Lateinische zurückgreifen. Ohne Zweifel gibt es neuere Entlehnungen auch in anderen Gebieten, aber da die von mir untersuchten Zeitungstexte sich zu einem großen Teil auf "Politik" konzentrieren, stammen die meisten der von mir in dieser besonderen Textsorte erfaßten <u>neueren</u> Entlehnungen auch nur aus dieser Rubrik der "Politik".

Um die neuesten Entlehnungen in anderen Gebieten zu erfassen, könnte man andere Textsorten aus der geschriebenen und nicht geschriebenen (Medien)sprache untersuchen. Ich denke hier an andere Zeitungsrubriken (wie "Sportnachrichten", "Feuilleton", "Freizeitgestaltung") oder Radio- bzw. Fernsehnachrichtensendungen. Auch die besonderen Sprachstile in Jugendzeitschriften, Frauenzeitschriften, Technik/Technologie-Magazinen oder literarischen Texten wären zu untersuchen, um Einblick in die Verteilung verschiedener Kategorien von Fremdwörtern zu gewinnen.

---

[1] Das "Deutsche Wörterbuch" von WAHRIG (1980, S. 3467-3468) verzeichnet 35 Stichwörter, die mit "sozial-" bzw. "Sozial-" beginnen. Dazu kommen noch 11 Stichwörter, die mit "Sozio-", "Sozius-" beginnen.

Im Anhang II befinden sich die Listen mit den Fremdwörtern, die bei der Zeitungsuntersuchung vom 1.2.1988 bis 26.2.1988 ermittelt wurden. In Klammern wird angegeben, wie oft das einzelne Wort vorkommt. Die Reihenfolge der Listen erklärt sich folgendermaßen: zuerst die Fremdwortlisten der deutschen Zeitungen; zunächst die Tageszeitungen alphabetisch geordnet (FAZ, FR) und dann die Wochenzeitung (DIE ZEIT). Anschließend kommen die Fremdwortlisten der griechischen Zeitungen wie sie den deutschen Zeitungen entsprechen. Die MESSIMVRINI entspricht der FAZ, die ELEFTHEROTIPIA der FR und TO VIMA TIS KIRIAKIS der ZEIT. In den Fremdwortlisten der griechischen Zeitungen erscheinen die Wörter in lateinischer und griechischer Schrift. Sofern es ein einigermaßen entsprechendes deutsches Äquivalent der einzelnen Wörter gibt, wird dies in Klammern neben der lateinischen Schrift angegeben; sonst befinden sich in Klammern Angaben zur Herkunft der Wörter.

5.4. Zum Verhältnis zwischen Fremdwortschatz und Fremdwortgebrauch in der deutschen und griechischen Sprache

Die Zählungen aus den Wörterbüchern dokumentieren den jeweiligen Fremdwortschatz, die aus den Zeitungen den Fremdwortgebrauch. Für die Beziehung zwischen Fremdwortschatz und Fremdwortgebrauch sind zwei Regeln von Bedeutung:
1.) Der Fremdwortschatz muß in jeder arbeitsteilig und sozial differenzierten Gesellschaft größer sein als der Fremdwortgebrauch, denn der (gesamte) Fremdwortschatz bezieht sich auf:
a) verschiedene Sachgebiete; es können nie alle Sachgebiete in einer speziellen Textgattung (wie Zeitung, Gebrauchsanweisung, Lehrbuch) erfaßt werden;
b) verschiedene Berufsgruppen; es gibt normalerweise keine Berufsgruppe, die den gesamten Fremdwortschatz ihrer Sprache beherrscht und ihn aktiv benutzen kann;
c) verschiedene soziale Gruppierungen, z.B. verschiedene Subkulturen, Zigeuner etc.;
d) verschiedene Situationen, z.B. Sport treiben, Musik machen, Freizeitgestaltung, Berufs- bzw. Privatleben etc.;
e) verschiedene Altersklassen; Jugendliche etwa beherrschen und benutzen spezielle Anglizismen;
f) der Fremdwortschatz, so wie er in aktuellen Wörterbüchern verzeichnet ist, beinhaltet auch veraltete Fremdwörter, die kaum noch in Gebrauch sind.
2.) Die Beziehung "Fremdwortschatz-Fremdwortgebrauch" wird zusätzlich gesondert strukturiert durch bestimmte Regeln in Schule und öffentlichen Einrichtungen oder stilistische Regeln. Sie können den Fremdwortgebrauch

a) fördern
b) offenlassen
c) hemmen.

Während es etwa zum gepflegten Stil des Griechischen gehört, daß man Fremdwörter vermeidet, gibt es im Deutschen Fälle, in denen der Fremdwortgebrauch wiederum aus stilistischen Gründen gefördert, ja fast benötigt wird.[1] Der Fremdwortgebrauch kann auch im Griechischen, etwa in bestimmten literarischen Stilen oder in der Kommunikation zwischen bestimmten Randgruppen, Minderheiten etc. gefördert werden.

Wenden wir uns nun den einzelnen Ergebnissen aus dem deutschen und dem griechischen Teil der Untersuchung zu (vgl. Tabelle 10). Die engeren Fremdwortzählungen aus den Wörterbüchern und die Fremdworttypes aus den Zeitungstexten lassen sich gut miteinander vergleichen. Alle Materialbasen für diesen Vergleich stammen aus der zweiten Hälfte der achtziger Jahre.

Tabelle 10: Prozentualer Anteil der Fremdwörter in WAHRIG 1986, Tegopoulos/Fytrakis 1989 und durchschnittlich in den untersuchten deutschen und griechischen Zeitungen aus dem Jahr 1988

		Anteil der Fremdwörter umfassende Zählung	Anteil der Fremdwörter engere Zählung
WAHRIG 1986		32,7%	20,4%
TEGOPOULOS/FYTRAKIS 1989		14,3%	9,1%
		TOKENS	TYPES
deutsche Zeitungen	1988	7,85%	5,16%
griechische Zeitungen	1988	0,64%	0,43%

Aus der Tabelle ergeben sich für die engere Zählung und die TYPES etwa folgende Verhältnisse:

	Fremdwortschatz zu Fremdwortgebrauch in Zeitungen
im Deutschen	4 : 1
im Griechischen	21 : 1

Das läßt sich folgendermaßen erklären: Erstens ist es in der Tat so, daß der Fremdwortgebrauch im Griechischen in dieser Textgattung aus stilistischen Gründen gehemmt wird; zweitens ist der Wortschatz des Sachgebietes "Politik" im Griechischen viel weniger mit Fremdwörtern besetzt als im Deutschen. Angenommen, der Fremdwortschatz des Sachgebietes

---

1 Wenn in einem Satz zwei Verben nebeneinanderstehen, ein trennbares und ein untrennbares, dann ist ein untrennbares Fremdverb besonders hilfreich, z.B.:
   "Die Industrie stellt immer mehr und immer bessere Fotokopierapparate her und verkauft sie.
   Die Industrie produziert und verkauft immer mehr und immer bessere Fotokopierapparate."
   Diese Beispiele stammen aus dem Aufsatz von U. Förster (1984): Das Fremdwort als Stilträger (ebd., S. 99; inzwischen spricht man eher von "Kopiergeräten"). In diesem wichtigen Aufsatz werden weitere Fälle, in denen es sich empfiehlt, Fremdwörter zu benutzen, zusammengestellt.

"Politik" im Deutschen macht ca. 1/4 des gesamten Fremdwortschatzes der Sprache aus, hat der Fremdwortschatz des Sachgebietes "Politik" im Griechischen einen kleineren Wert, schätzungsweise 1/8 des gesamten Fremdwortschatzes der Sprache.

Zusammenfassend läßt sich feststellen:

1) Das Griechische hat einen kleineren Fremdwortschatz als das Deutsche. Bereits auf der Ebene der Aufnahme von Fremdwörtern in den Wortschatz ist das Griechische abgeschlossener.

2) Das Griechische hat einen geringen Fremdwortgebrauch. Auch auf der durch Zeitungstexte dokumentierten Gebrauchsebene zeigt sich eine "Abwendung" oder "Isolierung" gegenüber Fremdwörtern.

3) Da der Unterschied zwischen Fremdwortschatz und Fremdwortgebrauch im Griechischen fünfmal so hoch ist wie im Deutschen, ist anzunehmen, daß der Wortschatz offener für Fremdwörter ist als der Sprachgebrauch in Zeitungen.

Abschließend möchte ich noch darauf hinweisen, daß die ermittelten Verhältnisse für den Fremdwortgebrauch in der genannten Textsorte (Zeitungsberichte über Politik) gelten. Die Untersuchung anderer Rubriken derselben Zeitungen würde zu einem anderen Verhältnis führen. Für den Vergleich Deutsch/Griechisch wäre ein kleinerer Unterschied zu erwarten, so z.B. bei Artikeln über Freizeitgestaltung oder Sport. Zum einen sind diese Sachgebiete im Griechischen mehr mit Fremdwörtern besetzt als der Bereich "Politik"; zum anderen wird dort der Fremdwortgebrauch eher gefördert.

Gerade bei der Werbung für die Freizeitgestaltung, Kunst- oder sonstige Kulturveranstaltungen, Tavernen oder Bars, werden im Griechischen und im Deutschen (so mein Eindruck) automatisch mehr Fremdwörter gebraucht. Bei einem systematischen Vergleich würde man vermutlich für den Fremdwortgebrauch bei der Freizeitwerbung im Deutschen und Griechischen zu einem kleineren Unterschied als 5 : 1 gelangen. Mit anderen Worten: In der Werbung findet im Griechischen ein häufigerer Fremdwortgebrauch statt als in Zeitungsberichten über Politik. Bei einem Vergleich der Werbesprache ist der Unterschied zwischen dem Fremdwortgebrauch im Griechischen und im Deutschen wahrscheinlich geringer als bei dem von mir durchgeführten systematischen Vergleich des Fremdwortgebrauchs bei der politischen Berichterstattung.

Bei dem Vergleich anderer Textsorten würde ebenfalls ein anderes Verhältnis auftreten. Bei Gesetzestexten oder Berichten aus Parlamentssitzungen z.B. würde man vermutlich zu einem größeren Unterschied als 5 : 1 gelangen. Das Griechische würde sich hier beim Fremdwortgebrauch wohl als noch konservativer und zurückhaltender erweisen.

Die in Griechenland oft geführte Diskussion über eine Überfremdung der Sprache bezieht sich auf die Bereiche, in denen ein häufiger Fremdwortgebrauch stattfindet, nämlich in der Werbung, bei fremden Beschriftungen an Geschäften oder auf Handelsprodukten, im Sprachjargon der Jugendlichen, im Sprachstil bestimmter Illustrierten oder in schnellgefertigten

Übersetzungen fremdsprachlicher Literatur. Die bei der vorliegenden Untersuchung ermittelten Fakten beziehen sich zunächst auf den gesamten Wortschatz, dann auf eine besonders wichtige standardsprachliche Textsorte, Zeitungen, die sich an ein allgemeines Publikum wendet: Ca. 9 % des griechischen Gesamtwortschatzes sind Wörter fremder Herkunft, aber nur weniger als 1 % der in Zeitungsberichten über Politik gebrauchten Wörter sind Wörter fremder Herkunft.

6. Einstellungen in der deutschen und in der griechischen Gesellschaft zu Fremdwörtern

In der vorliegenden Untersuchung wurden zunächst das deutsche und das griechische Sprachsystem im Hinblick auf das Vorhandensein von fremdsprachlichen lexikalischen Einheiten und der deutsche und griechische Sprachgebrauch auf die aktive Benutzung von Fremdwörtern erforscht. Für die Kontrastierung des Sprachsystems (langue) wurden Wörterbücher und für die Kontrastierung der Sprachpraxis (parole) wurden Zeitungstexte aus beiden Sprachen untersucht (vgl. Kapitel 5.2. und 5.3., oben).

In diesem Kapitel (6.) wird ein neuer Aspekt der allgemeinen Wortschatzforschung, speziell der Fremdwortforschung und des Sprachvergleichs erfaßt: Im Rahmen der fortwährenden Entwicklung der Sprachen sind zwischensprachliche Entlehnungen immer im Gange; neue Fremdwörter werden ins Deutsche und Griechische übernommen, andere werden nicht mehr gebraucht. Insofern gewinnt die Frage nach eventuellen puristischen Tendenzen in den achtziger Jahren in beiden Ländern wieder an Bedeutung und Aktualität. Dies bedeutet eine Weiterführung der Tradition der Fremdwortdiskussion, welche - wie ich bereits in Kapitel 2. gezeigt habe - im deutschen Sprachraum seit über drei Jahrhunderten und im griechischen Sprachraum seit etwa Mitte des vorigen Jahrhunderts existiert. Nach der kontrastiven Erforschung des Fremdwortes im Wortschatz und im Sprachgebrauch folgt seine Erforschung im "mentalen Haushalt" der beiden Sprachgemeinschaften: Wie ist heute die Einschätzung der Fremdwörter seitens der deutschen und der griechischen Sprachgemeinschaft; inwiefern hat sich die Toleranz gegenüber fremden Einflüssen in der Sprache verändert?

In Deutschland hat mit der Veränderung der politischen Mentalität und dem Rückgang des Nationalismus auch eine Veränderung der sprachlichen Mentalität stattgefunden. Bis zu welchem Grad wird aber der Fremdwortgebrauch für unausweichlich und selbstverständlich gehalten? Bei der Durchführung von Interviews - diese Untersuchungsmethode erwies sich als notwendig und aufschlußreich aufgrund der soziologischen/soziolinguistischen Komponente der Fragestellung - hatte ich die Chance, von meinen Interviewpartnerinnen und -partnern ausführliche Betrachtungen über ihre eigene sprachliche Mentalität und die der Mitglieder der deutschen und griechischen Sprachgemeinschaft zu erfahren. Im großen und ganzen hat das Thema "Fremdwort" immer noch einen bedeutenden Stellenwert in der sprachlichen Mentalität sowohl der Deutschen als auch der Griechen: Einerseits herrscht im Griechischen trotz der relativ geringen Anzahl der Fremdwörter am Wortschatz eine manifeste, eher negative Einschätzung des Fremdwortgebrauchs, andererseits haben sich deutsche Befragte - bei einem 20,4%-Anteil der Fremdwörter am Wortschatz - ziemlich vorsichtig über den Fremdwortgebrauch geäußert, nur manchmal konnte eine latente puristische Stimmung gespürt werden.

Der Aspekt "Fremdwort in der sprachlichen Mentalität" beinhaltet auch folgende Teilaspekte, zu denen wichtige Erkenntnisse aus den Interviews gewonnen werden konnten:

a) kognitiv; d.h. reines Wissen über z.B. Entlehnungsvorgänge, Bereiche des Gebrauchs von Fremdwörtern, Anfragen der Sprachteilhaber an die Sprachberatungsstellen etc.;
b) emotional; d.h. in welchen Situationen empfiehlt es sich bzw. empfiehlt es sich nicht, Fremdwörter zu gebrauchen und
c) normativ; d.h. wie kann man den Fremdwortgebrauch steuern, z.b. Notwendigkeit von Erläuterungen zur Sicherung der Verständlichkeit usw.

Die folgenden Untersuchungsmethoden habe ich für das vorliegende Kapitel (6.) angewandt:

(1.) Systematisierung wissenschaftlicher Abhandlungen zur Fremdworteinschätzung; dabei handelt es sich - bezogen auf die Bundesrepublik - in erster Linie um empirische Erhebungen und - bezogen auf Griechenland - in erster Linie um reine Meinungsäußerungen zur Aufnahme und zum Gebrauch von Wörtern vor allem englischer und französischer Herkunft, die seit den achtziger Jahren ins Griechische übernommen wurden.

(2.) Experteninterviews: Ich interviewte zehn Mitarbeiter bzw. Mitarbeiterinnen, die eine führende Position in Sprachberatungsstellen, in Projekten zur Wortschatzuntersuchung (z.B. in der Lexikographie) oder in Forschung und Lehre innehaben. Auch die Veröffentlichung von Abhandlungen über "fremde Einflüsse auf die deutsche bzw. die griechische Sprache" war ein Grund dafür, die jeweiligen Experten zu befragen. Letzteres gilt mehr für Griechenland, wo nur wenige und nicht offizielle und allgemein bekannte Sprachberatungsstellen existieren. Auf diese Weise ist es möglich, mehrere Expertenmeinungen zu diesem Thema zu referieren, die in der Fachliteratur nicht zu finden sind.

(3.) Standardisierte Befragungen mit Hilfe von Fragebögen: Hier wurden achtzehn Mitarbeiter bzw. Mitarbeiterinnen befragt, die in Sprachberatungsstellen, sprachwissenschaftlichen Forschungsinstituten und in der Universitätslehre tätig sind (letzteres trifft vor allem für Griechenland zu). Diese Methode der quantitativen empirischen Sozialforschung ermöglicht die Zusammenstellung mehrerer Thesen, was bei Intensivinterviews allein aus Zeitgründen nicht möglich gewesen wäre[1].

---

1 Die schriftliche Befragung mit standardisierten Fragebögen erwies sich vor allem für die Befragung in Griechenland als notwendig: Die Gesprächspartnerinnen und -partner erklärten sich nämlich nur zu sehr unterschiedlichen Terminen für kurze Gespräche bereit. Außerdem wäre es mir sonst nicht möglich gewesen, Befragungen in Thessaloniki und Patra durchzuführen. Für die Befragung in Griechenland benutzte ich deshalb in erster Linie den Fragebogen und in zweiter Linie das Interview, im Unterschied zu meiner Befragung in der Bundesrepublik.

6.1. Einstellungen zu Fremdwörtern in der Bundesrepublik

6.1.1. Systematisierung bisheriger Abhandlungen

Um die Einstellungen gegenüber dem Gebrauch von Anglizismen zu ermessen, benutzte Stickel (1984) nicht die übliche Methode der gezielten Befragung, die in der bisherigen Forschung primär den Gebrauch und die Verständlichkeit ermitteln sollte, sondern wählte eine neue Methode aus. Er untersuchte 114 Texte: Zeitungsausschnitte, vor allem Sprachglossen und Leserbriefe aus den Jahren 1979 bis 1983 und zu den Themenbereichen "Wortschatz - neue Wörter - Fremdwörter" und "Sprachkritik - Sprachkultur". Stickel ist sich der Vor- und Nachteile seiner Untersuchung bewußt: Einerseits wurden die Meinungsäußerungen nicht in formellen Befragungssituationen herausgefordert, sondern sind freiwillige Angebote, andererseits muß man berücksichtigen, daß Leser meist in der Zeitung etwas veröffentlichen, wenn sie etwas kritisieren und seltener, wenn sie etwas positiv beurteilen möchten. In 33 (also knapp 30 %) der untersuchten 114 Texte wird der Gebrauch von Entlehnungen erörtert oder positiv beurteilt, und in 81 (d.h. gut 80 %) der Texte wird der Gebrauch vor allem von Anglizismen negativ bewertet.

Als Argumente <u>für</u> den Gebrauch von Fremdwörtern werden in diesen Texten u.a. angegeben:
- das Fehlen eines geeigneten deutschen Ausdrucks,
- die Fähigkeit des Fremdwortes, feine Bedeutungsunterschiede wiederzugeben,
- überregionale Verständlichkeit,
- "die Tugend der Kürze" und zusammenfassende Fähigkeit und
- Bezeichnungsnot in den Fachsprachen, Technik usw.

Man muß aber erwähnen, daß nur zwei Glossen völlig positiv eingestellt sind. Die übrigen bringen Einschränkungen zum Gebrauch von Anglizismen, z.B. daß deutsche Äußerungen vorgezogen werden sollten, wenn das möglich sei.

Bei <u>negativen</u> Einstellungen zu Fremdwörtern wurden nur Anglizismen genannt. Als Gründe wurden u.a. angegeben:
- Schaden für die deutsche Sprache,
- Erschweren der Verständigung und
- Irreführung der Kunden in der Sprache der Werbung.

Ein Briefschreiber spricht von "gezielten Einwirkungen von außen" (d.h. von den USA) (Stickel 1984, S. 295), ein anderer von dem "Hang zum Fremden" (ebd.), und in einem anderen Text wird davor gewarnt, "sprachlich ein Anhängsel der USA zu werden" (S. 299). Einige Formulierungen fallen durch ihre Metaphorik auf: Anglizismen seien z.B. "eine wuchernde Krankheit", "Umweltverschmutzung", "eine Seuchengefahr" oder "die englische Krankheit" (ebd., S. 298).

Einstellungen gegenüber dem Gebrauch von Fremdwörtern ermittelte auch eine Zeitungsumfrage, die 1986 vom Institut für deutsche Sprache durchgeführt wurde. In zwei regionalen Zeitungen wurde ein Fragebogen mit der Bitte zur Teilnahme veröffentlicht. Der Fragebogen enthielt Fragen zur allgemeinen Sprachentwicklung und zum gegenwärtigen Sprachgebrauch. Von den 673 Teilnehmern vertraten 83,7 % die Auffassung, daß die deutsche Sprache "sich zum Schlechten verändert". Als Grund für diesen allgemeinen Niedergang des Deutschen wurde u.a. angegeben: "die zunehmende 'Amerikanisierung' der Bundesrepublik: '... der Sog der amerikanischen Führungsmacht'" (Stickel 1987, S. 291). Der These "es werden insgesamt zu viele Fremdwörter gebraucht" hatten 77,7 % zugestimmt; 18,7 % hatten diese These abgelehnt; 3,6 % hatten keine Meinung geäußert. Kritisiert wurde vor allem "die Übernahme modischer Ausdrücke aus dem Amerikanischen" (Stickel 1987, S. 298).

Ich möchte noch im Rahmen der Zeitungsumfrage eine Äußerung mit nationalen Anspielungen anführen:

> "rigorose eindeutschungswut schadet der sprache mehr, als es korrekter gebrauch
> fremdsprachlicher begriffe vermag, soweit diese allgemein - und zwar richtig -
> verstanden werden. sinn der sprache ist die kommunikation, nicht die nation!"
> (Stickel 1987, S. 299).

6.1.2. Experteninterviews und standardisierte Fragebögen

Im mündlichen Teil meiner Befragung in Deutschland erfaßte ich die drei wichtigsten Sprachberatungsstellen der alten Bundesrepublik, nämlich die "DUDEN-Redaktion", die "Gesellschaft für deutsche Sprache" und das "Grammatische Telefon". Hinzu kamen zwei Gespräche in der Abteilung "Lexik" des "Instituts für deutsche Sprache" und jeweils ein Gespräch mit einem Universitätsprofessor für Germanistische Linguistik und mit einem Journalisten, der u.a. Artikel über Sprachfragen verfaßt[1].

Bei den Interviews schien es mir wichtig, eine möglichst natürliche und offene Kommunikationssituation zu schaffen (statt einer geschlossenen und stark standardisierten "Frage-Antwort-Atmosphäre"). So konnten die Gesprächspartnerinnen und -partner

---

1 Im folgenden werden die Expertinnen und Experten, die an meiner mündlichen Befragung in der Bundesrepublik teilgenommen haben, alphabetisch aufgeführt:
Hans Bickes: von 1988 bis 1993 Geschäftsführer der "Gesellschaft für deutsche Sprache" (Wiesbaden); Albrecht Greule: seit 1980 Professor für Germanistische Linguistik an der "Johannes Gutenberg-Universität" Mainz; Gabriele Hoppe: seit 1964 wissenschaftliche Mitarbeiterin in der Abteilung "Lexik" des "Instituts für deutsche Sprache" (Mannheim) und Mitarbeiterin an der Herausgabe des "Lexikons der deutschen Lehnwortbildung"; Elisabeth Link: seit 1975 wissenschaftliche Mitarbeiterin in der Abteilung "Lexik" des "Instituts für deutsche Sprache" mit Forschungsschwerpunkten: lexikalische Entlehnung, insbesondere Lehnwortbildung und fachsprachliche Wortbildung; Wolfgang Müller: von 1960 bis 1985 Mitarbeiter in der "DUDEN-Redaktion" (Mannheim) und Leiter der Sprachberatung (seitdem pensioniert); Reinhard Olt: seit 1985 politischer Redakteur in der "Frankfurter Allgemeinen Zeitung" (Frankfurt) und Verfasser von Artikeln über Sprachfragen; Anne Tebarz-van-Elst: seit 1985 Leiterin der Sprachberatung am "Grammatischen Telefon" an der RWTH-Aachen.

"aussprechen" und ihre Denkweise verdeutlichen[1]. Dadurch konnte ich zusätzliche Informationen gewinnen, die von mir direkt nicht abgefragt worden waren. Der Fremdwortgebrauch und die Einstellung dazu ist ja teilweise ein brisantes Thema[2], über das man sich sehr vorsichtig äußert und noch vorsichtiger, wenn man eine direkte Antwort in Befragungssituationen geben soll. Einer meiner Gesprächspartner hat im Laufe des Interviews gesagt, er finde es lächerlich, wenn die Bundesbahn und -post zunehmend Anglizismen verwenden, z.b. "Intercity-Team", denn nach seiner Meinung entwickelten diese Wörter durch ihren Gebrauch im Deutschen besondere Eigenschaften, die sich von den gleichlautenden englischen Wörtern wesentlich unterschieden. Deshalb sei die internationale Kommunikation mit derartigen Anglizismen keineswegs gesichert. Eine meiner Gesprächspartnerinnen hat sich dreimal sehr negativ über manche Fremdwörter geäußert.

Nun zu den Ergebnissen der Befragung im einzelnen: Bei den Interviews stellte ich jeweils zuerst zwei einführende Fragen, durch die ich einen Überblick über die Institution und die Tätigkeit des Befragten bekommen konnte. Der erste Fragenkomplex hatte dann als Schwerpunkt die öffentliche Diskussion des Themas "Fremdwörter in der deutschen Sprache" während der achtziger Jahre. Meine Fragen bezogen sich auf:
- die Diskussionsintensität in den achtziger Jahren,
- die Diskussionsintensität in den achtziger Jahren im Vergleich zu den zwei Jahrzehnten davor, also 1960-1980 und
- die Bereiche, in denen dieses Thema nach Beobachtung der Befragten in den achtziger Jahren besonders diskutiert wurde; ob es also besonders in den Massenmedien (z.B. in Form von Zeitungsartikeln oder Leserbriefen) oder/und in der wissenschaftlichen Öffentlichkeit thematisiert wurde. Neben diesen Bereichen gaben die Expertinnen und Experten, die an Sprachberatungsstellen tätig waren/sind, an, inwiefern das Thema in der Sprachberatung eine Rolle gespielt hatte.

Was die Diskussion in der allgemeinen (nicht wissenschaftlichen) Öffentlichkeit betrifft, haben drei der sieben mündlich Befragten darauf hingewiesen, daß bei der Diskussion um die Fremdwörter das Problem der Verständlichkeit von fachsprachlichen Wörtern miteinbezogen wird, die in die Gemeinsprache einfließen und mit denen normale Sprachteilhaber

---

1 Offenheit des Forschers gegenüber den Untersuchungspersonen und -situationen, Beachtung der alltäglichen Regeln der Kommunikation im Forschungsprozeß und Flexibilität des Forschers sind zentrale Prinzipien der qualitativen empirischen Sozialforschung (vgl. Lamnek 1988, Kap. 2.). Gerade letzteres Prinzip erlaubte mir, die Fragen je nach Berufstätigkeit des Befragten zu einem kleinen Teil zu differenzieren: Neben den Fragen, die allen gestellt wurden, gab es auch Fragen, die z.B. nur den Sprachberatern und andere, die nur dem Journalisten gestellt wurden, so daß jeder von seiner Sicht und allein schon wegen seines Berufs die Forschung mit verschiedenen Perspektiven, Betrachtungsweisen, Informationen usw. bereichern konnte.
2 "Als brisant werden alle möglichen Gegenstände und Sachverhalte charakterisiert, die im Mittelpunkt des aktuellen gesellschaftlichen Interesses stehen und deren Handhabung bzw. Umgang als außerordentlich schwierig und als gefährlich, deren Einschätzung und Bewertung als kontrovers beurteilt werden.
Mit einer solchen Charakterisierung ist die mögliche Folgerung verbunden, daß die Beteiligung an öffentlichen Diskussionen über die betreffenden Gegenstände und Sachverhalte ein Wagnis darstellt und für die Teilnehmer negative Folgen, z.b. massive Angriffe und Vorwürfe, nach sich ziehen kann."
Strauß/Haß/Harras (1989): Brisante Wörter. Von Agitation bis Zeitgeist. (S. 585).

Schwierigkeiten haben. Eigentlich ginge es bei diesen Fällen um das Verständnis bzw. Nicht-Verständnis der mit diesen Wörtern bezeichneten Inhalte, und an dem "Fremdwort" machten sich dann diese Klagen fest. Solche Fälle könnten eintreten bei Wörtern aus der Wirtschaftssprache und dem Bankwesen oder der Sprache der Politik (etwa politische Schlagwörter oder Wörter in Nachrichtentexten).

Die Fremdwortdiskussion wurde von einem der mündlich befragten Wissenschaftler als Teil der allgemeinen Diskussion über "Sprachverfall" interpretiert. Das hänge mit der pyramidalen Bevölkerungsstruktur der Bundesrepublik zusammen: Ältere Menschen empfänden Sprachwandel meist als etwas Negatives. Diese These über den allgemeinen Sprachverfall würde in der wissenschaftlichen Diskussion und speziell von Sprachwissenschaftlern, z.B. Heringer oder Dieckmann, zurückgewiesen, denn sie ließe sich empirisch nicht halten.

Eine Fremdwortkritik im engeren Sinne, die sich hauptsächlich auf Anglizismen richtet, mache sich im Bereich der Werbung bemerkbar, gaben drei der sieben mündlich Befragten an.

Nach der Beobachtung von zwei Sprachberatern gibt es in der Sprachberatung eine Fremdwortdiskussion im Sinne einer Fremdwortkritik sehr selten. Häufiger kommen da Fragen über Orthographie oder Flexion von Fremdwörtern vor und seltener Aussagen in Form einer starken Kritik an einer "Überfremdung unserer Sprache".

Von den acht schriftlich Befragten haben vier geantwortet, daß das Thema "Fremdwörter in der deutschen Sprache" während der achtziger Jahre besonders diskutiert wurde, einer, daß es auch früher stark diskutiert wurde. Eine Person teilte mit, daß das Thema immer intensiv diskutiert wurde und zwei, daß es im letzten Jahrzehnt nicht besonders diskutiert wurde.

Was die Diskussionsintensität des Themas in den achtziger Jahren im Vergleich zu den zwei Jahrzehnten davor (1960-1980) anbelangt, wurden zunächst bei den Interviews folgende Auffassungen geäußert:

Nach der Beobachtung von drei der sieben mündlich befragten Wissenschaftlerinnen und Wissenschaftler wird das Thema "Fremdwörter in der deutschen Sprache" in der allgemeinen/massenmedialen Öffentlichkeit seit den sechziger Jahren immer wieder diskutiert, aber sie würden nicht behaupten, daß es gegenwärtig[1] oder zu einem bestimmten Zeitpunkt in den achtziger Jahren mit einer besonderen Heftigkeit diskutiert worden sei. Dabei beobachtet eine der befragten Personen seit den sechziger, siebziger Jahren eine Betroffenheit über die Beeinflussung des Sprachgebrauchs durch Anglizismen. Eine weitere Person hält Fremdwörter für einen "Dauerbrenner" im ganzen 20. Jahrhundert und meint dazu speziell, daß Anglizismen im Deutschen immer "besonders unbeliebte Kinder" seien, bis vielleicht auf die Gebiete, die unter amerikanischer Besatzung waren. Eine dritte Beobachtung sieht die Diskussion um das Fremdwort in der zweiten Hälfte der achtziger Jahre etwas in den Hintergrund gerückt, aber eine Verstärkung der Diskussion um die Orthographiereform (bezogen immer auf die allgemeine/massenmediale Öffentlichkeit).

---

1 D.h. zur Zeit der Durchführung der Interviews, also im Dezember 1990.

Eine <u>intensivere Behandlung</u> der Fremdwortproblematik sehen dagegen <u>zwei</u> der drei gerade referierten Experten im Bereich der <u>wissenschaftlichen</u> Öffentlichkeit. Während nach der Beobachtung eines Wissenschaftlers die Diskussion um die Orthographiereform im wissenschaftlichen Bereich eine geringe Rolle gespielt zu haben scheint im Vergleich zur Fremdwortdiskussion, betonte eine Wissenschaftlerin die erhebliche Zunahme der differenzierten wissenschaftlichen Beschäftigung mit dem Fremdwort in den siebziger und achtziger Jahren. In diesem Zeitraum seien zum ersten Mal Fremdwörter von verschiedenen Blickwinkeln aus betrachtet worden, nicht nur unter historischen Gesichtspunkten und gar nicht in abwertender Sicht. Auch der philosophische Ansatz Adornos könne als ein frühes Beispiel für diese neuere Betrachtungsweise von Fremdwörtern gelten.

Eine weitere Expertin sieht in den achtziger Jahren <u>sowohl in der allgemeinen als auch in der wissenschaftlichen Öffentlichkeit eine Verstärkung der Fremdwortdiskussion</u>. In der allgemeinen Öffentlichkeit verstärke sich bei der Bevölkerung der Eindruck der Unverständlichkeit bzw. Schwerverständlichkeit bestimmter Wörter - und damit eine Abwehr dieser Wörter - aufgrund des Einfließens der Fachsprachen in die Gemeinsprache. Diese schwierigen Wörter könnten Anglizismen etwa aus dem Computerbereich oder/und deutsche Wörter, z.B. aus der Sprache der Politik in Nachrichtentexten, sein. Als Beispiele für die intensive wissenschaftliche Beschäftigung mit den Fremdwörtern nannte sie Veröffentlichungen von v. Polenz über Jargonbildung in der Wissenschaft und die sprachkritischen Arbeiten von Pörksen. In diesem Zusammenhang wies sie auch darauf hin, daß beide, v. Polenz und Pörksen, <u>gegen</u> bestimmte Aspekte des Fremdwortgebrauchs Stellung nähmen.

Schließlich haben <u>zwei</u> der interviewten Wissenschaftler ein <u>Nachlassen</u> der öffentlichen Fremdwortdiskussion festgestellt. (1.) Nach dem Zweiten Weltkrieg sei die Fremdwortdiskussion noch allgemein geführt worden, jetzt nur noch seltener und beschränkt auf das Werbedeutsch. In der Wissenschaft werde das Thema "vielleicht etwas mehr diskutiert". (2.) Nach der anderen dieser zwei Auffassungen hat das Thema "Fremdwörter" sowohl wissenschaftlich als auch journalistisch nach 1945 nicht mehr die gleiche Rolle gespielt wie vom 17. Jahrhundert bis 1945. In der Wissenschaft hätte man sich bis auf Veröffentlichungen von Peter v. Polenz oder Werner Betz nach dem Krieg nicht sehr intensiv damit beschäftigt, weil es ein belastetes Thema gewesen sei.

Von den acht schriftlich Befragten hat eine Person angegeben, daß in den achtziger Jahren eine intensivere Fremdwortdiskussion zu beobachten wäre im Vergleich zu den zwei Jahrzehnten davor (1960-1980), zwei haben geantwortet, daß in den achtziger Jahren die "Fremdwörter" seltener diskutiert wurden, ebenfalls zwei sehen "keine Veränderung" in dieser Hinsicht, und drei Personen haben hier keine Antwort gegeben. In bezug auf die Bereiche, in denen das Thema diskutiert wurde - hier konnte man mehr als einen Fall ankreuzen sowie weitere Fälle ergänzen - sieht es in der schriftlichen Befragung folgendermaßen aus: Es gab fünf Antworten "in der Presse", zwei "im Fernsehen und im Radio", zwei "in wissenschaftlichen Veröffentlichungen", drei "in Vorträgen" und drei "in Diskussionen privaten Charakters zwischen den Intellektuellen und Fachleuten und im Briefwechsel zwischen ihnen"; weiterhin gab es zwei Antworten "in Zuschriften an die Gesellschaft für deutsche Sprache und in Kontakten, die die Gesellschaft allgemein hat" und eine Antwort "in normalen Alltagssituationen". Zwei Personen haben hier keine Antwort gegeben, weil ja ihrer Meinung nach keine intensive Fremdwortdiskussion stattgefunden hat.

Während mit dem ersten Fragenkomplex die Fremdwortproblematik aus der Perspektive des Sprachbewußtseins betrachtet wurde, bezog sich der zweite Fragenkomplex auf den Sprachgebrauch. Die Diskussion bzw. schriftliche Befragung konzentrierte sich auf folgende Schwerpunkte:
- die quantitative Entwicklung des Fremdwortgebrauchs im Deutschen in den achtziger Jahren;
- Gründe für einen eventuellen Anstieg von Fremdwörtern;
- entsprechende Entwicklungen in anderen europäischen Sprachen;
- Prognosen über die quantitative Entwicklung des Fremdwortgebrauchs in Deutschland in den neunziger Jahren.

In bezug auf die quantitative Entwicklung des Fremdwortgebrauchs in den achtziger Jahren haben sechs der sieben mündlich Befragten angegeben, daß "mit Sicherheit" in den achtziger Jahren mehr Fremdwörter im Deutschen gebraucht wurden als in den zwei Jahrzehnten davor (1960-1980). In der siebten Auffassung wurde zwar ein relativer Vormarsch von Anglizismen festgestellt, gleichzeitig wurde aber vermutet, daß der Fremdwortanteil am Wortschatz insgesamt nicht größer werde.

Als Gebiete, in denen Fremdwörter besonders vorkommen, wurden genannt: zunächst für Anglizismen der ganze Computerbereich als Teil der Elektro- und Elektronikindustrie (Tastaturen, Gebrauchsanweisungen) oder als Teil von bestimmten Berufen und Fachgebieten (Text- und Datenverarbeitung). Der Computerbereich wurde fünfmal genannt und steht somit an erster Stelle; es folgen "Werbung" (viermal genannt), "Wirtschaft und Bankwesen" (zweimal genannt), "Jugendsprache" (ebenfalls zweimal) und dann auch "Freizeitbereiche" wie Videokultur (z.B. die Science-fiction-Welt) (einmal), "Drogenszene" (einmal) und "Kosmetikbranche" (einmal). "Politik" sei auch ein Gebiet, in dem zeitweise verstärkt Fremdwörter vorkommen, so einer der Befragten.

Weiterhin wurde bei den Interviews zweimal die Zunahme der Lehnwortbildung betont; nicht nur im deutschen Sprachgebiet, sondern auf internationaler Ebene würden Terminologien und Nomenklaturen einfach von der Lehnwortbildung in neoklassischer Richtung "leben", d.h. von Wortbildungen mit lateinischen und griechischen Sprachelementen.

Der verstärkte Gebrauch von Fremdwörtern ("Fremdwort" als Oberbegriff für Wortentlehnung und Lehnwortbildung) sowohl in naturwissenschaftlichen als auch in sprachwissenschaftlichen Publikationen wurde von zwei der mündlich Befragten betont. Was die Lexikographie betrifft, habe die Lemmatisierung von fremdsprachlichen lexikalischen Einheiten zugenommen, nach der Betrachtung einer Fachexpertin im "Institut für deutsche Sprache", die sich schwerpunktmäßig u.a. mit Lexikographie beschäftigt[1].

Von den acht schriftlich Befragten sind vier der Meinung, daß in den achtziger Jahren mehr Fremdwörter gebraucht wurden als im Zeitraum 1960-1980, eine Person meint dies speziell für Anglizismen, zwei haben angekreuzt "in gleichem Maß wie 1960-1980" (einer von ihnen mit der zusätzlichen Bemerkung "vermutlich"), und einer der Befragten findet, daß in den achtziger Jahren weniger Fremdwörter gebraucht wurden im Vergleich zu den sechziger und siebziger Jahren.

Als Gründe für den Anstieg von Fremdwörtern wurden - zunächst bei den Interviews[2] - angegeben: an erster Stelle (von fünf der sieben mündlich Befragten) die Internationalisierung der Kommunikation, z.B.:

> "Ich würde an erster Stelle meinen: 'Internationalismus', und ich beurteile das zunächst einmal positiv. Es ist positiv zu beurteilen, aus meiner Sicht natürlich, daß es eine gewisse Kommunikationssphäre gibt, die international allgemein gültig ist, die führende Sprache ist da eindeutig das Englische" (Greule 1990).

> "Im Grunde genommen 'Internationalismus'. Das könnte man fast als Motto oben drüber setzen oder als allgemein geltenden Grund" (Olt 1990).

Innerhalb dieses Bereichs der Internationalisierung ergaben sich weitere Differenzierungen:
- Englisch ist die Handels- und Verkehrssprache innerhalb von Europa aufgrund des Einflusses von Großbritannien und die Weltverkehrssprache aufgrund des amerikanischen Einflusses.
- Internationalisierung erfolgt speziell innerhalb der einzelnen Fachsprachen, in denen Bedürfnisse von international gültigen Terminologien und Nomenklaturen entstehen.
- Die sprachliche Annäherung im Dienste von internationalem Handel wurde von E. Link betont:

> "weil die Schrauben halt gleich groß sein müssen, damit man sie auch nach Japan verkaufen kann usw.; und mehr oder weniger automatisch ergibt sich auch eine sprachliche Annäherung, daß man durch Entlehnung oder Lehnwortbildung versucht, die Hindernisse kleiner zu machen" (Link 1990).

Sprachliche Annäherung werde bei Sprachen, "die aus Europa kommen", besonders begünstigt wegen der gemeinsamen historischen Basis dieser Sprachen (also Sprachen aus Nordamerika oder Lateinamerika gehörten dazu).

---

1 Die Zunahme der Lemmatisierung von Fremdwörtern wird auch durch meine Wörterbuchanalysen bestätigt (vgl. Kapitel 5.2.1.2., oben).
2 Die folgenden Zitatnachweise beziehen sich auf meine Interviews.

Ein weiterer Grund für die Zunahme von Fremdwörtern, auf den vier der sieben Befragten bei den Interviews hingewiesen haben und der mit Internationalisierung zusammenhängt, ist der Fortschritt der Technik und der Wissenschaften allgemein, der zur Übernahme von Dingen und Wörtern beiträgt. Diese Übernahme erfolgt nicht nur in wissenschaftlichen Gebieten, sondern auch in Alltagssphären, z.b. sei die Rolle der Medien in der Freizeitgestaltung nicht zu unterschätzen (Computerspiele, Videokultur). Da sei die Sache so beliebt, daß auch das Wort übernommen werde.

Nach der Beobachtung von ebenfalls vier Interviewten führt das Einfließen von Fachsprachen in die Gemeinsprache auch dazu, daß immer mehr Fremdwörter übernommen und gebraucht werden. Diese Fremdwörter, die zugleich Fachwörter sind, stammen z.b. aus der Medizin, aus der Politik, aus der Wirtschaft oder aus den Naturwissenschaften - der Computerbereich wurde hier sehr oft als Beispiel erwähnt - und erreichen die Gemeinsprache in erster Linie durch die Medien. Zu den Fachsprachen könnte man auch die Jugendsprache zählen, die zu einem großen Teil englisch-amerikanisch geprägt sei und ebenfalls durch die Medien und wegen ihrer schnellen Entwicklung zum Bestandteil der Allgemeinsprache werde. Heutzutage laufe die Kommunikation so schnell, daß es gar nicht möglich wäre, alle Fremdwörter zu übersetzen. Außer der schnellen Entwicklung und weiten Verbreitung der Medien trage auch die Ausweitung des Luftverkehrs zur schnellen Kommunikation bei. Die Welt sei jetzt näher zusammengerückt als früher.

Die Übernahme von Fremdwörtern sei schließlich auch eine Erleichterung bei der Übersetzung, darauf haben zwei der Interviewten hingewiesen. In fachsprachlichen Wörterbüchern z.B., die auf Übersetzungen basierten, komme es oft vor, daß Fremdwörter unübersetzt aufgeführt würden: einfach an das deutsche orthographische System angepaßt. Zum anderen passiere dies auch in Texten, die weniger fachlich gebunden seien; Lehnbedeutungen nähmen bei Übersetzungen zu, z.b. die Bedeutung von "komfortabel" im Satz "die Partei hat eine komfortable Mehrheit" basiere auf englischem Einfluß.

Neben den sprachlichen Gründen sahen drei der mündlich befragten Expertinnen und Experten auch politische und kulturelle Gründe für den Anstieg von Fremdwörtern wie:
- die "Öffnung Deutschlands nach außen",
- die veränderte Mentalität nach dem Zweiten Weltkrieg: Die Deutschen hätten gelernt, sich "weniger sprachnationalistisch zu verhalten" und
- der allgemeine Grundzug der Deutschen zur manchmal unkritischen und unüberlegten Aufnahme von Fremdem.

Auch die amerikanische re-education Politik nach 1945, Handels- und politische Beziehungen mit Amerika seien entscheidend für einen verstärkten Einfluß der englischen Sprache auf das Deutsche gewesen. Dazu komme die Bedeutung des Englischen innerhalb der Europäischen Gemeinschaft. Eine Ausrichtung auf die amerikanische Welt wäre in mehrfacher Hinsicht zu beobachten: politisch, wirtschaftlich, kulturell, in Hinsicht auf Wohlstand - gewisse

Wohlstandsideale würden z.B. durch amerikanische Filme und Filmserien vermittelt. Ein direkter Austausch mit Amerikanern würde durch die Anwesenheit von amerikanischen Militärkräften in Deutschland gepflegt. All dies habe zur Einführung entsprechender Inhalte und der dazu gehörenden Begriffe nach Deutschland beigetragen.

Innerhalb der einzelnen naturwissenschaftlichen Fachsprachen spiele heutzutage Englisch eine gewichtige Rolle: Publikationen erschienen zum Teil auf englisch, Mitteilungen wurden zum Teil auf englisch gesprochen, und in den Labors verlaufe die Kommunikation ebenfalls teilweise auf englisch. Abgesehen davon, daß dies zunächst rein praktisch zu erklären sei und im Rahmen der internationalen Angleichung von Fachsprachen und fachsprachlichen Termini gesehen werden müsse, seien wahrscheinlich auch "psychologische" Faktoren zu berücksichtigen. Es scheine, daß von einer gewissen "Attraktivität des Englischen" die Rede sein könne - diesen Grund haben zwei der mündlich Befragten angeführt. Diese "Attraktivität" reiche von wissenschaftlichen Bereichen (in der fachinternen Kommunikation und in der Kommunikation zwischen Fachleuten und Laien) bis zu außerwissenschaftlichen und alltäglichen Gebieten und Kommunikationssituationen. Während man früher seine Rede mit französischen Wörtern und Wendungen "geschmückt" habe, greife man heute auf das Englische.

> "Es ist eben chic, Englisch zu reden, oder ab und zu mal eine englische Floskel in die Rede, je nach Kommunikationssituation natürlich, einfließen zu lassen" (Greule 1990).

Man könne diese besondere Aura des Englischen auch in der Werbung sehen, dieser Aspekt wurde unterschiedlich stark betont: Marktprodukte erschienen moderner und von besonderer Qualität, wenn sie mit englischen Benennungen versehen würden.

Schließlich wurden bei der mündlichen Befragung als Gründe für den Gebrauch von Fremdwörtern vereinzelt genannt: die Gruppen- und Generationszugehörigkeit und die absichtliche Verstellung der Kommunikation, oder Abschottung von seiten einer Institution, z.B. in der Bank, "damit man den gerade suchenden Bürger, der ein Geschäft abschließen will oder sein Geld anlegen will, natürlich ein wenig unnötig aufhalten kann".

Bei dem schriftlichen Teil der Befragung wurden folgende Gründe für den Anstieg von Fremdwörtern angegeben - soweit ein Anstieg beobachtet wurde, nach den jeweiligen Auffassungen. Auch bei dieser Frage konnte man mehrere Fälle ankreuzen sowie weitere ergänzen; auch wurden die Befragten gebeten, die einzelnen Gründe nach Wichtigkeit zu numerieren. Die am meisten genannten (angekreuzten) Gründe sind: "allgemeinere Verbreitung von Anglizismen" und "allgemeinere Internationalisierungstendenzen der europäischen Wortschätze". Beide wurden jeweils sechsmal angekreuzt; die Verbreitung von Anglizismen wurde zweimal auf die erste Stelle gesetzt und einmal an dritter Stelle genannt. Die Internationalisierungstendenzen der europäischen Wortschätze wurden dreimal auf die zweite Stelle der Wichtigkeit gesetzt. Die weiteren Gründe folgen mit großem Abstand nach den gerade

genannten: "weiter verbreitetes Erlernen von Fremdsprachen" zweimal angekreuzt, davon einmal auf die erste Stelle der Wichtigkeit gesetzt. Die folgenden Gründe wurden jeweils einmal angekreuzt (bzw. genannt):
- allgemeinere Tendenz zur "Xenomanie" (Fremdenfreundlichkeit), die bestimmte Altersgruppen und soziale Schichten beeinflußt;
- stärkere Bedeutung der Europäischen Gemeinschaft;
- Einfluß der Technisierung und
- Produktwerbung mit der verbalen Aura des Fremden.

Der quantitative Anstieg von Fremdwörtern in den achtziger Jahren scheint nach der Beobachtung aller mündlich Befragten kein typisch deutsches Phänomen zu sein, sondern mehr oder weniger alle europäischen Sprachen seien davon "betroffen". Hervorzuheben ist die Sonderstellung des Englischen als wichtigste Gebersprache. Betrachtet man zunächst die großen europäischen Sprachen, haben die Fremdwörter im Französischen trotz der offiziellen Bekämpfung zugenommen, ebenso im Spanischen und im Italienischen. Im Finnischen gilt dies sowohl auf der Ebene der Lehnwortbildung als auch auf der Ebene der Entlehnung vor allem von Anglizismen, obwohl es von der Sprachstruktur her ziemlich schwierig ist, germanische Elemente zu integrieren. Von den kleinen europäischen Sprachen hatten es das Ungarische und das Polnische bis vor kurzem geschafft, Fremdwörter zu übersetzen[1]. Trotzdem scheint es jetzt, daß aufgrund der schnellen Kommunikation diese Sprachen sich nicht mehr mit Übersetzungen oder Lehnübersetzungen behelfen können, so daß sich immer mehr Fremdwörter in diesen Sprachen einbürgern. Solche Fremdwörter sind z.B. "Auto", "Hotel" oder "AIDS". Wenn man berücksichtigt, daß (nach meiner Beobachtung) auch im Griechischen die Fremdwörter zugenommen haben, dann scheint in der Tat, daß dies eine Entwicklung für ganz Europa ist, für die "großen" und für die "kleinen" Sprachen - gemessen an der Anzahl der jeweiligen Sprachteilhaber.

Bei dem schriftlichen Teil der Befragung wurden ebenfalls entsprechende Meinungen/Vermutungen geäußert (auch hier konnte man mehr als einen Fall ankreuzen): Fünfmal wurde ein Anstieg der Fremdwörter auch für die französische Sprache angenommen/vermutet, ebenfalls fünfmal jeweils für die italienische und die griechische, zweimal für die englische und einmal für die russische.

Daß die Fremdwörter im Deutschen in den neunziger Jahren noch zunehmen werden, glauben/vermuten vier der sieben Interviewten wegen:
- der zunehmenden Internationalisierung der Kommunikation,
- der Erfindung von neuen Phänomenen in allen Wissenschaftsdisziplinen, die teilweise fremdwörtlich erfaßt werden und
- des größeren Bedarfs, mit der europäischen Einigung mehr Fremdsprachen zu erlernen.

---

1   Eine offizielle Fremdwortbekämpfung findet z.B. auch in Island statt. Staatliche Stellen befassen sich mit der Isländisierung von fachsprachlichen Termini.

Die übrigen drei Interviewten wollten keine genaueren Prognosen aufstellen. Einer tendierte eher zur Vermutung, daß ein gewisses "Gleichgewicht", wie es bis jetzt eigentlich auch vorherrsche, erhalten bleibe: Neue Fremdwörter kämen hinzu, viele verschwänden aber auch aus dem Gebrauch. Eine andere Auffassung war, daß viele Regionalismen aus dem Sächsischen, dem Thüringischen (aus den neuen Bundesländern) Einfluß auf die Allgemeinsprache haben werden. Derselbe Wissenschaftler nimmt eine unter Umständen stärkere Bedeutung des Deutschen innerhalb der Europäischen Gemeinschaft an und sieht das Deutsche zunehmend als Gebersprache, vor allem im osteuropäischen Sprachraum, wo das Deutsche positiver angesehen werde als das Englische. Bei dieser sprachlichen Entwicklung würden auch wirtschaftliche Faktoren eine Rolle spielen. Die stärkere Bedeutung des Deutschen innerhalb der Europäischen Gemeinschaft wurde auch von einem anderen meiner Interviewpartner als Zukunftsprognose aufgestellt. Die Institutionalisierung des Deutschen als dritte EG-Sprache hält er für unausweichlich, allein schon wegen der deutschen Einheit, des wahrscheinlichen zukünftigen Beitritts von Österreich und des nicht auszuschließenden Beitritts der Schweiz.

Der <u>dritte</u> Fragenkomplex bewegte sich ebenfalls wie der erste im Rahmen des Sprachbewußtseins und hatte als Thema die <u>Einschätzung der Fremdwörter</u>. Speziell konzentrierte sich die Diskussion bzw. schriftliche Befragung auf folgende Schwerpunkte:
- die Einschätzung der Fremdwörter seitens der <u>Bevölkerung,</u>
- die Einschätzung der Fremdwörter seitens einer besonderen Gruppe aus der Bevölkerung (Akademiker, insbesondere <u>Germanisten</u>),
- die <u>persönliche</u> Fremdworteinschätzung des/der jeweiligen Befragten und möglicherweise
- die <u>Veränderung</u> seiner/ihrer Auffassungen innerhalb der letzten zehn Jahre.

Bezogen auf die Einschätzung der Fremdwörter in der Bevölkerung sind zunächst einige Daten aus den Sprachberatungsstellen hervorzuheben. Die DUDEN-Redaktion erhält Zuschriften, in denen <u>bestimmte Aspekte</u> des Fremdwortgebrauchs kritisch betrachtet werden, etwa das Vorkommen von Lehnbedeutungen, z.B. der Gebrauch von "realisieren" in der Bedeutung "wahrnehmen" (aus engl. "to realize"). Dazu haben sie noch Zuschriften, in denen ziemlich undifferenziert Fremdwörter "angegriffen" werden; es wird geklagt, indem man Fremdwörter benutzt, z.B. "noch schlimmer aber erscheinen mir noch die massenhaften Amerikanismen, mit denen fast jeder Text und jede Rede i n f i l t r i e r t wird"(meine Hervorhebung). Dieser Brief stammt von einem Universitätsprofessor und wurde 1986 an die DUDEN-Redaktion geschrieben. Man muß aber sagen, daß solche kritischen Briefe nicht häufig vorkommen. Meistens stammen sie von älteren Menschen, die die alte Sprachkritik im Hinblick auf die Fremdwörter gewöhnt sind und neuere sprachliche Entwicklungen im allgemeinen kritischer betrachten. Diese Kritik kann sich auch gegen deutsche Wörter richten, z.B. gegen gewisse Wortbildungen.

Ähnliches gilt auch für die Sprachberatungsstelle "Grammatisches Telefon" an der RWTH-Aachen. Neben Fragen zur Bedeutung oder zur Orthographie von Fremdwörtern (vgl. S. 146-147, unten) kommen - allerdings selten - Fragen vor, die eine negative Wertung haben, z.b. "gibt es eine Organisation zur Rettung der deutschen Sprache von den Anglizismen?"

Auch die Gesellschaft für deutsche Sprache (GfdS) erhält etwa ein- bis zweimal in der Woche Zuschriften, in denen ganz klar Stellungnahme gegen die Fremdwörter bezogen wird. In diesen Zuschriften, in denen undifferenziert, unsachlich, manchmal sogar aggressiv argumentiert wird, richten sich die Anfragerinnen und Anfrager gegen den Gebrauch von Anglizismen, und zugleich benutzen sie bei ihren Klagen Wörter und Wendungen aus dem Lateinischen und Griechischen. Während also die Anglizismen negativ bewertet werden, wird humanistisches Bildungsgut hoch angesehen. Es fehlen aber nicht die ganz radikalen Ansichten, in denen jegliche Benutzung von Fremdwörtern angegriffen wird. So schrieb etwa ein Übersetzer in einem Brief an die Gesellschaft für deutsche Sprache, daß er es als seine

> "unbedingte Pflicht empfand, die einzelnen Sprachen im Umgang streng zu trennen, zu unterscheiden und weitestgehend in REINSTER FORM anzuwenden, weil ich es nicht verdiene, mich Übersetzer zu nennen, wenn ich selbst ein Sprachgemisch spreche. Warum 'Alternative', wenn es die Zweitmöglichkeit oder die andere Möglichkeit ist."

An einer anderen Stelle desselben Briefes fragt sich der Autor,

> "ob 45 Jahre nach dem Kriegsende vernünftiges sprachbezogenes Denken in Deutschland überhaupt noch gestattet ist und ob wir uns unserer schönen Muttersprache wieder besinnen dürfen, indem wir Fremdwörter weitestgehend vermeiden. Wir haben unsere deutschen Wörter eben nicht dafür, daß sie in Fremdwörterbüchern als Erklärung für Fremdwörter zu lesen sind, sondern, daß wir sie SELBST anwenden, dann erübrigen sich in der Umgangssprache die meisten Fremdwörter."

In einem anderen Brief, der an die Gesellschaft für deutsche Sprache im Dezember 1988 geschrieben wurde, kritisiert die Autorin stark den Gebrauch von Anglizismen und hält es für nötig,

> "die deutsche Sprache zu schützen. Schließlich ist sie das Kulturgut einer Nation. Immer mehr wird sie verdrängt von der "Englischtümelei" in Zeitungen, Inseraten, von Politikern mit ihren "hearings" usw. (...) Die Franzosen haben sich eine Sprachpolizei zugelegt, bravo! Wann kommt eine bei uns?"[1]

Die Stellungnahme dazu und zu derartigen Thesen aus der Gesellschaft für deutsche Sprache besteht darin, daß natürlich keine Sprachpolizei erwünscht ist, sondern ein Fremdwortgebrauch, "wenn es angebracht ist". So kann man sich z.B. im Aufsatz von U. Förster (1984)

---

[1] An dieser Stelle möchte ich mich bei der Geschäftsführung der Gesellschaft für deutsche Sprache herzlich dafür bedanken, daß sie mir Zugang zu diesen Zuschriften erlaubte.

"Das Fremdwort als Stilträger"[1] über mehrere Fälle eines angemessenen Fremdwortgebrauchs informieren. Allgemein gesehen - und dies gilt auch für den Fremdwortgebrauch und die Einstellung dazu - schafft die Gesellschaft für deutsche Sprache die Grundlagen für eine zeitgemäße und wissenschaftlich begründete Sprachpflege. Seit 1987 begleitet sie täglich sprachkritisch die "heute"-Nachrichten des ZDF; auch Gesetzestexte im Deutschen Bundestag werden unter den Aspekten der Verständlichkeit und der Bürgernähe bearbeitet. Demgemäß erfolgen eventuelle Verdeutschungen von Fremdwörtern nicht wegen ihrer Fremdheit, sondern weil die Verständigung in der Kommunikation gesichert werden soll.

Neben den aus den einzelnen Sprachberatungsstellen stammenden Daten zur Einschätzung von Fremdwörtern oder bestimmten Fremdwörtern in der Bevölkerung ergeben sich aus den einzelnen Gesprächen weitere Auffassungen:

Zwei der Interviewten haben von der Rolle der Fremdwörter (vor allem der Anglizismen) in der Werbung gesprochen. Obwohl Unternehmen die Strategie entwickelten, mit Anglizismen Marktanteile zu erobern (in diesem Sinne sollten also fremdwörtlich benannte Produkte als solche gelten, die von besonderer Qualität und Modernität sind), werde bei der Bevölkerung eine Gegenreaktion erzeugt: Weil die Konsumenten von den vielen Fremdwörtern (etwa in Kaufhauskatalogen) "erschlagen" würden, fühlten sie sich eher provoziert, als daß sie eine besondere Sympathie für das Produkt entwickelten. Die Folge davon sei, daß _Fremdwörter in der Werbung_ meistens ziemlich _negativ_ eingeschätzt würden. Weitere Fälle für eine kritische Betrachung von Fremdwörtern treten auf, wenn Fremdwörter Hindernisse für die Verständlichkeit bilden. Als ein Beispiel wurde genannt, wenn ein Bürger einen Brief vom Finanzamt bekommt mit fremdsprachlichen Begriffen, die er nicht versteht; Fremdwörter in Reden von Politikern würden auch nicht so leicht "verziehen"; bei der "Kommunikation zwischen Arzt und Patient" bereiteten fremdsprachliche Fachausdrücke oft Verständnisschwierigkeiten bei den Laien, und das wäre dann ein Grund für eine kritische Betrachtung von Fremdwörtern, während aber der gruppenspezifische/fachliche Fremdwortgebrauch akzeptiert würde.

Der Unterschied zwischen Einschätzung und Gebrauch wurde von einer meiner Gesprächspartnerinnen besonders betont:

> "Die meisten Deutschen denken meiner Ansicht nach sprachpuristisch. Wie sie wieder handeln ist was anderes... Viele, die Fremdwörter ganz normal gebrauchen, die bemerken es gar nicht, also das erste ist, glaube ich, daß man zwischen dem Sprachbewußtsein und dem Sprachgebrauch unterscheiden muß" (Link 1990).

Dieselbe Expertin beobachtet innerhalb der deutschen Sprachgemeinschaft einen "_begründeten_" und einen "_allgemeinen_" Purismus; "begründet" solle nicht im Sinne von "positiv" verstanden werden, sondern als "vom jeweiligen Sprachteilhaber aus" begründet. Diese Art Purismus beziehe sich auf einen bestimmten Gebrauch und bestimmte Gruppen von

---

[1] Uwe Förster ist seit 1968 Leiter der Sprachberatung in der Gesellschaft für deutsche Sprache.

Fremdwörtern, das wäre z.b. wenn ein Programmierer, der in seinem Beruf selbst eine besondere Fachsprache gebraucht, gegenüber fremdsprachlichen Fachausdrücken außerhalb seiner Fachsprache kritisch eingestellt sei, wenn er etwa mit entsprechenden Texten oder Situationen konfrontiert werde. Beim "allgemeinen" Sprachpurismus werden mit den Wörtern bestimmte Lebensformen oder kulturelle Erscheinungen abgelehnt, "die man früher nicht gehabt hat, also brauchen wir sie jetzt auch nicht". Dies sei z.b. die "Begründung" dafür, die bei dieser Art Purismus sehr oft altersspezifisch vorkomme und sich gegen Sachverhalte richte, die z.b. aus Amerika kämen, wie "fast food" oder "swimming pool".

Für die Einschätzung der Fremdwörter seitens der Akademiker, insbesondere der Germanisten, sind - zunächst aus den Interviews - folgende Auffassungen anzuführen:
- In den letzten zwanzig bis dreißig Jahren haben germanistische Linguisten sich <u>nicht</u> massiv gegen den Fremdwortgebrauch ausgesprochen, allenfalls in moderierter Form, weil man auch sein Ansehen nicht bornieren möchte. In persönlichen Gesprächen ist häufiger festzustellen, daß es durchaus auch bei Linguisten eine recht starke Aversion gegen bestimmte Fremdwörter gibt. Grundsätzlich gibt es einige Wissenschaftler, die ab und zu mahnend auf den Fremdwortgebrauch hingewiesen haben, weil sie die Verständigung gefährdet sehen. Aus rein puristischen Erwägungen heraus wird kaum noch argumentiert. Kriterium ist meist die Verständlichkeit, ob Barrieren aufgebaut werden.
- Die Sprachgermanisten, um ja nicht als Purist verschrien zu werden, haben Fremdwörter geduldet. Puristische Positionen sind weitgehend überwunden in akademischen Kreisen, sind veraltet. Gerade um nicht dieser veralteten Richtung anzugehören, haben wohl viele Germanisten, selbst wenn sie der Auffassung waren, es gebe eigentlich zu viel Fremdwörter, nie öffentlich etwas gesagt.
- Eine Einstellung rein sprachpuristischer Art gibt es nicht. Bestimmte negative Erscheinungen des Fremdwortgebrauchs werden angegriffen, aber nicht aus Reinhaltungstendenzen und Überschätzung der eigenen Sprache. Als Beispiele für eine solche Kritik bestimmter Aspekte des Fremdwortgebrauchs wurden genannt - in der Sprachwissenschaft selber - Arbeiten von v. Polenz und die sprachkritischen Arbeiten von Pörksen. Ferner kritisiert Bettelheim in seinem Buch "Freud und die Seele des Menschen" den Fremdwortschatz in der Fachsprache der Psychologie. Wenn in Fachkreisen über Fremdwortgebrauch diskutiert wird, dann immer gekoppelt mit der Verständlichkeit von Texten (z.B. in der Pharmaindustrie oder in juristischen Texten). Insofern werden Fremdwörter genauso wie deutsche Wörter gewertet.
- Die Existenz von Lehnwortbildungsprodukten ist sogar bei vielen Sprachwissenschaftlern weitgehend unbekannt, und deshalb herrscht allgemein, auch in der Sprachwissenschaft, die gleiche Einschätzung wie früher, daß Fremdwörter abzulehnen sind. Die Gründe, die sie angeben, warum Fremdwörter abzulehnen sind: weil es sprachsoziologische, also Jargonisierungserscheinungen gibt, oder: Fremdwörter sind erst recht abzulehnen, weil sie eine

Mauer aufrichten, wenn man Leute unterdrücken, einschüchtern, seine Bildung dokumentieren will. Das ist vielleicht eine Veränderung in der heutigen Einschätzung von Fremdwörtern, sie werden nicht abgelehnt, weil sie fremd sind, sondern weil sie ein Verständigungshindernis sind.

- In der Sprachwissenschaft hat man von Diskussionen zur Einschätzung des Fremdwortgebrauchs prinzipiell Abstand genommen, weil dieses Thema nationalsozialistisch belastet ist.

- Die meisten Akademiker betrachten Fremdwörter nicht kritisch, zumal sie täglich damit arbeiten. Ein kleiner Prozentsatz von Intellektuellen, ältere, konservative versuchen nach älterem Stil die frühere Fremdwortaversion etwas zu beleben, aber das ist gering. In der Sprachwissenschaft gibt es Wissenschaftler, die den Terminus "Fremdwort" beseitigen wollen und meinen, es gebe keine Fremdwörter[1].

Im schriftlichen Teil der Befragung haben zwei Personen angegeben, daß die meisten Akademiker, insbesondere Germanisten, im Laufe der achtziger Jahre Fremdwörter eher positiv einschätzten, zwei, daß sie sie eher negativ einschätzten, ebenfalls zwei kreuzten "neutral" an, einer "eher positiv oder auch neutral", und einer hat die Frage nicht beantwortet.

Alle mündlich Befragten haben die Einschätzung der Fremdwörter in Verbindung mit der Verständlichkeit gebracht: in allen Kommunikationssituationen, in schriftlicher und mündlicher Rede. Als einige Beispiele für Situationen, in denen die Verständlichkeit vom Fremdwortgebrauch gefährdet ist, wurden genannt: in der schriftlichen Rede wissenschaftliche, natur- und geisteswissenschaftliche, insbesondere sprachwissenschaftliche Publikationen, dann weitere Textsorten wie Gebrauchsanweisungen, politische und wirtschaftliche Texte (letztere können Zeitungstexte sein); in der mündlichen Rede Gespräche zwischen Ärzten und Patienten, Nachrichten, Mitteilungen und Kommunikationssituationen zwischen älteren und jüngeren Mitgliedern der Sprachgemeinschaft. Der öffentliche Sprachgebrauch bei Stellen, wo Institutionen und Bürger zusammenkommen, z.B. auf der Bank, sollte ebenfalls nicht durch Fremdwortgebrauch verstellt werden.

Darüber hinaus wurden bestimmte Sorten von Fremdwörtern bzw. bestimmte Aspekte des Fremdwortgebrauchs eher positiv oder eher negativ eingeschätzt: Drei meiner Interviewpartner haben die These aufgestellt, daß fremdsprachliche lexikalische Einheiten in den einzelnen Fachsprachen unvermeidbar, sogar nötig sind.

---

[1] Diese Auffassung wurde in der Fachliteratur der achtziger Jahre u.a. von Kirkness und Stickel vertreten (vgl. Kapitel 3.1.1., oben). Dagegen vertritt der gerade referierte Experte (W. Müller) die Auffassung, daß man "Fremdwort" als Terminus in der Sprachwissenschaft aufrechterhalten muß: Fremdwörter unterscheiden sich durch bestimmte Merkmale von deutschen Wörtern, insofern kann man den Terminus "Fremdwort" als Ordnungsprinzip praktisch behalten. Diese Auffassung teilen auch (u.a.) Augst und Munske. In der vorliegenden Untersuchung schloß ich mich bei der Herausarbeitung der Kriterien zur synchronischen Betrachtung eines Wortes als Fremdwort in der deutschen Sprache (vgl. Kapitel 5.1.1., oben) der These der zuletzt genannten Autoren an. Es handelt sich bei diesen beiden Thesen um begriffliche Betrachtungsweisen und nicht um eher positive oder eher negative Einstellungen zum Fremdwortgebrauch.

Gerade im geisteswissenschaftlichen Bereich versichere die Entlehnung oft die Genauigkeit einer Theorie; z.B. wenn man die Wörter "native speaker" oder "ideal speaker" verwende, gebe man zu verstehen, daß man die Wörter im Sinne von Chomskys Theorie benutze. Genauso machten die Wörter "arete" und "eleos" klar, daß man über Kulturerscheinungen der antiken Welt spreche und sie als solche benenne. In diesem Fall würden die Übersetzungen "Tugend" und "Mitleid", die christliche Begriffe sind, zu Ungenauigkeiten, eventuell zu Mißverständnissen führen. Sowohl "native speaker" als auch "arete" und "eleos" sollen als Beispiele für fremde oder fremdsprachliche Fachtermini gelten, deren Benutzung der Genauigkeit des sprachlichen Ausdrucks dient und aus diesem Grund positiv eingeschätzt wird.

Weiterhin wurden folgende Aspekte des Fremdwortgebrauchs positiv eingeschätzt:
- die Internationalisierung der Kommunikation sowohl auf fachsprachlicher Ebene (Nomenklaturen, Terminologien) als auch auf allgemeinsprachlicher Ebene;
- die Lehnwortbildung und
- der alters- und berufsspezifische Gebrauch von Fremdwörtern.

Besonders von einem meiner Gesprächspartner wurde folgender Aspekt des Fremdwortgebrauchs als negativ hervorgehoben: die Instrumentalisierung der Fremdwörter und damit der Sprache für kommerzielle Zwecke von bestimmten Schichten, etwa der Werbebranchen und Marketingstrategen. Obwohl diese Gruppen keine sprachbezogenen Interessen vertreten und durchsetzen wollten, beeinflußten sie den Sprachgebrauch, um ihre Produkte zu fördern. Dabei komme es zu Veränderungen des Sprachgebrauchs, die nicht berechtigt seien, weil sie nicht von offiziellen Institutionen der Spracherziehung gesteuert würden.

Die Fremdwörter in der Werbesprache wurden auch sonst als "unnötig und kritisch zu betrachten" eingeschätzt. Zugleich wurde aber darauf hingewiesen, daß viele überflüssige Fremdwörter von selbst verschwinden würden und es nicht "wert" seien, bekämpft zu werden. In diesem Zusammenhang wurden also keine aktiven puristischen Haltungen geäußert.

Nur einer meiner Interviewpartner hat von dem "Grundzug der Deutschen gesprochen, sich darin zu gefallen, Fremdes unreflektiert, unkritisch, oft unüberlegt aufzunehmen" und betrachtet dies als "die große Gefahr". Deshalb sieht er es als eine seiner Aufgaben, nicht gegen Fremdwörter im allgemeinen zu kämpfen, sondern nur gegen ihre unüberlegte Übernahme.

Die Auffassungen zur Fremdworteinschätzung haben sich innerhalb der letzten zehn Jahre bei drei der Interviewten nicht bzw. kaum verändert. Von den übrigen vier sind zwei in ihrer Fremdworteinschätzung sensibler geworden, d.h. kritischer in ihrem Sprachgebrauch, vorsichtiger bei ihrem sprachlichen Ausdruck. Ihre Auffassung habe sich in dem Sinne verändert, daß sie sich jetzt mehr Gedanken machen über Verständlichkeit.

Eine meiner Gesprächspartnerinnen sagte, sie sei in den letzten zehn Jahren bei ihrer Einschätzung von Fremdwörtern unbefangener geworden und habe Spaß beim "Erfinden" neuer Fremdwörter. Ein Grund hierfür sei ihre wissenschaftliche Beschäftigung mit der Lehnwortbildung.

Einer meiner Interviewpartner meinte, er sei in den letzten zehn Jahren toleranter geworden. Früher habe er eine radikalere Position zum Thema eingenommen und das "Fachchinesisch" oder "Soziologendeutsch" sehr kritisch betrachtet. Heute denke er sich, diese allgemeine Fachsprachenentwicklung sei teilweise unvermeidbar. Seine Kritik richte sich heutzutage mehr gegen den "unüberlegten Gebrauch" von Fremdwörtern.

Von den acht schriftlich Befragten haben drei angegeben, daß sie den Gebrauch von Fremdwörtern eher positiv einschätzen, einer positiv, drei neutral. Einer hat bemerkt, daß dies nur adressatenbezogen bewertet werden kann. "In Fachkreisen", so bemerkt er weiter, "spielt die Fremdwortfrage keine Rolle, im Verkehr mit der allgemeinen Öffentlichkeit, vor allem mit sogenannten 'einfachen' Leuten sehr!" Er schließt sich also einer der Hauptthesen der mündlich Befragten an, in der Kommunikation zwischen Fachleuten wirke der Fremdwortgebrauch überhaupt nicht störend, wohl aber in der Kommunikation zwischen Fachleuten und Laien, wo Verständigungsprobleme auftreten können. Sieben der acht schriftlich Befragten haben sich in ihrer Auffassung bezüglich der Fremdworteinschätzung in den letzten zehn Jahren nicht verändert, einer hat sich in dieser Hinsicht von negativ zu neutral verändert.

Der vierte Fragenkomplex konzentrierte sich (wie der zweite) auf den Sprachgebrauch und hatte als Thema den Gebrauch von Fremdwörtern seitens der befragten Expertinnen und Experten (soweit dieser Gebrauch durch direkte Fragen erfaßbar ist). Die Interviews bzw. schriftliche Befragung konzentrierten sich auf die folgenden Schwerpunkte:
- die allgemeine Frequenz des persönlichen Fremdwortgebrauchs und
- die Häufigkeit des Gebrauchs bezogen auf bestimmte Situationen (schriftliche/mündliche Rede, Briefe, wissenschaftliche Publikationen, Welt der Arbeit/Freizeit usw.).

Alle mündlich Befragten haben die Häufigkeit ihres Fremdwortgebrauchs als "adressatenspezifisch" charakterisiert und haben dies wiederum in Verbindung mit der Verständlichkeit gebracht. Außerdem waren sich alle sicher, daß sie bei ihrer Arbeit mehr Fremdwörter gebrauchen als z.B. in ihrer Freizeit. Die in ihrem Beruf gebrauchten Fremdwörter seien zugleich auch Fachwörter, die sich gar nicht vermeiden ließen; in diesem Sinne wurde der notwendige Zusammenhang zwischen Fremdwörtern und Fachwörtern stark hervorgehoben[1].

Zwei der Gesprächspartner haben angegeben, daß die Häufigkeit ihres Fremdwortgebrauchs auch "gegenstandsspezifisch" sei: Ob man im Alltag, zu Hause, in der Familie weniger Fremdwörter gebrauche, das liege nicht an bewußten Vermeidungsstrategien, sondern daran, daß große Bereiche des Grund- und Alltagswortschatzes nicht mit vielen Fremdwörtern belegt seien. Fremdwörter würden bei entsprechenden Adressatenkreisen auch in Form von

---

1 Daß die beiden Gruppen, Fremdwörter und Fachwörter, nicht identisch sind und auch deutsche Wörter eine fachsprachliche Bedeutung haben können, darauf wurde von drei Interviewteilnehmerinnen und -teilnehmern hingewiesen; "Vernunft" werde in philosophischen Texten als Fachausdruck gewertet und könne eventuell gewisse Verständnisschwierigkeiten verursachen.

Wortspielen und saloppen Redensarten gebraucht, so die Angabe einer meiner Interviewteilnehmerinnen. Bezogen auf den schriftlichen/mündlichen Sprachgebrauch haben zwei der Interviewpartner vermutet, daß sie in ihren schriftlichen Texten weniger Fremdwörter gebrauchen als in mündlichen, weil man das Schriftliche nach dem Kriterium der Verständlichkeit wieder neu formulieren könne. Eine der mündlich befragten Expertinnen benutzt in ihren schriftlichen wissenschaftlichen Texten mehr Fremdwörter, in ihren Briefen aber wieder weniger.

Allgemein gesehen, haben <u>drei</u> meiner Interviewpartner gesagt, daß sie den <u>Fremdwortgebrauch eher vermeiden, einer</u> meinte, er liege (jetzt) "<u>auf der Mittellinie</u>" (während er früher mehr Fremdwörter gebraucht habe), und <u>eine</u> Gesprächspartnerin sagte, sie vermeide nicht den Fremdwortgebrauch, habe keine Hemmungen dabei, sondern vielmehr <u>Spaß daran, Fremdwörter zu gebrauchen</u> und neue zu "erfinden".

Die These, Erläuterungen bei dem Gebrauch aller Arten von Fremdwörtern - und in allen Textsorten und Kommunikationssituationen - verhülfen zu einer besseren Verständlichkeit, wurde in den einzelnen Interviews unterschiedlich stark betont (z.B.):

> "Ich finde schon, daß man in gut redigierten Texten in der Zeitung Erklärungen geben muß, und das ist im Prinzip meine Aufgabe. Ich versuche nicht, Fremdwörter aus den Texten auszumerzen, (...) ich mache es in der Regel so, daß ich - wenn das Fremdwort auftaucht - entweder das Ersatzwort dazu oder eine Erklärung liefere" (Olt 1990).

Derselbe Autor[1] hat mich auch informiert über den Gebrauch und die Häufigkeit von Fremdwörtern in den einzelnen Rubriken der "Frankfurter Allgemeinen Zeitung": In dieser Zeitung finde man viele Fremdwörter, in der Politik, in der Wirtschaft, die meisten im Feuilleton. Im Feuilleton deswegen, weil es zur Modernität oder zum Selbstverständnis gehöre, daß man das Vokabular "ohne Brechung", d.h. direkt übernehme von den Themen, die bearbeitet werden, z.B. Gespräche mit Schriftstellern oder Künstlern oder Theaterberichte und ähnliches. In der Wirtschaft gebe es viele englisch geprägte Fachbegriffe, die ebenfalls in den meisten Fällen unübersetzt vorkämen. In der Politik werde am ehesten versucht, bei

---

[1] R. Olt veröffentlicht nicht nur journalistische Artikel über sprachliche Themen, sondern befaßt sich auch aus wissenschaftlicher Sicht mit Sprachfragen. Seine wissenschaftlichen Schriften sind hauptsächlich historisch orientiert und thematisieren schwerpunktmäßig ebenfalls verschiedene Perspektiven der Fremdwortfrage. In seinem Buch "Wider das Fremde?", das 1991 erschienen ist, untersucht der Autor die Rolle des "Zweigvereins Darmstadt" des Allgemeinen Deutschen Sprachvereins. Die Analyse stützt sich auf eine detaillierte Auswertung von Archivalien. In dem sprachpflegerischen Programm dieses Zweigvereins hatte die Verdeutschung von Fremdwörtern den ersten Rang unter allen behandelten Themen (z.B. Diskussion über Fachsprachen, Fragen zur Rechtschreibung, zur Aussprache etc.). Außerdem beinhaltete die Auseinandersetzung mit diesen Themen fast immer den Aspekt des Fremdwortgebrauchs. Trotz aller Vorbehalte, mit denen man heute derartigen sprachpflegerischen Bemühungen begegnet, sollte man - so eines der Ziele der Arbeit - seine Leistung aus der Zeit, in der der Verein wirkte, heraus beurteilen und die Tatsache einiger gelungener Verdeutschungen, die bis heute in Gebrauch sind, nicht aus dem Blick verlieren.

unbekannten und schwerverständlichen Fremdwörtern eine einigermaßen genaue Erklärung zu bieten; so seien z.b. "perestroika" und "glasnost" am Anfang immer erklärt worden[1].

Auf meine Fragen, wie oft und in welchen Situationen sie Fremdwörter gebrauchten, antworteten die acht schriftlich Befragten folgendermaßen: Was die allgemeine Frequenz ihres persönlichen Fremdwortgebrauchs betrifft, gaben vier an, daß sie Fremdwörter "ziemlich oft" gebrauchen; einer von ihnen bemerkte zusätzlich, daß er sich aber vor allem nach dem Adressaten richte. Drei der Teilnehmerinnen und Teilnehmer an meiner schriftlichen Befragung benutzen Fremdwörter "manchmal"; wiederum gab es unter diesen drei einen, der zusätzlich angab: "allerdings mit Erläuterung je nach Adressatengruppe". Eine Person kreuzte an, daß sie meistens den Fremdwortgebrauch vermeidet. Bezogen auf den Fremdwortgebrauch in bestimmten Situationen - hier konnte man wiederum mehr als einen Fall ankreuzen - wurde sechsmal angekreuzt "bei der Abfassung wissenschaftlicher Werke" und achtmal "immer, wenn das Fremdwort besser wiedergibt, was ich ausdrücken möchte".

Die abschließende Frage bei den Interviews hatte als Thema, ob und inwiefern (nach der Auffassung der Befragten) die Einstellung zu Fremdwörtern in Verbindung stehe mit der Einstellung zu "Fremden" allgemein bzw. zu Ausländern.

Daraufhin haben vier der sieben Interviewteilnehmerinnen und -teilnehmer angegeben, daß ihrer Auffassung nach ein wesensmäßiger Zusammenhang - zumindest für die Gegenwart - kaum bestehe und haben ihre These jeweils mit Beispielen erläutert:
- Gegenwärtig sei in der Bundesrepublik weder ein Antiamerikanismus noch eine ausgesprochene Amerikafreundlichkeit festzustellen, trotzdem stiegen die Amerikanismen an. Der Bedarf, die amerikanischen Titel zu verstehen, z.b. in der Technik oder in der Pop-Musik, hänge kaum mit den Amerikanern als solchen und mit möglichen Sympathien oder Aversionen ihnen gegenüber zusammen.
- Daß es im Deutschen kaum Wörter türkischer Herkunft gibt (bis auf einige Speisebenennungen, die zugleich mit dem Gegenstand übernommen wurden), hänge ebenfalls nicht mit den Türken als Volk und mit Gefühlen ihnen gegenüber zusammen, sondern eher mit

---

[1] In meinem Interview mit Olt ergaben sich zusätzliche Erkenntnisse zur Sprachbetrachtung aus journalistischer Perspektive: In der FAZ werden etwa alle drei bis vier Monate Artikel über sprachliche Themen veröffentlicht, meist in Form von Leitartikeln, die die Linie der gesamten Zeitung wiedergeben und die meistens von der politischen Redaktion ausgehen. In der FAZ gibt es eine lange Tradition, sich mit Sprachfragen zu befassen. Sie existiert schon seit dem Vorgänger der FAZ, der 1869 gegründeten "Frankfurter Zeitung", in der man sich neben Sprachfragen auch feuilletonistisch mit Literatur beschäftigt hatte. Auch im "Dritten Reich" wurden bis zu ihrem Verbot (1943) Sprachfragen behandelt. Die Redakteure versuchten, bestimmte nationalsozialistische Vorgaben zu umgehen, indem sie zwischen den Zeilen schrieben.
Andere Zeitungen, die Artikel zu sprachlichen Themen veröffentlichten, sind neben der "Zeit" und dem "Spiegel" die "Presse", eine österreichische Wochenzeitung, das "Darmstädter Echo" und die "Dolomiten", eine deutschsprachige Tageszeitung, die in Norditalien erscheint. In der FAZ macht das Thema "Fremdwort" etwa 10 % der gesamten Sprachartikel aus, die fast immer heftige Reaktionen aller Art hervorrufen, vor allem in Form von Leserbriefen. Das zeigt die Brisanz des Themas. Olt steht in seiner Redaktion für eine Sprachberatung zur Verfügung. Fragen über Fremdwörter (z.b. über deren Orthographie oder Bedeutung) kommen täglich vor.

dem geringen, vernachlässigbaren Einfluß der türkischen Kultur auf die deutsche Massenkultur. Ähnliches gelte auch für spanische Wörter, deren Anzahl im Deutschen verschwindend gering sei.

Während also die Übernahme von Fremdwörtern und die Einstellung dazu ein <u>Sachbezug</u> sei, sei "Fremdenfeindlichkeit" ein <u>personaler Bezug</u>, insofern wäre ein Vergleich der zwei Phänomene nicht adäquat.

- Ein Beispiel aus französischer Sicht: Die sehr sprachpuristischen Franzosen lehnten deutsche Fremdwörter ab, <u>nicht</u> weil sie Deutsche nicht mochten, sondern eher aus Überbetonung des Eigenen und aus starken Abgrenzungstendenzen, vor allem in kultureller Hinsicht.

Ein Gesprächspartner hat darauf hingewiesen, daß eine derartige Verbindung zwischen Fremdwortablehnung und Fremdenablehnung <u>in der Vergangenheit</u> eine Rolle gespielt hatte. In diesem Zusammenhang hat er die Abhandlung von L. Spitzer "Fremdwörterhatz und Fremdvölkerhaß" (Wien 1918) genannt, die diese Perspektive ausführlicher behandelt. Heutzutage hätten Aversionen gegen bestimmte Bevölkerungsgruppen, z.B. Türken oder Asylanten aus Pakistan oder Nordafrika, mit der Fremdwortfrage nichts zu tun, da das Deutsche von diesen Sprachen kaum beeinflußt werde.

Eine Interviewpartnerin war der Auffassung, daß man negative Einstellungen gegenüber Fremden bzw. Ausländern <u>vermuten</u> könnte, wenn man sprachpuristische Argumentationen lese oder Äußerungen höre, wie "gibt es eine Organisation zur Rettung der deutschen Sprache von den Anglizismen?" (Diese Frage war in der Sprachberatung aufgetaucht.) Negative Einstellungen gegenüber bestimmten Bevölkerungsgruppen seien jedoch nicht vorhanden, wenn Sprachteilhaber nur wegen Verständnisschwierigkeiten kritisch (bzw. negativ) gegenüber dem Fremdwortgebrauch eingestellt seien.

Eine leichte Verbindung zwischen Einstellungen zum Fremdwortgebrauch und zu Fremden allgemein wurde bei zwei Interviews folgendermaßen hergestellt: Beide Befragte haben zunächst betont, daß man dies pauschal nicht beurteilen könne und daß es übertrieben wäre, eine sprachpuristische Haltung mit Ausländerfeindlichkeit oder Rassismus gleichzusetzen. Darüber hinaus hat der eine Befragte angegeben, daß bei <u>Minderheiten</u> in der Bevölkerung die zwei Phänomene gleichzeitig zutreffen könnten: eine stark patriotische Gesinnung und eine besonders "allergische" Reaktion gegenüber dem Fremdwortgebrauch. Diese Minderheiten, die das nationale Element besonders pflegen wollten, seien grundsätzlich auch die "Ausländer" im eigenen Lande. Bei dieser Korrelation, die allerdings nicht durch eine wissenschaftliche Theorie, zumindest nicht eine dem Befragten bekannte Theorie, gestützt werde, könnten auch andere Faktoren eine Rolle spielen, z.B. Generationenunterschiede und Fragen des Prestiges einer Sprache: Wenn Wörter aus dem Türkischen mit einem anderen Stilwert versehen würden als Wörter z.B. aus dem Schwedischen, könne man wiederum eine Beziehung zwischen den zwei Phänomenen annehmen/vermuten.

Bei der anderen Auffassung wurden die Einstellung zu Fremdwörtern und zu Fremden allgemein als ähnliche Phänomene empfunden. Bei beiden stehe eine ähnliche ängstliche Haltung dahinter, und man könne beides mit denselben Mitteln, d.h. mit weniger Angst und mehr Kommunikation bewältigen. Gleichzeitig wurde betont, daß nicht immer eine Übereinstimmung vorhanden ist zwischen der Haltung zu den Fremdwörtern und der Haltung zu Fremden (oder zu Fremdem): Negative Einschätzungen von Fremdwörtern würden oft begleitet von positiven Einschätzungen z.b. fremder Literatur, fremder Musik oder in bezug auf Besuche in ausländischen Lokalen, Kulturzentren usw. Bei Anglizismen und deren Ablehnung könne es sein - so meine Interviewpartnerin - , daß diese Ablehnung einer Abwehr der amerikanischen Kultur entspreche, bei einzelnen oder bei bestimmten Gruppen von Sprachteilhabern. In diesem Fall würden neben englischsprachigen Wörtern auch bestimmte kulturelle Erscheinungen abgelehnt, die mit dem "American way of life" verbunden würden. Allgemein gesehen sei das Deutsche relativ offen gegenüber Fremdwörtern[1].

In der abschließenden Frage der Fragebögen wurde gebeten, einige Fremdwörter zu nennen, die in der letzten Zeit besonders gebraucht wurden. "Computer" und "Recycling" wurden jeweils zweimal genannt und die folgenden Wörter jeweils einmal: "(Tele)fax", "Telex", "faxen", "Laptop", "Embargo", "renaturieren", "Biotop", "Ökologie", "Zyklon-B"; mit der Angabe "für 1990" wurden genannt: "sozial abfedern", "Anschubfinanzierung", "Klimakatastrophe", "Quarks" (= Elementarteilchen), "Tatort-/Wohnortprinzip", "Verkehrsinfarkt", "Wirtschafts-", "Währungs-" und "Sozialunion". Weiterhin wurden auch genannt: "die Wortfelder 'Bio-', 'Öko-' und 'Polit-'", "Akzeptanz", "joint", "mental"; eine der Befragten hat angegeben, daß vor allem Anglizismen gebraucht würden, z.B. "feeling", "shopping", "Boom", und daß viele Fachwörter besonders aus dem Computerwortschatz mit der zunehmenden Computerisierung auch allgemeinsprachlich gebraucht würden; weiterhin auch Fremdwörter aus dem Modewortschatz, für Kosmetika usw.

Nun möchte ich kurz auf Anfragen und Zuschriften an Sprachberatungsstellen zum Thema "Fremdwort" eingehen. Die Gesellschaft für deutsche Sprache erhält jede Woche Anfragen zu diesem Thema. Die Anzahl der Anfragen ist in den letzten zwei bis drei Jahren nicht gestiegen. Die Anfragen stammen oft von Einzelpersonen, d.h. Rentnern oder "Sprachfreunden", aber auch von Vereinen oder Verlagen. Die Anfragen beziehen sich auf die Wiedergabe von Fremdwörtern mit entsprechenden deutschen Wörtern, auf Gebrauchssituationen von Fremdwörtern, aber auch auf ihre Aufnahme in Wörterbüchern oder auf ihr richtiges Genus.

---

1 Stark xenophobische Tendenzen träten häufiger auf bei Völkern, die eine gewisse "Inselposition" hätten, z.B. bei den Frankokanadiern. Da sie Angst davor hätten, ihre kulturelle Identität nicht bewahren zu können, versuchten sie dem zu begegnen, indem sie u.a. streng auf der französischen Sprache beharrten und kein Englisch sprechen würden.
  In Ergänzung dazu bemerke ich, daß gewisse Angstgefühle um die Veränderung der kulturellen Identität auch bei den Griechen vorkommen. Diese Angstgefühle spiegeln sich (u.a.) in einer ziemlich kritischen Haltung gegenüber Fremdwörtern (ausführlicher dazu vgl. Kapitel 6.2., unten).

Die meisten der anfragenden Sprachteilhaber haben eine negative Einstellung gegenüber Fremdwörtern, viele sind sogar sehr kritisch-abwertend. Beispiele für Anfragen sind[1]:
- Hat das Wort "Asylant" eine abwertende Bedeutung?
- Wie schreibt man richtig die von den Skateboardern zur Ausübung ihres Sports benutzte halbe Röhre: "Half-Pipe", "Halfpipe", "halfpipe" oder wie?
- Wie schreibt man das von "Recycling" abgeleitete Adjektiv mit "-bar"?
- Ist es richtig, daß "Polyol" Neutrum ist? - So lautet die Angabe in einem Fachlexikon. Woher kommt dann aber die Inkonsequenz "der Alkohol", "der Polyalkohol", aber "das Polyol"?
- Wie heißt es richtig, wenn man einen Fisch zerteilt: "filieren" oder "filetieren"?
- Welche Schreibweise ist richtig: "Personalcomputer", "Personal-Computer" oder "Personal Computer"?

Das "Grammatische Telefon" an der RWTH-Aachen erhält seltener Anfragen zum Thema "Fremdwort". An erster Stelle stammen die Anfragen von Sekretärinnen oder Sachbearbeiterinnen, die bestimmte Wörter nicht verstehen, an zweiter Stelle von Journalisten oder Werbetextern. Die Anzahl der Anfragen ist in den letzten zwei bis drei Jahren gestiegen, weil auch das Angebot gestiegen ist. Seit 1986 sind die Sprechstunden erweitert worden von vier Stunden in der Woche auf vier Stunden jeden Tag. Die Fragen beziehen sich:

a) auf die Bedeutung von Fremdwörtern, z.B.:
- Was ist eine "Famulatur"?
- Gibt es das Wort "Pedanze"? Es soll "Innenhof" bedeuten.
- Was heißt "Tribiologie"? Ich habe das Wort im DUDEN nicht gefunden.
- Besteht ein Bedeutungsunterschied zwischen: "Integration" und "Integrierung", "sozial" und "soziologisch", "formal" und "formell" ...?
- Gibt es das Wort "Justage"? Bei uns (= Hochschulinstitut, Mechanik) ist es gebräuchlich.
- Fragen zur Semantik von: Anachronismus, per definitionem, Brunch, Perturbation, Psychographie, Assessment, stochastisch, averbal/nonverbal, Interferenz, heteronom, Traineeprogramm, Tautologie, Signifikant, Iterationsverfahren, Thesaurus etc.;

b) auf die Orthographie von Fremdwörtern, z.B.:
- Schreibt man "recyceln" oder "recyclen", "Prämierung" oder "Prämiierung", "in puncto" oder "in punkto", "fin de siècle" oder "fin du siècle"?
- Mit wieviel "m" schreibt man "numerieren"?
- Wie schreibt man "Polykarbonat"?

c) auf die Deklination von Fremdwörtern, z.B.:
- Wie heißt der Genitiv von "Interface"?

---

1 Entnommen aus der Zeitschrift "Der Sprachdienst" (1989 und 1990).

- Wie heißt der Plural von: Status, Rhythmus, Modul, Cursor, Relais, Partikel, Bit, Byte, Etui, Schema, PC, Turnus, Jour-fixe, Mikrofiche, Logos, Dissens, Telefax, Pergola, Schematismus, Modem, Controler, Hobby?

Daß Fremdwörter Verständnisschwierigkeiten bereiten, zeigt die folgende Anfrage, die ebenfalls an das "Grammatische Telefon" gerichtet wurde:

> "Gibt es in der Medizin einen fachsprachlichen Ausdruck für "Linkshänder"? Ich möchte den Ausdruck in einem Beschwerdebrief verwenden; dieser soll schwer verständlich sein."

Das "Sprachservice-Telefon" an der Universität Düsseldorf erhält jede Woche Anfragen zum Thema "Fremdwort". Die Anzahl der Anfragen ist in den letzten zwei bis drei Jahren nicht gestiegen. Die Anfrager sind Journalisten und Schriftsteller, Übersetzer sowie Sekretärinnen und Werbetexter, weiterhin auch Institutionen wie Zeitungen, Verlage, Firmen und Branchen. Die meisten der anfragenden Sprachteilhaber äußern sich neutral gegenüber dem Fremdwortgebrauch. Die Fragen beziehen sich auf die Aufnahme von Fremdwörtern in Wörterbüchern und auf Gebrauchssituationen von Fremdwörtern. Am häufigsten sind die Fragen über die Bedeutung und Orthographie von Fremdwörtern.

Beispielsweise wurde die Bedeutung von folgenden Fremdwörtern erfragt: waver, exquilibiristisch, Kalumet, Handling, Paraphe, Sujet, insignieren, remanent, Koaxialität, divestieren, Purolator, vaskular, renvoi, schipös, Audit, konterkarieren, Forfaitierung etc. Aber auch nach der Bedeutung nicht so schwerer Fremdwörter wurde gefragt: Chauvinismus, Utilitarismus, glasnost/perestroika, adäquat, Depression, kognitiv, Machismo, Know-how, Proband etc.

Nach der richtigen Schreibung wurde z.B. bei folgenden Fremdwörtern gefragt: curser, peu à peu, Check out, Phthir(i)us, Understatement, Kasus knacktus, akquirieren, Bulimie, Appetizer, Austerity, High-Tech, Level, Thermopane, relativ, nomothetisch etc.

6.2. Einstellungen zu Fremdwörtern in Griechenland

6.2.1. Systematisierung bisheriger Abhandlungen

Im Jahr 1982 wurde in Athen der "Griechische Sprachverein" gegründet. (Vgl. Kapitel 4.3.) Unter seinen Gründern waren zwei Universitätsprofessoren (für Linguistik und klassische Philologie), zwei Schriftsteller und der Literaturnobelpreisträger Odysseas Elytis. Aufgabe des Vereins sollte es laut Satzung sein[1], "bestimmte generelle Prinzipien und Auffassungen über den Gebrauch der griechischen Sprache und der aktuellen

---

1 Alle Übersetzungen der griechischen Zitate stammen von mir.

wissenschaftlichen Terminologie festzulegen"[1]. Die Satzung hat verschiedene Reaktionen hervorgerufen, die von völliger Zustimmung bis hin zu Kritik oder Angriffen auf ihn reichten. Die wichtigsten Reaktionen wurden im ersten von den insgesamt zwei herausgegebenen Bänden der Zeitschrift des Vereins gesammelt. Solche konservativen Einschätzungen von Fremdwörtern wurden von Vereinsmitgliedern und -gründern auch an anderen Stellen geäußert; z.B. hat sich Babiniotis (Professor für Linguistik an der Universität Athen) ausführlicher damit befaßt. Insbesondere hat er den Gebrauch bestimmter Fremdwörter aus linguistischen Gründen kritisiert[2]. Sinngemäß schreibt er im einzelnen: Wenn der Sprachverein sich zum Ziel gesetzt hat, Lösungen für mögliche Übersetzungen von Fremdwörtern vorzuschlagen, so sind damit auf keinen Fall diejenigen Fremdwörter gemeint, die sich in der Sprache "eingebürgert" haben und von jedem benutzt werden, z.b. "σπίτι" ("spiti") < lat. "hospitium" (Haus), "ομπρέλα" ("ombrela") < ital. "ombrella" (Regenschirm) oder "τζάμι" ("dzami") < türk. "cam" (Glasscheibe). Diese Entlehnungen und alle diejenigen, die im Laufe der Geschichte in die griechische Sprache übernommen und in der lebendigen Rede integriert und assimiliert worden sind, indem sie Ableitungen und Zusammensetzungen gebildet haben, Wörter, deren fremde Herkunft nur wenige kennen, sind seiner Meinung nach nicht das Problem. Wenn über ein tatsächliches Eindringen von Fremdwörtern gesprochen wird, so meint Babiniotis damit das fremdsprachliche Material, das täglich von den Massenmedien, von Übersetzungen fremdsprachlicher Bücher, von der Technologie und der Wirtschaft übernommen wird. Als solche Fremdwörter, die in der lebendigen Rede nicht integriert und assimiliert sind, kaum Ableitungen und Zusammensetzungen gebildet haben, Wörter also, bei denen man ihre fremde Herkunft erkennt, führt Babiniotis an: "μπίζνεσμαν" ("businessman"), "σόουμαν" ("showman"), "ρέκορντμαν" ("recordman"), "σνακ-μπάρ" ("snack-bar"), "ναϊτ-κλάμπ" ("night-club"), "ρουφ-γκάρντεν" ("roof-garden"), "καφετέρια" ("cafeteria"), "πιτσαρία" ("pizzeria"), "ντισκοτέκ" ("discothèque"), "σελφ-σέρβις" ("self-service"), "σούπερ-μάρκετ" ("super-market"), "πάρκηγκ" ("parking"), "μοντάζ" ("montage"), "σοκ" ("shoc"), "σικ" ("chic"), "ρηλάξ" ("relax"), "σλάιτς" ("slides"), "στάνταρ" ("standard"), "σπήκερ" ("speaker"), "μπέμπυ-σίττερ" ("baby-sitter"), "αξεσουάρ" ("accessoire"), "ρεζερβουάρ" ("réservoir"), "τερρέν" ("terrain"), "ρεπορτάζ" ("reportage"), "ρεπόρτερ" ("reporter"), "φεστιβάλ" ("festival"), "ρεσεψιόν" ("réception"), "ρεφλέξ" ("reflex"), "ρεβάνς" ("revanche"), "ρετρό" ("rétro"), "πλακάτ" ("plakat"), "πλασιέ" ("plassieur"), "πορτ-μπαγκάζ" ("port-baggage"), "μπουτίκ" ("boutique"), "μπλοκ" ("bloc"), "μποϋκοτάζ" ("boycottage"), "σαμποτάζ" ("sabotage"), "νορμάλ" ("normal"), "νιβώ" ("niveau"), "ντεκόρ" ("decore"), "κοντρόλ" ("control") und andere. Dieser Wortschatz, das "franglais" des Griechischen, das "Anglogriechische" und das "Gallogriechische"[3] sollte - so Babiniotis - nicht unüberlegt passiv akzeptiert werden (Babiniotis 1984, S. 153-154). Neue kulturelle,

---

1 Satzung zur Gründung des "Griechischen Sprachvereins" (1984, S. 13).
2 Vgl. z.B. Babiniotis (1984, S. 148-161).
3 In Anführungszeichen der vom Autor benutzte Wortschatz.

technische und andere Kommunikationsbedürfnisse sollten, soweit es geht, mit griechischen Elementen ausgedrückt werden, mit Elementen "aus dem unerschöpflichen und lebendigen Material unserer sprachlichen Tradition" (Babiniotis 1984, S. 158).

Solche konservativen Einstellungen wurden von demselben Autor auch an anderen Stellen geäußert, z.B. im Kolloquium "Öffentlicher Dialog über die Sprache", das im Januar 1985 in Athen stattgefunden hat. An diesem Kolloquium nahmen Literatur-, Sprachwissenschaftler und Schriftsteller teil. In seinem Vortrag behandelte Babiniotis den Gebrauch von Fremdwörtern, die "sprachliche Abhängigkeit", als Teil des allgemeinen "Sprachverfalls":

> "Unter den schlimmsten Arten der Abhängigkeit unseres Landes - langfristig die gefährlichste, glaube ich - ist unsere sprachliche Abhängigkeit von Fremdsprachen, heutzutage vor allem vom Englischen. (...) Unverändert, variiert oder übersetzt sind Scharen von Fremdwörtern und Phrasen in den letzten Jahren importiert worden und werden weiterhin täglich mit immer höherem Tempo importiert von der Technologie und der Werbung, die unser Leben mit Begriffen, Werkzeugen und Konsumprodukten überschwemmen und natürlich auch mit den Wörtern, die sie bezeichnen. So wird die Burg unseres sprachlichen Griechentums ohne jeglichen sprachlichen Widerstand oder Hilfe von unserer Seite her, unbewacht und mit dem bereitwilligen und eifrigen Schreckbild unserer Xenomanie von uns selbst der sprachlichen Straßenwalze der Fremdsprachen übergeben" (Babiniotis 1988, S. 27).

Diese Kritik richtet sich ausschließlich gegen die "unangepaßten" Fremdwörter, d.h. diejenigen Fremdwörter, die aufgrund ihrer fremden Endung an das griechische Flexionssystem nicht angepaßt werden können, z.B.:
- Substantive auf "-man" wie "μπίζνεσμαν" ("businessman"), "σόουμαν" ("showman"), "κάμεραμαν" ("cameraman") oder
- Substantive auf "-age" wie "μοντάζ" ("montage"), "ρεπορτάζ" ("reportage"), "κολλάζ" ("collage")[1].

Außer dem Gebrauch einzelner Fremdwörter kritisiert Babiniotis:
- die Übernahme der fremdsprachlichen Betonung auf der ersten Silbe bei mehrsilbigen Wörtern, z.B. "κάμεραμαν" ("cámeraman")[2];
- die Bildung weiblicher Substantive auf "-woman" in Analogie der Maskulina auf "-man", z.B. "μπαρ-γούμαν" ("bar-woman"), "σόου-γούμαν" ("show-woman");
- die Übernahme des Plurals auf "-s", z.B. "φιλμς" ("films"), "κλαμπς" ("clubs"), "τάνκερς" ("tankers"), "σπορτς" ("sports"), "σοπς" ("shops"), "χάμπουργκερς" ("hamburgers") und
- den Gebrauch von fremdsprachlichen, meist englischen Zusammensetzungen wie "σταρ-σύστεμ" ("star-system"), "ντράιβ-ιν" ("drive-in"), von Ausdrücken wie "in" bzw. "out sein", von Lehnübersetzungen und lehnsyntaktischen Konstruktionen[3].

---

[1] Weitere Beispiele für solche "unangepaßten" Fremdwörter sind auf S. 148 (oben) aufgeführt worden.
[2] Die Wortbetonung des Griechischen kann nur auf einer der drei letzten Silben liegen.
[3] Vgl. Babiniotis (1988, S. 28-29).

Für die Verringerung des allgemeinen Sprachverfalls sei - so Babiniotis - der griechische Staat verantwortlich; in der Schule (auf allen Stufen der Erziehung) sowie in den Massenmedien sollte sprachliche Planung stattfinden, damit der Sprachverfall vermindert werde[1].

Auf diesem Kolloquium bezog sich der erste Fragenkreis aus dem Publikum auf das Thema "Fremdwort". Ich nenne hier einige Beispiele aus diesem Fragenkreis: Können wir den fremden Einfluß vermeiden? Wird nicht auf jeden Fall ein bestimmter Anteil an Fremdwörtern bleiben? Wie hoch mag dieser Anteil sein? Mit Fremdwörtern werden meistens besondere Wertungen vermittelt; können wir diese Wertungen vermeiden? Können wir diese Fremdwörter nicht akzeptieren? Könnte vielleicht das Erziehungsministerium ein Wörterbuch herausgeben, damit wir den Anteil an Fremdwörtern in unserer Sprache verringern?

Darauf antwortete Babiniotis folgendes: Es dürfe nicht der falsche Eindruck entstehen, daß er und andere Kollegen von ihm der Auffassung seien, daß die griechische Sprache überhaupt keine Fremdwörter haben sollte. Sie hätte schon sehr viele. Die Frage sei, ob diese unüberlegte, gewitterartige Übernahme von Fremdwörtern gerechtfertigt sei, ohne jeglichen Widerstand akzeptiert werden solle und wohin diese Situation führen werde. Seine Antwort hierauf sei, daß es einen "sprachlichen Widerstand" geben müsse. Dieser könne nichts anderes sein als konkrete Vorschläge für die Wiedergabe von Fremdwörtern. Kein Grieche würde - so Babiniotis - ein Fremdwort benutzen, um einen Begriff wiederzugeben, wenn ihm ein entsprechendes griechisches Wort zur Verfügung stünde; zumindest ab einem bestimmten Punkt. Folglich sei es ihre Verantwortung, den Bedarf hiernach zu erfüllen. Welcher Prozentsatz an Fremdwörtern bleiben könne, werde sich von selbst bestimmen, je nach den Vorschlägen, die es geben werde für die Ersetzung von Fremdwörtern. Auf keinen Fall würden sie (d.h. er und andere Kollegen von ihm) meinen, daß jedes einzelne Fremdwort aus dem Griechischen ausgemerzt werden sollte. In bezug auf die Bemerkung, daß Fremdwörter besondere Wertungen vermitteln, würde er sagen, daß sie überhaupt keine besonderen Wertungen vermittelten. Sie drückten nur Informationen aus, die ohne weiteres auch griechische Wörter ausdrücken könnten. In bezug auf den Vorschlag, daß ein entsprechendes Wörterbuch vom Erziehungsministerium herausgegeben werden sollte, glaube er, daß dies keine Aufgabe des Erziehungsministeriums sei. Dies sei ein allgemeines wissenschaftliches Thema. Denn viele Fremdwörter kämen aus der Technologie und der Werbung; folglich könnte eine wissenschaftliche Kommission von Philologen und Wissenschaftlern verschiedener anderer Disziplinen helfen, griechische Wörter als Ersatz für solche Fremdwörter anzubieten. Danach ergebe sich die Frage, ob und inwiefern diese Vorschläge von den Massenmedien aufgegriffen würden, so daß sie zumindest allgemein bekannt und dann aktiv gebraucht werden könnten (Babiniotis 1988[2], S. 99-100).

---

1 Ebenda, S. 32-37.
2 Im Jahr 1988 erschien der Band mit den Vorträgen, die 1985 auf dem Kolloquium "Öffentlicher Dialog über die Sprache" gehalten wurden. Hefte mit Vorschlägen für die Wiedergabe von Fachfremdwörtern auf

Eine konservative These zur Übernahme und zum Gebrauch von Fremdwörtern vertritt auch Kalioris (1984) in seinem Buch "Die sprachliche Entgräzisierung"[1] (sowie in anderen Veröffentlichungen). In dieser Abhandlung beschreibt er mit zahlreichen Beispielen das Phänomen der "sprachlichen Entgräzisierung" auf allen Ebenen der griechischen Sprache: im Wortschatz, in der Morphologie, in der Phonologie, in der Orthographie und in der Syntax.

Auf der Ebene des <u>Wortschatzes</u> würden griechische Wörter von entsprechenden Fremdwörtern "besiegt"[2] (z.B. "ρέκορντμαν" - "recordman" statt "πρωταθλητής" - "protathlitis"), Fremdwörter <u>neben</u> den entsprechenden griechischen Wörtern gebraucht (z.B. "πρες-κόμφερανς" - "press conference" neben "συνέντευξη τύπου" - "sinendefxi tipu") oder auch neue Fremdwörter unübersetzt im Sprachgebrauch übernommen (z.B. "φαστ φούντ" - "fast food", "σούπερ-μάρκετ" - "super-market", "μπέιμπυ-σίττερ" - "baby-sitter"), so daß "unsere Sprache" von Fremdwörtern "belagert" werde.

Auf der Ebene der <u>Morphologie</u> würden Fremdwörter nicht mehr an das Flexionssystem des Griechischen angepaßt, wie dies vor 15 Jahren noch der Fall war, - das treffe neben Fremdwörtern auch für geographische Eigennamen zu -, oder der Plural werde nach den Regeln der Herkunftssprache eines Wortes gebildet (z.B. "φιλμς" - "films", "τεστς" - "tests", "κλαμπς" - "clubs", "λικέρς" - "liqueurs", "σουβενίρς" - "souvenirs", "σόλι" - "soli", "ρετσιτατίβι" - "recitativi").

Auf der Ebene der <u>Phonologie</u> werde die fremde Aussprache übernommen oder variiert. So werden z.B. die Laute [œ], [ʃ] und [ʒ], die nicht zu den Phonemen des Griechischen gehören, trotzdem ausgesprochen in Wörtern wie "σωφέρ" - "chauffeur", "τσάρτερ" - "charter", "τζάμπο" - "jumbo", "ρεπορτάζ" - "reportage", "σοκ" - "shoc" und in Eigennamen wie "Γουόσηγκτον" - "Washington", "Γκρήνουιτς" - "Greenwich", "Τζάγκουαρ" - "Jaguar".

Auf der Ebene der <u>Orthographie</u> werde oft die lateinische Schrift vor allem von Eigennamen verwendet, sei es in Schulbüchern oder in Übersetzungen fremdsprachlicher Literatur; dies geschehe auch bei Eigennamen, die in ihrer Ursprungssprache orthographisch nicht mit dem lateinischen Alphabet wiedergegeben werden, z.B. indische, arabische, chinesische Namen von Orten und Personen. Neben Eigennamen werden auch Titel wissenschaftlicher Werke und Titel von Filmen lateinisch geschrieben. Diese Nicht-Gräzisierung fremdsprachlicher Eigennamen ohne zumindest die in Klammern zusätzliche Wiedergabe in griechischer Schrift sei - nach Kalioris - nicht nur nirgendwo behilflich und deshalb überflüssig, sondern führe zu folgenden Schwierigkeiten und Gefahren:

---

griechisch werden inzwischen vom "Büro wissenschaftlicher Fachausdrücke und Neologismen" der "Athener Akademie" herausgegeben. Das erste Heft erschien im Jahr 1986 (ausführlicher dazu Kapitel 6.2.2., unten).
1 Der Autor ist Professor für Linguistik an der Universität Vincennes (Frankreich); ich hatte die Möglichkeit, weitere Gedanken zum Thema "sprachliche Entgräzisierung" in einem Gespräch mit dem Autor zu erfahren (vgl. ebenfalls Kapitel 6.2.2., unten).
2 In Anführungszeichen jeweils der von Kalioris benutzte Wortschatz.

a) Die mündliche Wiedergabe der Wörter wird erschwert, folglich auch die Erinnerung an sie und ihre Benutzung in der mündlichen und in der schriftlichen Rede und dies mehr bei Lesern, die die entsprechenden Fremdsprachen nicht kennen.
b) Aufgrund der Hindernisse beim Lesen wird dieses erschwert und die "optische und vor allem tiefere Ästhetik leiden".
c) Das griechische Alphabet ist in Gefahr. Kalioris spricht vom ersten Ring in einer Kette, deren letzter Ring die Ersetzung des griechischen Alphabets durch das lateinische sein wird.

Außer Wörtern und Eigennamen, die in Texten in lateinischer Schrift erscheinen, weist der Autor auch darauf hin, daß zahlreiche Beschriftungen an Geschäften, auf Schildern, in der Werbung, ja sogar auf einzelnen Handelsprodukten das Bild der orthographischen "Entgräzisierung" erweitern und die Einführung des lateinischen Alphabets in der Zukunft vorbereiten.

Verschiedene Lehnbedeutungen und Lehnübersetzungen aus dem Englischen und Französischen sind weitere - nach Kalioris - "nutzlose" fremdsprachliche Einflüsse. Schließlich seien die Veränderung griechischer Vornamen auf fremdartige, Abkürzungen bei Namen von Sportlern nach dem französisch-amerikanischen Vorbild, fremde Endungen in der Benennung von Firmen und Betrieben Beispiele für Fälle sprachlicher und kultureller "Expatriation".

"So werden die bereits gräzisierten Elemente entgräzisiert, der Versuch, das griechische Äquivalent der neuen Begriffe, Gegenstände, Entdeckungen und Arten zu finden, läßt ständig nach, die Phonetik und die Schrift sind übersät von Tätowierungen fremder, nicht umgeformter Elemente, die ihre Herkunft zeigen. Allgemein ist der Mechanismus der morphosyntaktischen und phonetischen Assimilation (...) derartig blockiert, daß in irgendeinem zukünftigen, nicht sehr weit gelegenen Zeitpunkt wir nicht mehr einfach über fremdsprachliche Einflüsse sprechen werden, sondern über normale Emigration unserer Sprache zu den fremden" (Kalioris 1984, S. 75).

Neben solchen konservativen Thesen gibt es auch gemäßigtere Einschätzungen gegenüber Fremdwörtern; so setzt sich z.B. Christidis (1987) (Professor für Linguistik an der Universität Thessaloniki) ebenfalls mit der Einschätzung von Fremdwörtern auseinander. Er bezieht sich u.a. auf die Satzung des "Griechischen Sprachvereins" und argumentiert folgendermaßen:

"Veränderungen, Unreinheiten, Fälschungen, Erosionen, Entgräzisierungen. Ist es denn überhaupt so tragisch? Die griechische Sprache, wie übrigens auch alle anderen Sprachen, ist erheblich beeinflußt worden von anderen Sprachen, (...) mit denen sie in Kontakt gekommen ist aus historischen/geographischen Gründen: (...) Diese alten Begegnungen der griechischen Sprache mit anderen Sprachen haben sie nicht 'verarmt' im Ausdruck; auch haben sie sie bestimmt nicht 'entgräzisiert'" (Christidis 1987, S. 37).

Insbesondere argumentiert Christidis gegen Babiniotis' These und dessen Kritik derjenigen Fremdwörter, die in der lebendigen Rede nicht integriert und assimiliert würden, kaum Ableitungen und Zusammensetzungen gebildet hätten und bei denen man ihre fremde Herkunft erkennen könne.

"Es handelt sich offensichtlich um ein Argument der Verzweiflung. Die Tatsache, daß diese Entlehnungen immer noch ihre fremde Herkunft verraten, sagt überhaupt nichts. In jeder Sprache kann eine Schicht von Fremdwörtern erkannt werden, die im sprachlichen System, in dem sie zu Gast sind, nicht völlig einverleibt sind. Bei vielen von diesen kommt es im Laufe der Zeit zur völligen Einverleibung. Einen solchen Weg nahmen bestimmt die älteren Entlehnungen des Griechischen, und in diese Richtung hin bewegen sich auch die jüngeren. Es ist unzutreffend, daß sie nicht assimiliert worden sind - phonetisch sind sie völlig assimiliert worden, zumindest für die meisten Benutzer. Im Gegensatz zu dem, was Herr Babiniotis meint, bilden viele Fremdwörter Ableitungen und Zusammensetzungen: (...).
  Es ist klar, daß die Logik falsch ist, mit der Herr Babiniotis die alten Entlehnungen 'befreit' und die neuen 'andonnert'. Er muß entweder auch die alten verurteilen oder die Zerstörungsrede in bezug auf die neuen verlassen. Die zweite Alternative ist vermutlich der einzige Weg. Die sprachliche Entlehnung hat weder unsere Sprache 'entgräzisiert' noch 'entgräzisiert' sie sie jetzt" (Christidis 1987, S. 37-38).

6.2.2. Experteninterviews und standardisierte Fragebögen

Im mündlichen Teil meiner Befragung in Griechenland hatte ich ein Gespräch mit J. Kalioris, dem Autor des Buches "Die sprachliche Entgräzisierung", und zwei Gespräche in der "Athener Akademie" mit den Vorsitzenden folgender Zentren[1]: a) des "Zentrums zur Herausgabe des Historischen Wörterbuchs der neugriechischen Sprache" und b) des "Büros wissenschaftlicher Fachausdrücke und Neologismen"[2].

Wie bei meinen Interviews in der Bundesrepublik schien es mir auch in Griechenland wichtig, bei den Gesprächen statt einer geschlossenen und stark vorstrukturierten Frage-Antwort-Atmosphäre eine möglichst natürliche und offene Kommunikationssituation herzustellen. Aufgrund ihrer verschiedenen Positionen konnten die Befragten, jeder von seiner Sicht her, verschiedene Dimensionen und Betrachtungsweisen der Fremdwortproblematik ansprechen: persönliche Auffassungen, aber auch die offizielle Einstellung und Handhabung des Themas der fremdsprachlichen Fachausdrücke seitens der "Athener Akademie".

Nun zu den Ergebnissen der Interviews im einzelnen: Das Gespräch mit Kalioris konzentrierte sich auf die "Gefahr der sprachlichen Entgräzisierung". Schwerpunktmäßig hat er folgende Überlegungen ausgeführt: Man hat ihm den Vorwurf des "sprachlichen Chauvinismus" gemacht, aber seiner Auffassung nach gibt es keine Möglichkeit eines sprachlichen Chauvinismus, der außerdem weder wünschenswert noch erreichbar ist. Es muß einfach ein Mittelweg gefunden werden zwischen dem Fremdenhaß und der totalen

---

1 Beide Zentren fungieren auch als Sprachberatungsstellen.
2 Im mündlichen Teil meiner Befragung in Griechenland waren folgende Experten meine Gesprächspartner (alphabetisch aufgeführt): Nicolaos Contossopoulos: von 1956 bis 1991 Vorsitzender im "Zentrum zur Herausgabe des Historischen Wörterbuchs der neugriechischen Sprache" in der "Athener Akademie"; seit März 1991 pensioniert; Contossopoulos hat über den "Einfluß des Französischen auf das Neugriechische" promoviert, vgl. Contossopoulos (1978); Titos Jochalas: seit 1982 Vorsitzender im "Büro wissenschaftlicher Fachausdrücke und Neologismen" in der "Athener Akademie"; Jannis Kalioris: Professor für Linguistik an der Universität Vincennes (Frankreich); wie bereits erwähnt, hat sich Kalioris mit Fragen der fremdsprachlichen Einflüsse auf das Neugriechische und deren Einschätzung auseinandergesetzt.

Abhängigkeit, ja fast Unterwürfigkeit. Aber seit vielen Jahren ist das letztere die überwiegende Tendenz, und das realisiert sich hauptsächlich in der Form der sprachlichen Amerikanisierung, eines spezielleren Ausdrucks einer allgemeinen kulturellen Eroberung.

Wenn wir zunächst annehmen - so Kalioris -, daß die Sprache wesentlich dazu beiträgt, daß ein Volk sich seines historischen Daseins und seiner Eigenartigkeit bewußt ist und seine Stellung in der Welt bestimmt, dann ist es auf keinen Fall ohne Bedeutung für "unser" Bestehen als Nation, wenn "wir" Griechisch oder "Eurogriechisch" reden. Als zweites gibt es zwei Voraussetzungen, unter denen der gegenseitige Einfluß zwischen den Sprachen wirklich bereichernd und nicht gefährlich wirkt: a) Die Entlehnungen sollen "assimiliert" sein, d.h. angepaßt an die Morphologie und die phonetische Struktur der aufnehmenden Sprache; das englische Wort "costume" wurde z.b. im Griechischen [kʊstʊmi], und "Platon" wurde im Englischen [plεito:], und b) die Anzahl der Entlehnungen soll nicht über eine bestimmte statistische Schwelle hinausgehen, jenseits derer die morphologisch-phonetische Anpassung nicht reicht, um die Veränderung zu einer Mischsprache zu verhindern. So war (z.b.) die Entwicklung griechischer Entsprechungen für die Ersetzung von französischen, italienischen und türkischen Fremdwörtern zur Zeit der Gründung des neugriechischen Staates (1830) in hohem Maße bereichernd für die griechische Sprache: 3/4 des heutigen Wortschatzes stammen noch aus dieser Aktion.

Aber - um auf die heutigen Verhältnisse zurückzukommen - heutzutage handelt es sich nicht nur um 50 oder 100 unangepaßte Fremdwörter, die die Sprache durch die Anzahl ihrer Wörter "verschlingen" könnte, sondern um drei viel "gefährlichere" Phänomene: a) Die Anzahl der unangepaßten Fremdwörter ist sehr hoch; sie kommen nicht sporadisch vor, sondern bilden ganze "Kolonien", b) diese "Eroberung" in der Form der Amerikanisierung beschränkt sich nicht auf die Ebene des Wortschatzes, sondern betrifft alle Ebenen der Sprache, und c) abgesehen von der heutigen Situation, die noch "erträglich" und "verbesserbar" ist, ist die ganze "Dynamik" des Phänomens von Bedeutung: Wenn es mit diesem Rhythmus weitergeht, wird sicher in einigen Generationen die griechische Sprache vom Stadium des "Griechisch-Amerikanischen" in das Stadium des "Amerikanisierten" "emigriert" sein.

Vor allem drei Gründe sieht Kalioris für diese Situation: (1.) die Akzeptanz - jenseits von sprachlichen Einflüssen - einer fremdartigen Lebensweise, die im Westen ihren Ursprung hat und eine allgemeinere Identitätskrise, die die Widerstandsmechanismen in hohem Maße schwächt. (2.) Ein zweiter Grund liegt in der falschen Auffassung, daß die neugriechische Sprache nur aus der Form einer "reinen" Volkssprache ("δημοτική" - "dimotiki") bestehen soll. So wird ihre andere Komponente, die "Gelehrtensprache" ("λογία" - "logia") zurückgewiesen, und das ist gerade die Sprachform mit den größten produktiven und Assimilationsfähigkeiten. Das Wort "ιστιοσανίδα" ("istiossanida") etwa kann durchaus das Wort "windsurfing" ersetzen, und es ist überhaupt nicht gerechtfertigt, das Wort "ιστιοσανίδα" ("istiossanida") abzuweisen, nur weil es kein aus der Volkssprache stammendes Wort ist[1]. (3.) Eine gewisse Geringschätzung der altgriechischen Sprache und der mangelnde Unterricht des Altgriechischen in der Schule entfremdet die jüngeren Generationen von der Kenntnis prinzipieller Derivations- und Kompositionsmechanismen sowie vom größten Teil des Materials, mit dem diese Wortbildung erfolgt.

Dieses Problem des starken sprachlichen und kulturellen Einflusses kommt - so Kalioris - nicht nur in Griechenland vor. Das trifft auch für Frankreich zu; jedoch ist man sich dort des Problems bewußter und reagiert mit einer entsprechenden Sprachpolitik.

Nach Kalioris' Beobachtung wurde das Thema "Fremdwörter in der griechischen Sprache" in der ersten Hälfte der achtziger Jahre mehr diskutiert als Ende der achtziger Jahre. Damals konnte man noch Reaktionen sehen, wie die Gründung des "Griechischen Sprachvereins", der nach 1986 irgendwie in Trägheit verfallen ist, oder das 1984 entstandene Gesetz, nach dem die Beschriftungen in den Geschäften außer fremdsprachlich auch auf griechisch geschrieben werden müßten. Dies habe Reaktionen, etwa spöttische Kommentare von seiten eines Teils der Presse hervorgerufen, weil man es anscheinend übertrieben gefunden habe, wenn in Griechenland die Beschriftungen auch auf griechisch erscheinen. Jedenfalls habe nach Auslaufen der Frist (Mai 1986) nicht nur keine Veränderung in dieser Hinsicht stattgefunden, sondern neue Geschäfte, ausschließlich mit fremdsprachlichen Beschriftungen, seien zu den schon existierenden hinzugekommen (vgl. die Beispiele in Anhang III).

Das Gespräch mit Contossopoulos konzentrierte sich auf seine Auffassungen und Einstellungen zum Fremdwortgebrauch und auf seine Beobachtungen von Anfragen und Zuschriften zum Thema "Fremdwort" an der Sprachberatungsstelle, an der er tätig war.

Das "Zentrum zur Herausgabe des Historischen Wörterbuchs der neugriechischen Sprache" wurde im Jahr 1908 gegründet und 1926 der "Athener Akademie" angeschlossen. Es beschäftigt elf Mitarbeiter. Das Wörterbuch ist in erster Linie dialektologisch orientiert "mit Tendenzen zur Standardsprache"; zur Zeit wird der Buchstabe "θ" bearbeitet. Was die Aufnahme von Fremdwörtern in dieses Wörterbuch anbelangt, wird ein "neutraler und wissenschaftlicher Standpunkt" vertreten. Der Anteil an Fremdwörtern ist trotzdem niedrig aufgrund des historischen und dialektologischen Charakters des Wörterbuchs, z.B. das Wort "θρίλερ" ("thriller") ist nicht lemmatisiert.

Contossopoulos ist der Auffassung, daß die griechische Sprache "in Gefahr sei", sich in einer allgemeinen Krisenperiode befinde und eine Menge von fremdsprachlichen Einflüssen auf der Ebene der Phonetik, der Morphologie, der Syntax und der Lexik ein Ausdruck dieser Situation seien. Speziell für die Ebene der Lexik realisierte sich diese Gefahr in einer hohen Anzahl von Fremdwörtern, vor allem Anglizismen, selbst in Fällen, in denen die griechische Sprache entsprechende Wörter habe. Eine "lexikalische Armut" - sehr oft bei Jugendlichen - konkretisiere sich z.B. (u.a.) auch darin, daß in der Alltagssprache wiederholt das Wort

---

1 "ἱστίον" ("istion"): "Segel" und "σανίς, σανίδα" ("sanis, sanida"): "Brett".

"σκέυ" ("O.K.") als eine Art "Kissenwörtchen" benutzt werde, auf das man sich stütze, um die Fortsetzung seiner Rede zu überlegen. Auch rede man immer wieder über "στρες" ("stress"), die Einrichtung von "metro-Linien" statt von "U-Bahn-Linien"[1] werde geplant, und beim Sport verlange der Schiedsrichter ein "time out" statt einer "Pause"[2]. Während sich andere Sprachen mit griechischen Wörtern oder/und Wörtern aus griechischen Bestandteilen bereicherten, tendiere das Neugriechische zur Aufnahme und zum Gebrauch von englischen Kurzsilblern ("φαστ φούντ" - "fast food", "μπλακ άουτ" - "black out"), von französischen Abkürzungen ("μετρό" - "metro", "φωτό" - "photo", "ρετρό" - "retro") und von Initialwörtern nach dem englisch-französischen Vorbild.

Contossopoulos' Kritik richtet sich also in erster Linie - was die Ausdrucksseite der Wörter betrifft - wie auch andere Expertenthesen gegen die "unangepaßten" Fremdwörter; bezogen auf die Inhaltsseite kritisiert er den Gebrauch derjenigen Fremdwörter, bei denen griechische Äquivalente zur Verfügung stehen.

Was seinen persönlichen Fremdwortgebrauch anbelangt, vermeide er meist den Gebrauch von Fremdwörtern, immer habe er "die unnötigen Fremdwörter" vermieden. Er benutze manchmal Fremdwörter bei seinem wissenschaftlichen Ausdruck, wenn das Fremdwort besser wiedergebe, was er ausdrücken wolle und immer neben dem griechischen Wort. In diesen Fällen handelt es sich um Fachwörter; die in Klammern zusätzliche Anführung des Fremdwortes versichert die Genauigkeit des sprachlichen Ausdrucks[3].

Intensive fremdsprachliche Einflüsse gebe es - so Contossopoulos' Beobachtung - nicht nur im Griechischen. Aber in anderen Ländern gebe es Reaktionen dagegen. Im Französischen und im Italienischen würden Fremdwörter offiziell bekämpft. Die Isländer und die Finnen - obwohl sie kleine Völker seien wie die Griechen - hätten in ihren Sprachen selbst international gebräuchliche Ausdrücke wie "Elektrizität" aus indigenen Wurzeln gebildet; auch die Israelis, die eine tote Sprache nach 2000 Jahren wieder lebendig gemacht haben, seien ein interessantes und oft genanntes Beispiel.

Zum Schutz vor dem fortschreitenden Sprachverfall, wobei intensive fremde Einflüsse nur ein Ausdruck sind, sollte - nach Contossopoulos' Meinung - auf allen Stufen der Erziehung eingegriffen werden: Die Schule soll auf den "guten", gepflegten sprachlichen Ausdruck großen Wert legen; in den Universitäten soll das Niveau des Philologiestudiums erhöht werden, so daß die jungen Lehrer imstande sein werden, richtiges und gutes Griechisch zu lehren. Die Massenmedien, vor allem die Zeitungen, und die verschiedensten öffentlichen Redner, Referenten und Diskussionsteilnehmer sollen sich ebenfalls eines richtigen gepflegten Stils bedienen. Auch die Sprachexperten, d.h. Sprachwissenschaftler, Philologen etc. sollten sich nicht auf eine passive Beobachtung beschränken, sondern in eine aktive Rolle

---

1 Auf griechisch: "υπόγειος σιδηρόδρομος" ("ipojios sidirodromos").
2 Auf griechisch: "διάλειμμα" ("dialimma").
3 Der Gebrauch von fremden oder fremdsprachlichen Fachtermini in wissenschaftlichen Texten wurde auch bei der Befragung der deutschen Expertinnen und Experten betont und positiv eingeschätzt. Vgl. S. 139-140, oben.

übergehen, indem sie z.b. Lösungen vorschlagen, Programme entwerfen oder Anweisungen geben. Über die Aktivitäten der Sprachberatungsstelle des "Zentrums zur Herausgabe des Historischen Wörterbuchs der neugriechischen Sprache" berichtete Contossopoulos, in der zweiten Hälfte der achtziger Jahre seien oft Anfragen zum Thema "Fremdwort" gestellt worden, Ende der achtziger Jahre noch öfter. Am meisten wurde gefragt nach der genauen Bedeutung von Fremdwörtern, Bereichen ihres Gebrauchs, ihrer Wiedergabe mit entsprechenden griechischen Wörtern und ihrer orthographischen Wiedergabe mit dem griechischen Alphabet. Außerdem kommen häufig Anfragen über die Herkunft von Ortsbezeichnungen in Griechenland vor; in diesem Fall sind es meistens ältere Menschen, Rentner, die sich dafür interessieren. Andere Gruppen von Sprachteilhabern, die Anfragen zum Thema "Fremdwort" haben, sind Journalisten, Lehrer und in geringerem Maße Übersetzer und Verfasser von Wörterbüchern; von öffentlichen Institutionen meistens Ministerien. Die meisten der anfragenden Sprachteilhaber sind eher negativ gegenüber Fremdwörtern eingestellt.

In meinem Gespräch mit T. Jochalas, dem Vorsitzenden des "Büros wissenschaftlicher Fachausdrücke und Neologismen" der "Athener Akademie" hatte ich die Chance, mich über die Aktivität des Büros im Hinblick auf die Handhabung von fremdsprachlichen Fachausdrücken zu informieren. Dieses Büro wurde im Jahr 1966 gegründet, und von 1973 bis 1981 hatte es eine einzige Mitarbeiterin beschäftigt. Nach einer Pause von einem Jahr (1981-1982) nahm das Büro seine Arbeit wieder auf. Seine Zuständigkeiten bestehen laut Satzung in folgendem:
a) Archivierung von Neologismen der Standardsprache aufgrund der Materialbasis der Tagespresse. Sprachliche Kontrolle der Neologismen. Ersetzung der fremdsprachlichen Neologismen durch griechische, wo dies für nötig gehalten wird und wenn sich ihr Gebrauch noch nicht durchgesetzt hat. Veröffentlichung der Neologismen in vom Büro herausgegebenen Heften.
b) Entwicklung und Durchsetzung griechischer wissenschaftlicher Terminologie in neuen Disziplinen, gemäß dem neuesten Stand der Wissenschaft. Die neuen wissenschaftlichen Fachausdrücke werden ebenfalls wie die Neologismen in vom Büro herausgegebenen Heften veröffentlicht.
Für die griechische Wiedergabe der fremdsprachlichen Fachausdrücke arbeitet das Büro mit Wissenschaftlern und Fachleuten aus verschiedenen Bereichen zusammen. Die von diesen Fachleuten vorgeschlagenen Fachausdrücke werden aus sprachlicher Sicht zunächst vom Vorsitzenden des Büros geprüft und anschließend von einer interdisziplinären Kommission aus neun Mitgliedern der Akademie. Ein Problem, mit dem die Kommission u.a. konfrontiert wird, ist die <u>Akzeptanz der vorgeschlagenen Terminologie durch die wissenschaftliche Sprachgemeinschaft und ihre Integration im wissenschaftlichen sprachlichen Ausdruck</u>. Um eine möglichst hohe Zustimmung der Wissenschaftler innerhalb der einzelnen Fächer über die neuen

Begriffe zu erreichen, werden die herausgegebenen Hefte erfahrenen Fachleuten und Forschern geschickt mit der Bitte, bessere und zutreffendere Vorschläge zu begründen. Auf diese Art und Weise - so die These des Büros - erfolge auf breiter Basis eine verantwortungsvolle Mitarbeit von Fachwissenschaftlern, die für so ein umfangreiches und schwieriges Werk notwendig sei.

Das "Büro wissenschaftlicher Fachausdrücke und Neologismen" der "Athener Akademie" befindet sich seit 1982 in ständigem wissenschaftlichem Austausch mit folgenden Institutionen:
a) der "Internationalen Organisation zur Vereinheitlichung wissenschaftlicher Neologismen" ("Organisation Internationale d'Unification des Néologismes Terminologiques", abgekürzt als "OIUNT") in Warschau;
b) dem "Terminologiebüro der Kommission der Europäischen Gemeinschaften" ("Bureau de Terminologie de la Commission des Communautés Européenes") in Luxemburg.

Das erste Heft wurde im Jahr 1986 herausgegeben und enthält 765 auf griechisch wiedergegebene Fachausdrücke aus folgenden Bereichen:
- Astronautik; die Übersetzung der Begriffe wurde von der "Griechischen Gesellschaft für Astronautik" beantragt.
- Linguistik; das Material stammt aus einem entsprechenden Heft der Organisation "OIUNT".
- Bodenkunde - Bodenmechanik; das Material stammt ebenfalls aus einem Heft von "OIUNT".
- Medizin; die Übersetzung der Begriffe wurde von der "Griechischen Gesellschaft für Medizin" beantragt.
- Chemie; die Termini wurden entweder vom entsprechenden Heft von "OIUNT" entnommen oder aus einem Antrag des "Vereins griechischer Chemiker".

Die Neologismen des ersten Heftes stammen aus zwei überregionalen Tageszeitungen, einer überregionalen Wochenzeitung und zwei Wochenmagazinen. Sie haben alle den Anfangsbuchstaben "A". Ein falscher Neologismus muß - so die Linie des Büros - korrigiert werden, bevor er sich durchsetzt. Deshalb werden in den jeweiligen Heften die "aktuellen" Neologismen aufgeführt und gleichzeitig diejenigen aus dem Neologismenarchiv des Büros. Außer der Lemmatisierung und der Korrektur "falscher" Neologismen werden fremdsprachliche Neologismen auf griechisch übersetzt[1].

Das zweite Heft wurde im Jahr 1988 herausgegeben und enthält 834 Fachausdrücke aus den Bereichen "Videotechnik", "Robotertechnik" und "Mikrophotographie". Die fremdsprachlichen Begriffe wurden zugeschickt vom "Terminologiebüro der Kommission der Europäischen Gemeinschaften". Die Neologismen des zweiten Heftes stammen ebenfalls aus

---

1 Beispiele für die Übersetzung von Neologismen aus dem ersten Heft:
für "aerobic": "αεροβίωση" ("aeroviossi"),
für "airbus": "αερολεωφορείο" ("aeroleoforio"),
für "alkotest": "αλκομέτρηση" ("alkometrissi") und
für "apartheid": "φυλετισμός" ("filetismos").

überregionalen griechischen Zeitungen und Magazinen. Sie beginnen mit den Buchstaben "Β" oder "Γ"[1].

Im Jahr 1990 wurden (in einem Band) das dritte und das vierte Heft herausgegeben. Beide beinhalten 2.600 aus dem Französischen und Englischen übersetzte Fachausdrücke aus den Wirtschaftswissenschaften. Die fremdsprachlichen Fachausdrücke wurden aus der dritten Auflage der "wirtschaftlichen Termini" ("Terminologie Economique") der Geschäftsführung für Übersetzungen und Terminologie des Europäischen Parlaments entnommen. Diese Auflage enthält in Form eines Glossars Fachausdrücke aus Texten und Veröffentlichungen wirtschaftlicher Art der Kommission der Europäischen Gemeinschaft. Dabei steht das Hauptlemma auf französisch, italienisch, englisch, deutsch, holländisch und dänisch. In der griechischen Auflage stehen das Hauptlemma auf französisch und die Nebenlemmata aus Vergleichsgründen auf französisch und englisch. Die griechische Übersetzung basiert hauptsächlich auf den französischen Ausdrücken.

Bis heute hat die Herausgabe der Hefte mit den übersetzten griechischen Termini immer wieder Reaktionen der Massenmedien hervorgerufen, zum größten Teil eine positive Resonanz. Banken, wissenschaftliche Forschungsinstitute und die Universitäten haben die herausgegebenen Hefte verlangt. Die größte Nachfrage gibt es für diese Veröffentlichungen bei Übersetzern und Übersetzungsbüros aus dem In- und Ausland. Gerade diese Gruppen wenden sich am häufigsten mit Anfragen an das Akademiebüro. Den Anfragenden wird empfohlen, sich schriftlich an die Akademie zu wenden, da es ziemlich schwierig ist, Anfragen zur Übersetzung von Fachausdrücken telephonisch zu beantworten. Jedenfalls ist die Anzahl der Anfragen Ende der achtziger Jahre gestiegen; das liegt auch daran, daß die Aktivität des Büros durch Zeitungsartikel bekannter geworden ist. Auch andere Vorschläge für Übersetzungsmöglichkeiten kommen oft vor; diese Vorschläge werden bei den einzelnen Konferenzen der Akademiekommission im Hinblick auf eine zukünftige, endgültige Veröffentlichung der griechischen Terminologie berücksichtigt.

Außerhalb Griechenlands wurden die Hefte vor allem in den Übersetzungsabteilungen der Zentren der Europäischen Gemeinschaft (Gerichtshof, Parlament, Kommission) verlangt und positiv aufgenommen. Übersetzungen aus diesen Abteilungen sind manchmal problematisch im Hinblick auf die Wiedergabe von Fachausdrücken. In einer Reihe von Veröffentlichungen des Europäischen Parlaments mit der Fachterminologie aus den Bereichen "Wohnungsbau",

---

1 Für das Wort "windsurfing" wird z.B. "ανεμήλατο" ("anemilato") angegeben (aus "άνεμος" ("anemos"): "Wind" und altgriech. "ἐλαύνω": "in Bewegung setzen"). Das soll eine Analogiebildung zu "ποδήλατο" ("podilato") (Fahrrad) sein (aus altgriech. "πούς": "Fuß" und "ἐλαύνω"). Bei dem bereits vorgeschlagenen Wort für "windsurfing" "ιστιοσανίδα" ("istiossanida") (wörtlich: "Segelbrett") hat die Kommission in der Akademie auszusetzen, daß das Wort "ιστιοσανίδα" ("istiossanida") äußerst ungünstig für weitere Ableitungen ist, z.B. "Name des Sportes", "Bezeichnung des Sportlers, der windsurfing treibt" oder "Wettbewerb aus Windsurfern"; diese Wörter könne man problemlos aus dem Wort "ανεμήλατο" ("anemilato") ableiten: "ανεμηλασία" ("anemilassia"), "ανεμηλάτης" ("anemilatis"), "ανεμηλατικός αγώνας" ("anemilatikos agonas"). Bis jetzt hat sich aber weder das Wort "ιστιοσανίδα" ("istiossanida") noch das Wort "ανεμήλατο" ("anemilato") im Sprachgebrauch durchgesetzt.

"Menschenrechte", "Fischfang", "Sozialversicherung" und "Zölle" sei die griechische Sprache nicht vertreten. Die Geschäftsführung des "Büros wissenschaftlicher Fachausdrücke und Neologismen" der "Athener Akademie" sehe es - so das Vorwort des dritten Heftes - als ihre Aufgabe, zur Entwicklung der griechischen Terminologie beizutragen und hoffe, mit der Herausgabe vor allem der zwei letzten Hefte, einen Schritt in diese Richtung gegangen zu sein. Für die "unmittelbare Zukunft" sei weiterhin und immer in systematischer Zusammenarbeit mit den Europäischen Gemeinschaften die Veröffentlichung von Fachausdrücken aus der Geologie, der Meteorologie und der Umweltdiskussion geplant.

Im schriftlichen Teil meiner Befragung in Griechenland befragte ich zehn Mitarbeiter bzw. Mitarbeiterinnen, die in Projekten zur Wortschatzuntersuchung (z.B. in der Lexikographie) oder in der Universitätslehre (Bereich "Linguistik") tätig sind. Von den letzteren haben zwei Sprachwissenschaftlerinnen bedeutende Abhandlungen zum Thema "Fremdwort" veröffentlicht[1]. Eine andere hält Lehrveranstaltungen in Soziolinguistik, eine zweite über den neugriechischen Wortschatz, und eine dritte hat als Schwerpunkt ihrer Lehrtätigkeit die Didaktik der neugriechischen Sprache für die untere und mittlere Erziehungsstufe.

Die griechische Fassung des Fragebogens war - abgesehen von einer geringen Anpassung an die griechischen Verhältnisse - mit der deutschen Fassung identisch und hatte eine zusätzliche Frage: "Wie würden Sie die Herausgabe eines systematischen Fremdwörterbuchs beurteilen?" Dies, weil die wenigen Fremdwörterbücher, die bis jetzt erschienen sind, keine ausführliche und systematische Lemmatisierung des Fremdwortschatzes anbieten.

Der erste Fragenkomplex thematisierte die Diskussion des Themas "Fremdwörter in der griechischen Sprache" in der Öffentlichkeit während der achtziger Jahre. Die Fragen bezogen sich auf:
- die Diskussionsintensität in den achtziger Jahren,
- die Diskussionsintensität in den achtziger Jahren im Vergleich zu den zwei Jahrzehnten davor, also 1960-1980, und
- die Bereiche, in denen dieses Thema nach Beobachtung der Befragten in den achtziger Jahren besonders diskutiert wurde, sofern sie eine Diskussionsintensität im genannten Zeitraum beobachtet haben.

Sieben der insgesamt zehn Befragten haben geantwortet, daß eine intensive Fremdwortdiskussion im ganzen Jahrzehnt in der griechischen Öffentlichkeit zu beobachten war, einer beschränkt das auf die Jahre 1985-1990, und zwei haben angegeben, daß ihrer Meinung

---

1 (alphabetisch aufgeführt):
  - Anastasiadi-Symeonidi, A.: Wie wird der Begriff "Rückwanderer" definiert? (1985) (auf griechisch);
  - dieselbe: Das Genus der jüngeren Entlehnungen des Neugriechischen (1990) (auf griechisch);
  - Apostolou-Panara, A.M.: Die Entlehnungen des Neugriechischen aus dem Englischen. Phonologische Integration und Assimilation (1985), (Diss.), (auf griechisch);
  - dieselbe: Gender Assignment of English Substantives in Modern Greek (1986);
  - dieselbe: The Significance of English Graphophonemic Relationships for English Loanword Integration into Modern Greek (1991).

nach das Thema in den achtziger Jahren nicht besonders diskutiert wurde. Ebenfalls sieben Befragte beobachteten, daß "der Gebrauch von Fremdwörtern im Griechischen" in den achtziger Jahren öfter diskutiert wurde im Vergleich zu den zwei Jahrzehnten davor (1960-1980); zwei haben mit "seltener" geantwortet, und einer sieht "keine Veränderung" in dieser Hinsicht. In bezug auf die Bereiche, in denen der "Fremdwortgebrauch" thematisiert wurde - bei dieser Frage konnte man mehr als einen Fall ankreuzen -, gab es acht Ankreuzungen "in der Presse", sieben "im Fernsehen und im Radio" und vier "in Diskussionen privaten Charakters zwischen den Intellektuellen und Fachleuten (d.h. Sprach- und Literaturwissenschaftlern) und im Briefwechsel zwischen ihnen"; weiterhin zwei Ankreuzungen "in wissenschaftlichen Veröffentlichungen", ebenfalls zwei "in Vorträgen", und zwei der Befragten haben keine Antwort auf diese Frage gegeben.

Während mit dem ersten Fragenkomplex die Fremdwortproblematik von der Seite des Sprachbewußtseins angesprochen wurde, bezog sich der zweite Fragenkomplex auf den Sprachgebrauch. Die Fragen thematisierten:
- die quantitative Entwicklung des Fremdwortgebrauchs im Griechischen in den achtziger Jahren;
- entsprechende Entwicklungen in anderen europäischen Sprachen[1] und
- Gründe für einen eventuellen Anstieg von Fremdwörtern im Griechischen[2].

In bezug auf die quantitative Entwicklung des Fremdwortgebrauchs finden neun der Befragten, daß im letzten Jahrzehnt mehr Fremdwörter gebraucht wurden als im Zeitraum 1960 bis 1980, und eine (der Befragten) sieht "keine Entwicklung" in dieser Hinsicht.

Ein Anstieg der Fremdwörter im Französischen und im Italienischen wurde jeweils siebenmal vermutet/geschätzt, viermal ergab sich das für das Deutsche und zweimal für das Englische. Eine Befragte hat angegeben, daß ihrer Meinung nach eine Fremdwortzunahme nur die griechische Sprache charakterisiert, und eine hat keine Antwort auf diese Frage gegeben.

Als Gründe für den Anstieg der Fremdwörter im Griechischen wurden angegeben: das weiter verbreitete Erlernen von Fremdsprachen und die Übernahme fremdsprachlicher, vor allem englischer Fachausdrücke (jeweils siebenmal angekreuzt). Die allgemeinere Tendenz zur "Xenomanie" (Fremdenfreundlichkeit), die vor allem eher jüngere Altersgruppen und weniger gebildete Schichten beeinflußt, wurde sechsmal angekreuzt, dabei nannten aber vier Befragte diesen Grund an erster Stelle der Wichtigkeit (einer an zweiter und einer an fünfter Stelle). Bei den zwei zuvor genannten Gründen nannten zwei Befragte das weiter verbreitete Erlernen von Fremdsprachen an erster Stelle, zwei an zweiter, zwei an dritter und einer an fünfter Stelle. Die Übernahme von (vor allem) englischen Fachausdrücken wurde ebenfalls zweimal an erster Stelle genannt, dreimal an zweiter, einmal an dritter und einmal an fünfter Stelle. Es scheint

---

1 Auch hier konnte man mehr als einen Fall ankreuzen.
2 Hier wurden die Befragten gebeten, die verschiedenen Gründe je nach Bedeutung zu numerieren. Auch konnten sie weitere Gründe nennen, die auf dem Fragebogen nicht aufgelistet waren.

also, daß die "Xenomanie" zumindest als genauso wichtig für die Fremdwortzunahme betrachtet wird, wie die rein sprachlichen Gründe.

Als weitere Gründe wurden angegeben: der Eintritt Griechenlands in die Europäische Gemeinschaft und der entsprechend häufigere Kontakt des Griechischen mit anderen Sprachen (viermal angekreuzt), Internationalisierungstendenzen der europäischen Wortschätze (dreimal), die mangelhafte Didaktik der griechischen Sprache in der mittleren Erziehungsstufe (zweimal), der Tourismus (ebenfalls zweimal), schnelle und mäßige Übersetzungen verschiedener Texte (Literatur, Nachrichten) (einmal genannt, aber an zweiter Stelle der Wichtigkeit) und ebenfalls jeweils einmal folgende Gründe: Einfluß der Massenmedien, kulturelle und Handelsbeziehungen zwischen den Ländern und eine größere Unachtsamkeit auf Gruppen- und persönlicher Ebene für die Wiedergabe von Fremdwörtern und Fachausdrücken.

Der dritte Fragenkomplex bewegte sich ebenfalls wie der erste im Rahmen des Sprachbewußtseins und hatte als Thema die Einschätzung der Fremdwörter. Die Befragung konzentrierte sich auf:
- die Einschätzung der Fremdwörter seitens einer besonderen Gruppe aus der Bevölkerung (Akademiker, insbesondere Sprachwissenschaftler) und
- die persönliche Fremdworteinschätzung des/der jeweiligen Befragten und möglicherweise die Veränderung seiner/ihrer These innerhalb der letzten zehn Jahre.

Bezogen auf die Einschätzung der Fremdwörter seitens der Sprachwissenschaftler sind folgende Auffassungen zustandegekommen. Vier der (insgesamt zehn) Befragten behaupten, daß die meisten Akademiker (vor allem Linguisten) Fremdwörtern gegenüber eher negativ eingestellt sind; einer von ihnen hat zusätzlich bemerkt "aber nicht alle im gleichen Maß". Eine der Befragten sieht die meisten Akademiker eher positiv Fremdwörtern gegenüber eingestellt, und eine weitere sieht sie "zum Teil negativ und zum Teil neutral" eingestellt. Eine andere Auffassung meint, daß "gegenwärtig eher eine milde und keine energische Behandlung des Themas" von der Seite der Linguisten vorhanden sei, und ein anderer Befragter behauptet, eine Entwicklung der Akademikerhaltung zum Fremdwortgebrauch betrachtet zu haben "von eher negativ zu mehr 'gleichgültig'/unachtsam"; diese Auffassung ließe sich der direkt davor genannten anschließen. Zwei Befragte schließlich meinen, daß die Fremdworteinschätzung von Person zu Person variiert.

Was die persönliche Fremdworteinschätzung des/der jeweiligen Befragten anbelangt, so ergab sich: dreimal eine neutrale Einschätzung, dreimal eine negative Einschätzung, dabei hat einer betont, daß er hauptsächlich die "unangepaßten" Fremdwörter negativ einschätzt, und dreimal eine eher negative Einschätzung. Bei der zuletzt genannten Kategorie hat eine der Befragten ihre Antwort mit folgender Bemerkung näher erläutert:

> "Ich finde aber nicht, daß die griechische Sprache selbst schuld ist für die Übernahme von Fremdwörtern, oder wie einige behaupten, die Einführung der

dimotiki oder die Abschaffung der Akzente (vgl. z.B. die Thesen von Kalioris). Auch finde ich nicht - um Gottes Willen -, daß die griechische Sprache zugrunde gehen wird wegen der großen (?) Anzahl von Fremdwörtern, die sie übernimmt. Heute übernehmen die meisten Sprachen eine große Anzahl von englischen (amerikanischen) Wörtern. Ein Teil von ihnen wird im Laufe der Zeit assimiliert werden und sich von den indigenen Wörtern nicht unterscheiden. Im Endeffekt - dürfen wir nicht vergessen -, daß die Fremdwörter, die gebraucht werden, besondere Bedürfnisse im sprachlichen Ausdruck erfüllen."

Die Verfasserin dieser Sätze hat auch angegeben, daß sich ihre Auffassung bezüglich Fremdworteinschätzung in den letzten zehn Jahren "von unbewußt zu bewußt" verändert habe. Alle anderen haben sich in ihrer Haltung zum Fremdwortgebrauch im genannten Zeitraum nicht verändert.

Der vierte Fragenkomplex konzentrierte sich (wie der zweite) auf den Sprachgebrauch und hatte als Thema den Gebrauch von Fremdwörtern von den befragten Expertinnen und Experten (soweit dieser Gebrauch durch direkte Fragen erfaßbar ist). Die Fragen hatten folgende Schwerpunkte:
- die allgemeine Frequenz des persönlichen Fremdwortgebrauchs und
- die Häufigkeit des Gebrauchs bezogen auf bestimmte Situationen (schriftliche/mündliche Rede, Briefe, wissenschaftliche Publikationen, Welt der Arbeit/Freizeit usw.).

Bei der ersten Frage dieses Fragenbündels ergaben sich vier Antworten "meistens vermeide ich den Gebrauch von Fremdwörtern", drei Antworten "ich benutze manchmal Fremdwörter" und eine Antwort "ich benutze Fremdwörter ziemlich oft". Eine der Befragten betrachtet ihren Fremdwortgebrauch als situationsspezifisch, und eine weitere hat bemerkt:

"Es ist im Zusammenhang zu sehen. Ich benutze Fremdwörter a) mehr in meiner mündlichen Rede und b) wenn ich weiß, daß meine Gesprächspartner mich verstehen und nicht irritiert werden".

Bei der zweiten Frage[1] dieses Fragenbündels wurde die Situation "in meinem Privatleben und in meiner Freizeit" sechsmal angekreuzt und "bei der Abfassung wissenschaftlicher Werke" fünfmal. Bei der zuletzt genannten Kategorie gab es dreimal die zusätzliche Bemerkung, daß in diesem Fall das Fremdwort ein Fachausdruck ist, das neben dem griechischen Wort in Klammern und zur Vermeidung von Mißverständnissen erscheint. Weiterhin gab es noch zwei Ankreuzungen "in meiner Arbeit allgemein" und eine bei der Kategorie "immer, wenn das Fremdwort besser wiedergibt, was ich ausdrücken möchte". Einer der Befragten benutzt Fremdwörter nur, wenn sie sich schon im Sprachgebrauch durchgesetzt haben und ihm keine griechische Entsprechung zur Alternative steht, und ein anderer hat ergänzt, daß er Fremdwörter auch in Witzen oder Wortspielen gebraucht und zur Herstellung einer "lokalen Atmosphäre", wenn er über ein fremdes Land redet.

---

1 Auch hier konnte man mehr als einen Fall ankreuzen und zusätzliche Gebrauchssituationen für Fremdwörter ergänzen.

Wie würden griechische Expertinnen und Experten die Herausgabe eines systematischen Fremdwörterbuchs beurteilen? Neun der zehn Teilnehmerinnen und Teilnehmer an meiner Befragung würden ein solches Werk positiv beurteilen und finden, daß es eine bedeutende Leistung in der Lexikographie wäre. Eine der Befragten würde es nur dann positiv beurteilen, wenn die Lemmatisierung "nach strengen Kriterien erfolgen würde in bezug auf die häufige Frequenz oder das Unersetzbare des Fremdwortes".

In der letzten Frage wurden die Befragten gebeten, "einige Fremdwörter zu nennen, die ihrer Meinung nach in der letzten Zeit besonders gebraucht werden". Dabei sind die am meisten genannten Wörter (jeweils dreimal genannt) "κομπιούτερ" ("computer"), "μπλακ άουτ" ("black out") und "γιαπί" ("yuppie"); die Wörter "ντιζάιν" ("design"), "fax"[1] und "ατζέντα" ("adzenda")[2] wurden jeweils zweimal angeführt. Die folgenden Wörter wurden jeweils einmal genannt (hier nach Sachbereichen geordnet):

Freizeit: weekend, camping, repos, relax, disco, compact disc, hit parade, σόου (show), βίντεο (video), σήριαλ (serial), θρίλερ (thriller).

Geschäftsleben: μάνατζερ (manager), μάνατζμεντ (management), μπίζνες (business), τράνζιτ (transit).

Essen/Trinken: φαστ φούντ (fast food), toast, σάντουϊτς (sandwich), espresso.

Sonstige Bereiche: πλαφόν (plafond) (in der Bedeutung "höchster Wert"), μπαράζ (barrage), ιμάζ (image), σέρβις (service), τεστ (test), οκέυ (O.K.), τοπ (top), λουκ (look), unisex, gay, ρετρό (rétro), στρουκτουραλισμός (strukturalismos), μπον βιβέρ (bon viveur), στρες (stress), στρεσάρω (stressaro).

Die Wendungen: "in" bzw. "out" sein, "down sein" und "high sein".

Die Auswertung meiner Befragung in Griechenland hat gezeigt:
1) Die Unterscheidung der Fremdwörter in "angepaßte" und "unangepaßte", die von vornherein sprachlich vorhanden ist, ist für die Einschätzung der Fremdwörter maßgebend. "Unangepaßte" Fremdwörter werden als "Störfaktoren" empfunden und dies unabhängig vom Alter oder dem Geschlecht der Befragten, zumindest in den Berufs- und Altersklassen (35-60), in denen die Befragung durchgeführt wurde. Diese These sollte aufgrund von quantitativ umfangreicherem Material überprüft werden.

2) Die Fremdwörter, die angegeben wurden als "besonders in der letzten Zeit gebrauchte", waren - bis auf drei - aus der Gruppe der "unangepaßten". Dies bedeutet zweierlei: a) Im Bewußtsein der Mitglieder der Sprachgemeinschaft (in den genannten Berufs- und Altersklassen) werden Fremdwörter in erster Linie mit "unangepaßten" Fremdwörtern

---

[1] Die Wörter, die nicht auf griechisch geschrieben werden, wurden in lateinischer Schrift auch von den Befragten angegeben.
[2] Das Wort ist italienischer Herkunft (ital. "agenda" < lat. "agere") und bedeutet im Griechischen "Notizbuch", "Kalender". Eine ganz neue Entwicklung ist die Bedeutung "politisches Programm der Regierung, geplant für die unmittelbare Zukunft". Mit dieser Bedeutung haben die Befragten - nach ihrer eigenen Erläuterung - das Wort genannt.

identifiziert (zumindest mit noch nicht "angepaßten" Fremdwörtern), und b) die Fremdwörter, die in der letzten Zeit übernommen wurden, sind zum allergrößten Teil "unangepaßt". Im Laufe der Zeit wird sich zeigen, wie viele von ihnen den Weg der Anpassung gehen werden, unangepaßt bleiben oder aus dem Gebrauch verschwinden werden. Ich wiederhole hier kurz, daß es sich bei dieser Anpassung hauptsächlich um eine morphologische Anpassung handelt - phonologisch sind die Fremdwörter schon integriert/assimiliert, zumindest für die meisten Benutzer, ab dem Moment ihrer Übernahme.

3) Die negative Einschätzung der Fremdwörter bezieht sich hauptsächlich auf die Ebene der Umgangssprache. Über Fremdwörter in der Literatursprache sind keine puristischen Vorstellungen geäußert worden, also kann man annehmen, daß auf dieser Ebene kein oder zumindest kein aktiver Purismus vorhanden ist. Der Gebrauch von Fremdwörtern in der Wissenschaftsprache wurde positiv eingeschätzt. Ich betone aber, daß die fremdsprachlichen Fachausdrücke - denn um Fachausdrücke handelt es sich in diesem Fall (aus Klarheitsgründen zusätzlich zum griechischen Wort) - in Klammern geschrieben werden. Außerdem erscheinen die Fremdwörter in diesem Fall mit lateinischen und nicht mit griechischen Buchstaben. Aus diesen Gründen kann man sagen, daß diese angeführten Fremdwörter eine Art "Zitatwörter" oder "Wörter mit Zitatcharakter" sind (in der Terminologie von v. Polenz[1]).

---

[1] v. Polenz (1967a in 1979, S. 23).

7. Ausblick: Das Fremde und das Eigene

"GRIECHISCH war die Sprache, die man mir gab;
armselig die Hütte an den Küsten Homers.
Meine einzige Sorge die Sprache an den Küsten Homers.
(...)
Meine einzige Sorge die Sprache mit dem ersten dunkleren Schauer.
(...)
Meine einzige Sorge die Sprache mit dem ersten Gloria Deo!
(...)
Meine einzige Sorge die Sprache mit den ersten Worten des HYMNOS."

(Elytis 1981, S. 28, in der Übersetzung von Günter Dietz.)

"Das zivilisierte Europa hat überhaupt keinen Grund, vor unserer Sprache Angst zu haben, da diese Sprache sich in den Wurzeln der europäischen Bildung befindet. Das Griechische hat durchblutet und durchblutet immer noch um etwa 80 % den internationalen Kulturwortschatz. Aber Europa ist natürlich nicht bereit, das zu tun, was wir für uns selber nicht bereit zu tun sind.
(...)
Das geistige Europa[1] ist unser Anbau, also können wir gut unseren Platz darin finden.
(...)
Der Krieg der Sterne hat seit langem angefangen, aber die Hauptrolle spielen nicht die Raketen oder die Laser-Strahlen, sondern die Telekommunikations-Satelliten, die mit Programmen, die als unterhaltsam oder erzieherisch getarnt werden, die Rolle der Raketen oder Laser-Strahlen in den Institutionen und den Kulturen der einzelnen Völker spielen."

(Kargakos 1991, S. 188, 212 und 213, meine Übersetzung.)[2]

---

[1] Europa, griech. "Ευρώπη" ("Evropi"), in der griechischen Mythologie eine Tochter der Phönix oder des Königs Agenor von Phönizien; nach der Sage wurde sie von Zeus, der in einen Stier verwandelt war, nach Kreta entführt. Der Erdteil erhielt nach ihr seinen Namen.

[2] Um einer möglichen Kritik zu entgehen, die Zitate am Anfang dieses Kapitels seien nur aus dem Griechischen, möchte ich auf folgendes hinweisen: Die Zitate sind auf deutsch übersetzt, die vorliegende Abhandlung ist auf deutsch geschrieben. Es gibt im Deutschen mehr Untersuchungen zu meinem Thema, und dementsprechend wurde schwerpunktmäßig deutsche Fachliteratur ausgewertet. Aus "technischen" bzw. in der Computertechnik materialisierten politischen, ökonomischen und kulturellen Gründen mußten im Text die griechischen Namen mit der lateinischen Schrift wiedergegeben und die griechischen Literaturangaben auf deutsch übersetzt werden. Die Auswahl griechischer Zitate an dieser Stelle sollte in diesem Sinne als ein Versuch verstanden werden, eine gewisse Gleichberechtigung in den Vordergrund zu bringen.

"Das Fremde und das Eigene" am Beispiel der Entwicklung von Fremdwörtern im Deutschen und Griechischen zu untersuchen, erforderte einen mehrdimensionalen interkulturellen Vergleich. Zunächst erfolgte die sprachhistorische Einordnung fremder Einflüsse auf die deutsche und die griechische Sprache (Kapitel 2.), dann mußte meine empirische Untersuchung aus dem neueren Stand der Fremdwortforschung abgeleitet werden (Kapitel 3. und 4.). Diese empirische Untersuchung konzentrierte sich auf drei Dimensionen: den Fremdwortschatz, wie er sich aus weitverbreiteten Wörterbüchern erschließen läßt; den Fremdwortgebrauch, wie er sich aufgrund der Inhaltsanalyse weitverbreiteter Zeitungen rekonstruieren läßt (Kapitel 5.) und die Interpretation von Fremdwortschatz und Fremdwortgebrauch durch Sprachexperten in Deutschland und Griechenland aufgrund von Expertenbefragungen (Kapitel 6.). Diese mehrdimensionale Forschungsanlage wurde konsequent interkulturell vergleichend durchgeführt und erfolgte - mit Ausnahme der Expertenbefragung und der Zeitungsanalyse - diachronisch und synchronisch. Damit will die vorliegende linguistische Untersuchung an kulturwissenschaftliche Fragestellungen anknüpfen.

Kapitel 2. und 3. resümierten diejenigen deutsch- und griechischsprachigen (zu einem geringen Teil auch englischsprachigen) Veröffentlichungen, die für die Frage der fremden Einflüsse auf die deutsche und die griechische Sprache von besonderer Bedeutung sind. Für die Systematisierung der fremden Einflüsse in historischer Perspektive (Kapitel 2.) wurden für das Deutsche schwerpunktmäßig sprachgeschichtliche Nachschlagewerke, die Abhandlungen von A. Kirkness über die Geschichte des deutschen Sprachpurismus sowie Artikel der Zeitschrift "Muttersprache" zugrundegelegt. Daß offizielle Institutionen seit Ende des Zweiten Weltkriegs Fremdwörter zumindest geduldet haben, liegt nicht nur an der veränderten Mentalität der westdeutschen Gesellschaft (nach dem Ende des Zweiten Weltkriegs kam es allmählich zu einer Distanzierung von nationalistischen und sprachpuristischen Idealen), sondern auch daran, daß es unausweichlich wurde, Fremdwörter, vor allem Anglizismen, zu benutzen: Die Industrialisierung und der wirtschaftliche Aufschwung führten zur Entwicklung neuer Fachsprachen, die stark mit Anglizismen besetzt waren/sind. Die politische und kulturelle Orientierung an der angloamerikanischen Welt trug zur intensiven Übernahme von Anglizismen bei. Die Sprachgemeinschaft entfernte sich weiter von puristischen Standpunkten und massiven Abwertungen von Fremdwörtern.

Dies führte insbesondere seit den siebziger Jahren neben der zunehmenden Übernahme von Anglizismen/Amerikanismen zur Entwicklung von lexikalischen und semantischen Scheinentlehnungen, morphologischen Veränderungen von englischen Wörtern, zu Mischkomposita und zu den sogenannten verborgenen Einflüssen des Englischen, dem "inneren Lehngut". Für die Skizzierung dieser Entwicklungen und Klärung der jeweiligen Begriffe wertete ich sowohl Primärmaterial, ein einsprachiges englisches Wörterbuch und ein

Fremdwörterbuch des Deutschen aus, als auch Sekundärquellen, deutschsprachige Dissertationen und kleinere Abhandlungen.

Die griechische Sprache war während ihrer Entwicklung (seit der Antike bis ins 20. Jahrhundert) wesentlich geschlossener gegenüber Fremdwörtern als die deutsche Sprache; z.b. die intensive Aufnahme von Wörtern französischer Herkunft, die die deutsche Sprachgeschichte jahrhundertelang geprägt hat, mußte für das Griechische allein schon aus geographischen Gründen in viel geringerem Maße erfolgen. Außerdem hatte es für das Griechische keine fremde Bezugssprache gegeben, die als Prestigesprache hätte funktionieren und aus der man Fremdwörter hätte übernehmen können. Die Bezugssprache/Prestigesprache für das Griechische war nur das Altgriechische.

Auch im Griechischen nahm der englische Einfluß nach dem Zweiten Weltkrieg zu. Das Übergewicht der USA, das bis nach Griechenland reichte, besondere britisch-griechische Beziehungen, angelsächsisch dominierte Filme, Schlager und Fernsehprogramme, trugen dazu bei. Neben direkten Wortübernahmen (als solche oder mit griechischer Endung versehen) gibt es auch im Griechischen einige Lehnübersetzungen aus dem Englischen, allerdings sind Scheinentlehnungen nicht zu beobachten.

Kapitel 3. war nicht nur als Literaturübersicht über den Stand der deutschen und der griechischen Fremdwortforschung angelegt, sondern es ging zugleich darum, einen theoretisch begründeten Bezugsrahmen zu entwickeln, der es erlaubte, verschiedenartige Einzeluntersuchungen systematisch aufeinander zu beziehen und die weitere Untersuchung vorzubereiten. Es wurde diskutiert, wie "Fremdwort" zu definieren bzw. ob Fremdwort überhaupt ein wissenschaftlicher Terminus sei. Bei einer detaillierteren Betrachtung sind Fremdwörter nicht nur aus anderen Sprachen übernommene Wörter, sondern auch Wörter fremder Herkunft, die das Ergebnis innerdeutscher Entwicklungen sind, z.B. Zusammensetzungen, die aus entlehnten Bestandteilen bestehen, wobei die Zusammensetzung aber innerhalb des Deutschen entstanden ist. Diese Zusammensetzungen werden als Lehnwortbildungen bezeichnet. Entsprechend behandelte die griechische Wortschatzforschung eine vergleichbare Fragestellung, die man die Kehrseite der Lehnwortbildung nennen könnte. Diachronisch orientierte Sprachbetrachtungen, unter Berücksichtigung der Wortbildungsregeln sowohl des Griechischen als auch anderer europäischer Sprachen, führen zur Untersuchung und Begriffsbestimmung von "Rück-" und "Einwanderern". Es handelt sich, wie bei den "hausgemachten Fremdwörtern" des Deutschen, ebenfalls um Wortschatzelemente, die an der Schwelle zwischen Fremdem und Eigenem liegen. Eine sehr differenzierte Anglizismusforschung untersuchte in Deutschland und in Griechenland Anpassungsprozesse der übernommenen englischen Fremdwörter an die Empfängersprache.

Kapitel 4. verdeutlichte den Forschungszusammenhang, in dem der weitere, empirisch angelegte Teil der Untersuchung erfolgte. Die weitere Erforschung des Fremdsprachlichen im Deutschen und im Griechischen stellte zunächst die linguistischen Fakten über den Anteil des

Fremdwortschatzes und den Grad des Fremdwortgebrauchs fest (Kapitel 5.). In den untersuchten deutschen Wörterbüchern gab es von 1980 bis 1986 einen Anstieg des Fremdwortschatzes von 1,6 % nach der umfassenden Zählung und 1,2 % nach der engeren Zählung. Die neu aufgenommenen Wörter stammen in erster Linie aus den Bereichen "Technik" und "Chemie", dann aus der "Wirtschaft" und sind zum größten Teil Wörter auf der Basis des Lateinischen und Griechischen, entweder ehemalige Fachwörter oder neugebildete Wörter zur Erfüllung aktueller Kommunikationsbedürfnisse. In den untersuchten griechischen Wörterbüchern gab es von 1971 bis 1989 eine Zunahme des Fremdwortschatzes von 3,7 % nach der umfassenden Zählung und 2,9 % nach der engeren Zählung, was durch die längere Zeitspanne zwischen den Stichproben zu erklären ist. Die hinzugefügten Wörter sind fremdsprachliche Fachausdrücke oder Wörter, bei denen die damit bezeichneten Gegenstände und Sachverhalte jetzt mehr an Bedeutung gewinnen.

Wenn man diejenigen Daten aus beiden Sprachen miteinander vergleicht, die aus der zweiten Hälfte der achtziger Jahre stammen, beträgt der Fremdwortschatz des Deutschen umfassend gezählt ein Drittel bzw. eng gezählt ein Fünftel des Gesamtwortschatzes und der Fremdwortschatz des Griechischen ein Siebtel bzw. ein Elftel. Dies bedeutet, daß das Deutsche einen weitaus höheren Mischungsgrad hat als das Griechische. Bei den Einflußsprachen im Deutschen kommt an erster Stelle das Lateinische; es folgen das Griechische, das Französische und das Englische, das zunehmend an Bedeutung gewinnt. Auch bei dem griechischen Fremdwortschatz kommt in den letzten Jahren das Englische häufiger als Einflußsprache vor.

In deutschen Zeitungstexten aus dem Jahr 1988 ermittelte ich einen Fremdwortgebrauch von durchschnittlich 7,85 % (TOKENS) und 5,16 % (TYPES); dabei benutzte die "Zeit" die meisten verschiedenen Fremdwörter (TYPES), mehr als die "FR" und die "FAZ". In entsprechenden griechischen Zeitungstexten ist der Fremdwortgebrauch unter 1 %. Dies liegt auch daran, daß er in dieser Textsorte aus stilistischen Gründen gehemmt wird, was für das Deutsche nicht zutrifft. Um das Verhältnis "Fremdwortschatz zu Fremdwortgebrauch" im Deutschen und im Griechischen zu messen, verglich ich die Werte der engeren Zählungen aus den Wörterbüchern und die der TYPES aus den Zeitungstexten. Alle diese Werte stammen aus der zweiten Hälfte der achtziger Jahre. Da das Verhältnis "Fremdwortschatz - Fremdwortgebrauch in Zeitungen" im Deutschen 4 : 1 beträgt und im Griechischen 21 : 1, ergab sich also ein etwa fünfmal so großer Unterschied zwischen dem Verhältnis "Fremdwortschatz - Fremdwortgebrauch in Zeitungen" im Deutschen im Vergleich zum Griechischen. Deswegen ist anzunehmen, daß der griechische Wortschatz offener für Fremdwörter ist als der griechische Sprachgebrauch in Zeitungen. Der untersuchte Sprachgebrauch in Zeitungen ist aber nur ein Beispiel für den deutschen und griechischen Sprachgebrauch. Bei der Untersuchung anderer Textsorten (auch anderer Zeitungsrubriken) würde man zu einem anderen Verhältnis als 5 : 1 gelangen. Bei dem Vergleich von Werbetexten ließe sich vermutlich ein kleinerer Unterschied als 5 : 1 ermitteln, bei dem Vergleich von z.B. Gesetzestexten ein größerer.

Die ebenfalls empirisch angelegte metakommunikative Erforschung der Fremdwortproblematik in Kapitel 6. verdeutlichte die Einstellung gegenüber dem Fremdsprachlichen in Deutschland und in Griechenland. Die Mehrzahl der deutschen und der griechischen Befragten hat angegeben, daß in den achtziger Jahren in der jeweiligen Sprache mehr Fremdwörter gebraucht wurden als im Zeitraum 1960 bis 1980. Sie halten diesen Anstieg des Fremdwortgebrauchs für ein allgemeineres Phänomen, das mehrere europäische Sprachen betrifft. Als Gründe für den Anstieg des Fremdwortgebrauchs in Deutschland wurden angegeben: die Internationalisierung der Kommunikation, die Internationalisierung der europäischen Wortschätze, oder speziell innerhalb von Fachsprachen, vor allem eine allgemeinere Verbreitung von Anglizismen. Das Einfließen der Fachsprachen in die Gemeinsprache und die besondere Aura des Englischen, vor allem in der Werbung, wurden ebenfalls als Gründe für die Zunahme des Fremdwortgebrauchs in Deutschland genannt.

Griechische Befragte führten die Zunahme des Fremdwortgebrauchs im Griechischen hauptsächlich auf das weiter verbreitete Erlernen von Fremdsprachen und die Übernahme vor allem englischer Fachausdrücke zurück. Der Hang zum Fremden oder, um es mit Fremdwörtern auszudrücken, die Tendenz zur Xenomanie ist bei bestimmten, z.B. eher jüngeren Altersklassen und weniger gebildeten Gruppierungen häufiger zu beobachten.

Alle deutschen Befragten haben die Einschätzung der Fremdwörter in Verbindung mit der Verständlichkeit gebracht. Den Gebrauch von fremdsprachlichen Fachausdrücken halten sie für unvermeidbar, sogar notwendig für eine genaue Ausdrucksweise. Griechische Expertinnen und Experten haben ebenfalls diesen Gedanken hervorgehoben, allerdings geben sie in wissenschaftlichen Texten den fremden Fachausdruck in Klammern neben dem griechischen Wort an. Darüber hinaus ist bei der Befragung in Griechenland eine eher negative Einschätzung der Fremdwörter, vor allem der unangepaßten, festzustellen. Bei den Gesprächen waren oft konservative Stellungnahmen zu beobachten, eine Überfremdung der griechischen Sprache wurde betont, insbesondere in den Bereichen: Werbung, Sprache der Jugend, dann auch Beschriftungen an Geschäften oder auf Handelsprodukten, Sport, schnellgefertigte Übersetzungen fremdsprachlicher Literatur und Illustrierten. Die griechischen Befragten vermeiden eher - so ihre Angabe - den Gebrauch von Fremdwörtern, sie benutzen sie mehr in ihrem Privatleben und in ihrer Freizeit, während die deutschen Befragten sicher waren, daß sie in ihrem Beruf eindeutig mehr Fremdwörter gebrauchen. Von den "besonders in der letzten Zeit" gebrauchten Fremdwörtern wurden "Computer" und "(Tele)fax" sowohl von den Deutschen als auch von den Griechen angegeben.

Während in Griechenland die Überfremdung der Sprache diskutiert wurde, erschien in Deutschland in der zweiten Hälfte der achtziger Jahre eine Reihe von Büchern[1], Aufsätzen, Gedichten, Witzen, Karikaturen, in denen der Fremdwortgebrauch ironisiert wird. Diese ironisch-satirischen Beiträge spiegeln eine Sprachwirklichkeit wider, in der das Fremdwort ein gesellschaftliches Phänomen und Problem war oder vielleicht immer noch ist. Dafür spricht auch der Gebrauch von interessanten Metaphern und Wortspielen in journalistischen Texten über das Thema "Fremdwort", z.B.:
- die Muttersprache wird langsam abgeschafft;
- vom "hair styling shop" zum "Sarg-Discount". Wenn Sprache verkrüppelt;
- wenn unsere Sprache fremdgeht;
- Tschörmen is' aut.

Auch der Gebrauch des Begriffs "Fremdwort", wie in "eine Idee, ein Erlebnis, ist für jemanden ein Fremdwort", spricht für eine allgemeinere linguistische und kulturelle Bedeutung des "Fremdworts" und seine enge Verknüpfung mit dem "Fremden". Zwei prägnante Beispiele für die Ironisierung des Fremdwortgebrauchs sind die Gedichte "Die Wacht am Rhein" und "Es 'iert' der Mensch, solang er lebt":

Die Wacht am Rhein

Es brauft ein Ruf aus Wortgeschwall,
aus Sprachgeklirr und dumpfem Drall:
»Am Rhein, am Rhein, am deutschen Rhein –
wer will der Sprache Hüter sein?«

Refrain: Lieb' Muttersprach', schlaf ruhig ein,
fest steht und treu die Wacht am Rhein.

In manchem Blatte tönt es grell
und viele Zungen plappern schnell:
Der deutsche Sprachwart fromm und stark
verzapft den alten Sprachenquark.

Er blickt hinauf in Dichterhöh'n,
wo Kleist und Goethe niederfehn,
und schwört mit deutschem Kampfesdurft:
»Du, Deutsch, bleibst deutsch wie deutsche Wurst!«

Solang' das deutsche Blut noch glüht,
der deutsche Geist Gespenster sieht
und deutscher Zorn die Büchse spannt,
betritt kein frembes Wort dies Land.

Der Schwur erschallt, die Sprache rinnt,
die Phrasen knattern laut im Wind:
»Am Rhein, am Rhein, am deutschen Rhein
wolln wir der Sprache Hüter sein!«

(Stemmler 1989, S. 5)

»Es ›iert‹ der Mensch, solang er lebt«

Ein Übel hat der deutsche Mann:
Er wendet gern das Fremdwort an!
Und wenn man's deutsch auch sagen kann -
Er wendet doch das Fremdwort an!
Er impo-, defi-, depo-niert,
Er iso-, gratu-, defi-liert,
Er da-, zi-, dik- und debü-tiert,
Er do-, for-, inspi-, exer-ziert,
Er igno-, inse-, inspi-riert,
Er bombar-, degra-, explo-diert,
Er bug-, zen-, fri- und amü-siert,
Er deklar-, bla- und ani-miert! -

O du verflixte Iererei!
Der Teufel hol' die Ziererei
Und Bildungsparadiererei!
- Ach, Goethe, hättest du's erlebt,
Wie man die Sprache jetzt verwässert,
mit welchen Brocken sie durchwebt,
Du hättest deinen Faust verbessert:
Es »iert« der Mensch, solang er strebt.

Wer sich gereizt fühlt, ist - pikiert,
Wer einfach stumpf ist, ist - blasiert,
Wer dumm, beschränkt ist, ist - borniert,
Und wer da spottet, sich - mokiert.
Wer teilnimmt, der - partizipiert,
Wer etwas anträgt - offeriert,

---

1 Vgl. z.B.: Wehle, P. (1985): Sprechen Sie Ausländisch?
Meyer, W. (1988): Fremdwort gesucht? Wörterbuch deutsch-fremd.
Plebejus, M. (1989): Latein für Hochstapler.
Probst, A. (1989): Amideutsch.

> Wer etwas annimmt - akzeptiert,
> Wer einfach prahlt, der - renommiert,
> Der, welcher angreift - attackiert,
> Und wer zerstört, der - demoliert,
> Wer sich verschwört, der - konspiriert,
> Wer hinterlegt, der - deponiert,
> Wenn einer stutzt, ist er - frappiert,
> Wer Eindruck macht, der - imponiert,
> Wer brandmarkt, der - stigmatisiert,
> Wer bloßstellt, der - kompromittiert,
> Richtet wer ab, der - dressiert,
> Wer aufgeregt, ist - echauffiert.[1]

Der Status von Fremdwörtern ist also in der Bundesrepublik heute anscheinend so gefestigt, daß man sich über Fremdwörter lustig machen kann und sie nicht mehr auslöschen bzw. eliminieren will.

Es gibt bis jetzt keine entsprechenden ironischen Beiträge in Griechenland. Denn dort fehlen die historischen Voraussetzungen für eine vergleichbare ironische Distanzierung von Fremdem und Fremdwörtern: Die griechische Sprache wurde im Laufe der Geschichte extrem unterdrückt. Sie hat dennoch selbst andere Sprachen und Kulturen stark beeinflußt. Griechenland wurde bereits in der Antike von den Römern politisch, aber eben nicht geistig unterdrückt; von den Türken wurde es (vom 15. Jahrhundert bis Anfang des 19. Jahrhunderts) politisch-militärisch und kulturell unterdrückt, dabei wurde auch die griechische Sprache in Mitleidenschaft gezogen. Dennoch hat Griechenland die europäische und universelle Ideengeschichte zumindest auf vier Gebieten über Jahrhunderte bzw. Jahrtausende hinweg geprägt:

(1) in der Philosophie (Platon, Aristoteles),

(2) in der Politik (Idee der Demokratie, des Staates),

(3) in der Kunstgeschichte (Skulpturen, antikes Theater) und

(4) in der Geschichte des Christentums (Griechisch ist die ursprüngliche Sprache des Neuen Testaments).

Außerdem sind die wissenschaftlichen Fachwortschätze der mitteleuropäischen Sprachen stark vom Griechischen beeinflußt, und das Griechische wird auch heute noch an vielen europäischen Gymnasien und Universitäten gelehrt.

Die politische und sprachlich-kulturelle Unterdrückung im Laufe der Geschichte und das Bewußtsein der gerade genannten Tatsachen führten und führen immer noch dazu, daß Griechen ihre Sprache vor einer nochmaligen Unterdrückung schützen wollen. Eine solche Unterdrückung wäre zwar nicht politisch, aber sprachlich-kulturell, auch innerhalb einer erweiterten "Europäischen Gemeinschaft" (vgl. die Zitate am Anfang des Kapitels).

---

1 Das Gedicht ist allgemeines Volksgut. Es hat vermutlich seinen Ursprung in der "puristischen" Periode und im Umkreis des damaligen "Allgemeinen Deutschen Sprachvereins". Heutzutage wird es aber eindeutig mit einer ironischen Färbung veröffentlicht. Es war die Preisaufgabe der "Gesellschaft für deutsche Sprache" im Jahr 1987 (vgl. "Der Sprachdienst", Jg. XXX, 1986, S. 180, Jg. XXXI, 1987, S. 64 und S. 127).

Der Fremde war in Griechenland oft Eroberer. Deutschland hingegen hat kaum Angst vor dem vereinten Europa. Denn die deutsche Sprache und Kultur wurden nie so stark unterdrückt wie die griechische; sie waren und sind ungefährdet. Der Fremde ist für Deutsche heute nicht der potentielle Eroberer, sondern ein Gastarbeiter oder eine Asylsuchende.

Die in der vorliegenden Untersuchung ermittelten Fakten über den Fremdwortschatz und den Fremdwortgebrauch sollten in zukünftigen Arbeiten im Kontext langfristiger sprachlicher und kultureller Entwicklungen weiter interpretiert werden. Derartige Untersuchungen liegen zur Zeit noch nicht vor.

Wie von mir ermittelt, beträgt der Fremdwortanteil am Wortschatz des Griechischen in der zweiten Hälfte der achtziger Jahre sowohl in der umfassenden als auch in der engeren Zählung etwas weniger als die Hälfte des entsprechenden Anteils am deutschen Wortschatz: Deutsch 1986: 32,7 bzw. 20,4 % Fremdwörter am Wortschatz; Griechisch 1989: 14,3 bzw. 9,1 % Fremdwörter am Wortschatz. Der Fremdwortgebrauch in den untersuchten griechischen Zeitungstexten entspricht aber sowohl in den TOKENS als auch in den TYPES weniger als einem Fünftel des vergleichbaren Fremdwortgebrauchs in den von mir untersuchten deutschen Zeitungstexten: Deutsch 1988: 7,85 bzw. 5,16 % Fremdwörter am Sprachgebrauch; Griechisch 1988: 0,64 bzw. 0,43 % Fremdwörter am Sprachgebrauch.

Meiner Ansicht nach spricht einiges dafür, daß in der Zukunft mehr Fremdwörter in den griechischen Wortschatz, vor allem aber in den tatsächlichen Gebrauch Eingang finden werden:

1) aufgrund der Europäisierung und Internationalisierung des Waren-, Unterhaltungs- und Informationskonsums; eine gewisse Gegenbewegung sprachpuristischer Art in Schulen, Presse und Politik mag eventuell die Zunahme des Fremdwortgebrauchs verlangsamen, insbesondere in den nächsten fünf bis zehn Jahren (Anstieg des Nationalismus in europäischen Ländern). Der Grad des Einflusses dieser Gegenbewegung läßt sich aber gegenwärtig kaum abschätzen und bedürfte einer besonderen Untersuchung.

2) Konzentrieren wir uns auf sprachimmanente Entwicklungen, stellt sich die Frage, inwiefern sich Fremdwortschatz und Fremdwortgebrauch relativ isoliert voneinander entwickeln können. Meiner Ansicht nach spricht das Vorhandensein und die Bekanntheit eines - im Vergleich zu den Relationen in der deutschen Sprache - sehr umfangreichen Fremdwortschatzes (im Vergleich zum Gebrauch) im Griechischen (Deutsch 4:1, Griechisch 21:1) dafür, daß die vorhandenen Fremdwörter auch häufiger gebraucht werden können. Wenn diese Annahme stimmt, wird sich der Unterschied zwischen Fremdwortschatz und Fremdwortgebrauch im Griechischen in den nächsten Jahren und Jahrzehnten verringern, wenn auch kaum auf das "deutsche Maß". Der Grad einer eventuellen weiteren Verringerung des Unterschieds zwischen Fremdwortschatz und Fremdwortgebrauch in der deutschen Sprache läßt sich ebenfalls gegenwärtig kaum abschätzen.

3) Im Bereich der Allgemeinsprache entscheidet nur die Sprachgemeinschaft. Die Neuheit eines Gegenstandes oder Sachverhaltes drückt der Sprecher oder die Sprecherin auch durch ein

neues Wort aus. Somit ist der Gebrauch des Fremdwortes sozial bestimmt: Das Neue ist fremd und das Fremde ist neu. Ist Fremdheit und Neuheit gewichen, d.h. der Gegenstand "out", besteht auch kein sprachliches Problem mehr; ist der Gegenstand aber alltäglich geworden in Verwendung und Benennung, so hat der Purismus keine Chance mehr. Gerade die Selbstverständlichkeit der Bezeichnung, d.h. die Arbitrarität (de Saussure) wird zum stärksten Bollwerk gegen sprachpuristisch motivierte Änderungsversuche[1].

Aber mit der Übernahme von Fremdwörtern geht die Fähigkeit verloren, mit Wörtern aus der eigenen Sprache den entsprechenden Gegenstand zu benennen, zu verstehen und zu einem selbstverständlichen Bestandteil der eigenen Kultur zu machen. Dies bedeutet, daß Fremdwörter den Charakter des Fremden betonen und es dadurch erschweren, die Gegenüberstellung von Fremdem und Eigenem aufzuheben. Wenn Fremdwörter übernommen werden, sucht man nicht nach entsprechenden Wörtern aus dem aktuellen eigenen Sprachschatz. Die Lebenskraft bzw. Vitalität einer Sprache mit Hilfe der Bildung neuer "eigener" Wörter wird dadurch verringert. Aber nicht nur das: Der Rückbezug auf alte sprachliche Traditionen wird blockiert. Indem z.B. im Neugriechischen viele Fremdwörter übernommen werden, greift man nicht auf den Sprachschatz älterer Perioden des Griechischen zurück.

Das Fernsehen und die Pop-Musik importieren zunehmend Fremdes, "kolonialisieren das Leben" auf Kosten persönlicher Gespräche oder des Lesens. Fremdwörter werden heutzutage oft anders vermittelt als früher: durch das Fernsehen oder allgemeiner, durch Bilder (vgl. Anhang III). Fremde Beschriftungen an Geschäften sind Beispiele für kommerzielle visuelle Vermittlungen von Fremdwörtern und damit für die offensichtliche Bedeutung von Kommunikationsformen als Lebensformen.

---

[1] Dieses Argument verdanke ich Herrn Prof. Dr. G. Augst.

Anhänge: Fremdwortlisten und Bildbeispiele

Anhang I: Fremdwortlisten der Wörterbücher

Die Unterscheidung zwischen Basisfremdwörtern und Ableitungen oder Zusammensetzungen kann nicht immer eindeutig erfolgen. Basisfremdwörter können auch zusammengesetzt sein, wenn die Zusammensetzung als solche ins Deutsche übernommen wurde. Manchmal können diese "Basisfremdwörter" aus mehreren Wörtern bestehen, z.b. "last but not least". Die Unterscheidung zwischen Basisfremdwörtern und Ableitungen (bzw. Zusammensetzungen) ist auch eine Frage der Fremdsprachenkenntnisse und der Ausbildung des jeweiligen Sprechers oder Lesers. Fachleute (z.b. Linguisten, Mediziner, Chemiker) oder Menschen mit lateinisch-griechischer Ausbildung verfügen über einen umfassenden Fremdwortschatz und über ihren jeweiligen Fachwortschatz, so daß sie besser in der Lage sind, ein mehrsilbiges Wort zu "durchschauen" als Menschen mit etwas geringerer Ausbildung (z.b. Grundschullehrer oder Kaufleute). Bei der vorliegenden Unterscheidung zwischen Basisfremdwörtern und Ableitungen (bzw. Zusammensetzungen) wird ein relativ hohes Niveau von linguistischen Kenntnissen (etwa von den Derivations- und Kompositionsmechanismen) oder von griechisch-lateinischen Sprachkenntnissen vorausgesetzt. Selbst wenn man aber diese Alternative wählt, kann man Schwierigkeiten der Abgrenzung zwischen Basisfremdwörtern und Ableitungen nicht entgehen. Das Wort "Langette" etwa kommt vom französischen "languette", was die Verkleinerungsform von "langue" ist (nach Angaben des untersuchten Wörterbuchs); und "larghetto" ist die Verkleinerungsform zu "largo". Da aber "Langette" und "larghetto" als solche im Deutschen übernommen wurden und keine Entwicklungen innerhalb des Deutschen sind, ordne ich sie den Basisfremdwörtern zu und nicht den Ableitungen. Auch Wörter wie "Lektion", "Libation", "Lukubration" gab es schon im Lateinischen als "lectio", "libatio" und "lucubratio", sind also keine Ableitungen innerhalb des Deutschen, und gerade für eine synchronische Sprachbetrachtung schien es mir angemessener, diese Wörter den Basislexemen zuzuordnen und nicht den Ableitungen. Bei der Wortfamilie "Lexik-Lexikon-Lexikologe-usw." betrachte ich "Lexikon" als Basisfremdwort, weil es als solches vom Griechischen übernommen wurde und die Basis für weitere Bildungen und deren Verständnis ist. Die Wörter "Libell" und "Libelle" haben eine völlig verschiedene Bedeutung und Herkunft: "Libell" (Schmähschrift) stammt vom lateinischen "libellus" (kleine Schrift) und "Libelle" (Angehörige einer Ordnung von Insekten) stammt vom lateinischen "libella" (Wasserwaage), in diesem Sinne sind es also zwei verschiedene Basisfremdwörter.

Wörter, die bei der Kategorie "Basisfremdwörter" in Klammern geschrieben sind, wurden bei den Zählungen nicht berücksichtigt, sie dienen nur zur Erläuterung der Ableitungen. Solche in Klammern geschriebene Wörter sind hauptsächlich entweder keine Fremdwörter (d.h. in der vorliegenden Untersuchung nicht als Fremdwörter betrachtet), z.B. "Lack", "Lanze", "Lift", oder fremde Wörter, meistens Namen, die in den untersuchten Wörterbüchern nicht verzeichnet, jedoch die Basis für entsprechende Ableitungen sind, z.b. "Leninismus" stammt von "Lenin", "Lakonismus" von "Lakonien", "Lesbierin" von "Lesbos". Bei Groß- und Kleinschreibungen eines Wortes, genauer gesagt eines Wortlauts, handelt es sich um Substantive und Adjektive, z.b. "lokal" und "Lokal", "labial" und "Labial" (= Labiallaut). Bei diesen Fällen hat die Großschreibung innerhalb des Deutschen stattgefunden, so gesehen können die Großschreibungen bei solchen Fällen als "Ableitungen" betrachtet werden. Als "Ableitungen" kann man weiterhin gewisse Kürzungen ansehen, z.b. "Labor" ist von "Laboratorium" abgeleitet oder "Legendar" von "Legendarium".

Im folgenden die Fremdwörter aus der umfassenden und der engeren Zählung im deutschen Wörterbuch Wahrig 1980. Wörter, die sowohl zur umfassenden als auch zur engeren Zählung gehören, werden mit "X" versehen. Alle anderen Wörter sind Bestandteile nur der umfassenden Zählung. Dies gilt für den deutschen und den griechischen Teil des Anhangs.

Basisfremdwörter	fremde Ableitungen und Zusammensetzungen	Mischkomposita
Labarum		
Laberdan X		
labet		
labial X	Labial X	Labialpfeife
	labiodental X	
	Labiodental X	
	Labiovelar X	
labil X	Labilität X	
Labium X	Labiate X	
Laboratorium	Labor X	
	Laborant X	
	Laborantin	
	laborieren X	
Labrum X		
Labskaus X		
Labyrinth X	labyrinthisch X	Labyrinthfisch
	lacieren X	
(Lack)	lackieren X	Lackbenzin
	Lackierer X	
Lackmus X		
Lacrimae Christi		

Basisfremdwörter	fremde Ableitungen und Zusammensetzungen	Mischkomposita
lacrimoso X		
Lacrosse X		
Ladanum X		
		Ladeprofil
	lädieren X	
	Lädierung X	
Ladiner	ladinisch	
Lady	ladylike X	
Lafette X	lafettieren X	
		Lagenenergie
		Lagermetall
lagrimoso		
Lagune X		Lagunenriff
		Lagunenstadt
Lai		
Laissez faire, laissez aller (oder) passer		
(Laie)	Laisierung X	Laientheater
	Laizismus X	
	Laizist X	
	laizistisch X	
Lakai X	lakaienhaft X	
Lakkolith X		
(Lakonien)	lakonisch X	
	Lakonismus X	
Lakritze X		
Laktam X	Laktase X	
	Laktation X	
	laktieren X	
	Laktationsperiode X	
	Laktoflavin X	
	Laktose X	
	Laktoskop X	Laktodensimeter
	Laktosurie X	Laktometer
Lakune X	lakunär X	
	lakustrisch X	

Basisfremdwörter	fremde Ableitungen und Zusammensetzungen	Mischkomposita
Lama (1)		
Lama (2)	Lamaismus X	
	Lamaist X	
	lamaistisch X	
Lamantin X		
Lambda	Lambdazismus X	Lambdanaht
Lambrequin X		
Lambris X		
	Lambskin X	
	Lambswool X	
lamé X	Lamé X	
Lamelle X	lamellar X	Lamellenkühler
Lamento X	lamentabel X	
	Lamentation X	
	lamentieren X	
Lametta X		
Lamina X	laminieren X	
Lampas X		
Lampassen (Fl.)		
Lampion X		
Lamprete X		
Lançade X		
Lancier X	lancieren X	
Landaulett		
		Landbaumotor
		Landeskultur
		Landesprodukt
		Landesregierung
		Landpartie
		Landpomeranze
		Landwirtschaftsministerium
Landsmål		
Langette X	langettieren X	
		Längenprofil
		Längsachse

Basisfremdwörter	fremde Ableitungen und Zusammensetzungen	Mischkomposita
		Langstreckenrakete
Langobarde	langobardisch	
Languste X		
Lanital X		
Lanolin X		
Lanthan X	Lanthanid X	
Lanugo X		
(Lanze)	lanzinieren X	
Lanzette X		Lanzettegel
		Lanzettfisch
	Laparoskop X	
	Laparoskopie X	
	Laparotomie X	
lapidar X		Lapidarschrift
Lapidär X		
Lapillus X		
Lapis X		
Lapis lazuli X		
Lappalie X		
Lapsus X		
Laren		
larghetto X	Larghetto X	
largo X	Largo X	
larifari X	Larifari	
	Larmor-Präzession X	
larmoyant X	Larmoyanz X	
l'art pour l'art		
(Larve)	larval X	
Larynx X	Laryngitis X	
	Laryngofissur X	
	Laryngologe X	
	Laryngologie X	
	Laryngoskop X	
	Laryngoskopie X	
	Laryngotomie X	

Basisfremdwörter	fremde Ableitungen und Zusammensetzungen	Mischkomposita
	Larynxkarzinom X	
Laser X		
	LASH-Carrier X	
Läsion X		
Laskar X		
Lasso X		
Lastex X		
		Lastauto
		Lasthebemagnet
Lasting X		
last (but) not least X		
Lasur X	lasieren X	Lasurfarbe
	Lasierung X	Lasurstein
lasziv X	Laszivität X	
Lätare X		
	La-Tène-Kultur	La-Tène-Zeit
		la-tène-zeitlich
Latein	Lateinamerikaner	Lateinschule
	lateinamerikanisch	Lateinsegel
	Lateiner	
	lateinisch	
latent X	Latenz X	Latenzzeit
	Latenzperiode X	
lateral X	Lateral X	
	Lateralität X	
Lateran	Laterankonzil	
	laterieren X	
Laterit X		
Laterna magica X		
Laterne X		
		Laternenanzünder
		Laternenfisch
		Laternenpfahl
		Laternenträger
Latex X		
Latifundium X		Latifundienwirtschaft

Basisfremdwörter	fremde Ableitungen und Zusammensetzungen	Mischkomposita
Latimeria X		
(Latium)	Latiner	
	latinisch	
	latinisieren	
	Latinismus	
	Latinist	
	Latinität	
Latinum X		
Latitüde X	latitudinal X	
Latrine X	Latrinenparole X	
		Laubenkolonie
Latus X		
	laudabel X	
Laudanum		
Laudes X	Laudatio(n) X	
	laudieren X	
		Laufachse
Laureat X		
Laurus X		
(Laute)	Lautenist X	
		Lautarchiv
		Lautphysiologie
		lautphysiologisch
Lava X		Lavaglas
		Lavastrom
Lavabel X		
Lavabo X		
Lavendel X		
	lavieren (1) X	
	lavieren (2) X	
	lävogyr X	
Lavoir X		
	Lävulose X	Lävulinsäure
Lawine X	Lawinengalerie X	Lawinenschnur
	Lawn-Tennis X	

Basisfremdwörter	fremde Ableitungen und Zusammensetzungen	Mischkomposita
Lawrencium X		
lax X	Laxans X	
	Laxativ(um) X	
	Laxheit X	
	laxieren X	
	Layout X	
	Layouter X	
Lazarett X		Lazarettschiff
		Lazarettzug
	Lazarist X	
	Lazeration X	
	lazerieren X	
Lazerte X		
Lazulith X		
Lead X	Leader X	
Leasing X		
		Lebenselixier
		Lebensmittelchemie
		Lebensnervensystem
		Lebensphilosophie
		Lebensrettungsmedaille
		Lebensstandard
		Leberpastete
		Leberzirrhose
		Lederkoralle
Lee X		leegierig
		Leeraktie
		Leerkilometer
legal X	Legalisation X	
	legalisieren X	
	Legalität X	
	Legasthenie X	
	Legastheniker X	
Legat (1)		
Legat (2) X	Legatar X	

Basisfremdwörter	fremde Ableitungen und Zusammensetzungen	Mischkomposita
	Legation X	
	Legationssekretär X	Legationsrat
legatissimo X		
legato X	Legato X	
Legendarium	Legendar X	
	legendar	
Legende X	legendär X	Legendenspiel
leger X		
Leges (Fl.)		
	legieren X	
	Legierung X	
Legion	Legionär	
(Lex)	legislativ X	
	Legislative X	
	legislatorisch X	
	Legislatur X	
	Legislaturperiode X	
	Legismus X	
legitim X	Legitimation X	Legitimationskarte
	legitimieren X	Legitimationspapier
	Legitimismus X	
	Legitimist X	
	legitimistisch X	
	Legitimität X	
Leguan X		
Legumen X	Legumin X	
	Leguminose X	
		Lehramtskandidat
		Lehrerkollegium
		Lehrerseminar
		Lehrkombinat
		Lehrprinz(ipal)
		Leibesvisitation
		Leibgardist
		Leibregiment

Basisfremdwörter	fremde Ableitungen und Zusammensetzungen	Mischkomposita
		Leichtathletik
		leichtathletisch
		Leichtbenzin
		Leichtbeton
		Leichtindustrie
		Leichtmatrose
		Leichtmetall
		Leierantilope
		Leihauto
		Leihbibliothek
		Leistenkanal
		Leistungsprinzip
		Leitfähigkeitsanalyse
		Leitfossil
		Leitmotiv
		Leitstudie
		Leitungsanästhesie
Lei (Fl.)		
Lek		
Lektion X	Lektor X	
	Lektorat X	
	lektorieren X	
	Lektorin	
	Lektüre X	
Lekythos		
Lemma X		
Lemming X		
Lemniskate X		
Lemur(e)		
(Lenin)	Leninismus	
	Leninist	
	leninistisch	
		Lenkachse
	lentikulär X	Lentikulärzelle

Basisfremdwörter	fremde Ableitungen und Zusammensetzungen	Mischkomposita
lento X	Lento X	
leoninischer Vertrag		
leonische Waren		
Leopard X		
Leporello X		Leporellobuch
Lepra X	Leprom X	
	leprös X	
Lepta (Fl.)		
Lepton	leptokephal	
	leptosom X	
	leptozephal X	
	Leptozephale X	
	Leptozephalie X	
		Lernaktiv
		Lernprogramm
		Lernprozeß
(Lesbos)	Lesbierin X	
	lesbisch X	
		Lesedrama
letal X	Letalität X	
	Letalfaktor X	
l'État c'ést moi		
Lethargie X	lethargisch X	
Lethe X		
		Letternmetall
Lette	lettisch	
Leu		
		Leuchtbakterium
		Leuchtbombe
		Leuchtmunition
		Leuchtpistole
		Leuchtrakete
		Leuchtreklame
		Leuchtsardine
		Leuchtsignal

Basisfremdwörter	fremde Ableitungen und Zusammensetzungen	Mischkomposita
		Leuchtspurmunition
		Leuchttechnik
leuk..., Leuk...	Leukämie X	
	leukämisch X	
leuko..., Leuko...	Leukoblasten X	
	Leukodermie X	
	Leukom X	
	Leukopathie X	
	Leukoplast X	
	Leukorhö X	
	Leukotomie X	
	Leukozyt X	
	Leukozytose X	
Leutnant X		
Leuzit X		
Levade X		
Levante	Levantine X	
	Levantiner	
Levée		
Levellers		
Lever		
Leviathan X		
Levirat X		
Levit(e)	Leviten	
	Levitikus	
Levkoje X		
Lew		
Lex		
Lexikon X	lexigraphisch X	
	Lexik X	
	lexikalisch X	
	Lexikograph X	
	Lexikographie X	
	lexikographisch X	
	Lexikologe X	

Basisfremdwörter	fremde Ableitungen und Zusammensetzungen	Mischkomposita
	Lexikologie X	
	lexikologisch X	
	lexisch X	
	Lexikonoktav X	
	Lexikothek X	
Lezithin X		
L'hombre X		
Liaison X		
Liane X		
Lias X	liasisch X	
(Libanon)	Libanese	
	libanesisch	
Libation		
Libell X	Libellist X	
Libelle X		
liberal X	liberalisieren X	
	Liberalisierung X	
	Liberalismus X	
	Liberalist X	
	liberalistisch X	
	Liberalität X	
	Liberation X	
	Libertät X	
Libero X		
Liberalium artium magister		
Liberté, Egalité, Fraternité		
Libertin	Libertinage X	
	Libertiner	
liberum arbitrium X		
liberum veto		
Libido X	Libidinist X	
	libidinös X	
Libration X		
Libretto X	Librettist X	
(Libyen)	Libyer	

Basisfremdwörter	fremde Ableitungen und Zusammensetzungen	Mischkomposita
	libysch	
licet X		
Lichen X	Lichenologie X	
		Lichteffekt
		lichtelektrisch
		Lichtraumprofil
		Lichtregie
		Lichtreklame
		Lichtsignal
		Lichtspieltheater
		Lichttechnik
		Lichttelegraphie
		Lichttherapie
		Liebhabertheater
		Lieferfirma
		Liefertermin
Lien X	lienal X	
Lieue		
(Lift)	Liftboy X	
	Lifting X	
Liga X	Ligade X	
Ligen (Fl.)	Ligament(um) X	
	Ligatur X	
	ligieren X	
	Ligist X	
	ligistisch X	
Lignin X	Lignit X	
Ligroin X		
Liguster X		Ligusterschwärmer
	liieren X	
Likör X		Likörglas
Liktor		
lila X		
Liliput	Liliput ...	
	Liliputaner	

Basisfremdwörter	fremde Ableitungen und Zusammensetzungen	Mischkomposita
	liliputanisch	
	Limakologie X	
Limbi (Fl.)		
Limbus X		
Limes X		
Limetta X		
Limit X	Limitation X	
	limitativ X	
Limite (schweiz. Limit)		
limited X	limitieren X	
	Limnigraph X	Limnimeter
	limnisch X	
	Limnograph	
	Limnologie X	
	limnologisch X	
Limonade X		
Limone X		
Limonen (Fl.)		
Limonit X	limös X	
Limose X		
Limousine X		
Lineal X		
(Linie)	linear X	
	Linearmotor X	Linearbeschleuniger
	Linearperspektive X	Linearzeichnung
	Lineament X	
Linge X	Lingerie X	
lingual X	Lingual(is) X	
	Linguist X	
	Linguistik X	
(Linie)	Lineatur	Linienspektrum
	Liniatur X	Liniensystem
	linieren X	
	Linierung X	
	liniieren	

Basisfremdwörter	fremde Ableitungen und Zusammensetzungen	Mischkomposita
	Liniment X	
Linkrusta X		
		Linksextremist
		Linksgalopp
		linksradikal
		Linksregierung
Linné X		
	Linoleum X	Linolsäure
		Linolschnitt
		Linsensystem
Linon X	Linotype X	
	Lipämie X	
	lipämisch X	
	Lipase X	
	Lipid X	
(Lipizza)	Lipizzaner	
	lipoid X	
	Lipoid X	
	Lipom(a) X	
	Lipurie X	
liquid(e) X	Liquefaktion X	
Liquiden (Fl.)	liqueszieren X	
	Liquida X	
	Liquidation X	
	Liquidator X	
	liquidieren X	
	Liquidierung X	
	Liquidität X	
	Liquor X	
Lira		
Lisiere	Lisene X	
Litanei X		
(Litauen)	litauisch	
Litera X	literarisch X	
	Literarhistoriker X	
	literarhistorisch X	

Basisfremdwörter	fremde Ableitungen und Zusammensetzungen	Mischkomposita
	Literat X	
	Literatur X	Literaturbrief
	Literaturhistoriker X	Literaturdenkmal
	Literaturkritik X	Literaturgeschichte
	Literatursoziologie X	Literaturpapst
		Literaturpreis
		Literatursprache
		Literaturwissenschaft
		Literaturzeitschrift
Litewka		
(Lithos)	Lithargyrum X	
	Lithiasis X	
	Lithium X	
	Lithograph X	
	Lithographie X	
	lithographieren X	
	lithographisch X	
	Lithologe X	
	Lithologie X	
	Litholyse X	
	lithophag X	
	Lithopone X	
	Lithosphäre X	
	Lithotomie X	
	Lithotripsie X	
	Lithurgik X	
Litigation	Litigant	
	litigieren	
litoral X	Litorale X	
	Litoralfauna X	
	Litoralflora X	
	Litorina X	Litorinellenkalk
Litotes X		
Liturg X	Liturgie X	
	Liturgik X	
	liturgisch X	

Basisfremdwörter	fremde Ableitungen und Zusammensetzungen	Mischkomposita
live X		Live-Sendung
Live		
livid(e)		
Livre		
Livre d'heure X		
Livree X	livriert X	
Lizentiat X	Lizenz X	Lizenzausgabe
	lizenzieren X	Lizenzgeber
		Lizenzspieler
	Lizitant X	
	Lizitation X	
	lizitieren X	
Load X		
Lobby X	Lobbyismus X	
	Lobbyist X	
Lobelie X	Lobelin X	
	Lobotomie X	
Lochien X		
		Lochkamera
loco X		
loco citato X		
loco laudato		
Lodde X		
	...log	
	Logarithmus X	
	logarithmieren X	
	logarithmisch X	
	...loge	
Loge X	Logentheater X	Logenbruder
		Logenschließer
		Logierbesuch
		Logiergast
		Logierzimmer
Logement		
Loggia X		

Basisfremdwörter	fremde Ableitungen und Zusammensetzungen	Mischkomposita
	...logie	
Logis X	logieren X	
Logik X	Logiker X	logischerweise
	logisch X	
	Logismus X	
	Logistik X	
	Logistiker X	
	logistisch X	
	Logizismus X	
	logizistisch X	
	Logizität X	
	Logogriph X	
	Logopädie X	
Logos X		
		Lohnbüro
		Lohn-Preis-Spirale
Loipe X		
lokal X	Lokal X	Lokalbahn
	Lokalanästhesie X	Lokalbehörde
	Lokalisation X	Lokalbeben
	lokalisieren X	Lokalbericht
	Lokalisierung X	Lokalberichterstatter
	Lokalität X	Lokalfarbe
	Lokalkolorit X	Lokalforscher
	Lokalpatriotismus X	Lokalforschung
	Lokaltermin X	Lokalnachrichten
	Lokatar	Lokalposse
	Lokation X	Lokalsatz
	Lokativ X	Lokalstück
		Lokalverkehr
		Lokalzug
	Lokomobile	
	Lokomotion X	
	Lokomotive X	Lokomotivführer
	lokomotorisch X	

Basisfremdwörter	fremde Ableitungen und Zusammensetzungen	Mischkomposita
Lokus X	Lokution X	Lokoware
	Lokusmutation X	
Lombard X	lombardieren X	Lombardgeschäft
Lombarde	lombardisch	
Lomber X		
	Longdrink X	
Longe X	longieren X	
	Longimetrie X	
	longitudinal X	Longitudinalwelle
	Longseller X	
Look X		
Looping X		
Lord	Lord-Mayor	Lordkanzler
		Lordsiegelbewahrer
	Lordose X	
Lore X		
Lorgnette X		
Lorgnon X		
Lori (1)		
Lori (2) X		
Lori (3) X		
	Lorokonto X	
		losmarschieren
		Lötmetall
Lotion X		
Lotos X	Lotophage X	Lotosblume
		Lotsenstation
Lotterie X		Lotterieeinnehmer
		Lotterielos
		Lotteriespiel
	Lotto X	
Lotus X		
Louis X	Louisdor	
	Louisquatorze	
	Louisquinze	

Basisfremdwörter	fremde Ableitungen und Zusammensetzungen	Mischkomposita
	Louisseize	
	loxodrom X	
	Loxodrome X	
	loxogonal X	
loyal X	Loyalität X	
	lozieren	
Ludditen		
Ludolfsche Zahl		
Ludus		
Lues X	Luiker X	
	luisch X	
Luffa X		
	Luftikus X	Luftballon
		luftelektrisch
		Luftelektrizität
		Luftexpansionsmaschine
		Luftkondensator
		Luftkorridor
		Luftmatratze
		Luftmotor
		Luftperspektive
		Luftpirat
		Luftpiraterie
		Luftröhrenkatarrh
		Luftstewardeß
		Lufttorpedo
		Luftventil
		Lügendetektor
		Lügenpropaganda
Lukarne X	lukrativ X	
	lukrieren	
Lukubration X		
	lukulent X	
Lukullus	lukullisch X	
Lumbago X	lumbal X	

Basisfremdwörter	fremde Ableitungen und Zusammensetzungen	Mischkomposita
	Lumbalanästhesie X	
	Lumbalpunktion X	
lumbecken X		Lumbeckverfahren
	Lumberjack X	
Lumen X	Lumineszenz X	Lumenstunde
	luminoszieren X	
	Luminographie X	
	Luminophor X	
	luminös X	
	Lumpazius X	Lumpenproletariat
	Lumpazivagabundus X	
Luna X	lunar(isch) X	
	Lunarium X	
	Lunatiker X	
	Lunation X	
	lunatisch X	
	Lunatismus X	
Lunch X	lunchen X	
Lünette X		
		Lungenemphysem
		Lungeninfarkt
		Lungenödem
		Lungenspitzenkatarrh
		Lungentuberkulose
Lunula X	lunular X	
		Lupenphotographie
Luperkalien		
Lupus X	Lupine X	
	Lupinose X	
	lupös X	
	Lupulin X	
		Lustprinzip
Lustra (Fl.)		
Lustrum	Lustration	
	lustrativ	

Basisfremdwörter	fremde Ableitungen und Zusammensetzungen	Mischkomposita
	lustrieren	
	lüstrieren X	
Lutein X	Luteolin X	
Lutetium X		
Lux		
Luxation X	luxieren X	
Luxus X	luxurieren	Luxusartikel
	luxuriös X	Luxusausgabe
	Luxushotel X	Luxusdampfer
	Luxuskabine X	
Luzerne X		
luzid X	Luzidität X	
(Luzifer)	Luziferin X	
	luziferisch X	
(Lydien)	Lydier	
	lydisch	
Lymphe X	Lymphadenitis X	Lymphdrüse
	Lymphadenom(a) X	Lymphgefäß
	lymphatisch X	Lymphknoten
	lymphoid X	
	Lymphom(a) X	
	Lymphogranulomatose X	
	Lymphozyt X	
lynchen X	Lynchjustiz X	
Lyra	Lyrik X	Lyrabogen
	Lyriker X	
	lyrisch X	
	Lyrismus X	
	Lyrizität X	
Lysis X	Lysin X	Lysoform
	Lysol X	
Lyssa X		
Lyzeum		

In der Auflage von "Wahrig" 1986 wurden im Vergleich mit der von 1980 folgende Fremdwörter aus der umfassenden Zählung herausgenommen:

Laborantin;
Laktam: chem. Verbindung; Kunstwort aus lat. "lac" (Milch) und "Ammoniak";
Landwirtschafts*ministerium*;
Laudemium: im alten deutschen Recht, Abgabe an den Lehnsherrn;
Legato: "gebunden" zu spielender Teil eines Musikstücks;
legendar: = legendär;
Lehr*prinz(ipal)*: Forst- und Jagdbeamter, der junge Jäger im Forst- und Jagdwesen ausbildet;
leptokephal: = leptozephal;
leptozephal: schmalköpfig; aus grch. "leptos" (schmal) und "kephale"[1] (Kopf);
Leptozephale: Mensch mit schmaler Kopfform;
leuk..., Leuk...;
leuko..., Leuko...: weiß; zu grch. "leukos" (weiß, hell);
Lexikologe: Kenner der Lexikologie;
liberum veto: im polnischen Reichstag, 1652-1791, freies Einspruchsrecht; zu lat. "liber" (frei) und "vetare" (verbieten);
Liefer*termin*: Termin, zu dem eine Ware geliefert werden soll;
ligistisch: zu einer Liga gehörend;
Linien*system*: System von fünf parallelen Linien als Hilfsmittel für die Notenschrift;
Litholge: Kenner, Erforscher der Lithologie;
loco laudato: an der gelobten Stelle (= loco citato);
...log: österr. für "...loge";
...loge: ...forscher, ...kenner; zu grch. "logos" (Wort, Kunde);
Logistiker: Vertreter der Logistik;
Lokatar: Pächter; (zu "Lokation"), (veraltetes Wort);
Luft*expansions***maschine**: Heißluftmotor;
Luft*motor*: Heißluftmotor;
Luft*ventil*: Ventil für die Luftzufuhr.

Folgende Fremdwörter wurden bei der umfassenden Zählung in der Auflage von "Wahrig" 1986 hinzugefügt:

Labdanum: = Ladanum (Harz verschiedener Arten der Mittelmeerpflanze "Cistus"...); aus grch. "ladanon" < pers. "laden" < hebr. "loth";

---

[1] Die Transkriptionen der griechischen Wörter werden hier aus dem untersuchten Wörterbuch übernommen.

Label [lɛibəl]: Aufklebeschild, Etikett; Firmenbezeichnung auf einem Etikett (bes. bei Schallplatten) (engl.);
Labradorit: Feldspat als Schmuckstein verwendet; zu der nordamerikan. Küste "Labrador";
Laborismus: Orientiertsein auf die Interessen der Arbeitnehmer; zu "labor" (Arbeit);
Lackmuspapier: mit Lackmus gefärbtes Papier;
Ladino: Mischling aus einem weißen und einem (mittel- und südamerikan.) indianischen Elternteil; zu "Ladinisch", eigentlich "Lateinisch";
lala: meistens gebräuchlich in der Wendung "so lala" (umgangssprachlich) in der Bedeutung "mäßig gut"; zu frz. "là là" (halb und halb);
Lamäng: (umgangssprachlich) nur in festen Wendungen; aus der freien, kalten Lamäng: unvorbereitet, provisorisch; zu frz. "la main" (die Hand);
Lambdasonde: (an Kraftfahrzeug mit Abgaskatalysator) Einrichtung, durch die das Luft-Brennstoff-Gemisch möglichst gut auf ein Verhältnis von 1:1 geregelt wird;
Lambrusco: italienischer Rotwein;
laminar: geordnet, nebeneinander; zu lat. "lamina";
Laminat: aus Kunststoffen und -harzen aufgebauter Schichtpreßstoff für chemikalien- und witterungsbeständige Beschichtungen; zu "lamina";
Lande*manöver*: das Aufsetzen eines Luftfahrzeugs auf den Boden;
Landrover: Warenzeichen (engl.);
Langue: das Sprachsystem nach Saussure (frz.);
Larvizid: gegen die Larven von Insekten wirkendes Mittel; zu "Larve" und lat. "caedere" (fallen, töten);
Laryngal: Glottal(laut); zu "Larynx";
Lasagne: Speisegericht mit Nudeln (ital.);
Laserkanone: Laserapparat mit besonders intensiver Strahlungsleistung eingesetzt zur Werkstoffbearbeitung;
Lasertechnik: Sammelbezeichnung für alle Verfahren und Maßnahmen zum Einsatz von Laserstrahlen;
Laternengarage: (umgangssprachlich, scherzhaft) Abstellplatz, Parkplatz für Auto unter einer Straßenlaterne);
Laurat: Salz der Laurinsäure;
*Laurin*säure: höhere, gesättigte Fettsäure; zu lat. "laurus" (Lorbeer);
Lautier*methode*: Methode des Lesenlernens, bei der die einzelnen Laute aneinandergereiht werden;
leasen: mieten; zu "Leasing";
leistungs*orientiert*;
Leishmania: zu den Geißeltierchen gehörender Krankheitserreger (nach dem engl. Militärarzt "Leishman");

Leishmaniose: durch Leishmanien hervorgerufene Tropenkrankheit;
Le-Mans-Start: Art des Starts für Autorennen; erst beim Startzeichen laufen die Fahrer zu den Autos (nach der frz. Stadt "Le Mans");
Leoniden: im November jeden Jahres auftretender Sternschnuppenschwarm; zu lat. "leo" "leonis" (Löwe), da die Sternschnuppen scheinbar aus dem Sternbild des Löwen kommen;
Lepidoptere: Schmetterling; zu grch. "lepidotos" (schuppig) und "pteron" (Flügel);
Lepidopterologie: Schmetterlingskunde;
Lesbe: (umgangssprachlich) kurz für "Lesbierin";
Level: Stufe, Ebene, Niveau (engl);
Lexem: (sprachwissenschaftlich) lexikalische Einheit; zu grch. "lexis" (Ausdruck, Wort);
lexikalisieren: als neues Lexem bestimmen, in den Wortschatz nehmen;
libertär: extrem liberal, zu lat. "libertas" (Freiheit");
Lichtschutz*faktor*: Faktor, Zahl, die anzeigt, wie stark ein Sonnenschutzmittel die Haut vor UV-Strahlen schützt;
Lido: Landzunge vor einem Meeresteil parallel der Küste, bes. der bei Venedig (ital.);
Ligand: Atom oder Molekül, das in Koordinationsverbindungen an ein Zentralatom angelagert ist; zu lat. "ligare" (binden);
Light-Show: Vorführung von Lichteffekten (in Diskotheken oder während einer musikalischen Show) (engl.);
Limulus: ein Tier; zu lat. "limulus" (wenig schielend);
Liner: Linienschiff, Überseedampfer (engl.);
links*liberal*: politisch liberal und links gerichtet;
lipophil: in Fett löslich; zu grch. "lipos" (Fett) und "philos" (liebend);
lipophob: in Fett unlöslich; zu "lipos" und "phobos" (Furcht);
lippen*synchron*: mit den Lippenbewegungen synchron; (bei Filmen);
***Litschi*pflaume**: Frucht eines Obstbaumes in Südchina (chin.);
***Live*-Aufzeichnung**: Aufzeichnung einer Veranstaltung, die zu einem späteren Termin gesendet wird (im Unterschied zu "Live-Sendung");
Lob, Lobball: (bes. im Tennis) über den am Netz stehenden Gegner hoch hinweggeschlagener Ball Hoch(flug)ball (engl.);
Lobektomie: operative Entfernung eines Lungenlappens;
Loch*billard*: Poolbillard;
Lockout: Aussperrung (von Arbeitern) (engl.);
Löffel*biscuit*: länglicher Biscuitkeks;
Logasthenie: Gedächtnisstörung, verbunden mit dem Vergessen von Wörtern; zu grch. "logos" (Wort) und "astheneia" (Schwäche, Krankheit);
logo: klar, logisch;

Logogramm: Kürzel der Rundfunk- und Fernsehanstalten, z.B. ARD, ZDF[1]; zu grch. "logos" (Wort) und "gramma" (Schriftzeichen);
Lokalelement: kleines elektrochemisches Element, das oft Ausgangspunkt einer korrosiven Materialzerstörung ist;
***Lokal*kenntnis**: Kenntnis örtlicher Verhältnisse;
***Lokal*presse**: Gesamtheit der lokalen Tageszeitungen;
***Lotto*block**: Vereinigung mehrerer regionaler Lotteriegesellschaften;
Lounge: Halle, Aufenthaltsraum (engl.);
Loure: frz. "Sackpfeife"; später in die Suite übernommener Tanz; zu frz. < lat. "lura" (Öffnung eines Schlauches oder Sackes) oder zu "Lure" (nordisches Blasinstrument aus der Bronzezeit);
Luft-Boden-*Rakete*: aus der Luft von Flugzeugen abgefeuerte Rakete zur Bekämpfung von Zielen auf dem Erdboden;
Luft-Luft-*Rakete*: aus der Luft abgefeuerte Rakete zur Bekämpfung feindlicher Flugzeuge oder Raketen;
Lukas: "Hau-den-Lukas": Apparat zur Erprobung der Kraft auf der Kirmes;
Lupolen: Warenzeichen; Kunststoff auf der Basis von Polyäthylen;
Lurex: Warenzeichen; mit metallischen Fasern hergestellte Garne, Gewebe oder Kunstoffmassen mit besonderen Farbeffekten;
Lyase: Enzym, das organische Verbindungen in Bruchstücke spaltet; zu grch. "lyein" (lösen);
Lycra: Warenzeichen; hochelastische Kunstfaser;
lyophil: leicht löslich, Lösungsmittel liebend; zu grch. "lyein" (lösen") und "philos" (liebend);
lyophob: schwer löslich, Lösungsmittel abweisend; zu "lyein" und "phobos" (Furcht);
...lyse: (in Zusammensetzungen) Lösung, Auflösung; zu grch. "lysis" (Auflösung), zu "lyein" (lösen).

In der engeren Fremdwortzählung sieht es in der Auflage von "Wahrig" 1986 im Vergleich mit der von 1980 folgendermaßen aus:
Diese Fremdwörter wurden herausgenommen:

Laktam
Legato
leptozephal
Leptozephale
Lexikologe
ligistisch

---

[1] Mit dieser Bedeutung wird das Wort in Wahrig (1986, S. 843) erklärt; jedoch ist das eine begrenzte Erklärung. Die generelle Bedeutung für "Logogramm" ist: Schriftzeichen für eine bedeutungstragende Einheit eines Wortes (nach DUDEN-Fremdwörterbuch 1990, S. 464).

Lithologe
Logistiker

Anderersteits wurden folgende Fremdwörter hinzugefügt:

Label	Level
Labradorit	Lexem
Laborismus	lexikalisieren
lala	libertär
Lamäng	Ligand
Lambdasonde	Light-Show
laminar	Limulus
Laminat	Liner
Langue	lipophil
Larvizid	lipophob
Laryngal	Lob, Lobball
Lasagne	Lobektomie
Laserkanone	Lockout
Lasertechnik	Logasthenie
Laurat	logo
leasen	Logogramm
Leishmania	Lokalelement
Leishmaniose	Lounge
Le-Mans-Start	Lyase
Leoniden	lyophil
Lepidoptere	lyophob
Lepidopterologie	

Fremdwörter im griechischen Wörterbuch Stamatakos 1971[1]

Basisfremdwörter	Ableitungen und Zusammensetzungen	Herkunft
la		ital. (Name einer Musiknote)
lava X		ital. "lava"
lavandis X		ital. "lavanda"
lavarettos X		vermutl. zu frz. "Labourdain"
lavaro(n) X		lat. "labarum"
lavi X		frz. "lavis"
lavomano X		ital. "lava-mano"
lavuto		rumän. "lauta"
laguto	lagutaris	
lauto X	lautieris X	
(Lavrador)	lavradorikos	zur nordamerikanischen
	lavradoritis X	Küste "Labrador"
lagumi X	lagumidzis X	türk. "lagim"
	ladoboja	türk. Herkunft
	ladobojatiso	
lasania X		ital. "lasagne"
		< grch. "lasanon"
lasaretto X		venez. "lazareto"
	lasotrata	ital. Herkunft
lasuri X	lasuritis X	lat. "lazur(i)um, pers. Herkunft
lädi		engl. "lady"
lakerda X		lat. "lakerta"
lakes X		frz. "laquais"
		< türk. "ulak"
lales X		türk. "lale"
lamarina X		venez. "lamarin"
(Lamark)	lamarkismos	zum Franzosen "Lamarque"
lamas	lamaismos	tibet. "blama"
lame X		frz. "lamé"

---

1 Transkribiert nach der griechischen Lautung.

Basisfremdwörter	Ableitungen und Zusammensetzungen	Herkunft
labadarios		grch. "lampas" in Verbindung mit der lat. Endung "-arius"
labikaro X		ital. "lambiccare"
labikos		arab. "al-ambik" < grch. "amvyx"
labioni X		frz. "lampion", ital. "lampione"
laboratorio X		lat. "laborare"
lanara X	lanaras X	lat. "lanarius"
lanari	lanariso X	
	lanarisma X	
landgravos		deutsch "Landgraf"
lanolini X		frz. "lanoline" < lat. "lana"
lanssaro X	lanssarisma X	frz. "lancer"
lansiedes X		frz. "lanciers"
lanskenes X		frz. Herkunft
landza X	landzana	venez. Herkunft
lantsa	lantsana	
	landzieris X	
	landzocheri	
lando		frz. "landeau"
landole		frz. "landaulett"
laurikon (oxi) X		lat. "laurus"
lapas X	lapadiaso X	türk. "lapa"
lapata X		span. "lapato", "lapathum" grch. "lapathon"
lapatsa X	lapatsono X	ital. Herkunft
larga X (alarga)	(a)largaro X	ital. Herkunft
largetto X		ital. "larghetto"
largo X		ital. "largo"
larites		römische Göttinnen
laska X	laskos X	ital. "lasco"
laskaro X	laskarisma X	ital. "lascare"
lasmari X		frz. Herkunft

Basisfremdwörter	Ableitungen und Zusammensetzungen	Herkunft
lasso X		span. "lazo"
latex X		unbekannter Herkunft
laterkulon		lat. "laterculum"
laterna X	laternadzis X	ital. "laterna"
laderna		
latis	latinadiko	venez. Herkunft
	latini	
	latinion	
Latinos	latiniso	zu "Latium"
	latinikos	
	latinikos[1]	
	latinismos	
	latinistis	
	latinisti	
	latinogenis	
	latinokratia	
	latinofrono	
	latinofron	
	lachanopasaro	türk. "pazar"
lavraton		lat. "laureatum" zu "laurus"
lafasanis		pers. "lafazan"
lachuri		zur ind. Stadt "Lachori"
leva X		ital. "leva"
levaro X		ital. "levare"
lev(a)		bulg. Währungseinheit
levion		
levanda X		ital. "lavanda"
levandes X	levandiera X	ital. "levante"
levandinos	levandinikos	ital. "levantino"
leviathan X		hebr. Herkunft
leuiathan[2]		
levie X		frz. "levier"

---

1 Es handelt sich um zwei verschiedene Wörter, ein Adjektiv und ein Adverb. Im Griechischen werden sie durch zwei orthographisch verschiedene "o" ausgedrückt.
2 In diesem Fall transkribiere ich nach der griechischen Orthographie, da es in der Aussprache keinen Unterschied zwischen den zwei Varianten gibt.

Basisfremdwörter	Ableitungen und Zusammensetzungen	Herkunft
legatos		lat. "legatus"
ligatos		
legato X		ital. "legato"
legkato[1]		
legeni	legenobriko	türk. "legen"
legeon	legeonarios	lat. "legio"
lesanda X		frz. "légende" < lat. "legenda"
läi		rumän. Währungseinheit
lilion X		lat. "lilium"
(Läisman)	läismaniassis X	zum Engländer "Leishman"
lek		alban. Währungseinheit
lekes X	lekiaso X	türk. "leke"
	lekiasma X	
leleki X		türk. "leylek"
lemes X		türk. Herkunft
lebessis X		türk. "lebes"
leblebi X	leblebidzis X	türk. "leblebi"
(Lenin)	leninikos	russ. Name
	leninismos	
lendia X	lendisma X	ital. "lentia"
lendion X		lat. "linteum"
leopardalis		lat. "leopardus"
lessi X		türk. "les"
ledziero X		ital. Herkunft
letsos X		ital. "lezzo"
levga		lat. "leuga"
levitis X	levitikos	hebr. "lewi"
ligaro X	ligadura X	ital. "ligare"
	ligadura[2]	
	lianokalaboko	alban. "kalambok"
	lianodufeko	türk. "tüfek"
livari X		lat. "vivarium"

---

1 Ebenso.
2 Es handelt sich um zwei orthographisch verschiedene "i". Hier liegen zwei orthographische Varianten desselben Wortes vor.

Basisfremdwörter	Ableitungen und Zusammensetzungen	Herkunft
livellos	livellographima livellographia livellographikos livellographos livellographo	lat. "libellus" (zu "liber")
living-rum X		engl. "living-room"
livra		lat. "libra"
livrea X		ital. "librea"
liga X		lat. "liga"
lignitis	ligniteleo lignitopissa lignitorichio lignitorichos	frz. "lignite" < lat. "lignum"
ligustron X		lat. "ligustrum"
liker X		frz. "liquer"
likidarisma X		ital. "liquidare", frz. "liquider" < lat. "liquidas"
likurini X	likurinos	ital. "liocorno"
likorini	likoris X	
lila X		frz. "lilas" < pers. "lilak"
(Lillipupolli)	lilliputios	zu "Lilliput"
limosi X		lat. "limosus"
limusina X		frz. "limousine"
liberalismos X	liberia X	lat. "liberalis"
libido X	libisome X libistos X	lat. "libido"
libo X		venez. "libo"
libretto X	librettistas X	ital. "libretto"
lixos		westafrikanisches Land in der Mythologie
	liokukutso	ital. "cucuzza"
lira		ital. "lira"
liretta		ital. Währungseinheit
lista		ital. "lista"

Basisfremdwörter	Ableitungen und Zusammensetzungen	Herkunft
litron		frz. "litre"
lovelia X		zu "M. Lobelius"
lover X		engl. "lover"
lovitura X	lovituradzis X	rumän. Herkunft
(Lomvardia)	logovardikos	zu "Lombardei"
	lomvardikos	
losa X		ital. "lozza"
lodza		
lokanda X	lokadieris X	ital. "locanda"
lok-aut X		engl. "lock-out"
lokko		ital. "locco"
lokomobil		frz. "locomobile"
lokomotiva X		frz. "locomotive"
lokusta X	lokustella X	frz. "langouste" < lat. "locusta"
lolion X		vermutl. zu lat. "lolium"
(Londino)	londinios	zu "London"
	londresikos	
loun-tennis X		engl. "lawn-tennis"
lonn-tennis		
lordos	lorda	engl. "lord"
	lordossis	
lorikulos X		vermutl. zu lat. "loriculum"
lossion X		frz. "lotion"
lostromos X		ital. "nostromo"
lottaria X	lotar(i)dzis X	ital. "lottaria"
lottos X		ital. "lotto"
lugavolta X		ital. Herkunft
	lugdunikos	zur frz. Stadt "Lyon",
	lugdunios	auf grch. "Lugdunon"
(Ludovikos)	ludovikion	zu "Ludwig"
	ludovikios	
	luisi(on)	
	luisa	
(Luthiros)	luthiranikos	zu "Luther"

Basisfremdwörter	Ableitungen und Zusammensetzungen	Herkunft
lukaniko(n)	lukanide	lat. "lucanicum"
	lukanos	
luketto X		ital. "iucchetto"
luki X		türk. "oluk"
(Lukullos)	lukulios X	zu "Lucullus"
	lukulia X	
lukumi X	lukuma	türk. "lokum"
	lukumas X	
	lukumadzis X	
	lukumadzidiko X	
lulaki X	lulakatos X	arab. "lilak"
	lulakis X	
	lulakis[1]	
lulas X		türk. "lula"
lumakas X		ital. "loumaca"
lumini X	luminali X	venez. "lumin"
lubarda X	lubardo X	span. "lombarda"
lubunas X	lubuniaso X	unbekannter Herkunft
lubrikulos X	lubrikide X	vermutl. zu lat. "lubriculum"
lunada X		ital. "lunada"
lux X	luxometro	lat. "lux"
lupa X	luperide X	frz. "loupe"
lupino(n)	lubinari	ital. "lupino"
	lupinari	< lat. "lupinum"
	lupinia	
	lupinaria	
	lupini	
	lupinini	
lupulini X		lat. "lupus"
lussariso X		ital. "luscare"
lusserna X		ital. "lucere"
lusso X	lussatos X	ital. "lusso"
lustrariso	lustrarisma X	ital. "lustrare"
lustraro X	lustratos X	

---

[1] Hier liegen wieder zwei orthographisch verschiedene griechische "i" vor.

Basisfremdwörter	Ableitungen und Zusammensetzungen	Herkunft
lustrin X	lustriso X	frz. "loustrine"
lustrini X		ital. "lustrino"
lustro X	lustros X	ital. "lustro"
lutäini X	luteolini X	lat. "luteus"
lutr X		frz. "loutre"
lutsa X	lutsia X	slaw. "luza"
	lutsiso X	
	lutsisma X	
	lutsos X	
lufes X		türk. "ulufe"
	likotsakalo	türk. "cakal", ind. Herkunft
lintsaro X	lintsarisma X	zu "W. Lynch"
	lintsios nomos X	

Fremdwörter im griechischen Wörterbuch Stamatakos 1971 auf griechisch geschrieben

Basisfremdwörter	Ableitungen und Zusammensetzungen
λα	
λάβα X	
λαβαντίς X	
λαβαρέτος X	
λάβαρο(ν) X	
λαβί X	
λαβομάνο X	
λαβούτο	
λαγούτο	λαγουτάρης
λαούτο X	λαουτιέρης X
(Λαβραδόρ)	λαβραδορικός
	λαβραδορίτης X
λαγούμι X	λαγουμιτζής X
	λαδομπογιά
	λαδομπογιατίζω
λαζάνια X	
λαζαρέττο X	
	λαζότρατα
λαζούρι X	λαζουρίτης X
λαΐδη	
λακέρδα X	
λακές X	
λαλές X	
λαμαρίνα X	
(Λαμάρκ)	λαμαρκισμός
λάμας	λαμαϊσμός
λαμέ X	
λαμπαδάριος	
λαμπικάρω X	
λαμπίκος	
λαμπόνι X	
λαμπορατόριο X	

Basisfremdwörter	Ableitungen und Zusammensetzungen
λανάρα X	λαναράς X
λανάρι	λαναρίζω X
	λανάρισμα X
λανδγράβος	
λανολίνη X	
λανσάρω X	
λανσιέδες X	
λανσκενές X	
λάντζα X	λαντζάνα
λάντσα	λαντσάνα
	λαντζιέρης X
	λαντζοχέρι
λαντώ	
λαντωλέ	
λαουρικόν (οξύ) X	
λαπάς X	λαπαδιάζω X
λάπατα X	
λαπάτσα X	λαπατσώνω X
λάργα X (αλάργα)	(α)λαργάρω X
λαργκέττο X	
λάργκο X	
λάρητες	
λάσκα X	λάσκος X
λασκάρω X	λασκάρισμα X
λασμαρί X	
λάσσο X	
λάτεξ X	
λατέρκουλον	
λατέρνα X	λατερνατζής X
λαντέρνα	
λάτις	λατινάδικο
	λατίνι
	λατίνιον
Λατίνος	λατινίζω
	λατινικός

Basisfremdwörter	Ableitungen und Zusammensetzungen
	λατινικώς
	λατινισμός
	λατινιστής
	λατινιστί
	λατνογενής
	λατινοκρατία
	λατινοφρονώ
	λατινόφρων
	λαχανοπάζαρο
λαυράτον	
λαφαζάνης	
λαχούρι	
λέβα Χ	
λεβάρω Χ	
λέβ(α)	
λέβιον	
λεβάντα Χ	
λεβάντες Χ	λεβαντιέρα Χ
λεβαντίνος	λεβαντίνικος
λεβιάθαν Χ	
λευιάθαν Χ	
λεβιέ Χ	
λεγάτος	
ληγάτος	
λεγγάτο Χ	
λεγκάτο	
λεγένι	λεγενόμπρικο
λεγεών	λεγεωνάριος
λεζάντα Χ	
λέι	
λείλιον Χ	
(Λέισμαν)	λεϊσμανίασις Χ
λεκ	
λεκές Χ	λεκιάζω Χ
	λέκιασμα Χ

Basisfremdwörter	Ableitungen und Zusammensetzungen
λελέκι Χ	
λεμές Χ	
λεμπέσης Χ	
λεμπλεμπί Χ	λεμπλεμπιτζής Χ
(Λένιν)	λενινικός
	λενινισμός
λεντία Χ	λέντισμα Χ
λέντιον Χ	
λεοπάρδαλις	
λέσι Χ	
λετζιέρο Χ	
λέτσος Χ	
λεύγα	
λευίτης Χ	λευϊτικός
ληγάρω Χ	ληγαδούρα Χ
	λιγαδούρα
	λιανοκαλάμποκο
	λιανοτούφεκο
λιβάρι Χ	
λίβελλος	λιβελλογράφημα
	λιβελλογραφία
	λιβελλογραφικός
	λιβελλογράφος
	λιβελλογραφώ
λίβιγκ-ρουμ Χ	
λίβρα	
λιβρέα Χ	
λίγκα Χ	
λιγνίτης	λιγνιτέλαιο
	λιγνιτόπισσα
	λιγνιτωρυχείο
	λιγνιτωρύχος
λιγούστρον Χ	
λικέρ Χ	

Basisfremdwörter	Ableitungen und Zusammensetzungen
λικιντάρισμα Χ	
λικουρίνι Χ	λυκουρίνος
λυκορίνι	λυκορίς Χ
λιλά Χ	
(Λιλλιπούπολη)	λιλλιπούτειος
λιμόζη Χ	
λιμουζίνα Χ	
λιμπεραλισμός Χ	λιμπερία Χ
λίμπιντο Χ	λιμπίζομαι Χ
	λιμπιστός Χ
λίμπο Χ	
λιμπρέττο Χ	λιμπρεττίστας Χ
λίξος	
	λιοκούκουτσο
λίρα	
λιρέττα	
λίστα	
λίτρον	
λοβελία Χ	
λόβερ Χ	
λοβιτούρα Χ	λοβιτουρατζής Χ
(Λομβαρδία)	λογγοβαρδικός
	λομβαρδικός
λόζα Χ	
λότζα	
λοκάντα Χ	λοκαντιέρης Χ
λοκ-άουτ Χ	
λόκκο	
λοκομομπίλ	
λοκομοτίβα Χ	
λοκούστα Χ	λοκουστέλλα Χ
λόλιον Χ	
(Λονδίνο)	λονδίνιος
	λονδρέζικος

Basisfremdwörter	Ableitungen und Zusammensetzungen
λόσυν-τέννις Χ	
λων-τέννις	
λόρδος	λόρδα
	λόρδωσις
λορίκουλος Χ	
λοσιόν Χ	
λοστρόμος Χ	
λοταρία Χ	λοταρ(ι)τζής Χ
λότος Χ	
λουγγαβόλτα Χ	
(Λούγδουνον)	λουγδουνικός
	λουγδούνιος
(Λουδοβίκος)	λουδοβίκειον (νόμισμα)
	λουδοβίκειος
	λουίζι(ον)
	λουίζα
(Λούθηρος)	λουθηρανικός
λουκάνικο(ν)	λουκανίδαι
	λουκάνος
λουκέτο Χ	
λούκι Χ	
(Λούκουλλος)	λουκούλειος Χ
	λουκουλία Χ
λουκούμι Χ	λουκούμα
	λουκουμάς Χ
	λουκουματζής Χ
	λουκουματζίδικο Χ
λουλάκι Χ	λουλακάτος Χ
	λουλακής Χ
	λουλακύς
λουλάς Χ	
λούμακας Χ	
λουμίνι Χ	λουμινάλη Χ
λουμπάρδα Χ	λούμπαρδο Χ
λούμπουνας Χ	λουμπουνιάζω Χ

Basisfremdwörter	Ableitungen und Zusammensetzungen
λουμπρίκουλος X	λουμπρικίδαι X
λουνάδα X	
λουξ X	λουξόμετρο
λούπα X	λουπερίδαι X
λούπνο(ν)	λουμπνάρι
	λουπνάρι
	λουπνιά
	λουπναριά
	λουπίνι
	λουπινίνη
λουπουλίνη X	
λουσαρίζω X	
λουσέρνα X	
λούσο X	λουσάτος X
λουστραρίζω	λουστράρισμα X
λουστράρω X	λουστράτος X
λουστρίν X	λουστρίζω X
λουστρίνι X	
λούστρο X	λούστρος X
λουτεΐνη X	λουτεολίνη X
λουτρ X	
λούτσα X	λουτσιά X
	λουτσίζω X
	λούτσισμα X
	λούτσος X
λουφές X	
	λυκοτσάκαλο
λυντσάρω X	λυντσάρισμα X
	λύντσειος νόμος X

Neue Fremdwörter (im weitesten Sinne) in Tegopoulos/Fytrakis (1989):

λάινσμαν (lainsman) < engl. "linesman": Fachausdruck in der Fußballsprache; der Linienrichter;

λάιτ μοτίβ (lait motiv) < dt. "Leitmotiv";

λακριντί (lakridi) < türk. "lakirdi": (umgangssprachlich) Geschwätz, Plauderei;

λάμα (lama) < span. "lama": Schafkamel;

λαμπικάρισμα (labikarisma): abgeleitet aus "labikaro" < ital. "lambiccare"; Destillation, Filtrierung, metaphorisch auch das gründliche Saubermachen;

λατάνια (latania): Wort aus der Karibik; eine Pflanzenart;

λατινοαμερικάνικος (latinoamerikanikos): lateinamerikanisch;

λατιφούντιο (latifundio) < lat. "latifundium": auch in der Bedeutung "großer Landbesitz";

λέιζερ (leiser) < engl. "laser";

λενινιστής (leninistis): der Leninist;

λετρασέτ (letraset) < frz. "lettre" und "set": Fachausdruck im Druckverfahren; der Lettersetdruck;

λετρίνα (letrina) < frz. "lettrine"; Druckbuchstabe, Letter;

λήζηγκ, λίζηγκ (lising) < engl. "leasing";

λιθουανικός (lithuanikos): litauisch;

λίμπρο ντ' όρο (libro d'oro): italienisches Wort;

λινολέουμ (linoleum) < ital. "linoleum";

λίφτηγκ (lifting) < engl. "lifting": Schönheitsoperation;

λόμπυ (lobi) < engl. "lobby";

λουθηρανισμός (luthiranismos): zu "Luther"; Luthertum;

λουθηρανός (luthiranos): der Lutheraner;

λουμπάγκο (lumbago) < lat. "lumbago": Hexenschuß;

λούμπεν (luben) < dt. "lumpen": gebräuchlich in der Bedeutung "Lumpenproletariat";

Anhang II: Fremdwortlisten der Zeitungen

Fremdwortlisten der deutschen Zeitungen

FRANKFURTER ALLGEMEINE ZEITUNG, 1.2.1988

international
Nationale (2)
...forum
Präsident (3)
Präsidentschaft
Ministerpräsident (9)
...minister (9)
Ministerium
Kommuniqué (5)
Telekommunikation
Tourismus
kulturell
Regierungskoalition
Regierungschef (6)
Regierung (11)
Koalition (7)
Kontakt
zivil
militärisch
Solidarität (3)
evangelisch (3)
Inhaftierten (5)
Inhaftierungen (2)
Bibliothek
offiziell (4)
Demonstration (2)
Information
Prozeß
Delikt
aktiv
Aktivitäten
positiv
human
Nationalkongreß
Kongreß
Politik (6)
kritisiert
Regimes
Rassendiskriminierung (2)
Kommunist
kommunistisch
Antikommunismus
christlich
initiieren
Industrie(kammer)
direkt
Telefon
diskutieren
bilateral
Krise
konzentrieren
Kooperation

Allianz
Rebellen
Atheist
kontrollieren
etabliert
(Preis)korrekturen
Prozent (9)
Tabak (3)
Benzin (3)
Energie (3)
...struktur (2)
Finanz...(3)
Alkohol (2)
rationiert
kommerziell
(hoch)subventionierte
Agentur
Agrarprodukte
Produkte
Agrar... (3)
sozial (2)
Interventionsfonds
unbürokratisch
Real(einkommen)
(Lohn)operation
Materialien
Konferenz (2)
Konklave
Phase
Paket
Reformen
Kompromiß (2)
Kommission
...system
Isolierung
manövriert
...raketen (7)
Reportage
Ratifizierung
stationiert
nuklear
demokratisches (2)
Fraktion
Interessen
repräsentieren
Differenzen
hockey (2)
Biathlon-Weltcup
triumphierten
Kilometer (2)
...slalom (3)
Amateure

Profis
Tennisprofi
Kabinett (2)
Union
umdisponiert
Kalkül
Kandidatur
Sondierung
Atmosphäre

FRANKFURTER ALLGEMEINE ZEITUNG, 9.2.1988

Passagiere (2)
Typ
Plutonium (4)
Nuklear(müll)
...zentrum (4)
Rehabilitierung
prominenter (2)
katholisches
Atom... (6)
Generalsekretär (4)
(Partei)chef (3)
Energie... (6)
...minister (10)
Sozialministerin
Präsidium (2)
Bundespräsident (4)
Ministerpräsident
Politiker (3)
politisch (3)
Politik (2)
Thema
präzisieren
Reduzierung
Alternativen
Historiker (3)
Kommission (5)
Historikerkommission
...mandat (2)
nationale (2)
international (2)
Koalition
Regierung (5)
Koalititionsregierung (2)
Vize(kanzler)
Informationen
informierte
Original
Militärtelegramm
Deportation
Zivilisten
Kopie
(Schlüssel)dokument
Kommando(behörde)
passiert
Konklusionen
moralisch
Offiziere
(Welt)kongress
Symbol
Holocaust
sozialistisch (2)
Kannibalismus
Milligramm (3)
Milliarden
Kilogramm
Reform (5)

konzertierte
Aktion
medizinisch
Prävention
Diskussion
Initiative (4)
Kontakte
Konflikt (3)
...agentur
Termin (2)
Datum
Kontingent
Position
Aspekt
intern
Status (2)
neutral
Marine(taucher)
(hoch)explosiv
Methyl-Nitrat
Prozeß
Konferenz (3)
konferierte
plädiert
demonstrieren
Demonstration
Konzept
Radioaktivität (2)
(hoch)aktiv (3)
Fraktions...
Geologe
geologischen
Barrieren
(Steinsalz)formationen
Konservatismus
Avantgardismus
Bürokratie
Klausur
Kommunist
Pluralismus
Gratulanten
dosierten
Transparenz
(viel)zitierte
zitieren
(Selbst)kritik
Funktionäre
Probleme
Orthodoxeren
engagieren
Signalen
Palette
stimulierender
interessanter
flexibler
Phantasie

FRANKFURTER ALLGEMEINE ZEITUNG, 17.2.1988

Generalsekretär (2)
Zentralsekretär
(Staats)sekretär
Parteichef
Politik (5)
politisch (8)
Politiker (5)
Positionen
liberalsozialistisch
sozialistisch (2)
Koalition (2)
illusionär
Nation
international (2)
National(mannschaft)
atomar
Modernisierung
modern
Raketen (4)
Vize(kanzler)
Präsident (6)
Ministerpräsident (4)
Regierung (5)
Regierungschef
Ratifizierung (2
Senator (3)
Senat
Minister (8)
Finanzminister
Justizminister
Situation (2)
(Pakt)system
strategisch
konventionell
Kontrolle
chemisch
Generation
Primary
Porträt
Kritik
Natur
korrigieren (2)
defensiv
aggressiv
Chance
positiv
diskutieren
Diskussion
legitim
Demokratie
Demokraten
Perspektive
Appell
Historiker
Kommission
Diskreditierer

Prinzip
Affäre (3)
Kongress (2)
kandidieren
akzeptieren
Fairneß
Privatperson
Respekt
Demonstrationen
pauschal
Journalisten (2)
Terroristen
Diplomaten
Antenne
organisieren (2)
Regime
Konferenz (2)
Phase
Konflikt
moralisch (2)
debattiert
Debatte
parlamentarisch (2)
Parlament
Parlamentspräsidentin
Präsidentin
Fraktion (7)
Medienreferenten
Dimension
Konkurrent
kriminell
disziplinarisch
Delegation (2)
Komitee (2)
Generale
Admirale
Leutnant
aktiv
Soldaten
Kollege (2)
Interesse
interessiert
bilateral
Thema
(Eis)hockey (2)
Technik
(Welt)cup
Slalom
Medaille (2)
Kilometer
Publizität
Publikum
Kampagne
manipulieren
Methode
zivilisierten

Nazi-(Tötungs)-
maschinerie

FRANKFURTER ALLGEMEINE ZEITUNG, 26.2.1988

Demonstration (4)
demonstrieren (2)
Demonstranten (4)
Kathedrale
(Sicherheits)organe
Organisation (2)
Miliz (4)
Milliarde (2)
Kilometer (3)
Strategie
selektiven
Klima (2)
(Wahlkampf)thema (2)
Medienkultur
Regierung (18)
regierten (Länder) (2)
Opposition (2)
(Rüstungs)kontrolle
unkontrolliert
Union (2)
Minister (10)
Ministerpräsident
Politik (3)
politisch (4)
Politbürokandidaten
Programm
Raketen (5)
Fraktion
Konferenz (4)
Solidarität
Konzept
rational
...infrastruktur
Struktur (3)
umstrukturieren
Nationalhymne
Barrikaden
Nationalitäten
nationalistisch (2)
national (4)
multinational
Proteste (2)
Immobilien
mobilisiert
Chef (4)
Aktivisten (4)
telefonisch
marschierten
Komitee (2)
...zentrum (2)
Zentralkomitee (2)
zentralistisch (2)
Sekretäre
Trans(kaukasus) (2)
Agentur (2)
Situation (2)

Revier
Revision
ideologisch
territorial (2)
Terroristen
Terroraktionen
Konsequenzen
extremistischen
Elementen (2)
passive
(Selbst)kritik
republikanisch
Normalisierung
brutal
Hospitäler
Informantin
skandieren
degradieren
Tendenzen
Reform (3)
reformieren
sozial (3)
Koalition (5)
Kompetenz (2)
parallel
stationär
Rehabilitation (2)
Akut-
Kliniken
Experte
Instrumente (2)
finanziell
Finanz... (2)
Finanzierungs(recht)
brisanter
Risiko (3)
Industrieregion
Regionalisierung
Regional(förderung)
System
Subventionen (3)
Konsens
Dynamik
modernisieren
konkret
Investoren
Investitionen
investieren (2)
Projekte
hantieren
Mission (2)
Soldat (3)
General(streik)
Magazin
resistent
Charakter

Interview
Initiative
Armee
Gummi
Prozeß
defensiv
Distanz
Konzern
Rebellenallianz
Rebellen...
Allianz
Ingenieur
Kombinierer (2)
attraktiv
Zitterprämie
produzieren
fundamental
Kriminellen
Separatisten
Fabriken
Medaille (3)
Ski...
Slalom (2)
Kriterien

FRANKFURTER RUNDSCHAU, 1.2.1988

Tribüne
Koalition (4)
Kabinett (3)
Ministerpräsident
Kritik (2)
Politik (5)
politisch
...minister (5)
Ministerium
Generalsekretär
Interview
Regierung (4)
Präsidentschaft
Präsident (2)
Irritationen
Chef (2)
Regierungschef (4)
Dokument (5)
Deportation (4)
Archiv
Partisanen(kämpfe)
Historiker
Historikerkommission
internationalen
Dokumentation (2)
Gouverneur
Extremist
Kongreß (2)
Atomtechnik
(Rechts)radikale
Nervenklinik
mysteriös
Roman
Radcross
(Hallen)hockey
Tennis
Jubiläum
Redaktion
Standard
Chemiekonzern
Motto
Chemiker
Akademiker
Plädoyer
Inhaftierten (5)
Distanzierung
distanzierte
Aktionen
evangelische
Christen
Aktivitäten
Justizorgane
Resignation
Solidarität (2)
solidarisch
Solidaritätsaktionen

grotesk
Kultur (2)
negativ
...fraktion
Auto
Kommission
Expertenkommission
illegalen
Anthropologen
Dschungel
...metall
Kontakt (3)
intakt
...struktur
Mineralien
Krisentelefon
Telefon
Krise
Dialog (2)
...kollege
...forum
Optimisten
Kommuniqué (2)
intensiv(erer)
Tourismus
direkt
militärischen
Militärs
Konflikt
Invasions...
drastische
Etappen (2)
Phase
Prozent (12)
Zigaretten
Alkohol
Benzin
Pensionäre
demonstrierten
Lokal
Atomenergie
Atomexperte
Atom(müll) (5)
moniert
...delegierten (2)
Delegiertenkonferenz
Konferenz
Klausur
Funktionäre
organisierten
Industrie...
Probleme
interessierten
Firmen
radioaktiven (2)
Radioaktivität

aktiv
deponiert
Kriterien
Plutonium
akzeptierten
Barrieren
Biosphäre
Konzept
Priorität
Institut (3)
Koordinator
...analysen
Produktkontrolle
Hydrogeologie
Ökologie
...mechanik

FRANKFURTER RUNDSCHAU, 9.2.1988

Prozeß (2)
Prozeßtermin
Zentimenter
Kilometer
inhaftierten
Terroristen
Passagiermaschine
Passagiere (2)
Soldat(en) (5)
fundamentalistisch
...regierung (8)
Koalitionsregierung
Boeing
Marine
Crew
Präsidium
(Bundes)präsident (9)
Konsistorialpräsident
...minister (11)
Ministerium (2)
Historiker (2)
Historikerkommission
Historikergremium
Kommission (7)
internationalen
konservativen
juristisch
sozialistisch (2)
moralisches
Strategiepapier
Affäre (2)
Fraktion (2)
...personal
Integrität
...kandidat (2)
politisch (8)
Politik (2)
Politiker (2)
personalpolitisch
Milieu
Strukturen
kriminell
Radiolyse
radioaktiv
Aktionen
Radioaktivität (2)
psychisch
Krise
Raketendebatte
Atom(kraft) (6)
Christdemokraten
inszeniert
Dokumentation
(Baum)veteranen
Kuratorium
Roman

Proteste
Militär
Militärregion
...agentur (2)
Reporter
physikalisch
Armee (3)
Kommandeurs
extremistisch
(Straf)expedition
Autos
anti(israelisch)
Telefoninterview
telefonisch
Chef (3)
Dialog
ideologische
Funktionär
evangelischen
Generalsuperintendantur (2)
Generalsekretär (2)
General...
Zentralkomitee
...komitee
Organ (2)
Redaktion
Korrespondent (2)
Delegation
Medien
Niveau
technisch
Technik
Interview
Probleme (2)
kontrollieren
Kontrolle
diskutieren
...kooperation
Firmen (2)
Industrie
Medizin
Projekt (2)
kommerziell
Energie
Temperatur
Lokal
Geologe (2)
geologisch(en) (3)
Professor (2)
Kriterium (6)
formell
formuliert
alternative (2)
Million (2)
Biosphäre
Kontakt

Konzept
...reservoir
Barriere
Quadrat
Natur
Modell
reduzieren
chemisch
positiv
Plutonium

FRANKFURTER RUNDSCHAU, 17.2.1988

Milliarde (4)
Redaktions(mitglied)
Chefredakteur
finanziell (5)
Finanzierung
finanzieren
Finanzsituation
Präsident (7)
Vizepräsident
Ministerpräsident (5)
Minister (2)
...ministerium
politisch (4)
Politiker (2)
Politik (5)
Instrument
Qualifizierung
personell (2)
Interview (2)
Regierung (7)
Etat
Defizit
(Eis)hockey (3)
Turnier (2)
Team
...trainer
Chancen (3)
Medaille
fighten
...phase
Historiker (3)
Kommission
Historikerkommission
Kommissarin
Nationale
international
Diskussion
Armee(rundfunk)
Konsequenzen (2)
Kritik (2)
Hypothese
Argumentation
korrigiert
Problem (3)
Prinzipien
Demokratie (2)
Demokraten
Sozialdemokraten
Aktivitäten
Aktionen
...faktor
Dokumentation
Bioenergie
Klinik
Konto
Roman

Proteste (2)
...organisation
deportierte (2)
Guerilla
Guerillakommandeure
Explosion
Autobombe
Bombardierung
Märtyrer
offiziell
Strategie
Terroristen
Ideen (2)
Demonstration (2)
Demonstranten
Militär...
Autonomie
Korrespondent (2)
...fraktion
privat
Formulierung
Generalsekretär
Almose
kriminell (2)
in memoriam
Kommentar (2)
kommentiert
Kapital
(West)kamera
theatralisch
faschistisch
Vokabular
...initiative
Konkurrent
Repräsentanten (2)
Senator (2)
Temperaturen
Lokal...
Debatte (4)
debattierte
...kandidat
designierter
Affäre (4)
Physiognomie
plädieren
manipulierbar
Kontrollfunktion
Kontroll...
Klima
Toleranz
Liberalität
adressieren
exerzieren
Parlament (2)
parlamentarisch
Justiz

konkret
Dimension
Kumpanei
Praktiken
Zitat
Medienreferent
subversiv

FRANKFURTER RUNDSCHAU, 26.2.1988

Raketen (11)
Atomraketen
atomaren (3)
Atom(waffen)
Metall (2)
Politiker (3)
Politik (4)
Kontrollpolitik
politisch
...konferenz (3)
positiv
reagiere
Interview
Revier (2)
...regierung (6)
Regierungschef
Milliarde
Strukturkrise
Krise
Fonds
projekt(bezogen)
...kontrolle
...garantie
Kollegen
Information (2)
informierte
punktuell
(Eisenbahn)waggons (2)
(Eis)hockey
Debakel
Kombination
Kombinierern
Kombinierte ..
Medaille (4)
Bronzemedaille
...triumph
...slalom (3)
Bilanz
(Eis)hockey-Cracks
...trainer
Chancen
Ski(springer)
Ex-Athleten
...athlet
Team
Quartett
(Nachrichten)agentur (2)
Offizier (2)
stationierten (2)
Stationierungs(ort)
demonstrieren
Typ (3)
konventionell (2)
Chemie(waffen)
chemisch
Kilometer (2)

Journalisten
militärischen
Bronze
Soldaten (6)
Almosen
(Sport)medizin
Dokumentation
Asyl...
Modernisierung
Roman
Korrespondent (2)
Substanz
ratifizieren
realisieren
sozialdemokratische
Sozial(abbau)
Soziologe
Opposition
Fraktion (2)
Minister (4)
Ministerpräsident
...präsident (7)
Parlamentspräsident
Parlament
parlamentarisch
Kuratorium
koordiniert
harmonisch
Mission (2)
General(streik)
Problem
Ideen
Resolution
Existenz
Kommunal...
Autonomie
Kritik
Pressekonferenz
Terroristen
Infiltranten
Demonstration
...organisation
...initiative (3)
Armee (2)
Gummi
Annektierung
Element
...prozeß
Kollaborateur
gelyncht
Reporter
Neutralität
Ökopartei
aktuell
Thema
Argumentation

Debatte
Intelligenz (3)
Intellektuelle (3)
Diskussion
Solidarität (3)
prominent (2)
Technologie
Qualität
Kultur
Theologe
Paragraph
renommierte
Kooperation (2)
Universität

DIE ZEIT, 5.2.1988

Regime
(Unterdrückungs)methoden (2)
Dialog (2)
realen
Sozialismus (2)
sozialistisch
(Kampf)demonstration
Demonstranten
Revolutionärin
demonstrierten
Organ
organisiert
interpretierte
Arrest
Reaktionären (2)
Politbüro (2)
Büro
...regierung (9)
Regierenden
Kulissen
demonstriert
Protest
Politik (6)
politisch
sanktioniert
diskret (2)
Politiker
Korrektur
Millionen (2)
primäres
Interesse (2)
Gestikulieren
Stabilität (2)
Statistik
Kultur
floriert
profitiert
Beton(mauern)
steriler
subversiv
destabilisieren
...phase
Dynamik
Impulsen
Reformer
Instituten
Dogmatiker
Funktionärsapparat
(Bildungs)ideologen
perestrojka
korrigieren
Repression
Strukturen
abrupt
karikiert
(Staats)sekretär

Argumente
Resolutionen
Kabinetts(beschlüsse)
existent
Konventionen
Legitimität
rekognoszieren
Missionen
Minister (2)
(vorbei)operiert
positive
negative
Reaktionen
Ministerpräsident
reagieren
Diskretion
Karneval (4)
karnevalistisch
subtile
Corps
Soldat (2)
Parade
Armee
Exerzieren
(das) Perfekteste
martialisch
Militär
Militärs
pseudo-militärisch
Persiflage
Zivilisten
Plenum
Computer
installieren
Apparatur
blamable
futuristisch
dementiert
Blamage
Elektronik
elektronisch
Allotria
Modernisten
Fraktionenparlament
Opposition
Depot(stimmrecht)
Fraktions(geschäftsführer)
demokratisch
Tradition
Kritik
Symbol
Zigarre
numismatisch
Präzedenz(fall)
Terroristen (2)
Ingenieur

Kontroll... (3)
Prozeß (2)
gekidnappt
Manager
(Geisel)affäre
Passagier
Konfrontation
zentrale
Figur
Atomspion (2)
Spion
Zentralkomitee
Spionage
Atom(forscher)
Atomphysiker
Kongress
Atombombe (2)
Bombe
evangelisch
Theologe
Sozialdemokrat
Nazis
studierte
Mathematik
theoretisch
Physik
Atomforschungszentrum
Projekt
Elite
kommunistisch
dialektisch
korrekt
historisch
Determinismus
Akademie
Prozent (3)
Benzin
Reformprogramm
Protestaktion
Aktion
Industriezentren
Miliz (2)
Fabrik(hallen)
Aktivisten
Produktion
Solidarität
Appell
Charta

DIE ZEIT, 12.2.1988

Rivale (2)
Reformer
Respekt
Establishment
Politiker (2)
politisch (6)
Modernisierung (3)
Politik (2)
atomar (7)
...raketen (7)
Allianz (2)
Neutralisierung
Unionsfraktion
modernisieren
...minister (7)
Atom(waffen) (5)
dividieren
Oppositions(führer)
Referaten
(Mönchs)manier
(Gesamt)konzept
diktiert
Business as usual
Devise
revidiert
protestieren
Arsenal
Atomarsenal
(Waffen)spektrum
Strategie(papier) (3)
Generalsekretär
radikales
brisante
Regierungschefs
Regierungen
(Präsident) (2)
Vizepräsident (2)
Präsidentschaft (2)
Elaborat
Furore
Regie(anweisung)
Zitat
Autor
Premierministerin
Ministerpräsident (2)
unisono
exakt
Duo infernale
Klima (2)
(Wahlkampf)konzept
manifesten
(Wahlkampf)kriminalität
Demontage(feldzug)
Diffamierungs(feldzug)
konspirativen
Broschüre

Opportunist
Gummi... (2)
(hoch)stilisieren
Farce
(Rüstungs)programm
Karikatur (2)
Loyalitäts(test)
Mythen
argumentieren
bürokratisch
strategisch
Totem
Solidarität
militärisch
...bombe
Artillerie(geschosse)
Risiken
Umstrukturierung
formidabler
Lance-(Kurzstreckenwaffen)
Systeme
konventionellen
Kompromissen
Affäre
parlamentarische
Skandal (5)
Kampagne (3)
Aktivität
Dokument (3)
Neonazis
Kommunisten
Sex
sozialdemokratisch
...kandidat (2)
Aids-(Schrecken)
Monstrositäten
Katastrophe
Prozesses
Demokratie (2)
(Grund)problem
Methoden
eskaliert
diplomatisch
Region
Konflikt
relativ
militante
mobilisiert
Armee (3)
Soldaten (3)
Revolte
revoltierende
Demonstration
Orangen(hain)
Hospital
internationale (3)

Militärs
Märtyrer-Liste
Organisation
Universitäten
General(streik)
polarisieren
Universitätsdozenten
organisierten
private
Regierung
...konferenz (4)
provozierte
Proteste
Nationen
Resolution
Mission
Experte
sondieren
...ministerium
antisemitisch
Telegramm
informierte
(Partei)chef
Antisemitismus (2)
Diskriminierung
Tradition
Ideologie
Kritiker
offizielle
Enttabuisierung
hardliner
instrumentalisieren
denunzierten
Studenten
liberale
(Partei)intelligenz
Emigration
intellektuell
diplomatisch
maroden
republikanisch (2)
Senator
Demokraten
honorierten

DIE ZEIT, 19.2.1988

quousque tandem
Nation (2)
national (3)
(Bundes)präsident (8)
...politisch (10)
Politik (3)
international (3)
Isolierung
Projekt
Generalsekretär
Parlament
Regierung (2)
National(rat)
...prozeß (2)
Koalition (2)
Demokratie (2)
Chance (2)
Historikerkommission
Integrität
Misere
Nazi-Diktatur
opportun
Biographie
nationalsozialistisch
...kompromiß (3)
Sozialisten
Konservativen
konservativ
funktionieren
Nazi-Regime
(Narren)partie
Neutralität
Neutralisierung
Position (2)
global
kollektive
polarisierend
(Nachkriegs)trauma
historisch
legitime (2)
moralisch (2)
total(en)
Kapitulation
Historiker(streit)
diskutieren
Perspektive (2)
Status quo
konservieren
reagieren
regieren
galoppierenden
Finanzen
solidere
blockiert
stagnieren
Finanzierung

Fazit
formuliert
...maske
export(abhängig) (2)
Prosperität
bürokratisch
Vizepräsident(in) (3)
Kritiker
Kritik (2)
Agrarpolitik
Problem
...garantien
reformiert
Premierministerin
Subsidien
Sozial(hilfeempfänger)
Agrar...
Regierungschef
demonstrativ
ramponierte
Kakophonie
skeptisch
detaillierten
Senat
Senator (2)
Thema
Saison
Karneval
originäre
parlamentarisch
Kameras
Soldaten
Allotria
Satire
...ministerin
Union
Privatkonto
Resozialisierung
Prostituierten
Aids
Extratouren
Fanfaren
(Kern)energie
Trompeten
Liberalen
profilieren
räsonierte
Massenkriminalität
Diagnose
aktuelle
Assoziationen
Politiker
republikanisch (3)
Präsidentschaftskandidatur
Präsidentschaftskandidaten
Republikaner (2)

Präsidentschaft (2)
psychologisch
Demokraten (2)
Gouverneur
Konkurrenten
Dimensionen
markiert
General
Revolution
...apparat
(Fernseh)spots
Tradition
aggressiver
populär
Evangelist
Organisation

DIE ZEIT, 26.2.1988

Lektion	Lobby	Terror-Regime
Soldaten (2)	Konzessionen	Aspekte
illegaler	Kompromisse	dubiose
General(staatsanwalt)	diktieren	interessant
...minister (3)	couragierten	kooperiert
Exzesse	Assistenz	positiv
brutaler	Menetekel	...pistole
fair	potentiellen	Kommunisten
Offiziere	Status quo	Professor
Armee	Abnormale	Delegation
humanen	normal	Chef(arzt)
regieren	Revier (5)	Disziplin
Invasion	Subventionen (4)	Baptist
militärischer	Koalition	Contra (2)
Diplomatie	skeptisch	direkt
shuttle-Mission	Krise (3)	Amnestie
Mission (2)	Milliarden (3)	Dialog
...präsident (3)	(Stahl)industrie	intern
Regierungsparlament	Infusionen	Opposition
internationale	dosiert	Revision
...konferenz	konkurrierenden	Militär(dienst)
Konzessions(angebot)	Ministerpräsident	Reformen (2)
Autonomie(gespräche)	Regierung (9)	Positionen
Pro-forma-(Gipfelzusammenkunft)	...regionen	
Protest	Malaise	
politisch (9)	Konjunktur	
sozialdemokratisch	ökonomisch(e) (2)	
realisitsch	produzieren	
Konflikt (2)	Kommunen	
Phantasie	Sozialdemokraten	
Rebellion	Chance (2)	
Annexion	unrentabel	
Territorien	industriell	
Politik (4)	Zentrum	
Telephon...	Krisenregionen	
okkupierte	intensiver	
Bombe	Investitionen	
Millionen (2)	Infrastruktur	
binationaler	Industriebranchen	
Resultat	saniert	
Zionismus	expandierenden	
Qualität	brain drain	
praktizieren (2)	...institute	
Zionisten	Techniker	
levantisierter	soziale	
Explosion	Qualifikation	
konföderiert	Job	
Fraktionen	jongliert	
radikaler	unspektakulär	
Terror(anschläge)	Probleme	
Exempel	Konzerne	
akzeptieren (2)	Parlament	
garniert	(Rand)thema	
Garantien	Kritik	
illusorisch	Kritiker	
strapazieren	Kolonie (7)	

Fremdwortlisten der griechischen Zeitungen

MESSIMVRINI, 1.2.1988

lotto (Lotterie)
dzogos (ital. "giuoco")
magasia (Magazine)[1]
taxi (Taxis)
provokatsia (2) (russ. "provokatsija")
tet-a-tet (tête-à-tête)
alkool (Alkohol)
pano (frz. "panneau")
nasistiko (Adj. abgeleitet von "Nazi")
kommunistiko (kommunistisch)

ΜΕΣΗΜΒΡΙΝΗ, 1.2.1988

λότο
τζόγος
μαγαζιά
ταξί
προβοκάτσια (2)
τετ-α-τέτ
αλκοόλ
πανώ
ναζιστικό
κομμουνιστικό

MESSIMVRINI, 9.2.1988

fair (2) (engl. "fair")
reportas (3) (Reportage)
elitistiki (Adj. abgeleitet von frz. "élite")
press komferans (Pressekonferenz)
fassismos (Faschismus)
kasseta (4) (Kassette)
fondo (ital. "fondo")
pilottos (Pilot)
radar (engl. "radar")
nasistiko (Adj. abgeleitet von "Nazi")

ΜΕΣΗΜΒΡΙΝΗ, 9.2.1988

fair[2] (2)
ρεπορτάζ (3)
ελιτίστικη
πρες κόμφερανς
φασισμός
κασέτα (4)
φόντο
πιλότος
ραντάρ
ναζιστικό

---

1 Im Griechischen bedeutet das Wort "Geschäft", "Laden". Es handelt sich um "faux amis".
2 Das Wort erscheint mit lateinischen Buchstaben im griechischen Text.

MESSIMVRINI, 17.2.1988					ΜΕΣΗΜΒΡΙΝΗ, 17.2.1988

dokumenda (2) (Dokumente)				ντοκουμέντα (2)
reportas (2) (Reportage)				ρεπορτάζ (2)
alalum (fremdklingendes "gemachtes" Wort)		αλαλούμ
tsimendo (Zement)					τσιμέντο
paternalismos (Paternalismus)				πατερναλισμός
dossie (2) (Dossier)					ντοσιέ (2)
sossialistis (4) (Sozialist)				σοσιαλιστής (4)
kariera (Karriere)					καριέρα

MESSIMVRINI, 26.2.1988					ΜΕΣΗΜΒΡΙΝΗ, 26.2.1988

adio (ital. Herkunft)					αντίο
fotoreporter ("Foto" und "Reporter")			φωτορεπόρτερ
reportas (Reportage)					ρεπορτάζ
fiasko (ital. Herkunft)					φιάσκο
fiesta (ital. Herkunft)					φιέστα
ti-vi (TV, engl. "television")				τι-βί
tanks (engl. "tank")					τανκς
kamuflarismena (Adj. abgeleitet von
frz. "camouflage")					καμουφλαρισμένα
treno (3) (ital. "treno")				τρένο (3)
vagonia (Waggons)					βαγόνια
paketarismena (Adj. abgeleitet von
ital. "pacchetto")					πακεταρισμένα

ELEFTHEROTIPIA, 1.2.1988   ΕΛΕΥΘΕΡΟΤΥΠΙΑ, 1.2.1988

provokatsia (3) (russ. "provokatsija")   προβοκάτσια (3)
reportas (Reportage)   ρεπορτάζ
taxi (Taxis)   ταξί
spor (Sport)   σπορ
turismos (Tourismus)   τουρισμός
profil (engl. "profile")   προφίλ
kommunistikes (3) (kommunistische)   κομμουνιστικές (3)
blokari (blockiert)   μπλοκάρει
favori (engl. "favourite")   φαβορί
sossialistis (Sozialist)   σοσιαλιστής
nasistiko (3) (Adj. abgeleitet von "Nazi") ναζιστικό (3)
ti-vi (TV, engl. "television")   τι-βί

ELEFTHEROTIPIA, 9.2.1988   ΕΛΕΥΘΕΡΟΤΥΠΙΑ, 9.2.1988

reportas (Reportage)   ρεπορτάζ
kasseta (Kassette)   κασέτα
fassistikes (faschistische)   φασιστικές
Nasi (2) (Nazi)   Ναζί (2)
nasistikes (2) (Adj. abgeleitet von "Nazi") ναζιστικές (2)
boykotas (Boykott)   μποϋκοτάζ
boykotarisse (hat boykottiert)   μποϋκοτάρισε
turistiki (touristisch)   τουριστική
pilottos (Pilot)   πιλότος
radar (engl. "radar")   ραντάρ
ti-vi (TV, engl. "television")   τι-βί

ELEFTHEROTIPIA, 17.2.1988	ΕΛΕΥΘΕΡΟΤΥΠΙΑ, 17.2.1988

sok (engl. "shok")	σοκ
realismos (Realismus)	ρεαλισμός
unfair (3) (engl. "unfair")	unfair (3)[1]
nasistiko (3) (Adj. abgeleitet von "Nazi")	ναζιστικό (3)
sossialistis (Sozialist)	σοσιαλιστής
favori (engl. "favourite")	φαβορί
Republikani (3) (Republikaner)	Ρεπουμπλικάνοι (3)
vomva (Bombe)	βόμβα
vomvistiki (Adj. abgeleitet von "Bombe")	βομβιστική
extremistiki (extremistisch)	εξτρεμιστική
sabotas (Sabotage)	σαμποτάζ
moratorium (lat. "moratorium")	μορατόριουμ
ti-vi (TV, engl. "television")	τι-βί

ELEFTHEROTIPIA, 26.2.1988	ΕΛΕΥΘΕΡΟΤΥΠΙΑ, 26.2.1988

reportas (Reportage)	ρεπορτάζ
spor (Sport)	σπορ
nok-aut (engl. "knocked-out")	νοκ-άουτ
ti-vi (TV, engl. "television")	τι-βί
realismos (Realismus)	ρεαλισμός
kommunistiko (kommunistisch)	κομμουνιστικό
seminario (Seminar)	σεμινάριο
corporatization (engl. Herkunft)	corporatization[2]
lintsarisma (das Lynchen)	λυντσάρισμα
boykotari (boykottiert)	μποϋκοτάρει
vomva (Bombe)	βόμβα
nasistiki (Adj. abgeleitet von "Nazi")	ναζιστική
bakalika (türk. "bakkal")	μπακάλικα
extremistes (2) (Extremisten)	εξτρεμιστές (2)
treno (3) (ital. "treno")	τρένο (3)

---

1 Das Wort erscheint mit lateinischen Buchstaben im griechischen Text.
2 Ebenso.

TO VIMA TIS KIRIAKIS, 7.2.1988   ΤΟ ΒΗΜΑ ΤΗΣ ΚΥΡΙΑΚΗΣ, 7.2.1988

gafa (7) (frz. "gaffe")   γκάφα (7)
perestroika (3) (russ. Herkunft)   περεστρόικα (3)
forum (10) (Forum)   φόρουμ (10)
turismu (Genitiv von "Tourismus")   τουρισμού
konsortsium (Konsortium)   κονσόρτσιουμ
takt (Takt)   τακτ
AIDS (2) (engl. Herkunft)   AIDS (2)[1]
glasnost (3) (russ. Herkunft)   γκλάσνοστ (3)
extremistikis (extremistischen)   εξτρεμιστικής
rije (frz. "rayé")   ριγέ
sex (2) (Sex)   σεξ (2)

TO VIMA TIS KIRIAKIS, 14.2.1988   ΤΟ ΒΗΜΑ ΤΗΣ ΚΥΡΙΑΚΗΣ, 14.2.1988

gafa (2) (frz. "gaffe")   γκάφα (2)
festival (engl. "festival")   φεστιβάλ
glasnost (2) (russ. Herkunft)   γκλάσνοστ (2)
rekor (Rekord)   ρεκόρ
profil (engl. "profile")   προφίλ
notta (Note)   νότα

---

1 Auch dieses Wort erscheint mit der lateinischen Schrift im griechischen Zeitungstext.

TO VIMA TIS KIRIAKIS, 21.2.1988

ΤΟ ΒΗΜΑ ΤΗΣ ΚΥΡΙΑΚΗΣ, 21.2.1988

mamuth (Mammut)	μαμούθ
kurssa (frz. "course")	κούρσα
maximalimu (Genitiv von "Maximalismus")	μαξιμαλισμού
troika (gebildet aus "perestroika")	τρόικα
karadina (ital. "quarantina")	καραντίνα
perestroika (7) (russ. Herkunft)	περεστρόικα (7)
bolsseviki (russ. Herkunft)	μπολσεβίκοι
sossialistikes (sozialistische)	σοσιαλιστικές
platformas (frz. "plate-forme")	πλατφόρμας
tanks (engl. "tanks")	τανκς
meterisi (türk. "meteris")	μετερίζι
sossialismu (Genitiv von "Sozialismus")	σοσιαλισμού
status quo (lat. Herkunft)	status quo[1]
miusikal (2) (engl. "musical")	μιούζικαλ (2)
limusina (frz. "limousine")	λιμουζίνα

TO VIMA TIS KIRIAKIS, 28.2.1988

ΤΟ ΒΗΜΑ ΤΗΣ ΚΥΡΙΑΚΗΣ, 28.2.1988

perestroika (2) (russ. Herkunft)	περεστρόικα (2)
freskarun (ital. "frescare")	φρεσκάρουν
sugla (Dschungel)	ζούγκλα
dokumendo (Dokument)	ντοκουμέντο
nobelistas (Nobelpreisträger)	νομπελίστας
gafa (fr. "gaffa")	γκάφα
turismos (Tourismus)	τουρισμός
tanks (engl. "tank")	τανκς

---

[1] Das Wort erscheint in lateinischer Schrift im griechischen Text.

Anhang III: Bildbeispiele

Die folgenden Bildbeispiele sind eine Auswahl aus 770 Fotos, die ich im Juni 1987 in Athen aufgenommen habe. Fremdes und damit auch Fremdwörter werden nicht nur über die geschriebene und die gesprochene Sprache vermittelt, sondern zu einem großen Teil visuell. Damit sind sie ein unmittelbarer Bestandteil der Lebenswelt der Angehörigen aller Alters-, Bildungs- und sozialen Schichten.

Ich führe nur Bildbeispiele für Griechenland an: Griechen sind öfter im Freien als Deutsche, und deswegen haben solche Fotos für Griechenland eine größere Bedeutung als für Deutschland. Wie bereits (in Kap. 6.2.) erwähnt, sind die fremden Beschriftungen an Geschäften in Griechenland ein sehr oft genanntes Beispiel für die Überfremdung des Griechischen (d.h. der griechischen Sprache, aber auch der griechischen Kultur) und für die Gefahr der Ersetzung der griechischen Schrift durch die lateinische.

In meiner Materialsammlung findet man Beispiele auf englisch, französisch, deutsch, italienisch, lateinisch, arabisch, japanisch, nicht zuletzt auch Fremdwörter auf griechisch geschrieben. Aufgrund dieser Materialsammlung unterscheide ich hier die folgenden Kategorien, für die ich jeweils einige Beispiele anführe:

1. Fremdwörter in der Schrift der jeweiligen Herkunftssprache[1]

---

[1] Das ist auch die Kategorie mit den meisten Beiträgen zu meiner Sammlung (mehr als 400).

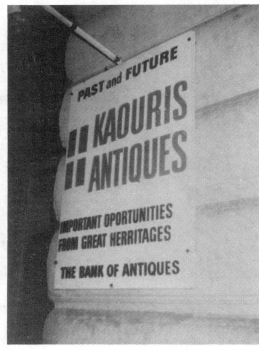

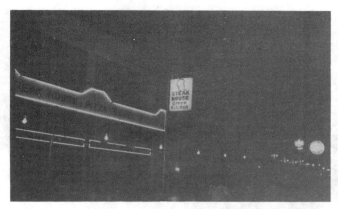

2. Fremdwörter in griechischer Schrift

3. Griechische Wörter in lateinischer Schrift

4. Griechische Namen in lateinischer Schrift

5. Beschriftung auf griechisch und fremdsprachlich[1]

[1] Dies ist die zweitgrößte Kategorie in meiner Sammlung (mehr als 170 Beispiele). Dabei kann derselbe Ausdruck griechisch und fremdsprachlich geschrieben sein, es kann aber auch nur eine Erläuterung oder ein Titel oder ein Name auf griechisch nach dem fremdsprachlichen Ausdruck oder eine fremdsprachliche Erläuterung bzw. ein fremdsprachlicher Titel nach einem griechischen Namen oder Wort folgen. Die griechischen Wörter oder Namen können wiederum in griechischer oder lateinischer Schrift geschrieben sein. Bei Beschriftungen, in denen ein Titel in einer oder mehreren Fremdsprachen und in griechischer Übersetzung erscheint, kann es oft sein, daß dies aus Informationsgründen und nicht wegen der "Aura des Fremden" geschieht, so z.B. bei der Zahnarzt- und Tierarztpraxis, eventuell auch der Buchhandlung. Dies ist typisch für die Funktion von Fremdwörtern, Brücken zwischen verschiedenen Nationen, Sprachen etc. zu schlagen, die Kommunikation zu erleichtern. Im Gegensatz dazu erscheinen in den anderen Fällen fremdsprachliche Beschriftungen aus rein kommerziellen Gründen.

6. Fremdwörter aus lateinischen und griechischen Buchstaben gemischt

7. Fremdwörter oder fremde Ausdrücke falsch geschrieben

Verzeichnis der zitierten Literatur

A. Wörterbücher

- Andriotis, N. 1983: Etymologisches Wörterbuch der neugriechischen Standardsprache (auf griechisch). Thessaloniki, dritte Auflage.
- DUDEN, Band 5: Das Fremdwörterbuch 1982. Mannheim, Wien und Zürich, vierte Auflage.
- DUDEN, Band 5: Das Fremdwörterbuch 1990. Mannheim, Wien und Zürich, fünfte Auflage.
- Koukidis, K. 1960: Wörterbuch griechischer Wörter, die aus dem Türkischen abgeleitet werden (auf griechisch). Athen.
- Longman Dictionary of Contemporary English 1987. Berlin und München, zweite Auflage.
- Segditsas, P. E. 1954: Unsere Fachausdrücke der Seefahrt und die romanischen Sprachen (auf griechisch). Athen.
- Stamatakos, I. 1971: Wörterbuch der neugriechischen Sprache (auf griechisch), 3 Bde. Athen.
- Stamatakos, I. 1972: Wörterbuch der altgriechischen Sprache (auf griechisch). Athen.
- Tegopoulos/Fytrakis 1989: Griechisches Wörterbuch (auf griechisch). Athen, zweite Auflage.
- Verveniotis, A. 1976: Etymologisches Wörterbuch der im Neugriechischen gebrauchten Fremdwörter (auf griechisch). Athen.
- Wahrig, G. 1980: Deutsches Wörterbuch. München, dritte Auflage.
- Wahrig, G. 1986: Deutsches Wörterbuch. München, vierte Auflage.

B. Sonstige Literatur

- Abdelfettah, A. 1989: Die Rezeption der Französischen Revolution durch den deutschen, öffentlichen Sprachgebrauch. Untersucht an ausgewählten historisch-politischen Zeitschriften (1789-1802). (Diss.) Heidelberg.
- Aggis, T. 1986: Lokale Präpositionen im Deutschen und ihre griechischen Entsprechungen. Konstanz.
- Anastasiadi-Symeonidi, A. 1985: Wie wird der Begriff "Rückwanderer" definiert (auf griechisch). In: Studies in Greek Linguistics. Proceedings of the 6th Annual Meeting of the Department of Linguistics, Faculty of Philosophy, Aristotelian University of Thessaloniki, 22-24 April 1985. Thessaloniki, S. 261-267.
- Anastasiadi-Symeonidi, A. 1990: Das Genus der jüngeren Entlehnungen des Neugriechischen (auf griechisch). In: Studies in Greek Linguistics. Proceedings of the 10th

Annual Meeting of the Department of Linguistics, Faculty of Philosophy, Aristotelian University of Thessaloniki, 9-11 May 1989, Supplement. Thessaloniki, S. 155-177.
- Apostolou-Panara, A. N. 1985: Die Entlehnungen des Neugriechischen aus dem Englischen. Phonologische Integration und Assimilation (auf griechisch). Diss., Universität Athen, Manuskript.
- Apostolou-Panara, A. N. 1986: Gender Assignment of English Substantives in Modern Greek. In: Parousia, Bd. 4, Athen, S. 97-103.
- Apostolou-Panara, A. N. 1991: The Significance of English Graphophonemic Relationships for English Loanword Integration into Modern Greek. In: Glossologia, Bd. 7-8, 1988-89, Athen, S. 193-205.
- Athener Akademie (Hrsg.) 1986, 1988 und 1990: Wissenschaftliche Terminologie und Neologismen, Hefte 1-4 (auf griechisch). Athen.
- Augst, G. 1977: Fremdwort-fremdes Wort. In: Augst, G.: Sprachnorm und Sprachwandel. Vier Projekte zu diachroner Sprachbetrachtung. Wiesbaden, S. 61-123.
- Augst G. 1979: Neuere Forschungen zur Substantivflexion. In: Zeitschrift für germanistische Linguistik, Bd. 7, S. 220-232.
- Augst, G. 1986: Zur Struktur komplexer Wörter. In: Zeitschrift für germanistische Linguistik, Bd. 14, S. 309-320.
- Augst, G. 1987: Zur Reform der Fremdwortschreibung - Vorschlag für ein neues Regelwerk. In: Zabel, H. (Hrsg.) 1987a, S. 162-185.
- Augst, G. 1988: Das Fremdwort - ein Scheinphänomen? In: Der Sprachreport, Bd. 3, H. 2, S. 4-5.
- Babiniotis, G. 1979: Neugriechische Koine. Jenseits der katharevussa und dimotiki (auf griechisch). Athen.
- Babiniotis, G. 1984: Neugriechische Sprache. Fürsorge, Sorglosigkeit und Hyper-Beschützung (auf griechisch). In: Griechische Sprache, Bd. 1, Athen, S. 138-161.
- Babiniotis, G. 1988: Gibt es heute ein sprachliches Problem? (auf griechisch). In: Öffentlicher Dialog über die Sprache, S. 19-37 und 99-102.
- Bellmann, G. 1984: Slawisch/Deutsch. In: Besch, W./Reichmann, O./Sonderegger, S. (Hrsg.), S. 897-907.
- Benholz, C. 1990: Präpositionen im Deutschen und Neugriechischen. Ein Sprachvergleich und Untersuchungen zum schriftlichen Übersetzen griechischer Mitgrantenkinder. Essen.
- Bernsmeier, H. 1977: Der Allgemeine Deutsche Sprachverein in seiner Gründungsphase. In: Muttersprache, Bd. 87, S. 369-395.
- Bernsmeier, H. 1980: Der Allgemeine Deutsche Sprachverein von 1912 bis 1932. In: Muttersprache, Bd. 90, S. 117-140.
- Bernsmeier, H. 1983: Der Deutsche Sprachverein im "Dritten Reich". In: Muttersprache, Bd. 93, S. 35-58.

- Besch, W./Reichmann, O./Sonderegger, S. (Hrsg.) 1984: Sprachgeschichte. Ein Handbuch zur Geschichte der deutschen Sprache und ihrer Erforschung. Erster Halbband. Berlin und New York.
- Bielefeld, U. (Hrsg.) 1991: Das Eigene und das Fremde. Neuer Rassismus in der Alten Welt? Hamburg.
- Biere, B. U. 1987: Glasnost, Wladimir Admoni und das IDS. In: Der Sprachreport, Bd. 2, H. 3, S. 4-5.
- Borst, A. 1988: Barbaren, Ketzer und Artisten. München.
- Braun, P. (Hrsg.) 1979: Fremdwort-Diskussion. München.
- Braun, P. 1986: Die deutsche Sprache im europäischen Vergleich. In: Muttersprache, Bd. 96, S. 330-344.
- Braun, P. 1987: Tendenzen in der deutschen Gegenwartssprache. Sprachvarietäten. Stuttgart, zweite Auflage.
- Braun, P./Schaeder, B./Volmert, J. 1990: Internationalismen. Studien zur interlingualen Lexikologie und Lexikographie. Tübingen.
- Brekle, H. E. 1985: "Volkslinguistik": ein Gegenstand der Sprachwissenschaft bzw. ihrer Historiographie? In: Januschek, F. (Hrsg.): Politische Sprachwissenschaft. Zur Analyse von Sprache als kultureller Praxis. Opladen, S. 145-256.
- Browning, R. 1988: Medieval and Modern Greek. Athen (in griechischer Übersetzung), vierte Auflage (erste Auflage, London 1969).
- Burger, A. 1966: Die Konkurrenz englischer und französischer Fremdwörter in der modernen deutschen Pressesprache. In: Braun, P. (Hrsg.) 1979, S. 246-272.
- Bus, H. 1980: Amerikanisches Englisch und deutsche Regionalpresse: Probleme lexikalischer Interferenzforschung am Beispiel einer Zeitung des Rhein-Main-Gebietes. In: Viereck, W. (Hrsg.) 1980a, S. 25-36.
- Butulussi, E. 1991: Zur Valenz kognitiver Verben im Deutschen und im Neugriechischen. Tübingen.
- Carstensen, B. 1977: Rund um "rund um die Uhr". In: Der Sprachdienst, Jg. XXI, S. 81-85.
- Carstensen, B. 1978: Englische Einflüsse auf die Pressesprache der DDR. Rezensionsaufsatz. In: Muttersprache, Bd. 88, S. 132-136.
- Carstensen, B. 1979a: Evidente und latente Einflüsse des Englischen auf das Deutsche. In: Braun, P. (Hrsg.), S. 90-94.
- Carstensen, B. 1979b: Morphologische Eigenwege des Deutschen bei der Übernahme englischen Wortmaterials. In: Arbeiten aus Anglistik und Amerikanistik, Bd. 4, H. 2, S. 155-170.
- Carstensen, B. 1979c: "Wechselwähler" nach englisch "floating voter". In: Lebende Sprachen, Bd. 24, S. 10-12.

- Carstensen, B. 1979d: Zur Intensität und Rezeption des englischen Einflusses. In: Braun, P. (Hrsg.), S. 321-326.
- Carstensen, B. 1980a: Der Einfluß des Englischen auf das Deutsche: Grammatische Probleme. In: Arbeiten aus Anglistik und Amerikanistik, Bd. 5, S. 37-63.
- Carstensen, B. 1980b: Das Genus englischer Fremd- und Lehnwörter im Deutschen. In: Viereck, W. (Hrsg.) 1980a, S. 37-75.
- Carstensen, B. 1980c: Semantische Scheinentlehnungen des Deutschen aus dem Englischen. In: Viereck, W. (Hrsg.) 1980a, S. 77-100.
- Carstensen, B. 1981a: Englisches im Deutschen. Bericht über Planung und Vorarbeiten zu einem Anglizismen-Wörterbuch als Schwerpunkt eines Forschungsprojekts. Anglistentag 1980 Gießen: Tagungsbeiträge und Berichte im Auftrag des Vorstandes herausgegeben von Grabes, H. (Hoffmann: Großen-Linden), S. 13-48.
- Carstensen, B. 1981b: Lexikalische Scheinentlehnungen des Deutschen aus dem Englischen. In: Kühlwein, W./Thome, G./Wilss, W. (Hrsg.): Kontrastive Linguistik und Übersetzungswissenschaft. Akten des Internationalen Kolloquiums Trier/Saarbrücken 25-30.9.1978. München, S. 175-182.
- Carstensen, B. 1981c: Zur Deklination aus dem Englischen entlehnter Substantive im Deutschen. In: Esser, J./Hübler, A. (Hrsg.): Forms and Functions. Tübingen, S. 103-122.
- Carstensen, B. 1982: "Babys" oder "Babies"? In: Muttersprache, Bd. 92, S. 200-215.
- Carstensen, B. 1985a: Deutschical. In: Hyldgaard-Jensen, K./Zettersen, A. (Hrsg.): Symposion on Lexicography II. Tübingen (Lexicographica Series, Maior 5), S. 101-119.
- Carstensen, B. 1985b: Zur Problematik der Lehnübersetzung in der Transferenzlinguistik. In: Pieper, U./Stickel, G. (Hrsg.): Studia Linguistica Diachronica et Synchronica. Berlin, S. 123-143.
- Carstensen, B./Griesel, H./Meyer, H.-G. 1972: Zur Intensität des englischen Einflusses auf die deutsche Pressesprache. In: Muttersprache, Bd. 82, S. 238-243.
- Charalambakis, C. 1991: Lehnübersetzungen des Neugriechischen aus europäischen Sprachen (auf griechisch). In: Studies in Greek Linguistics. Proceedings of the 11th Annual Meeting of the Department of Linguistics, Faculty of Philosophy, Aristotelian University of Thessaloniki, 26-28 April 1990. Thessaloniki, S. 81-102.
- Christidis, T. 1987: Wie die erlaubte Meinungsverschiedenheit zur unerlaubten "Gefahrenrede" wurde (auf griechisch). In: Der Philologe, Bd. 11, Thessaloniki, S. 35-42.
- Contossopoulos, N. 1978: L'influence du français sur le grec. Emprunts lexicaux et calques phraséologiques. Athènes.
- Daneš, F. 1966: The relation of centre and periphery as a language universal. In: Travaux linguistiques de Prague, Bd. 2, S. 9-21.
- Daniels, K. 1959: Erfolg und Mißerfolg der Fremdwortverdeutschung. Schicksal der Verdeutschungen von Joachim Heinrich Campe. In: Braun, P. (Hrsg.) 1979, S. 145-181.

- Décsy, G. 1973: Die linguistische Struktur Europas. Hamburg.
- Drux, R. 1984: Lateinisch/Deutsch. In: Besch, W./Reichmann, O./Sonderegger, S. (Hrsg.), S. 854-861.
- Duckworth, D. 1977: Zur terminologischen und systematischen Grundlage der Forschung auf dem Gebiet der englisch-deutschen Interferenz. Kritische Übersicht und neuer Vorschlag. In: Kolb, H./Lauffer, H. (Hrsg.): Sprachliche Interferenz. Festschrift für Werner Betz zum 65. Geburtstag. Tübingen, S. 36-56.
- DUDEN, Band 4 - Die Grammatik, herausgegeben von der DUDEN-Redaktion. Mannheim, Wien und Zürich, 1984.
- Eggeling, W. J. 1974: Das Fremdwort in der Sprache der Politik. In: Braun, P. (Hrsg.) 1979, S. 273-313.
- Eibl-Eibesfeldt, I. 1984: Die Biologie des menschlichen Verhaltens. Grundriß der Humanethologie. München und Zürich.
- Eichhoff, J. 1971: Zur Aussprache und Schreibung von Wörtern deutscher Herkunft im Amerikanischen Englisch. In: Braun, P. (Hrsg.) 1979, S. 114-144.
- Eisenberg, P. 1989: Grundriß der deutschen Grammatik. Zweite, überarbeitete und erweiterte Auflage. Stuttgart.
- Eisenberg, P./Baurmann, J. 1984: Fremdwörter - fremde Wörter. In: Praxis Deutsch, Jg. 11, H. 67, Basisartikel S. 15-26.
- Elytis, O. 1981: To Axion Esti. Gepriesen Sei. Nobelpreis für Literatur 1979. In der Übersetzung von Günter Dietz. Frankfurt a.M.
- Engels, B. 1976: Gebrauchsanstieg der lexikalischen und semantischen Amerikanismen der "Welt" (1954 und 1964). Eine vergleichende computerlinguistische Studie zur quantitativen Entwicklung des amerikanischen Einflusses auf die deutsche Zeitungssprache (Mainzer Studien zur Amerikanistik, Bd. 6). Frankfurt a.M. und Bern.
- Filipec, J. 1966: Probleme des Sprachzentrums und der Sprachperipherie im System des Wortschatzes. In: Travaux Linguistiques de Prague, Bd. 2, S. 257-275. Stark gekürzt auch in: Germanistische Studientexte. Wort - Satz - Text. Ausgewählte Beiträge zur Sprachwissenschaft. Leipzig 1977, S. 154-158.
- Fink, H. 1970: Amerikanismen im Wortschatz der deutschen Tagespresse. Dargestellt am Beispiel dreier überregionaler Zeitungen: Süddeutsche Zeitung, Frankfurter Allgemeine Zeitung und Die Welt (Mainzer Amerikanistische Beiträge, Bd. 11). München.
- Fink, H. 1980: Zur Aussprache von Angloamerikanischem im Deutschen. In: Viereck, W. (Hrsg.).1980a, S. 109-183.
- Förster, U. 1984: Das Fremdwort als Stilträger. In: Der Sprachdienst, Jg. XXVIII, S. 97-107.
- Fries, N. 1988: Präpositionen und Präpositionalphrasen im Deutschen und im Neugriechischen. Aspekte einer kontrastiven Analyse Deutsch - Neugriechisch. Tübingen.

- Gregor, B. 1983: Genuszuordnung. Das Genus englischer Lehnwörter im Deutschen. (Diss.) Tübingen.
- Greule, A. 1983/84: "Abi", "Krimi", "Sponti". Substantive auf "-i" im heutigen Deutsch. In: Muttersprache, Bd. 94, S. 207-217.
- Greule, A. 1986: Altes und Neues zu den i-Wörtern. In: Der Sprachdienst, Jg. XXX, S. 141-143.
- Grünhoff, H. 1983: Die Internationalismen und ihre lexikographische Kodifizierung. Eine vergleichende Untersuchung über die international verbreiteten Ausdrücke in Wörterbüchern der englischen, deutschen und romanischen Sprachen: der Buchstabe "R". Heidelberg.
- Hannah, J. A. 1987: Die Annäherung von Lehnelementen aus dem Englischen an das Deutsche als analogiebedingtes Interferenzphänomen dargestellt anhand einiger Beispiele aus dem Bereich Mode und Kleidung. (Diss.) Heidelberg.
- Haß, U./Mentrup, W./Wimmer, R. 1986: Das "Lexikon der schweren Wörter" in der Diskussion. In: Der Sprachreport, Bd. 1, H. 1, S. 3-5.
- Heiß, I. 1987: Untersuchungen zu Anglizismen in der deutschen Gegenwartssprache in der DDR. Potsdam (Diss. A).
- Heller, K. 1966: Das Fremdwort in der deutschen Sprache der Gegenwart. Untersuchungen im Bereich der Gebrauchssprache. Leipzig.
- Heller, K. 1975: Vorarbeiten zu einer Reform der Fremdwortschreibung. In: Linguistische Studien, Reihe A, H. 24, Berlin (Ost), S. 51-87.
- Heller, K. 1980: Zum Problem einer Reform der Fremdwortschreibung unter dem Aspekt von Zentrum und Peripherie des Sprachsystems. In: Nerius, D./Scharnhorst, J. (Hrsg.): Theoretische Probleme der deutschen Orthographie. Berlin (Ost), S. 162-192.
- Heller, K. 1981: Untersuchungen zu einer Reform der deutschen Orthographie auf dem Gebiet der Fremdwortschreibung. In: Linguistische Studien, Reihe A, Bd. 83, H. 1, Berlin (Ost), S. 154-227.
- Heller, K. 1986: Die Fremdgrapheme der deutschen Gegenwartssprache. Versuch einer Bestandsaufnahme. In: Wissenschaftliche Zeitschrift der Wilhelm-Pieck-Universität Rostock, Bd. 35, Gesellschaftswissenschaftliche Reihe, H. 8, S. 21-27.
- Hellmann, M. W. 1980: Deutsche Sprache in der Bundesrepublik Deutschland und in der Deutschen Demokratischen Republik. In: Althaus, H. P./Henne, H./Wiegand, H. E. (Hrsg.): Lexikon der Germanistischen Linguistik. Tübingen, S. 519-527.
- Hellmann, M. (Hrsg.) 1984: Ost-West-Wortschatzvergleiche. Maschinell gestützte Untersuchungen zum Vokabular von Zeitungstexten aus der BRD und der DDR. Tübingen.
- Hellmann, M. W. 1987: Deutsch-Deutsche Schilder - Unvermutete Konvergenz. In: Der Sprachreport, Bd. 2, H. 3, S. 14.
- Hellmann, M. W. 1990: DDR-Sprachgebrauch nach der Wende - eine erste Bestandsaufnahme. In: Muttersprache, Bd. 100, S. 266-286.

- Hess-Lüttich, E. W. B. 1987: Angewandte Sprachsoziologie. Eine Einführung in linguistische, soziologische und pädagogische Ansätze. Stuttgart.
- Holzberg, N. 1984: Griechisch/Deutsch. In: Besch, W./Reichmann, O./Sonderegger, S. (Hrsg.), S. 861-869.
- Hoppe, G./Kirkness, A./Link, E./Nortmeyer, I./Rettig, W./Schmidt, G. D. 1987: Deutsche Lehnwortbildung. Beiträge zur Erforschung der Wortbildung mit entlehnten WB-Einheiten im Deutschen (Forschungsberichte des Instituts für deutsche Sprache, Bd. 64). Tübingen.
- Hübner, M. 1988: Panoramata, Dilemmen und Dramas? Beobachtungen zur Pluralbildung griechischer Neutra auf "-ma" im Deutschen. In: Sprachpflege, Bd. 37, S. 161-163.
- Ising, E. 1982: Anglo-amerikanische Einflüsse im Sprachgebrauch der Presse. In: Zeitschrift für Phonetik, Sprachwissenschaft und Kommunikationsforschung, Bd. 35, S. 564-569.
- Issatschenko, A. V. 1979: Kein Kommentar zu brandneuen Einwegübersetzungen aus dem Amerikanischen. In: Mair, W./Sallager, E. (Hrsg.): Sprachtheorie und Sprachenpraxis. Festschrift für Henri Vernay zu seinem 60. Geburtstag. (Tübinger Beiträge zur Linguistik Nr. 112), Tübingen, S. 81-84.
- Kalioris, J. 1984: Die sprachliche Entgräzisierung. Jenseits des Fremdenhasses und der Abhängigkeit (auf griechisch). Athen.
- Kamaroudis, S. 1985: Style chaise longue: Neue orthographische Veränderungen im Neugriechischen (auf griechisch). In: Studies in Greek Linguistics. Proceedings of the 6th Annual Meeting of the Department of Linguistics, Faculty of Philosophy, Aristotelian University of Thessaloniki, 22-24 April 1985. Thessaloniki, S. 339-345.
- Kann, H.-J. 1989: Neue Germanismen in "Time" 1988. In: Der Sprachdienst, Jg. XXXIII, S. 118-120.
- Kargakos, S. 1991: Alexia. [Wortlosigkeit]. Sprachliches Drama mit vielen Akten (auf griechisch). Athen.
- Katsanis, N. 1990: Griechisch-Lateinisches (auf griechisch). In: Studies in Greek Linguistics. Proceedings of the 10th Annual Meeting of the Department of Linguistics, Faculty of Philosophy, Aristotelian University of Thessaloniki, 9-11 May 1989. Thessaloniki, S. 69-88.
- Kirkness, A. 1975: Zur Sprachreinigung im Deutschen 1789-1871. Eine historische Dokumentation. Tübingen.
- Kirkness, A. 1980: Zum metasprachlichen Gebrauch von "deutsch" als Gegensatz zu "fremd". In: Akten des VI. Internationalen Germanistenkongresses, Basel. (Jahrbuch für Internationale Germanistik Reihe A, Bd. 8, 2), S. 45-50.
- Kirkness, A. 1984a: Das Phänomen des Purismus in der Geschichte des Deutschen. In: Besch, W./Reichmann, O./Sonderegger, S. (Hrsg.), S. 290-299.

- Kirkness, A. 1984b: Zur germanistischen Fremdwortlexikographie im 19./20. Jahrhundert: Bibliographie der Fremd- und Verdeutschungswörterbücher 1800-1945. In: Germanistische Linguistik 1-3/83. Studien zur neuhochdeutschen Lexikographie IV, S. 113-174.
- Kirkness, A. 1986: Vom Fremdwörterbuch zum Lehnwörterbuch und Schwerwörterbuch - auch zum allgemeinen einsprachigen deutschen Wörterbuch. In: Kontroversen, alte und neue. Akten des VII. Internationalen Germanisten-Kongresses, Göttingen 1985, Bd. 3, Tübingen, S. 153-162.,
- Kirkness, A./Wetz, U. 1985: Abschied von einem Mythos. Teil I. In: Der Sprachreport, Bd. O, S. 10.
- Kirkness, A./Wetz, U. 1986a: Abschied von einem Mythos. Teil II. In: Der Sprachreport, Bd. 1, H. 1, S. 9.
- Kirkness, A./Wetz, U. 1986b: Abschied von einem Mythos. Teil III. In: Der Sprachreport, Bd. 1, H. 2, S. 9.
- Kirkness, A./Wiegand, H. E. 1983: Wörterbuch der Anglizismen im heutigen Deutsch. Diskussion zum Kolloquium vom 17. bis 19. Februar 1983 an der Universität-Gesamthochschule-Paderborn. In: Zeitschrift für germanistische Linguistik 11, 3, S. 321-328.
- Kirkness, A. u.a. 1987: Einführung. Zielsetzung, Genese und Materialbasis des Vorhabens Lehnwortbildung (LWB). In: Hoppe, G./Kirkness, A./Link, E./Nortmeyer, I./Rettig, W./Schmidt, G. D., S. 9-24.
- Kommission für Rechtschreibfragen des Instituts für deutsche Sprache (Hrsg.) 1989: Zur Neuregelung der deutschen Rechtschreibung. Düsseldorf.
- Kordatos, J. 1943: Geschichte unseres Sprachproblems (auf griechisch). Athen.
- Kramer, J. unter Mitarbeit von Schlösser, R. und Fiacre, K.-J. 1986: Antike Sprachform und moderne Normsprache. Zweiter Teil: Griechisch. In: Balkan-Archiv N.F. 11, S. 117-209.
- Kristensson, G. 1977: Angloamerikanische Einflüsse in DDR-Zeitungstexten unter Berücksichtigung semantischer, pragmatischer, gesellschaftlich-ideologischer, entlehnungsprozessualer und quantitativer Aspekte. Stockholm (Stockholmer Germanistische Forschungen 23).
- Lamnek, S. 1988: Qualitative Sozialforschung. Band 1, Methodologie. München und Weinheim.
- Langner, H. 1986: Zum Einfluß des Angloamerikanischen auf die deutsche Sprache in der DDR. In: Zeitschrift für Germanistik, Bd. 7, S. 402-416.
- Lehnert, M. 1990: Anglo-Amerikanisches im Sprachgebrauch der DDR. Berlin.
- Lendakis, A. 1988: Gibt es heute ein sprachliches Problem? (auf griechisch). In: Öffentlicher Dialog über die Sprache, S. 57-76.
- Link, E. 1983: Fremdwörter - der Deutschen liebste schwere Wörter? In: Deutsche Sprache, Bd. 11, S. 47-77.

- Link, E. 1988: Lehnwortbildung im Wörterbuch. In: Harras, G. (Hrsg.): Das Wörterbuch. Artikel und Verweisstrukturen (Jahrbuch 1987 des Instituts für deutsche Sprache). Düsseldorf, S. 223-264.
- Lüdtke, H. 1984: Französisch und Frankoprovenzalisch/Deutsch. In: Besch, W./Reichmann, O./Sonderegger, S. (Hrsg.), S. 869-878.
- Lyotard, J.-F. 1989: Oikos. In: Fischer, J. (Hrsg.): Ökologie im Endspiel (Materialität der Zeichen Reihe B - Band 3). München, S. 39-55.
- Meinhold, G./Stock, E. 1980: Phonologie der deutschen Gegenwartssprache. Leipzig.
- Mentrup, W. 1982: "Schwere Wörter" im Deutschen. Ein neues lexikographisches Forschungsvorhaben im Institut für deutsche Sprache, Mannheim. In: Deutsche Sprache, Bd. 10, S. 270-281.
- Meyer, H.-G. 1974: Untersuchungen zum Einfluß des Englischen auf die deutsche Pressesprache, dargestellt an zwei deutschen Tageszeitungen. In: Muttersprache, Bd. 84, S. 97-134.
- Meyer, W. 1988: Fremdwort gesucht? Wörterbuch deutsch-fremd. Frankfurt a.M.
- Moser, H. 1961: Die Sprache im geteilten Deutschland. In: Wirkendes Wort, Bd. XI, S. 1-21.
- Müller, W. 1975: Fremdwortbegriff und Fremdwörterbuch. In: Braun, P. (Hrsg.) 1979, S. 59-73.
- Munske, H. H. 1983: Zur Fremdheit und Vertrautheit der "Fremdwörter" im Deutschen. Eine interferenzlinguistische Skizze. In: Peschel, D. (Hrsg.): Germanistik in Erlangen. Hundert Jahre nach der Gründung des Deutschen Seminars (Erlanger Forschungen Reihe A, Geisteswissenschaften Bd. 31). Erlangen, Universitätsbund, S. 559-595.
- Munske, H. H. 1986: Fremdwörter in deutscher Orthographie. In: Kontroversen, alte und neue. Akten des VII. Internationalen Germanisten-Kongresses, Göttingen 1985, Bd. 4, Tübingen, S. 49-59.
- Munske, H. H. 1988: Ist das Deutsche eine Mischsprache? Zur Stellung der Fremdwörter im deutschen Sprachsystem. In: Munske, H. H./Polenz, P. v./Reichmann, O./Hildebrandt, R. (Hrsg.): Deutscher Wortschatz. Lexikologische Studien. Berlin und New York, S. 46-74.
- Muthmann, G. 1987: Orthographische Doppelformen in der deutschen Gegenwartssprache. In: Zabel, H. (Hrsg.) 1987a, S. 144-161.
- Nüssler, O. 1987: Zum Problem einer Reform der Fremdwortorthographie aus der Perspektive der Fachsprachen. In: Zabel, H. (Hrsg.) 1987a, S. 111-125.
- Nyvelius, J. 1970: Russischer Spracheinfluß im Bereich der Landwirtschaft der DDR. In: Muttersprache, Bd. 80, S. 16-29.
- Öffentlicher Dialog über die Sprache. Vorträge zum Kolloquium am 19.1.1985 (auf griechisch). Athen.

- Oeldorf, H. 1990: Von "Aids" bis "Yuppification". Englische Lehnwörter in der Wochenzeitung "Die Zeit". In: Muttersprache, Bd. 100, S. 38-52.
- Oksaar, E. 1983: Verständigungsprobleme im Sprachbereich "Politik": Schwere Wörter in den Nachrichten und Kommentaren. In: Henne, H./Mentrup, W. (Hrsg.): Wortschatz und Verständigungsprobleme. Was sind "schwere Wörter" im Deutschen? (Jahrbuch 1982 des Instituts für deutsche Sprache). Düsseldorf, S. 119-133.
- Olt, R. 1987: Was ist "fremd" im Deutschen? Der Weg zum "Deutschen Fremdwörterbuch" von Schulz/Basler. In: Muttersprache, Bd. 97, S. 300-322.
- Olt, R. 1991: Wider das Fremde? Das Wirken des Allgemeinen Deutschen Sprachvereins in Hessen 1885-1944. Darmstadt und Marburg.
- Oschlies, W. 1988: "Hat der Dispatcher die Broiler abgecheckt?" Anglizismen im sprachlichen Alltag der DDR. In: Muttersprache, Bd. 98, S. 205-213.
- Otto, W. F./Grassi, E./Plamböck, G. (Hrsg.) 1959: Platon. Sämtliche Werke 2: Menon, Hippias I, Euthydemos, Menexenos, Kratylos, Lysis, Symposion. In der Übersetzung von Fr. Schleiermacher mit der Stephanus-Numerierung. Hamburg.
- Pfeffer, A. 1986: Deutsches Sprachgut im Wortschatz der Amerikaner und Engländer. In: Muttersprache, Bd. 96, S. 77-81.
- Pfister, M. 1984: Italienisch und Rätoromanisch/Deutsch. In: Besch, W./Reichmann, O./Sonderegger, S. (Hrsg.), S. 879-892.
- Pfitzner, J. 1978: Der Anglizismus im Deutschen. Ein Beitrag zur Bestimmung seiner stilistischen Funktion in der heutigen Presse. Stuttgart.
- Plebejus, M. 1989: Latein für Hochstapler. Frankfurt a.M.
- Polenz, P. v. 1967a: Fremdwort und Lehnwort sprachwissenschaftlich betrachtet. In: Braun, P. (Hrsg.) 1979, S. 9-31.
- Polenz, P. v. 1967b: Sprachpurismus und Nationalsozialismus. Die "Fremdwort"-Frage gestern und heute. In: Wiese, B. v./Henß, R. (Hrsg.): Nationalismus in Germanistik und Dichtung. Dokumentation des Germanistentages in München vom 17. bis 22. Oktober 1966. Berlin, S. 79-112.
- Probst, A. 1989: Amideutsch. Ein kritisch-polemisches Wörterbuch der anglodeutschen Sprache. Frankfurt a. M.
- Rechtmann, H. J. 1953: Das Fremdwort und der deutsche Geist. Zur Kritik des völkischen Purismus.
- Satzung zur Gründung des "Griechischen Sprachvereins" (auf griechisch). In: Griechische Sprache, Bd. 1, 1984, Athen, S. 11-13.
- Schaeder, B. 1987: Zur Regulierung der Fremdwortorthographie aus der Sicht der Internationalismen-Forschung. In: Zabel, H. (Hrsg.) 1987a, S. 126-143.

- Schiewe, J. 1988: Sprachpurismus und Emanzipation. Joachim Heinrich Campes Verdeutschungsprogramm als Voraussetzung für Gesellschaftsveränderungen. Hildesheim, Zürich und New York (Germanistische Linguistik 96-97, 1988).
- Schlick, W. 1984/85: Diese verflixte englische Geschlechtslosigkeit! Zur deutschen Genuszuweisung bei neueren Lehnsubstantiven aus dem Englischen. In: Muttersprache, Bd. 95, S. 193-221.
- Schmidt, G. D. 1979: Zur Produktivität des "in"-Morphems im Deutschen. In: Deutsche Sprache, Bd. 7, S. 160-165.
- Schmitt, P. 1985: Anglizismen in den Fachsprachen. Eine pragmatische Studie am Beispiel der Kerntechnik. Heidelberg.
- Scholz, H.-J. 1972: Untersuchungen zur Lautstruktur deutscher Wörter. München.
- Setatos, M. 1990: Griechisch und Türkisch. Einige Fälle der Entlehnung (auf griechisch). In: Studies in Greek Linguistics. Proceedings of the 10th Annual Meeting of the Department of Linguistics, Faculty of Philosophy, Aristotelian University of Thessaloniki, 9-11 May 1989. Thessaloniki, S. 129-139.
- Simon, G. 1989: Sprachpflege im "Dritten Reich". In: Ehlich, K. (Hrsg.): Sprache im Faschismus. Frankfurt a. M., S. 58-86.
- Smet, G. A. R., de 1984: Niederländisch/Deutsch. In: Besch, W./Reichmann, O./Sonderegger, S. (Hrsg.), S. 923-930.
- Sommerfeldt, K.-E. 1986: Geschichte im Spiegel des Fremdwortgebrauchs. In: Sprachpflege, 1986, H. 6, S. 83-85.
- Spitzer, L. 1918: Fremdwörterhatz und Fremdvölkerhaß. Eine Streitschrift gegen die Sprachreinigung. Wien.
- Steger, H. 1989: Sprache im Wandel. In: Benz, W. (Hrsg.) 1989: Die Geschichte der Bundesrepublik Deutschland. Band 4: Kultur. Frankfurt a. M., zweite Auflage, S. 13-52.
- Steinbach, H.-R. 1984: Englisches im deutschen Werbefernsehen. Interlinguale Interferenzen in einer werbesprachlichen Textsorte. (Diss.) Paderborn, München, Wien und Zürich.
- Stemmler, T. 1989: Die Sprachwächter. In: Der Sprachreport, Bd. 4, H. 4, S. 4-5.
- Stickel, G. 1984: Einstellungen zu Anglizismen. In: Festschrift für Siegfried Grosse zum 60. Geburtstag. Herausgegeben von Besch W./Hufeland, K./Schupp, V./Wiehl, P. (Göppinger Arbeiten zur Germanistik Nr. 423), S. 279-310.
- Stickel, G. 1985: Das "Fremdwort" hat ausgedient. In: Mitteilungen des Instituts für deutsche Sprache, Bd. 11, S. 7-17.
- Stickel, G. 1987: Was halten Sie vom heutigen Deutsch? - Ergebnisse einer Zeitungsumfrage. In: Wimmer, R. (Hrsg.): Sprachtheorie. Der Sprachbegriff in Wissenschaft und Alltag (Jahrbuch 1986 des Instituts für deutsche Sprache). Düsseldorf, S. 280-317.
- Stötzer, U. 1984: Nasal- oder Oralvokal in Wörtern französischer Herkunft. In: Sprachpflege, Bd. 33, S. 21-23.

- Strauß, G./Haß, U./Harras, G. 1989: Brisante Wörter. Von Agitation bis Zeitgeist. Ein Lexikon zum öffentlichen Sprachgebrauch. Berlin und New York.
- Strauß, G./Zifonun, G. 1984: Versuch über "schwere Wörter". Zur Frage ihrer systembezogenen Bestimmbarkeit. In: Germanistische Linguistik 1-3/83, S. 381-452.
- Strauß, G./Zifonun, G. 1985: Die Semantik schwerer Wörter im Deutschen. 2 Bde., Tübingen.
- Strauß, G./Zifonun, G. 1989: Themen, Meinungen, Wörter der Zeit. In: Der Sprachreport, Bd. 4, H. 1, S. 35-42.
- Swanson, D. C. 1958: English Loanwords in Modern Greek. In: Word, Bd. 14, S. 26-46.
- Travaux linguistiques de Prague 1966 Band 2: Les problèmes du centre et de la périphérie du système de la langue. Prague.
- Triantaphyllidis, M. 1905: Vertreibung des Fremden oder Gleichberechtigung? Eine Abhandlung über die Fremdwörter des Neugriechischen (auf griechisch). Athen.
- Tschirch, F. 1970: Sit-in, Go-in, Teach-in. Beispiele jüngster Pejorisierung. In: Zeitschrift für deutsche Sprache, Bd. 26, S. 37-41.
- Verzeichnis lieferbarer Bücher 1989. Autoren, Titel, Stichwörter. Band 2, DEU-HÄR. Frankfurt a. M.
- Viereck, K. 1980: Englisches Wortgut, seine Häufigkeit und Integration in der österreichischen und bundesdeutschen Pressesprache. Frankfurt a.M.
- Viereck, W. (Hrsg.) 1980a: Studien zum Einfluß der englischen Sprache auf das Deutsche. (Tübinger Beiträge zur Linguistik, Nr.132), Tübingen.
- Viereck, W. 1980b: Zur Thematik und Problematik von Anglizismen im Deutschen. In: Viereck, W. (Hrsg.) 1980a, S. 9-24.
- Viereck, W. 1984: Britisches Englisch und Amerikanisches Englisch/Deutsch. In: Besch, W./Reichmann, O./Sonderegger, S. (Hrsg.), S. 938-948.
- Viereck, K./Viereck, W./Winter, I. 1976: Englisches in der österreichischen Pressesprache. Ein Vergleich mit der "Süddeutschen Zeitung". In: Braun, P. (Hrsg.) 1979, S. 314-320.
- Volland, B. 1986: Französische Entlehnungen im Deutschen. Transferenz und Integration auf phonologischer, graphematischer, morphologischer und lexikalisch-semantischer Ebene. (Diss.) Tübingen.
- Wehle, P. 1985: Sprechen Sie Ausländisch? Was Sie schon immer über Fremdwörter wissen wollten. München.
- Werner, R. 1981: Systemlinguistische Aspekte der Integration entlehnter lexikalischer Einheiten. In: Meid, W./Heller, K. (Hrsg.): Sprachkontakt als Ursache von Veränderungen der Sprach- und Bewußtseinsstruktur. Eine Sammlung von Studien zur sprachlichen Interferenz. (Innsbrucker Beiträge zur Sprachwissenschaft, Bd. 34), Innsbruck, S. 219-235.
- Wurzel, W. U. 1980: Der deutsche Wortakzent: Fakten - Regeln - Prinzipien. Ein Beitrag zu einer natürlichen Akzenttheorie. In: Zeitschrift für Germanistik, Bd. 1, S. 299-318.

- Yang, W. 1990: Anglizismen im Deutschen. Am Beispiel des Nachrichtenmagazins DER SPIEGEL. Tübingen.
- Zabel, H. 1986: Zur Schreibung von Fremdwörtern im Deutschen. Probleme der Regelformulierung. In: Augst, G. (Hrsg.): New Trends in Graphemics and Orthography. Berlin, S. 179-196.
- Zabel, H. (Hrsg.) 1987a: Fremdwortorthographie. Beiträge zu historischen und aktuellen Fragestellungen. Tübingen.
- Zabel, H. 1987b: Zur Frage der Schreibung von Fremdwörtern im Deutschen. In: Zabel, H. (Hrsg.) 1987a, S. 3-75.
- Zimmer, D. E. 1981: Die Vernunft der Gefühle. Ursprung, Natur und Sinn der menschlichen Emotion. München.